김범준의
핸즈온
리액트 네이티브

김범준 지음

한빛미디어
Hanbit Media, Inc.

김범준의 핸즈온 리액트 네이티브

프로젝트를 시작하며 익히는 크로스 플랫폼 모바일 앱 개발

초판 1쇄 발행 2022년 11월 7일

지은이 김범준 / **펴낸이** 김태헌
펴낸곳 한빛미디어(주) / **주소** 서울시 서대문구 연희로2길 62 한빛미디어(주) IT출판2부
전화 02-325-5544 / **팩스** 02-336-7124
등록 1999년 6월 24일 제25100-2017-000058호 / **ISBN** 979-11-6921-048-5 93000

총괄 송경석 / **책임편집** 홍성신 / **기획·편집** 김대현
디자인 표지 이아란 내지 박정화 / **전산편집** 다인 / **일러스트** 이진숙
영업 김형진, 김진불, 조유미 / **마케팅** 박상용, 한종진, 이행은, 고광일, 성화정 / **제작** 박성우, 김정우

이 책에 대한 의견이나 오탈자 및 잘못된 내용에 대한 수정 정보는 한빛미디어(주)의 홈페이지나 아래 이메일로
알려주십시오. 잘못된 책은 구입하신 서점에서 교환해드립니다. 책값은 뒤표지에 표시되어 있습니다.

한빛미디어 홈페이지 www.hanbit.co.kr / 이메일 ask@hanbit.co.kr

지금 하지 않으면 할 수 없는 일이 있습니다.
책으로 펴내고 싶은 아이디어나 원고를 메일(writer@hanbit.co.kr)로 보내주세요.
한빛미디어(주)는 여러분의 소중한 경험과 지식을 기다리고 있습니다.

김범준의
핸즈온
리액트 네이티브

김범준 지음

★ ★ ★ ★ ★ ★ 소문난 명강의 **시리즈 소개**

〈소문난 명강의〉 시리즈는 검증된 강의 본연의 장점을 극대화하고 체계화해 책으로 담았습니다. 기초부터 탄탄하게 개발 능력을 배우려는 입문자의 눈높이에 맞춰 설명하고 실용적인 프로젝트 연습을 통해 실전 능력을 키워줍니다.

HB 한빛미디어
Hanbit Media, Inc.

안녕하세요. 리액트 네이티브의 세계로 온 여러분, 반갑습니다.

저는 2016년 1월, 리액트 네이티브를 처음 접하게 되었습니다. 그리고 당시에는 자바스크립트로 iOS와 안드로이드에서 모바일 앱을 한 번에 만들 수 있는 것은 훌륭하지만, 아직 추천하기에는 이른 상태라고 판단했습니다.

하지만 시간이 꽤 흐르면서 많은 회사들이 리액트 네이티브의 이점을 활용하여 적극적으로 사용하는 모습을 볼 수 있었습니다. 이렇게 리액트 네이티브는 꾸준히 발전하며 많은 개발자에게 사랑받는 크로스 플랫폼 개발 프레임워크가 되었습니다.

이전보다 좀 더 성숙해졌지만 여전히 리액트 네이티브를 처음 시작하는 입문자를 위한 자료는 부족하다는 아쉬움이 있습니다. 그래서 리액트 네이티브를 배우고자 하는 독자에게 제 경험을 바탕으로 조금이라도 쉽게 시작할 수 있도록 도움을 주고자 이 책을 집필하게 되었습니다.

이 책을 읽는다고 해서 리액트 네이티브의 모든 것을 알 수 있게 되는 것은 아닙니다. 하지만 이 책을 통해 더 쉽게 리액트 네이티브를 시작할 수 있고 재미를 붙일 수 있을 것이라 생각합니다. 나아가 여러분이 만들고 싶은 프로젝트를 시작할 수 있게 되기를 바랍니다.

2022년 10월

김범준

감사의 말

이 책을 집필하는 동안 큰 힘이 되어준 많은 분께 감사 인사를 드리고 싶습니다.

먼저 책을 집필하는 동안 항상 제게 힘이 되어준 와이프에게 고맙다는 말을 전합니다. 또한 항상 저를 믿어주시는 부모님과 장인어른, 장모님, 처남에게도 감사 인사를 드립니다. 그리고 멀리 떨어져 있지만 항상 걱정해주고 응원해주는 저의 오랜 친구들에게도 고맙다는 인사를 남깁니다.

출판 과정에서 많은 노력을 기울여주신 김대현 과장님과 한빛미디어 관계자분들께도 감사 인사를 드립니다.

그 외에도 일일이 언급하지 못해 너무 안타깝고 죄송스럽지만 이 지면을 빌려 저를 도와주시고 지켜봐주신 모든 분들에게 감사 인사를 드립니다.

감사합니다.

2022년 10월

김범준

저자 소개

김범준 alchemist85k@gmail.com

IT 기술을 이용해 어떤 것을 만들고 누군가에게 무언가를 가르치는 것이 좋아서 꾸준히 관련 활동을 여러 가지 하고 있는 풀스택 웹 개발자입니다. 여러 회사를 거쳐 Sendbird(https://sendbird.com/)라는 글로벌 B2B 회사에서 근무하다가 현재는 미국에서 새로운 도전을 준비하고 있습니다.

Q 왜 리액트 네이티브를 배워야 하나요?

A 리액트 네이티브의 가장 큰 장점은 모바일 앱을 만들기 위해 다른 언어를 학습하지 않아도 된다는 것입니다. 웹 프런트엔드 개발자 또는 Node.js 백엔드 개발자이거나 해당 부분을 공부한 적이 있다면 자바스크립트를 익히 알고 있을 것입니다. 이미 알고 있는 웹 기술을 사용해서 모바일 개발까지 할 수 있다는 것은 엄청난 장점입니다.

하나의 언어로 웹과 모바일을 모두 진행할 수 있다는 점은 팀 빌딩을 할 때나 추가적으로 개발자를 구하는 상황에서도 더 많은 경우의 수를 생각할 수 있습니다. 자바스크립트만 할 수 있다면 쉽게 익힐 수 있기 때문에 기존 iOS, 안드로이드 개발자를 따로 채용하고 팀을 구성했던 것과 다르게 자바스크립트 개발자를 채용하면 됩니다. 또한, 상대적으로 자바스크립트 개발자를 찾는 것이 조금 더 쉽다는 점도 팀 빌딩에 좋은 영향을 미칩니다.

아직 리액트 네이티브를 적용한 회사보다 기존 모바일 프로그래밍을 사용하는 회사가 더 많긴 하지만, 많은 곳에서 리액트 네이티브를 적용하거나 적용해보려 시도하고 있습니다. 매년 시행되는 스택오버플로 개발자 통계에서도 넘파이^{NumPy}나 텐서플로^{TensorFlow} 같은 데이터 분석 혹은 머신러닝 관련 라이브러리를 제외하면 리액트 네이티브가 최상위권에 위치하고 있는 것을 볼 수 있습니다.

👓 2021년 스택오버플로 개발자 통계 https://insights.stackoverflow.com/survey/2021#section-most-popular-technologies-other-frameworks-and-libraries

Q 어떤 독자를 대상으로 이 책을 쓰셨나요?

A 리액트 네이티브를 시작하고 싶은 분들 혹은 리액트 네이티브를 공부한 적은 있지만 아직 부족하다고 느껴지거나 이제 무엇을 해야 할지 갈피를 잡지 못하는 분에게 도움이 되고자 이 책을 썼습니다.

Q 이 책을 읽기 전에 알아야 할 선수 지식이 있나요?

A 리액트 네이티브에서는 자바스크립트를 사용합니다. 그렇기 때문에 당연히 자바스크립트를 알아야 합니다. 만약 자바스크립트를 익히지 않은 분이라면 이 책이 어렵게 느껴질 것입니다.

리액트의 선행 학습에 대한 질문을 많이 받는데 리액트가 필수는 아닙니다. 당연히 알고 있으면 리액트 네이티브를 더 쉽게 이해하고 빠르게 익힐 수 있습니다. 하지만 약간의 차이를 위해서 리액트를 신생 학습힐 필요는 없습니다. 이 책에시는 리엑드 네이티브를 사용힐 때 필요힌 리액트 지식을 함께 설명하면서 진행하기 때문에 리액트를 모르고 있더라도 너무 걱정할 필요 없습니다.

Q 이 책의 특징은 무엇인가요?

A 어떤 것을 익히고 숙달하는 방법에는 여러 가지가 있는 만큼 무엇이 최고라고 말하기는 어렵습니다. 하지만 저는 가장 좋은 학습 방법이 '해보는 것'이라고 생각합니다. 그래서 이 책에서는 환경 설정이 완료되면 바로 프로젝트를 시작합니다. 아무것도 몰라도 일단 프로젝트를 시작해보는 것입니다. 그리고 우리에게 필요한 내용이 나올 때마다 해당 내용을 공부하고 적용하며 진행합니다. 이 과정에서 만나게 되는 에러 메시지와 경고 메시지도 원인을 확인하고 해결합니다.

예를 들어, 계산기를 만들기 위해서 버튼을 만들어야 합니다. 그럼 우리는 리액트 네이티브에서 버튼을 어떻게 만드는지 공부하고 적용합니다. 그런데, 버튼의 모습이 iOS와 안드로이드에서 다르게 나타납니다. 그래서 같은 모습으로 버튼이 나타나게 하는 방법을 배웁니다.

이러한 과정을 거쳐 지금 우리에게 필요한 내용을 공부하며 프로젝트를 진행합니다. 나중에 여러분이 스스로 프로젝트를 진행하다 보면 여러 에러 메시지와 경고 메시지를 만나게 될 것이고 프로젝트에 필요한 기능을 검색하고 공부해서 적용하게 될 것입니다. 이처럼 여러분이 나중에 겪게 될 상황을 이 책을 통해 미리 경험하면서 학습할 수 있습니다.

Q 독자에게 하고 싶은 말이 있다면?

A 저도 자바스크립트만 알고 있는 상태에서 리액트 네이티브를 시작했고, 리액트 네이티브에 대해 잘 알지도 못하면서 무작정 프로젝트를 시작했었습니다. 제가 처음 리액트 네이티브를 시작했을 때는 리액트 네이티브는 자료가 없다고 할 정도로 정보가 부족했습니다. 그뿐만 아니라 버전 업데이트도 잦고 지원하는 기능도 적었으며 자잘한 버그도 있었습니다. 게다가 당시의 저는 리액트에 대한 사전 지식이 없었기 때문에 리액트 네이티브를 개발할 때 필요한 리액트 지식을 그때그때 찾아서 습득해야 했습니다. 개발 도중 문제가 생기면 확인할 수 있는 자료가 없으니 리액트 네이티브 깃허브 코드를 보며 문제가 생기는 원인을 찾아야 했습니다.

이렇게 우여곡절을 거쳐 프로젝트를 하나 완성하니 굉장히 많은 내용을 알 수 있었고 실무에 적용할 수 있었습니다. 이때의 경험은 정말 많은 도움이 되었습니다. 여러분도 두려워하지 말고 저와 함께 프로젝트를 만들어보며 리액트 네이티브를 경험해보기 바랍니다.

이 책에 대하여

대상 독자 & 필요한 선수 지식

이 책은 리액트 네이티브를 처음 접하는 입문자를 대상으로 합니다. 자바스크립트를 다뤄본 경험이 있다면 이 책을 보는 데 수월할 것입니다.

리액트 네이티브를 다루면서 필요한 경우 리액트 핵심 내용을 설명하고 있기 때문에 별도로 리액트에 대해 학습할 필요 없이 이 책의 학습 과정을 따라갈 수 있습니다.

이 책의 구성

이 책은 세 가지 프로젝트를 진행하며 리액트 네이티브에서 모바일 앱을 개발하는 방법에 대해 알아봅니다.

계산기 만들기

더하기와 빼기 기능만 있는 간단한 계산기를 만들어봅니다. 계산기를 만들어보며 컴포넌트와 스타일 그리고 상태를 생성하고 관리하는 방법에 대해 알아봅니다. 그리고 계산기 화면을 구현하고 기능을 추가해 프로젝트를 완성해봅니다.

ToDo리스트 만들기

ToDo리스트 만들기 프로젝트를 통해 값을 입력받는 방법을 배우고 목록을 다루는 방법에 대해 배웁니다. 또한 로그인 화면을 만들어서 사용자 인증 과정을 경험해봅니다.

여행 사진 공유 앱 만들기

서버를 활용해서 여러 사용자가 함께 사용할 수 있는 사진 공유 앱을 만들어봅니다. 이 과정에서 리액트 내비게이션의 네이티브 스택 내비게이터와 탭 내비게이터를 사용하고, Firebase를 사용해서 서버에 데이터를 저장하고 불러오는 방법에 대해 알아봅니다. 또한 다양한 라이브러리를 사용해보고 지도와 Google Places API를 사용해 위치를 검색하는 기능을 구현해봅니다.

온라인 동영상 강의

이 책은 저자의 동영상 강의와 연계하여 학습할 수 있도록 구성되어 있습니다. 좀 더 현장감 있게 공부하고 싶은 독자는 저자의 온라인 동영상 강의를 참고해도 좋습니다.

∞ 핸즈온 리액트 네이티브(인프런) https://bit.ly/hands-on-react-native

실습 예제 다운로드

이 책에서 사용하는 실습 예제는 아래의 링크에서 다운로드할 수 있습니다.

∞ 깃허브 https://bit.ly/github-hands-on-rn

깃허브 구조

깃허브에는 각 프로젝트가 폴더로 구분되어 있습니다. 2장, 3장에서 만드는 계산기 만들기 프로젝트는 rn-calc 폴더에 있으며 4장, 5장, 6장에서 만드는 ToDo리스트 만들기는 rn-todo 폴더를 확인하면 됩니다. 7장, 8장, 9장, 10장에서 만드는 여행 사진 공유 앱 만들기 프로젝트는 rn-photo 폴더에서 확인할 수 있습니다.

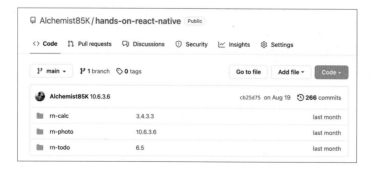

깃허브 코드 활용하기

최대한 확인하기 쉽게 작성하려 했으나 코드의 변화가 많을 때에는 책으로 확인하기 어려울 수 있습니다. 이런 상황에서는 커밋 메시지를 책의 챕터와 동일하게 유지하고 있으니 깃허브 의 커밋commit을 활용해보기 바랍니다.

🔗 깃허브 커밋 https://github.com/Alchemist85K/hands-on-react-native/commits/main

예를 들어 3.4절의 '1. 숫자 버튼 클릭'에서 작성한 코드를 확인하고 싶다면, 깃허브 커밋 목록 에서 커밋 메시지가 '3.4.1'로 되어 있는 커밋을 확인하면 됩니다.

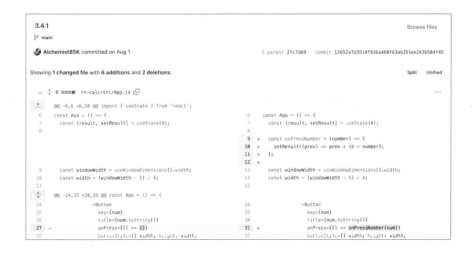

단, 코드를 복붙하는 것은 공부에 도움이 되지 않으니 꼭 직접 코드를 작성하고 깃허브는 참고 용으로만 이용하기 바랍니다.

질문과 답변

이해가 가지 않는 내용이나 문제가 발생하면 깃허브의 Discussions에 글을 남겨주세요.

🔗 Discussions https://github.com/Alchemist85K/hands-on-react-native/discussions

New discussion 버튼을 클릭해서 글 작성 페이지로 이동하면, 글 성격에 맞는 카테고리를 선택하고 글을 남기면 됩니다.

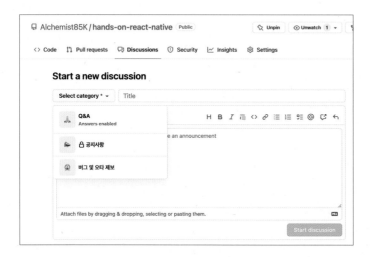

질문하기 전에

문제를 스스로 해결하는 연습은 여러분의 실력 향상에 많은 도움을 줍니다. 언젠가 스스로 프로젝트를 진행할 때를 위해서라도 스스로 문제를 해결하는 연습을 해보세요.

1. 구글 검색 사용하기

문제가 발생하면 에러 메시지 혹은 경고 메시지가 나타납니다. 해당 문제를 구글에서 검색해보세요. 전 세계 수많은 개발자 중 누군가는 나와 같은 문제를 경험했고 해결 방법을 알려줄 것입니다. 에러 메시지와 경고 메시지로 검색하거나, 현재 겪고 있는 상황을 키워드로 검색해보세요. 생각보다 나와 같은 문제를 경험한 여러 사례를 확인할 수 있으며, 그만큼 해결 방법을 쉽게 찾을 수 있습니다.

2. 오타 확인하기

책과 똑같이 따라 했는데도 정상적으로 작동하지 않는다면 오타일 확률이 높습니다. 차분하게 오타를 먼저 확인해보세요. 오타를 확인할 때 깃허브를 활용하면 조금 더 쉽게 비교할 수 있습니다.

3. 깃허브에 코드 올리고 질문하기

질문할 때에는 본인의 코드를 깃허브에 올리고 깃허브 링크와 함께 자세한 상황 설명을 남겨주세요. 특정 에러 메시지만 작성하거나 코드 일부만 올리면 어떤 부분에서 문제가 생겼는지 확인이 어렵습니다. 본인의 프로젝트를 깃허브에 올리고 링크를 함께 남겨주세요. 만약 책에서 이해가 되지 않는 코드가 있다면, 몇 장 또는 몇 페이지에 나온 코드인지를 함께 작성해주세요.

정오표와 피드백

책에서 오탈자나 내용 오류를 발견했다면 출판사 도서 정보 페이지나 저자의 이메일로 제보해주세요. 독자의 소중한 피드백은 정리하여 다음 쇄에 반영하겠습니다. 책과 관련한 궁금한 점도 출판사 홈페이지나 저자의 이메일로 문의 바랍니다.

리액트 네이티브를 본격적으로 배우기 앞서 어떤 것이 필요한지에 대해 간단히 살펴보겠습니다.

리액트 네이티브란?

리액트 네이티브React Native는 2015년 3월 메타Meta (구 페이스북Facebook)에 의해 공개된 오픈소스 프로젝트이며 사용자 인터페이스를 만드는 리액트React를 기반으로 제작되었습니다. 리액트 네이티브를 사용하면 자바스크립트를 통해 한 번에 애플Apple의 iOS 환경과 구글Google의 안드로이드Android 환경에서 모두 작동하는 네이티브 모바일 앱을 만들 수 있습니다.

> ⊝ 리액트 네이티브 공식 페이지 – https://reactnative.dev/

메타에서 제작한 페이스북, 인스타그램Instagram뿐만 아니라 미국에서 가장 인기 있는 암호화폐 거래소인 코인베이스Coinbase와 음식 배달 서비스인 우버이츠User Eats도 리액트 네이티브를 사용해서 만들어졌습니다. 그 외에도 텍스트 채팅, 음성 채팅 및 화상 채팅 등의 기능을 제공하는 디스코드Discord와 테슬라Tesla 및 월마트Walmart도 리액트 네이티브를 사용하고 있습니다. 리액트 네이티브 쇼케이스 페이지에 들어가면 리액트 네이티브를 사용하는 다양한 서비스를 확인할 수 있습니다. 리액트 네이티브 관련 기술 블로그도 볼 수 있으니 어떤 서비스가 어떻게 리액트 네이티브를 사용하는지에 대해 관심 있는 분은 직접 확인해보세요.

> ⊝ 리액트 네이티브 쇼케이스 – https://reactnative.dev/showcase

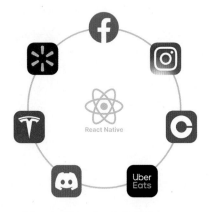

▶ 리액트 네이티브로 만들어진 서비스

리액트 네이티브는 기본적으로 모바일 앱을 만드는데 사용되지만 최근에는 리액트 네이티브를 사용해서 웹 애플리케이션을 제작하거나 윈도우^{Windows}와 맥^{MacOS} 환경에서 작동하는 데스크톱 애플리케이션을 만드는 프로젝트도 존재합니다. 관심 있는 독자는 아래 링크에서 참고하기 바랍니다.

- 리액트 네이티브 웹 – https://necolas.github.io/react-native-web/
- 리액트 네이티브 데스크톱 – https://microsoft.github.io/react-native-windows/

리액트 네이티브 준비하기

리액트 네이티브를 시작하기 위해 준비해야 하는 것에 대해 알아보겠습니다.

자바스크립트 기초 학습하기

리액트 네이티브는 자바스크립트를 사용합니다. 따라서 자바스크립트에 대한 사전 지식이 반드시 필요합니다. 만약 자바스크립트를 아직 모르는 상태라면 자바스크립트에 관한 공부를 선행한 다음에 리액트 네이티브에 대한 공부를 시작하기 바랍니다.

자바스크립트 기초 학습이 필요한 분은 아래 링크를 참고하기 바랍니다.

- MDN 자바스크립트 – https://mzl.la/3MctPll
- 모던 자바스크립트 튜토리얼 – https://ko.javascript.info/

여러분이 선호하는 방법으로 자바스크립트 공부를 시작해보세요. 앞에서 추천한 링크를 통해 시작해도 되고 온라인 강의나 시중에 있는 자바스크립트 관련 도서를 통해 공부해도 좋습니다.

이 책에서는 프로젝트를 진행하며 사용하는 자바스크립트에 대해 간단하게 설명하며 진행합니다. 기초적인 내용은 다루지 않고 간단한 사용 방법을 설명하거나 특징에 대해 언급하고 넘어가는 정도이기 때문에 자바스크립트에 대한 기초 지식이 없다면 어렵게 느껴질 수 있습니다.

자바스크립트를 모른 체 책 내용만 따라간다며 제대로 된 이해 없이 그저 코드만 복붙하여 따라 하는 것과 다를 바 없습니다. 마치 이해할 수 없는 수학 공식으로 풀이된 정답지만 보고 결과만 확인하는 것과 같을 것입니다. 따라서 반드시 자바스크립트 기초 내용을 먼저 익히고 이 책을 읽기 바랍니다.

리액트를 알아야 하나요?

리액트 네이티브는 리액트 기반으로 만들어졌습니다. 그렇다면 리액트에 대한 사전 지식이 필요할까요? 물론 리액트에 대한 사전 지식이 있다면 분명 도움이 될 것입니다. 하지만 필수는 아닙니다.

리액트는 사용자 인터페이스를 만드는 자바스크립트 라이브러리로 메타에서 만들었습니다. 출시 이후 많은 관심을 받으며 성장하여 최근 몇 년간 웹 프런트엔드 개발자가 가장 선호하는 라이브러리가 되었습니다. 매년 시행되는 스택오버플로^{Stack Overflow} 개발자 조사에서도 가장 선호도가 높은 것으로 나타났습니다. (2021년 기준)

- 리액트 – https://reactjs.org/
- 스택오버플로 개발자 조사 통계 – https://bit.ly/stackoverflow-survey-2021

리액트 네이티브에서는 리액트에서 제공하는 기능을 사용하는 만큼 리액트 지식이 있다면 조금 더 편하게 리액트 네이티브를 공부할 수 있습니다. 하지만 이 책에서는 리액트 네이티브에서 필요한 리액트 기능이 나올 때마다 설명하고 진행하기 때문에 자바스크립트처럼 필수는 아닙니다. 리액트 네이티브를 진행하면서 알고 있어야 하는 리액트 지식에 대해서만 설명하기 때문에 많은 내용을 다루지는 않습니다. 리액트에 대한 자세한 내용이 필요하거나 리액트에 관심이 많은 분은 따로 학습하기 바랍니다.

기기 준비하기

마지막으로 리액트 네이티브를 사용해서 앱을 개발하기 위해 필요한 기기에 대해 알아보겠습니다. 리액트 네이티브 개발을 위해 반드시 필요한 기기는 당연히 컴퓨터입니다. 리액트 네이티브는 맥, 윈도우, 리눅스 환경에서 개발이 가능합니다. 이 책에서는 1장에서 맥과 윈도우의 환경 설정 방법에 대해 알아보고 이후 맥 환경 기준으로 진행합니다. 물론 윈도우 환경을 사용하는 독자도 많이 있을 테지만 맥 환경을 기준으로 설명한다고 너무 걱정할 필요는 없습니다. 처음 환경을 구성하는 방법을 제외하면 개발 과정에서의 차이는 없습니다.

그다음 가능하다면 안드로이드와 iOS 실물 기기를 준비하는 것을 권장합니다. 반드시 필요한 것은 아닙니다. 실물 기기가 없다면 가상 기기를 사용해서 진행할 수 있습니다. 다만 실제 기기에서는 잘 작동하지만 가상 기기에서는 정상적으로 작동하지 않는 경우도 있고, 가상 기기를 사용하면 컴퓨터의 자원을 더 많이 쓰게 된다는 단점이 있습니다. 그뿐만 아니라 iOS 시뮬레이터^{simulator}는 맥 환경에서만 쓸 수 있기 때문에 iOS 실물 기기 없이 윈도우 환경에서 개발한다면 iOS 환경에서의 테스트는 불가능합니다. 준비된 환경에 따라 테스트 방법의 차이가 약간 있지만 가능하다면 실물 기기를 사용하는 것을 추천합니다. 기기가 없다고 해서 새로운 기기를 구매할 필요는 없습니다. 현재 여러분이 가진 환경을 바탕으로 리액트 네이티브를 익히고 나중에 필요에 따라 기기를 구매하기 바랍니다.

정리

지금까지 리액트 네이티브가 무엇인지 그리고 리액트 네이티브를 시작하기 위해 필요한 것이 무엇인지에 대해 간단하게 알아봤습니다. 이제 본격적으로 리액트 네이티브 개발을 위한 환경을 설정하고 프로젝트를 만들어보겠습니다.

목차

CHAPTER 01 리액트 네이티브 시작하기

목차

CHAPTER 04 ToDo리스트 만들기 I

CHAPTER 05   **Todo리스트 만들기 II**

CHAPTER 06   ToDo리스트 만들기 III

CHAPTER 07   여행 사진 공유 앱 만들기 I

여행 사진 공유 앱 만들기 II

CHAPTER 09 여행 사진 공유 앱 만들기 III

CHAPTER

1

리액트 네이티브 시작하기

Preview

이 장에서는 리액트 네이티브 개발을 위한 환경 설정 방법에 대해 알아보고 프로젝트를 만들고
실행해봅니다.

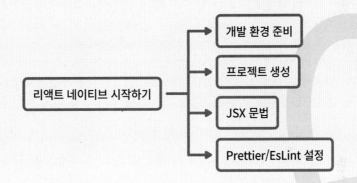

 **1.1 들어가기 전에**

리액트 네이티브를 개발하는 방법에는 리액트 네이티브 CLI를 사용하는 방법과 Expo를 사용하는 방법이 있습니다. 리액트 네이티브 CLI를 사용하면 개발의 자유도가 높고 다양한 라이브러리 사용이 가능합니다. 특히 iOS와 안드로이드용 네이티브 모듈을 직접 개발할 수 있다는 장점이 있습니다. 하지만 사용자 설정이 많이 필요합니다.

Expo의 장단점은 리액트 네이티브 CLI의 장단점의 반대라고 생각하면 됩니다. 네이티브 모듈을 만들어 사용할 수 없고 Expo를 지원하지 않는 라이브러리를 사용할 수 없습니다. 하지만 추가적인 사용자 설정이 필요 없고 Expo에서 제공하는 편리하고 유용한 기능 덕분에 쉽게 개발할 수 있다는 장점이 있습니다. 특히 처음 리액트 네이티브를 시작하는 사용자가 조금 더 쉽게 리액트 네이티브를 익히기에 좋습니다.

그뿐만 아니라 Expo를 사용해서 실물 기기로 테스트를 한다면 환경 구성이 굉장히 쉽고, 윈도우 환경에서도 iOS 실물 기기를 사용해 iOS 테스트가 가능합니다. 반면 CLI를 사용하여 두 플랫폼(iOS, 안드로이드)에서의 테스트를 진행하기 위해서는 반드시 맥 환경이 필요합니다.

위와 같은 이유로 이 책에서는 Expo를 사용하여 개발 환경 설정을 진행하겠습니다.

∞ Expo – https://expo.dev/

1.2 개발 환경 준비하기

이 책의 리액트 네이티브 개발 환경 설정 방법은 리액트 네이티브 공식 문서를 바탕으로 진행합니다. 여러분의 환경과 이 책을 접하는 시기에 따라 설정 방법이 달라질 수 있으니 공식 문서를 함께 확인하며 진행하기 바랍니다.

> **NOTE**
>
> 이 책에서는 맥 OS Monterey를 사용하는 애플 실리콘 맥북과 윈도우 10을 기준으로 진행합니다.

๏ 리액트 네이티브 환경 설정 – https://reactnative.dev/docs/environment-setup

1 Node.js 설치하기

가장 먼저 Node.js를 설치해야 합니다. Node.js는 브라우저가 아닌 곳에서 자바스크립트를 사용할 수 있게 해주는 Chrome V8 자바스크립트 엔진으로 빌드 된 자바스크립트 런타임입니다. 공식 문서에서는 Node.js v14 이상 설치할 것을 권장하고 있습니다. 시간이 지남에 따라 LTS 유지보수 기간이 끝나게 되니 되도록 최신 LTS를 설치하는 것을 추천합니다. (2022년 6월 기준 v16)

๏ Node.js 릴리스 일정 – https://nodejs.org/ko/about/releases/

Node.js를 설치하면 패키지를 관리하는 npm$^{Node\ Package\ Manager}$이 함께 설치됩니다. 우리는 npm을 통해 전 세계 수많은 개발자들이 만든 패키지를 설치하고 사용할 수 있습니다.

맥 환경

맥 환경에서 진행한다면 nvm$^{Node\ Version\ Manager}$을 사용해서 Node.js를 설치하는 것을 권장합니다. nvm은 맥 환경에서 여러 버전의 Node.js를 설치하고 관리할 수 있도록 도와주는 도구로 다양한 버전의 Node.js를 사용해야 할 때 유용하게 활용할 수 있습니다.

🔗 nvm – https://bit.ly/nodejs–nvm

앞의 링크를 통해 nvm 깃허브GitHub 페이지로 이동하면 Installing and Updating 부분에서 다음과 같은 설치 스크립트를 볼 수 있습니다.

```
curl -o- https://raw.githubusercontent.com/nvm-sh/nvm/v0.39.1/install.sh | bash
```

Installing and Updating

Install & Update Script

To **install** or **update** nvm, you should run the install script. To do that, you may either download and run the script manually, or use the following cURL or Wget command:

```
curl -o- https://raw.githubusercontent.com/nvm-sh/nvm/v0.39.1/install.sh | bash
```

▶ nvm 설치 스크립트

이 명령어를 복사해서 터미널에서 실행하면 자동으로 설치가 진행됩니다. 설치가 완료되면 터미널을 종료하고 다시 실행하세요. 그리고 아래 명령어를 사용해서 Node.js를 설치하세요.

```
$ nvm install --lts
```

--lts 옵션을 사용하면 최신 LTS 버전을 설치합니다. 설치가 완료되면 다음 명령어를 사용해서 설치가 잘 되었는지 확인해보세요. 잘 되었다면 설치한 Node.js 버전이 나타납니다.

```
$ node --version
```

윈도우 환경

윈도우 환경에서는 Node.js 공식 페이지에서 LTS 버전의 파일을 다운로드해 설치하세요.

🔗 Node.js 공식 페이지 – https://nodejs.org/ko/

▶ Node.js 공식 페이지

설치가 완료되면 명령 프롬프트(cmd)를 열고 아래 명령어를 사용해서 Node.js가 잘 설치되었는지 확인해보세요. 설치가 잘 되었다면 여러분이 설치한 Node.js 버전이 나타납니다.

```
> node --version
```

② Homebrew와 Watchman 설치하기

다음으로 Homebrew와 Watchman을 설치하겠습니다. Homebrew와 Watchman은 맥 환경에서만 설치할 수 있으니 윈도우 환경에서 진행하는 독자는 이 절을 건너뛰어도 괜찮습니다.

Homebrew 설치하기

먼저 Homebrew 설치를 진행하겠습니다. Homebrew는 맥스 호웰Max Howell이 만든 맥용 패키지 매니저로 Homebrew를 사용하면 맥에 필요한 패키지를 쉽고 간단하게 설치하고 관리할 수 있습니다.

🔗 Homebrew – https://brew.sh/

위의 링크를 통해 이동한 Homebrew 페이지에서 Install Homebrew 부분에 있는 설치 스크립트를 복사해서 터미널에서 실행하세요.

```
/bin/bash -c "$(curl -fsSL
https://raw.githubusercontent.com/Homebrew/install/HEAD/install.sh)"
```

Install Homebrew

```
$ /bin/bash -c "$(curl -fsSL https://raw.githubusercontent.com/Homebrew/install/HEAD/install.sh)"
```

▶ Homebrew 설치 스크립트

설치가 완료되면 터미널에 다음과 같은 메시지가 나타납니다.

```
==> Next steps:
- Run these two commands in your terminal to add Homebrew to your PATH:
    echo 'eval "$(/opt/homebrew/bin/brew shellenv)"' >> /Users/<계정 이름>/.zprofile
    eval "$(/opt/homebrew/bin/brew shellenv)"
```

터미널에서 안내하는 대로 echo로 시작하는 두 문장을 복사해서 각각 실행하세요. 그다음 아래 명령어를 사용해서 Homebrew가 잘 설치되었는지 확인하세요. 정상적으로 작동한다면 설치된 Homebrew 버전이 나타납니다.

```
$ brew --version
```

Watchman 설치하기

다음으로 Watchman을 설치하겠습니다. Watchman은 메타에서 제작한 파일 시스템 변경 감지 도구로, 파일의 변화를 감지하고 파일의 변화가 조건을 만족시키면 특정 작업을 실행시킵니다. 리액트 네이티브에서 Watchman은 소스 코드의 변화를 감지하고 자동으로 빌드하여 화면에 업로드하는 역할을 담당합니다.

Watchman은 Homebrew를 사용해서 쉽게 설치할 수 있습니다. 아래 명령어를 통해 Watchman을 설치하세요.

```
$ brew install watchman
```

설치가 완료되면 아래 명령어를 실행하세요. 정상적으로 설치되면 설치된 Watchman 버전이 나타납니다.

```
$ watchman --version
```

만약 가상 기기를 사용하지 않고 실물 기기를 사용해서 테스트한다면 개발 환경 준비가 완료된 것입니다. 굉장히 간단하죠? iOS, 안드로이드 실물 기기가 있다면 이후 환경 설정을 크게 신경 쓸 필요 없이 1.3절로 넘어가면 됩니다. 이후 내용은 가상 기기를 사용해서 테스트하기 위한 환경 설정에 대해 살펴보겠습니다.

3 iOS 개발 환경 설정하기

iOS 개발 환경을 설정하겠습니다. iOS는 맥 환경에서만 진행 가능합니다.

Xcode 설치하기

먼저 Xcode를 설치하겠습니다. Xcode는 iOS를 개발하는 데 반드시 필요한 개발 도구입니다. 애플 앱 스토어를 실행해서 Xcode를 검색하면 쉽게 찾아서 설치할 수 있습니다. Xcode를 설치하면 iOS 시뮬레이터 및 iOS 앱을 빌드하는 데 필요한 모든 도구가 함께 설치됩니다.

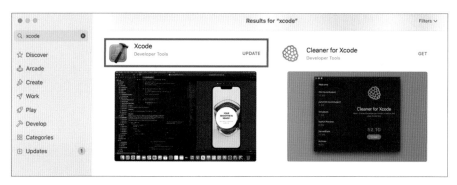

▶ Xcode 앱 스토어

설치가 완료되면 Xcode Command Line Tools를 설정해야 합니다. Xcode를 실행한 후 상단 메뉴에서 Xcode 〉 Preferences를 실행하고, Locations 탭에서 다음 그림과 같이 Command Line Tools의 가장 최신 버전을 선택하세요.

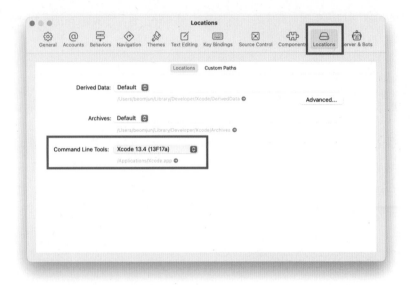

▶ Command Line Tools

시뮬레이터 실행하기

Xcode 준비가 완료되면 iOS 시뮬레이터를 실행하겠습니다. Xcode 실행 후 상단 메뉴에서 Xcode > Open Developer Tool > Simulator를 실행하면 됩니다.

▶ iOS 시뮬레이터 메뉴

시뮬레이터가 실행되면 상단 메뉴에서 File > Open Device 메뉴를 통해 원하는 기기를 실행할 수 있습니다. 이 책에서는 아이폰 11 프로를 기준으로 테스트를 진행하겠습니다. 여러분도 iOS 시뮬레이터가 잘 나타나는지 확인해보세요.

▶ iOS 시뮬레이터 아이폰 11 프로

4 JDK 설치하기

안드로이드 개발에 필요한 JDK^Java Development Kit를 설치하겠습니다.

맥 환경

맥 환경에서는 Homebrew를 사용해서 쉽게 설치할 수 있습니다. 아래 명령어를 사용해서 OpenJDK를 설치하세요.

```
$ brew tap homebrew/cask-versions
$ brew install --cask zulu11
```

설치가 완료되면 아래 명령어를 사용해 정상적으로 설치되었는지 확인해보세요.

```
$ java --version
$ javac --version
```

만약 이미 JDK가 설치되어 있다면 JDK 11 이상인지 확인하세요.

윈도우 환경

윈도우 환경에서는 Chocolatey라는 윈도우 패키지 매니저를 사용해서 JDK를 설치합니다.

⊖ Chocolatey 공식 페이지 – https://chocolatey.org/

Chocolatey 공식 페이지에서 오른쪽 위에 있는 **Try It Now** 버튼을 클릭하면 설치 안내 페이지가 나타납니다. 그곳에서 **Step 2: Choose Your Installation Method**의 **Install Chocolatey for Individual Use**에 나온 스크립트를 복사하고 관리자 권한으로 연 PowerShell에서 실행하면 됩니다.

```
Set-ExecutionPolicy Bypass -Scope Process -Force; [System.Net.ServicePointManager]::
SecurityProtocol = [System.Net.ServicePointManager]::SecurityProtocol -bor 3072; iex
((New-Object System.Net.WebClient).DownloadString('https://community.chocolatey.org/
install.ps1'))
```

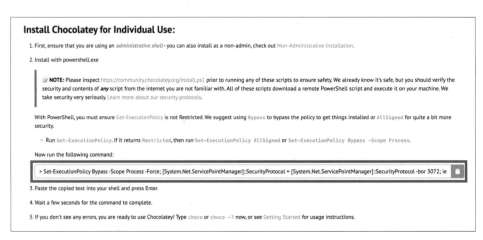

▶ Chocolatey 설치 스크립트

설치가 완료되면 아래 명령어를 사용해서 JDK를 설치하세요.

```
> choco install -y openjdk11
```

JDK 설치를 완료하면 PowerShell을 종료하고 다시 실행하세요. 그리고 아래 명령어를 사용해서 잘 설치되었는지 확인해보세요. 설치한 버전이 나타나면 잘 설치된 것입니다.

```
> java --version
> javac --version
```

5 안드로이드 스튜디오 설치하기

안드로이드 개발을 위한 환경 설정을 진행하겠습니다.

안드로이드 스튜디오 설치

먼저 안드로이드 스튜디오Android Studio를 설치하겠습니다. 안드로이드 스튜디오는 안드로이드를 개발하기 위한 공식 IDE^{Integrated Development Environment}(통합 개발 환경)입니다. 설치 방법은 모든 운영체제에서 동일합니다. 안드로이드 스튜디오 공식 페이지에서 설치 파일을 다운로드하고 실행하면 됩니다. 안드로이드 스튜디오 페이지에서 현재 사용하는 운영체제에 맞는 파일을 자동으로 보여주니 따로 운영체제에 맞는 파일을 찾을 필요가 없습니다.

> **NOTE**
>
> 애플 실리콘 맥북을 사용하는 독자는 다운로드 버튼을 클릭하면 인텔과 애플 실리콘 중 하나를 선택하는 버튼이 나옵니다. 사용하는 맥북 버전에 맞게 다운로드하기 바랍니다.

🔗 안드로이드 스튜디오 – https://developer.android.com/studio

▶ 안드로이드 스튜디오 다운로드

앞의 그림에서 위쪽은 맥 환경에서 아래쪽은 윈도우 환경에서 해당 페이지에 들어갔을 때 나타나는 모습입니다. 파일 다운로드가 완료되면 설치를 진행하세요. 설치가 시작되고 다음 그림과 같이 **설치 타입**(Install Type)을 정하는 화면이 나타나면 Custom을 선택하세요.

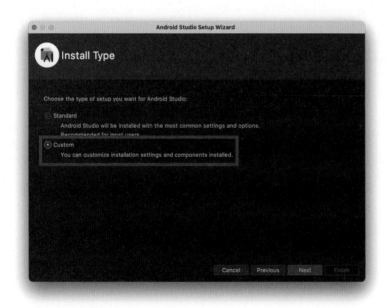

▶ 안드로이드 스튜디오 설치 타입

그다음 나타나는 선택지인 UI Theme은 취향에 맞게 선택하고 진행하세요. UI Theme을 선택한 다음 나타나는 SDK Components Setup은 중요한 부분입니다. 아래 그림처럼 다음 세 가지 항목이 반드시 선택된 상태로 진행하세요.

- Android SDK
- Android SDK Platform
- Android Virtual Device

설치 과정에서 Android Virtual Device 부분에 installed라고 표시되며 선택이 되지 않을 수 있습니다. installed라고 표시되어 있으면 이미 설치가 완료된 것이니 선택하지 않고 진행해도 괜찮습니다.

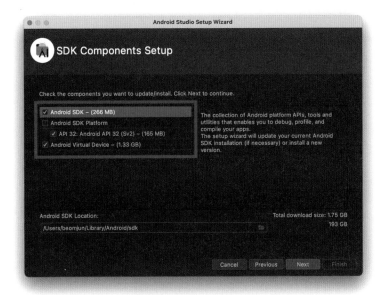

▶안드로이드 스튜디오 SDK Components

License Agreement에서는 모두 Accept를 선택하고 진행합니다.

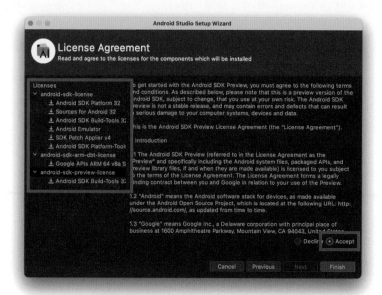

▶ License Agreement

설치가 완료되고 나오는 화면에서 More Actions 〉 SDK Manager 메뉴를 클릭하세요. 혹은 안드로이드 스튜디오의 Preferences(윈도우에서는 Settings) 〉 Appearance & Behavior 〉 Android SDK로 이동해도 됩니다.

▶ SDK Manager 메뉴

SDK Manager 메뉴를 클릭하면 안드로이드 스튜디오 Preferences의 Android SDK 메뉴가 열립니다. Android SDK 메뉴의 SDK Platforms 탭에서 오른쪽 아래에 있는 Show Package Details를 체크하고 다음 항목을 체크하세요.

- Android SDK Platform 30
- Intel x86 Atom_64 System Image 또는 Google APIs Intel x86 Atom System Image

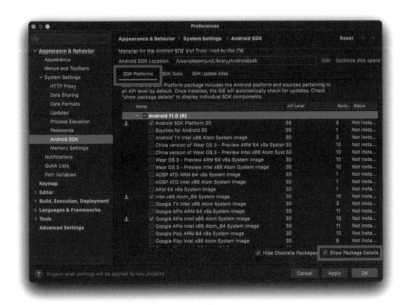

▶ SDK Platforms 추가 설치

그다음 SDK Tools 탭에서도 Show Package Details를 체크하고 Android SDK Build-Tools에서 30.0.2를 체크하세요.

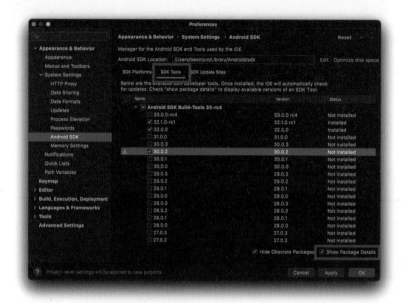

▶ SDK Tools 추가 설치

모두 선택하면 **Apply** 버튼을 눌러서 설치합니다.

환경 설정 – 맥 환경

다음으로 안드로이드 관련 환경 변수를 설정해야 합니다. 환경 변수를 설정하는 방법은 운영체
제에 따라 차이가 있습니다. 먼저 맥 환경에서 설정하는 방법을 알아보겠습니다.

맥 환경에서는 `.zshrc` 파일 혹은 `.zprofile` 파일을 수정해야 합니다. 만약 Catalina 이전 버
전을 사용하고 있다면 `.bash_profile` 혹은 `.bashrc` 파일을 수정해야 합니다. 터미널에서 아
래와 같이 입력하면 `.zshrc` 파일이 열립니다.

```
$ vim ~/.zshrc
```

vim의 사용 방법을 모르거나 어렵게 느껴진다면 맥에서 기본으로 제공하는 TextEdit 앱을 사용하는 것도 괜찮습니다. 다음과 같이 입력하면 TextEdit 앱을 사용해서 **.zshrc** 파일을 열 수 있습니다.

```
$ open ~/.zshrc
```

.zshrc 파일을 원하는 방법으로 연 뒤 아래 코드를 입력하고 저장하세요.

```
export ANDROID_SDK_ROOT=$HOME/Library/Android/sdk
export PATH=$PATH:$ANDROID_SDK_ROOT/emulator
export PATH=$PATH:$ANDROID_SDK_ROOT/platform-tools
```

저장이 완료되면 터미널을 종료하고 다시 실행하세요. 그리고 다음과 같이 입력하세요.

```
$ echo $ANDROID_SDK_ROOT
```

안드로이드 SDK 경로가 나타나면 정상적으로 설정된 것입니다. 안드로이드 SDK 경로는 안드로이드 스튜디오의 Android SDK 메뉴에서 확인 가능합니다.

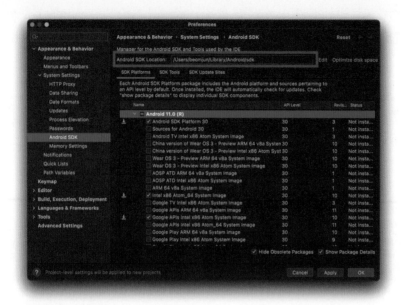

▶ 안드로이드 SDK 경로

환경 설정 - 윈도우 환경

이번에는 윈도우 환경에서 안드로이드 환경 변수를 설정하겠습니다. 윈도우 탐색기 내의 내 PC 아이콘 위에서 우 클릭하여 **속성** 메뉴를 선택하세요. 그러고 나면 윈도우 **설정** 창이 나타납니다. **설정** 창의 스크롤을 아래로 내려서 **고급 시스템 설정**을 클릭하세요.

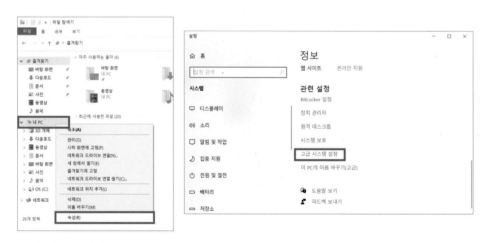

▶ 고급 시스템 설정

시스템 속성 창이 열리면 **환경 변수** 버튼을 누르세요. **환경 변수** 창이 열리면 **시스템 변수**에 있는 **새로 만들기** 버튼을 클릭하세요.

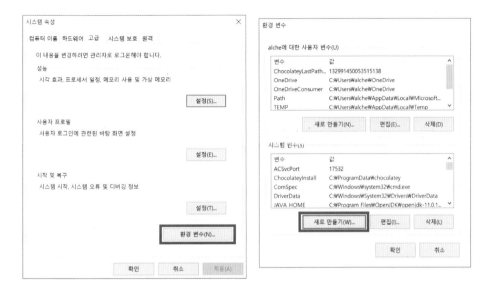

▶ 고급 시스템 설정

새 시스템 변수 창이 나타나면 다음 그림과 같이 변수 이름은 ANDROID_HOME으로 하고 변 숫값은 %LOCALAPPDATA%₩Android₩Sdk로 입력하세요.

▶ 새 시스템 변수

그다음 **시스템 변수**에서 Path라는 변수를 선택하고 **편집** 버튼을 클릭하세요. **편집** 버튼을 클 릭하면 **환경 변수 편집** 창이 나타납니다. **환경 변수 편집** 창에서 **새로 만들기** 버튼을 클릭하고 %LOCALAPPDATA%₩Android₩Sdk₩platform-tools라고 입력하세요.

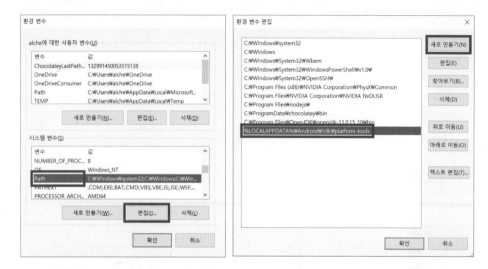

▶ Path 편집

이제 등록이 잘 되었는지 확인하겠습니다. PowerShell을 열고 다음과 같이 입력하세요.

```
> Get-ChildItem -Path Env:\
```

ANDROID_HOME이 알맞은 경로로 추가되어 있으면 잘 적용된 것입니다.

▶ ANDROID_HOME 경로

ANDROID_HOME 경로는 C:₩Users₩계정이름₩AppData₩Local₩Android₩Sdk이 며 안드로이드 스튜디오의 Android SDK에서 확인 가능합니다.

에뮬레이터 실행하기

설정이 모두 완료되었으니 안드로이드 에뮬레이터를 만들고 실행하겠습니다. 안드로이드 스튜디오에서 More Actions > Virtual Device Manager를 클릭하면 Device Manager 창이 나타납니다. 새로운 가상 기기를 만들기 위해 Device Manager 창의 왼쪽 상단에 있는 Create Device 버튼을 클릭하세요.

▶ Device Manager

먼저 Select Hardware 창이 나타나는데 여기에서 하드웨어를 선택해야 합니다. 이 책에서는 Pixel 4를 선택했습니다.

▶ 하드웨어 선택

그다음 System Image 창이 나타납니다. Recommended 탭에 있는 이미지 중 하나의 Download를 클릭해서 이미지를 다운로드하세요. 되도록 가장 위에 있는 최신 이미지를 사용하는 것을 추천합니다. 다운로드가 완료되고 오른쪽 아래 Next 버튼이 활성화되면 다음으로 진행하세요.

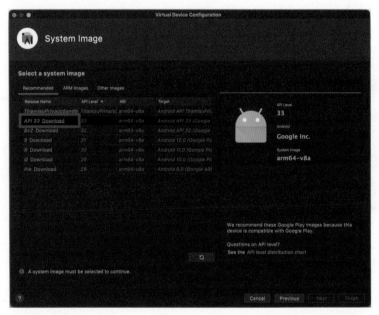

▶ 이미지 다운로드

마지막으로 Android Virtual Device(AVD) 창이 나타나고 이름을 지정할 수 있습니다. 기본 설정된 이름을 사용해도 되고 여러분이 마음에 드는 이름으로 변경해도 됩니다. 이름을 결정하고 Finish 버튼을 클릭하면 Device Manager 창에 가상 기기가 추가된 것을 볼 수 있습니다. 추가된 가상 기기의 오른쪽 끝에 있는 플레이 아이콘을 클릭하면 안드로이드 에뮬레이터가 구동됩니다.

▶ 추가된 가상 기기

추가한 기기가 잘 나타나는지 확인해보세요.

▶ 안드로이드 에뮬레이터 Pixel 4

6 에디터 설치하기

마지막으로 리액트 네이티브 코드를 작성하기 위한 에디터를 설치하겠습니다. 이 책에서는 VS Code^Visual Studio Code를 사용하며 진행합니다. VS Code는 마이크로소프트^Microsoft에서 만든 오픈소스 코드 에디터로 많은 개발자에게 사랑받고 있습니다. 만약 Atom, WebStorm 등 이미 익숙한 에디터가 있다면 그것들을 사용해도 무방합니다.

🔗 VS Code 공식 페이지 – https://code.visualstudio.com/

VS Code는 공식 페이지에서 설치 파일을 다운로드해 설치할 수 있습니다.

1.3 리액트 네이티브 프로젝트 생성하기

개발 환경 준비가 완료되었으니 직접 프로젝트를 생성하고 실행해보겠습니다. 앞에서 설명한 대로 Expo를 사용해서 리액트 네이티브 프로젝트를 생성하겠습니다.

1 Expo 프로젝트 생성하기

Expo를 사용하기 위해서는 expo-cli를 설치해야 합니다. 아래 명령어를 사용해서 expo-cli 를 설치하세요.

```
$ npm install -g expo-cli
```

설치가 완료되면 아래 명령어를 사용해서 프로젝트를 생성하세요. 프로젝트 이름은 여러분이 원하는 이름으로 설정하면 됩니다. 여기에서는 my-first-rn이라고 하겠습니다.

```
$ expo init my-first-rn
```

명령어를 실행하면 다음 그림과 같은 선택지가 나타납니다. 가장 위에 있는 blank를 선택하고 진행하세요.

```
? Choose a template: › - Use arrow-keys. Return to submit.
    ----- Managed workflow -----
›   blank                 a minimal app as clean as an empty canvas
    blank (TypeScript)    same as blank but with TypeScript configuration
    tabs (TypeScript)     several example screens and tabs using react-navigation and TypeScript
    ----- Bare workflow -----
    minimal               bare and minimal, just the essentials to get you started
```

▶ Expo 프로젝트 생성

프로젝트 생성이 완료되면 프로젝트 폴더로 이동하세요.

```
$ cd my-first-rn
```

2 리액트 네이티브 실행하기

이제 아래 명령어를 사용해서 프로젝트를 실행하세요.

```
$ npm start
```

명령어를 실행하면 터미널에 다음 그림과 같이 나타납니다.

```
> my-first-rn@1.0.0 start
> expo start

Starting project at /Users/beomjun/git/2022-rn-private/my-first-rn
Developer tools running on http://localhost:19002
Opening developer tools in the browser...
Starting Metro Bundler
```

```
> Metro waiting on exp://192.168.0.5:19000
> Scan the QR code above with Expo Go (Android) or the Camera app (iOS)

> Press a │ open Android
> Press i │ open iOS simulator
> Press w │ open web

> Press r │ reload app
> Press m │ toggle menu
> Press d │ show developer tools
> shift+d │ toggle auto opening developer tools on startup (enabled)

> Press ? │ show all commands

Logs for your project will appear below. Press Ctrl+C to exit.
Started Metro Bundler
```

▶실행 후 화면

터미널을 보면 **Started Metro Bundler**라는 메시지를 볼 수 있습니다. Metro는 프로젝트에 사용되는 모든 자바스크립트 파일을 하나의 파일로 만들어서 실행할 수 있게 해주는 번들러^{bundler}입니다.

그리고 터미널에 나타난 QR 코드를 사용하면 쉽게 실물 기기에서 프로젝트를 테스트할 수 있습니다. 먼저 사용하는 기기에 Expo 앱을 다운로드하세요.

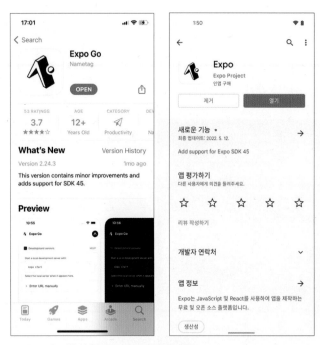

▶ Expo Go 앱 다운로드 – iOS / 안드로이드

앱이 다운로드되면 카메라로 QR 코드를 촬영하세요. 안드로이드는 앱에서 제공하는 QR 코드 촬영 기능을 사용하고 iOS는 기본 카메라로 촬영하면 됩니다. QR 코드를 촬영하면 다운로드한 Expo 앱에서 프로젝트가 실행됩니다.

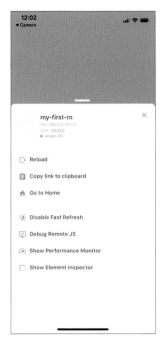

▶ 리액트 네이티브 실행

이번에는 가상 기기에서 프로젝트를 실행하겠습니다. 터미널에서 i 버튼을 누르면 iOS가 실행되고 a 버튼을 누르면 안드로이드가 실행되면서 자동으로 Expo 앱이 설치됩니다.

실물 기기를 흔들면 그림 [리액트 네이티브 실행]의 왼쪽에 있는 메뉴가 나옵니다. 가상 기기에서는 iOS의 경우 Command + D 를 누르고 안드로이드에서는 Command + M 을 누르면 됩니다. 윈도우의 경우에는 Command 대신 Ctrl 을 사용하세요. 혹은 실행 중인 터미널에서 키보드의 M 버튼을 눌러도 메뉴가 나옵니다.

리액트 네이티브는 코드가 변경되면 자동으로 새로고침되지만 강제로 새로고침하고 싶을 때는 메뉴를 열고 **Reload**를 클릭하면 됩니다. 가상 기기에서는 메뉴를 열지 않고 iOS에서는 키보드의 R 버튼을 1번, 안드로이드에서는 키보드의 R 버튼을 2번 누르면 새로고침됩니다. 혹은 실행 중인 터미널에서 키보드의 R 버튼을 누르면 현재 실행 중인 모든 기기가 새로고침됩니다. 여러분도 기기에서 리액트 네이티브가 잘 실행되고 메뉴 열기와 새고고침이 제대로 작동하는지 확인해보세요.

❸ Expo 로그인하기

메뉴에서 Go to Home을 클릭하면 처음 Expo 앱을 실행했을 때의 화면을 볼 수 있습니다. 그리고 Home 화면에서 최근 실행했던 프로젝트를 볼 수 있습니다.

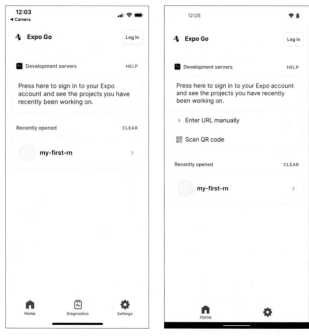

▶ Expo Home – iOS / 안드로이드

이번에는 Expo에서 회원가입을 하고 앱에서 로그인해보세요. 터미널에서도 아래 명령어를 사용해서 같은 계정으로 로그인하고 프로젝트를 다시 실행해보세요.

```
$ expo login
```

다시 Home 화면을 확인하면 이번에는 현재 컴퓨터에서 실행 중인 프로젝트가 Development servers에 보이게 됩니다. 이렇게 하면 굳이 QR 코드를 촬영하지 않아도 현재 실행 중인 프로젝트를 앱에서 실행할 수 있습니다. 어떤 방법으로 실행하든 차이는 없으니 여러분이 생각하기에 더 편한 방법을 사용하세요.

▶ 로그인 후 Expo Home

1.4 JSX 문법 알아보기

이번에는 리액트 네이티브에서 사용하는 JSX의 사용 방법과 문법에 대해 알아보겠습니다.

1 JSX와 부모-자식 관계

화면에 보이는 모습은 프로젝트의 **App.js** 파일에 있는 내용입니다. VS Code에서 프로젝트 폴더를 열고 **App.js** 파일을 확인해보세요.

 App.js

```js
import { StatusBar } from 'expo-status-bar';
import { StyleSheet, Text, View } from 'react-native';

export default function App() {
  return (
    <View style={styles.container}>
      <Text>Open up App.js to start working on your app!</Text>
      <StatusBar style="auto" />
    </View>
  );
}

const styles = StyleSheet.create({
  container: {
    flex: 1,
    backgroundColor: '#fff',
    alignItems: 'center',
    justifyContent: 'center',
  },
});
```

분명 자바스크립트 파일인데 익숙하지 않은 코드가 많이 있습니다. return 부분을 보면 마치 HTML을 작성한 듯한 코드가 보이는데, 이런 코드를 JSX$^{\text{JavaScript XML}}$라고 합니다.

JSX를 보면 <Text>...</Text>와 <StatusBar ... />가 <View>...</View>로 감싸져 있는 것을 볼 수 있습니다. 이런 관계를 부모-자식 관계라고 하며 감싸고 있는 View가 부모가 되고 그 안에 작성된 Text와 StatusBar는 자식이 됩니다.

2 코드 수정하기

이번에는 코드를 수정해서 화면에 적용해보겠습니다. 코드를 보면 화면에 나타나는 내용이 <Text>와 </Text> 사이에 있는 것을 확인할 수 있습니다. 이런 태그들을 컴포넌트라고 하는데 컴포넌트에 대해서는 2장에서 자세히 알아보겠습니다. Text 태그 안에 있는 내용을 변경해서 화면 내용을 수정하겠습니다. App.js 파일을 다음과 같이 변경해보세요.

 App.js

```
...

export default function App() {
  console.log('Expo React Native');

  return (
    <View style={styles.container}>
      <Text>My First React Native</Text>
      <StatusBar style="auto" />
    </View>
  );
}

...
```

Text 태그에 입력된 내용을 변경하고 return 위에서 console.log를 사용했습니다. 코드를 저장하면 자동으로 새로고침되면서 화면이 변경되는 것을 확인할 수 있습니다.

16:26

My First React Native

▶ 코드 수정

그리고 터미널에는 Expo React Native라는 내용이 출력되는 것을 볼 수 있습니다. 만약 여러 개의 기기에서 동시에 테스트하고 있다면 모든 기기에서 console.log가 실행되므로 기기의 개수만큼 Expo React Native라는 내용이 터미널에 나타납니다. 여러분도 화면의 내용이 잘 변경되고 터미널에 텍스트가 잘 나타나는지 확인해보세요.

3 태그 닫기

우리가 내용을 입력한 Text 태그에는 /가 있는 것과 없는 것이 있습니다. /가 없는 <Text>를 여는 태그라고 하고 /가 있는 </Text>를 닫는 태그라고 하며 각각 시작과 끝을 의미합니다. 태그는 열었으면 반드시 닫아야 합니다.

만약 닫는 태그를 사용하지 않으면 에러가 발생합니다. 예를 들어 App.js 파일에서 </Text>를 삭제하면 다음과 같은 에러 메시지가 표시됩니다.

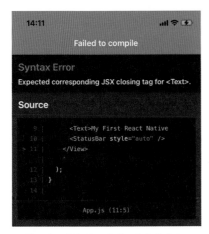

▶닫는 태그 삭제 시 표시되는 에러 메시지

Text 태그처럼 여는 태그와 닫는 태그가 쌍을 이루는 것도 있지만, App.js 파일에 있는 <StatusBar ... />처럼 닫는 태그가 없는 경우도 있습니다. 이런 태그를 스스로 닫는 태그 Self-Closing Tags라고 합니다.

스스로 닫는 태그를 사용하는 경우가 아니라면 반드시 닫는 태그가 있어야 한다는 것을 기억하세요.

❹ 하나의 태그로 반환하기

JSX를 사용할 때 주의해야 하는 점은 반드시 하나의 태그로 감싸야 한다는 것입니다. App.js 파일에서도 <View>, </View>로 전체를 감싸고 있는 것을 볼 수 있습니다. 만약 다음과 같이 Text 태그를 추가해서 전체가 하나의 태그로 감싸져 있지 않게 되면 에러가 발생합니다.

 App.js

```
● ● ●

...

export default function App() {
  console.log('Expo React Native');

  return (
    <View style={styles.container}>
```

```
      <Text>My First React Native</Text>
      <StatusBar style="auto" />
    </View>
    <Text>NEW</Text>
  );
}

...
```

▶하나의 태그가 아닐 때 발생하는 에러

만약 **View** 태그나 다른 태그로 전체를 감싸지 못할 경우에는 JSX Fragment를 사용해서 전체를 감싸주면 됩니다. 사용 방법은 간단합니다. 아무것도 없는 <>와 </>를 사용해서 전체를 감싸주면 됩니다.

📄 App.js

```
...

export default function App() {
  console.log('Expo React Native');

  return (
    <>
```

```
      <View style={styles.container}>
        <Text>My First React Native</Text>
        <StatusBar style="auto" />
      </View>
      <Text>NEW</Text>
    </>
  );
}

...
```

5 자바스크립트 사용하기

JSX에서는 내부에서 자바스크립트 변수를 사용하거나 함수를 호출할 수 있습니다. JSX에서 자바스크립트를 사용하기 위해서는 자바스크립트를 중괄호({})로 감싸야 합니다. 이를 사용해서 자바스크립트 변수에 있는 값을 화면에 보여주거나 함수 결과를 화면에 보여줄 수 있으며, 조건문을 사용해서 상황에 따라 원하는 값이 나타나게 만들 수 있습니다.

다음과 같이 **App.js** 파일을 수정해보세요.

 App.js

```
...

export default function App() {
  console.log('Expo React Native');

  const name = 'beomjun';
  const isFullname = true;

  const add = (a, b) => {
    return a + b;
  };

  return (
    <View style={styles.container}>
      <Text>My name is {name}</Text>
      <Text>1 + 2 = {add(1, 2)}</Text>
```

```
        <Text>{isFullname === true ? name + ' kim' : name}</Text>
        <StatusBar style="auto" />
      </View>
    );
  }

  ...
```

코드를 저장하면 화면에 자바스크립트 변수와 함수의 결과 그리고 삼항 연산자를 사용한 조건 문의 결과가 잘 나타나는 것을 확인할 수 있습니다. 여러분도 코드를 변경해가며 여러 가지 테스트를 해보세요.

▶ 자바스크립트 사용

6 주석 작성하기

JSX 주석은 자바스크립트 주석과 약간의 차이가 있습니다. 기본적으로 {/* 와 */} 사이에 주석을 작성하면 됩니다. //를 사용해서 주석을 작성할 수는 있지만 여는 태그와 스스로 닫는 태그에서만 사용할 수 있습니다.

 App.js

```
export default function App() {
  console.log('Expo React Native');

  const name = 'beomjun';

  return (
    <View
      style={styles.container}
      // 여는 태그 주석
    >
      {/* 일반 주석 */}
      <Text>My name is {name}</Text>
      <StatusBar style="auto"
      // 스스로 닫는 태그 주석
      />
    </View>
  );
}

...
```

주석을 잘못 작성하면 에러가 발생하니 주석 작성 시 위와 같은 내용을 주의하기 바랍니다.

1.5 Prettier와 ESLint

이번에는 코드를 작성할 때 실수를 줄이고 일관된 코드 스타일로 작성할 수 있도록 도와주는 Prettier와 ESLint라는 도구를 설정해보겠습니다. 이 책을 따라 학습할 때에는 Prettier와 ESLint를 사용하며 진행하는 것을 권장합니다. 반드시 아래 설명처럼 설정할 필요는 없으며 여러분의 선호에 따라 사용하지 않아도 괜찮습니다.

1 Prettier 설정하기

코드를 작성하다 보면 스타일이 일관되지 않을 때가 있습니다. 만약 팀 단위로 작업한다면 각자 코드 스타일의 차이가 생겨 서로 다른 스타일로 코드를 작성할 수 있습니다. 예를 들어, 누군가는 문자열을 큰따옴표(")로 사용하고 누군가는 작은따옴표(')를 사용하곤 합니다. 그리고 누군가는 탭으로 들여쓰기를 하지만 누군가는 스페이스를 사용하며, 스페이스도 사용자에 따라 두 칸 혹은 네 칸으로 서로 다르게 사용할 수 있습니다.

이러한 문제는 Prettier를 사용해서 해결할 수 있습니다. Prettier는 코드 스타일 정리 도구로 규칙을 정해 놓으면 자동으로 설정된 규칙에 맞게 코드를 변경해주는 역할을 합니다. Prettier를 사용하면 코드를 일관성 있고 예쁘게 작성할 수 있습니다. 특히 서로 다른 스타일을 가진 팀원들이 협업할 때 일관성 있는 스타일로 코드를 작성할 수 있어 매우 유용합니다.

🔗 Prettier – https://prettier.io/

먼저 VS Code의 왼쪽 메뉴 중 가장 아래에 있는 **Extensions**로 이동하세요. 그리고 **prettier**라고 검색해서 **Prettier – Code formatter**라는 확장 프로그램을 설치하세요.

▶ Prettier 확장 프로그램

그다음 왼쪽 아래의 **톱니바퀴** 아이콘을 클릭하고 Settings 메뉴를 여세요. Settings 메뉴에서 Format On Save에 체크하고, Default Formatter를 방금 설치한 Prettier − Code formatter로 변경하세요. 설정 이름을 검색하면 조금 더 쉽게 설정을 찾을 수 있습니다.

▶ VS Code 설정

설정이 완료되면 프로젝트 폴더에 `.prettierrc`라는 파일을 만들고 다음과 같이 작성하세요.

.prettierrc

```
{
  "singleQuote": true,
  "arrowParens": "always",
  "tabWidth": 2,
  "printWidth": 80
}
```

문자열은 항상 작은따옴표를 사용하고 화살표 함수에서는 괄호를 항상 사용한다는 설정입니다. 들여쓰기는 스페이스바 2칸으로 하고, 한 줄에 최대 입력할 수 있는 코드의 길이는 80으로 설정했습니다. 꼭 이렇게 설정할 필요는 없고 여러분이 선호하는 스타일로 설정하면 됩니다. 위와 같은 설정 외에도 다양한 설정이 가능하니 여러분의 스타일에 맞게 수정해보세요.

설정이 모두 완료되면 `App.js` 파일에서 문자열을 큰따옴표로 변경하고 들여쓰기를 변경하는 등 에러가 발생하지 않는 선에서 코드를 변경해보세요. 그 후 저장을 하면 우리가 설정한 대로 코드가 자동으로 예쁘게 변경되는 것을 볼 수 있습니다.

② ESLint 설정하기

ESLint는 잠재적인 코드 에러를 방지할 수 있도록 잘못된 코드를 확인하고 알려주는 도구입니다. 이번에는 ESLint를 설정하는 방법을 알아보겠습니다.

먼저 VS Code에서 ESLint 확장 프로그램을 설치하세요.

▶ ESLint 확장 프로그램

그다음 터미널에서 다음 명령어를 실행하세요.

```
$ npx eslint --init
```

명령어를 실행하면 순서대로 eslint와 @eslint/create-config 설치에 대해 물어봅니다. 키보드의 y를 눌러 설치를 진행하세요. 그리고 순서대로 아래 질문이 나타나면 각 질문에 맞게 답변하면 됩니다.

- How would you like to use ESLint?
  - ESLint의 사용 방법을 묻는 질문입니다. 우리는 Prettier를 사용해서 스타일을 수정하므로 코드 스타일 기능은 필요 없습니다.
  - **To check syntax and find problems**를 선택하세요.
- What type of modules does your project use?
  - **JavaScript modules(import/export)**를 선택하세요.
- Which framework does your project use?
  - **React**를 선택하세요.
- Does your project use TypeScript?
  - **No**를 선택하세요.
- Where does your code run?
  - 키보드의 스페이스바를 누르면 목록에서 선택과 해제가 변경됩니다.
  - 우리가 작성하는 코드는 브라우저에서 작동하지 않으니 **Browser**를 선택 해제하세요.
  - 커서를 옮겨서 **Node**에서 스페이스바를 눌러 선택하세요.
- What format do you want your config file to be in?
  - 설정 내용을 저장할 파일 형식을 선택하는 단계입니다.
  - **JSON**을 선택하세요.
- What you like to install them now with npm?
  - **Yes**를 선택하세요.

모든 질문에 대한 답변을 완료하면 프로젝트 폴더에 `.eslintrc.json` 파일이 생성되고, 질문에 답변한 대로 설정되어 있는 것을 볼 수 있습니다.

ESLint 설정이 완료되면 **App.js** 파일을 확인해보세요. JSX 부분에 다음과 같은 ESLint 에러 메시지를 볼 수 있습니다.

```
'React' must be in scope when using JSX eslint (react/react-in-jsx-scope)
```

이 에러 메시지는 React를 import하지 않아서 나타나는 메시지입니다. 예전에는 JSX를 사용하기 위해 아래와 같이 react 모듈에서 React를 가져와야 했습니다.

```
import React from 'react';
```

하지만 리액트 17부터는 React를 import하지 않아도 JSX를 사용할 수 있습니다. 우리는 리액트 17을 사용하고 있으니 ESLint에서 에러로 처리하지 않도록 .eslintrc.json을 다음과 같이 수정하세요.

📄 .eslintrc.json

```
{
  ...
  "extends": [
    "eslint:recommended",
    "plugin:react/recommended",
    "plugin:react/jsx-runtime"
  ],
  ...
}
```

설정 파일을 수정하면 App.js에서 더 이상 관련 에러 메시지가 나타나지 않습니다.

이번에는 rules에 console.log와 관련된 규칙을 추가하겠습니다. 다음과 같이 .eslintrc.json을 수정하세요.

```json
{
  ...
  "rules": {
    "no-console": "warn"
  }
}
```

다음으로 App.js 파일을 다음과 같이 수정해보세요.

JS App.js

```js
...

export default function App() {
  console.log('Expo React Native');
  const test = 10;

  ...
}

...
```

이전에는 나타나지 않던 경고 메시지가 console.log에 나타나고, test 변수에는 사용되지 않는 변수가 있다는 에러 메시지가 나타나는 것을 볼 수 있습니다. ESLint를 사용하면 이렇게 잠재적인 문제를 미리 발견하거나 원하는 규칙을 추가해서 실수를 방지할 수 있습니다.

1.6 마치며

이 장에서는 리액트 네이티브를 개발하기 위한 환경 설정을 진행하고 직접 프로젝트를 만들어 실행해봤습니다. 필수는 아니지만 되도록 실물 기기에서 테스트하는 것을 권장합니다. 실물 기기를 사용하면 굉장히 빠르고 편하게 환경을 구성할 수 있습니다.

Expo를 사용하면 네이티브 모듈을 사용할 수 없는 등의 제약사항이 있지만, 리액트 네이티브를 쉽게 시작할 수 있다는 장점이 있습니다.

그 외에 CRNA(https://github.com/expo/create-react-native-app)를 사용한 프로젝트 생성 방법도 있으니 관심 있는 독자는 확인해보기 바랍니다.

JSX 문법은 리액트 네이티브를 사용하면서 계속 만나게 되니 사용 방법과 문법의 특징에 대해 잘 기억하기 바랍니다. 문법이 어렵지 않고 이 책에서 계속 사용하게 되니 금방 익숙해질 것입니다. 이제 리액트 네이티브를 시작하기 위한 준비가 완료되었습니다. 다음 장에서부터 프로젝트를 진행하며 리액트 네이티브에 대해 자세히 알아보겠습니다.

CHAPTER

2

계산기 만들기 I

이 장에서는 계산기 앱을 만들어보면서 리액트 네이티브의 기본이 되는 스타일과 컴포넌트에 대해 알아봅니다.

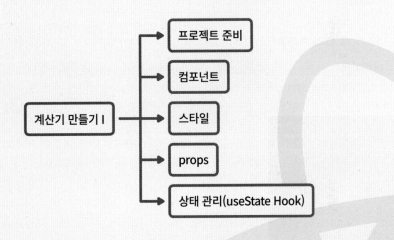

2.1 프로젝트 준비하기

우리가 처음 진행할 프로젝트는 더하기와 빼기 기능만 있는 간단한 계산기입니다. 계산기 앱을 만들어보면서 아래 목록에 있는 내용을 접하고 배우게 됩니다.

- **스타일**
  - StyleSheet로 스타일 변경하기
  - 화면 정렬과 방향(justifyContent, alignItems, flexDirection)
- **컴포넌트**
  - props와 상태
  - 커스텀 컴포넌트 만들기
- **Hooks**
  - useState로 상태 관리하기

▶ 계산기 프로젝트

이 절에서는 프로젝트를 생성하고 ESLint 등 프로젝트에 필요한 설정을 진행하겠습니다. 아래 명령어를 사용해서 새로운 프로젝트를 생성하세요. 프로젝트의 이름은 여러분이 사용하고 싶은 것으로 해도 무방합니다. 여기에서는 react-native-calculator를 줄인 rn-calc라는 이름으로 프로젝트를 생성하겠습니다.

```
$ expo init rn-calc
```

프로젝트 생성이 완료되면 생성된 프로젝트 폴더로 이동하세요.

```
$ cd rn-calc
```

프로젝트 폴더로 이동하면 아래 명령어를 사용해서 ESLint를 설정하세요.

```
$ npx eslint --init
```

eslint 패키지 설치를 진행하겠느냐는 질문에 그렇다(y)는 답변을 한 뒤 그다음 이어지는 질문에 다음과 같이 선택하세요.

```
How would you like to use ESLint? To check syntax and find problems
What type of modules does your project use? JavaScript modules (import/export)
Which framework does your project use? React
Does your project use TypeScript? No
Where does your code run? Node
What format do you want your config file to be in? JSON
Would you like to install them now with npm? Yes
```

모두 답변하고 나면 이제 VS Code에서 프로젝트 폴더를 열고 .eslintrc.json 파일을 수정하겠습니다. 먼저, 우리는 리액트 17버전을 사용하기 때문에 React를 import할 필요가 없으니 extends에 plugin:react/jsx-runtime을 추가하여 관련 에러가 나타나지 않도록 해야 합니다. 또한 console.log 사용을 확인하기 위해 rules에 no-console을 추가하겠습니다.

.eslintrc.json

```
•••
...

  "extends": [
    "eslint:recommended",
    "plugin:react/recommended",
    "plugin:react/jsx-runtime"
  ],

...

  "rules": {
    "no-console": "warn"
  }
}
```

ESLint 설정이 마무리되면 Prettier 설정을 진행하겠습니다. 프로젝트에 `.prettierrc` 파일을 생성하고 다음과 같이 작성하세요.

.prettierrc

```
•••
{
  "arrowParens": "always",
  "printWidth": 80,
  "singleQuote": true,
  "tabWidth": 2
}
```

이제 ESLint와 Prettier 설정이 완료되었습니다. 설정이 잘 적용되었는지 확인하기 위해 **App. js** 파일에서 `console.log` 코드를 작성하고 저장해보세요. `console.log`에 노란색 경고가 나타나고 **React**가 있어야 한다는 에러가 없어졌다면 ESLint가 잘 적용된 것입니다. 또한 큰따옴표(")로 되어있던 문자열이 모두 작은따옴표(')로 변경된 것으로 Prettier가 적용된 것을 확인할 수 있습니다.

```
import { StatusBar } from "expo-status-bar";
import { StyleSheet, Text, View } from "react-native";

    'React' must be in scope when using JSX eslint(react/react-in-jsx-scope)
exp
    View Problem    No quick fixes available
  r
  <View style={styles.container}>
    <Text>Open up App.js to start working on your app!</Text>
    <StatusBar style="auto" />
  </View>
  );
}
```

```
import { StatusBar } from 'expo-status-bar';
import { StyleSheet, Text, View } from 'react-native';

export default function App() {
  console.log('eslint');
  return (
    <View style={styles.container}>
      <Text>Open up App.js to start working on your app!</Text>
      <StatusBar style="auto" />
    </View>
  );
}
```

▶ ESLint와 Prettier 적용

그다음 자동 완성 기능 적용을 위한 패키지 설치를 진행합니다. @types/⟨패키지⟩는 ⟨패키지⟩의 타입을 정의하는 파일들을 갖고 있습니다. 이를 통해 VS Code는 ⟨패키지⟩에 어떤 타입이 있는지 알 수 있고 그 내용을 바탕으로 한 자동 완성 기능을 제공합니다. 리액트와 리액트 네이티브의 자동 완성 기능을 이용하기 위해 @types/react와 @types/react-native를 설치하세요.

> **NOTE**
>
> 자동 완성이 잘 작동한다면 @types/react와 @types/react-native의 설치를 진행하지 않아도 괜찮습니다.

```
$ npm install -D @types/react @types/react-native
```

설치한 패키지의 내용이 궁금한 독자는 **node_modules/@types** 폴더 안에 있는 **react** 폴더와 **react-native** 폴더를 살펴보기 바랍니다.

설치가 완료되면 자동 완성 기능을 테스트하기 위해 **App.js** 파일에 **<Button**을 코딩해보세요. **<Button**까지 작성을 했을 때 아래 그림처럼 자동 완성으로 react-native에서 제공하는 Button이 나타난다면 정상적으로 자동 완성 기능이 작동하는 것입니다. 혹은 **<Button**까지 작성하고 키보드의 Control + Space 를 눌렀을 때에도 자동 완성 기능이 작동합니다.

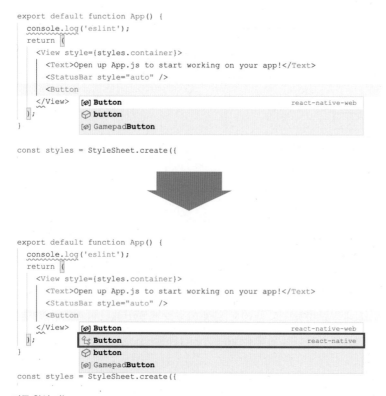

▶ 자동 완성 기능

이번에는 패키지 하나를 삭제하겠습니다. 다음 그림에서도 볼 수 있듯이 자동 완성 기능을 테스트하는 과정에서 react-native-web이라는 패키지도 **Button**을 제공한다는 것을 알 수 있습니다. react-native-web은 리액트 네이티브를 이용해서 웹 프로그래밍을 할 때 사용하는 패키지로 프로젝트 생성 과정에서 자동으로 설치되었습니다. 여기에서는 웹 프로그래밍을 진행하지 않을 뿐더러 오히려 자동 완성 기능에 방해가 되므로 해당 패키지를 삭제하겠습니다.

```
$ npm uninstall react-native-web
```

react-native-web을 삭제하면 더이상 자동 완성에서 나타나지 않습니다.

```
export default function App() {
  console.log('eslint');
  return (
    <View style={styles.container}>
      <Text>Open up App.js to start working on your app!</Text>
      <StatusBar style="auto" />
      <Button
    </View>        [⊘] Button                          react-native-web
  );            ⚡ Button                              react-native
}               ⬡ button
                [⊘] GamepadButton
const styles = StyleSheet.create({
```

```
export default function App() {
  console.log('eslint');
  return (
    <View style={styles.container}>
      <Text>Open up App.js to start working on your app!</Text>
      <StatusBar style="auto" />
      <Button
    </View>      ⚡ Button                                react-native
  );            ⬡ button
}               [⊘] GamepadButton

const styles = StyleSheet.create({
```

▶ react-native-web 삭제

@types 설치와 react-native-web 삭제를 반드시 진행할 필요는 없습니다. 하지만 자동 완성 기능을 이용하면 오타를 줄이고 개발 속도를 향상시킬 수 있습니다.

마지막으로 프로젝트에 src라는 이름의 폴더를 생성하세요. 일반적으로 src 폴더는 소스코드 파일들을 관리하는 폴더로 사용됩니다. 이제부터 우리가 생성하는 파일들은 src 폴더에서 관리하겠습니다.

먼저, src 폴더에 App.js 파일을 생성하고 다음과 같이 코딩하세요. 아래 코드는 자동으로 생성된 App.js 파일의 코드를 복사해서 조금 수정한 것입니다.

```
import { StatusBar } from 'expo-status-bar';
import { StyleSheet, Text, View } from 'react-native';

const App = () => {
  return (
    <View style={styles.container}>
      <StatusBar style="auto" />
      <Text>Calc App</Text>
    </View>
  );
};

const styles = StyleSheet.create({
  container: {
    flex: 1,
    backgroundColor: '#fff',
    alignItems: 'center',
    justifyContent: 'center',
  },
});

export default App;
```

다음으로 루트 경로에 자동으로 생성된 **App.js** 파일을 다음과 같이 수정하세요.

```
import App from './src/App';

export default App;
```

Expo의 시작 파일은 프로젝트의 루트 경로에 있는 **App.js** 파일입니다. **App.js** 파일은 **src/App.js** 파일에서 App을 받아와 그대로 내보내고 있습니다. 즉, **src/App.js** 파일을 시작 파일이라고 생각하면 됩니다. 이후 프로젝트를 진행하면서 루트 경로에 있는 **App.js** 파일은 더이상 수정할 상황이 발생하지 않습니다.

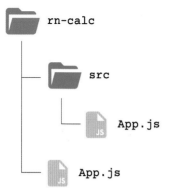

rn-calc
  └─ src
      └─ App.js
  └─ App.js

▶ 프로젝트 폴더 구조

이제 프로젝트 준비가 완료되었습니다. 지금까지의 과정이 어렵게 느껴졌을 수도 있습니다. 하지만 프로젝트 준비 과정에 필요한 것이 무엇인지 기억하고 몇 번 반복하다 보면 금방 익숙해지니 너무 걱정하지 마세요.

프로젝트 준비 과정에서 진행한 내용은 다음과 같습니다.

- 프로젝트 생성
- ESLint와 Prettier 설정
- 자동 완성 기능 (@types 설치와 react-native-web 삭제)
- 폴더 구조 정리 (src 폴더와 App.js 파일 생성)

준비가 완료되면 아래 명령어를 사용해서 프로젝트를 실행하고, 테스트 기기에서 화면이 잘 나타나는지 확인해보세요.

```
$ npm start
```

▶ 프로젝트 준비하기

2.2 컴포넌트와 스타일

계산기를 만들기 위해 숫자 버튼이 필요하고 더하기, 빼기 같은 연산 버튼이 필요합니다. 결과를 보여줄 텍스트도 필요합니다. 또한 우리가 원하는 모습으로 화면을 구성하고 꾸미기 위해서 추가적으로 스타일 적용도 필요합니다.

여기에서 필요한 버튼이나 텍스트 같은 것을 리액트 네이티브에서는 컴포넌트component라는 것으로 제공합니다. 이번 절에서는 컴포넌트란 무엇인지와 컴포넌트에 스타일을 적용하는 방법에 대해 알아보겠습니다.

1 컴포넌트란?

컴포넌트란 재사용이 가능한 최소 단위를 의미합니다. 리액트 네이티브에서는 화면을 나타내는 UI 요소라고 생각하면 됩니다. 컴포넌트란 개념이 조금 어렵게 느껴지거나 확실하게 와닿지 않는다면 레고 블록으로 집을 짓는 과정을 떠올려보세요. 레고 블록으로 집을 짓는다면 단일 블록을 쌓아 올리게 될 것입니다. 때로는 다른 블록과의 조합이 필요하기도 합니다. 이런 식으로 단일 블록과 조합된 블록을 사용해서 집을 만들 수 있습니다.

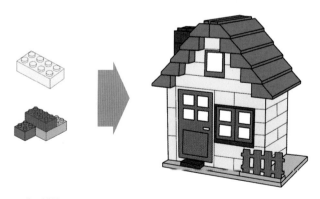

▶ 레고 블록

컴포넌트가 레고 블록의 역할과 같다고 생각하면 됩니다. 집을 만들기 위한 레고 블록처럼 우리가 만들 계산기에도 숫자 버튼이나 연산 버튼 등이 필요합니다. 숫자 버튼, 연산 버튼이 컴포넌트입니다. 이러한 컴포넌트들이 모여 하나의 앱이 완성되는 것입니다.

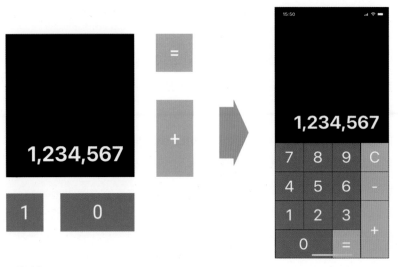

▶ 컴포넌트

App.js 파일에 작성된 코드에는 StatusBar 컴포넌트와 Text 컴포넌트를 자식 컴포넌트로 가진 View 컴포넌트가 있습니다. 레고 블록에 비유하면 StatusBar 블록과 Text 블록이 View 블록에 결합된 모습입니다.

View 컴포넌트는 레이아웃^{layout}을 담당하는 컴포넌트로, 웹 프로그래밍에서의 div 태그와 비슷한 역할을 합니다. Text 컴포넌트는 텍스트를 화면에 보여주는 역할을 하고, StatusBar 컴포넌트는 상태 바를 설정합니다. StatusBar 컴포넌트에 대해서는 3장에서 자세히 알아보겠습니다.

> **NOTE**
>
> 이 책에 나오는 코드 박스에 ... 혹은 굵은 글씨로 나타난 부분이 있습니다. ...로 표시된 부분은 특별한 변화가 없어서 생략된 코드입니다. 굵은 글씨로 표시된 부분은 수정된 내용을 나타냅니다.

📄 src/App.js

```
• • •

...

const App = () => {
  return (
    <View style={styles.container}>
      <StatusBar style="auto" />
      <Text>Calc App</Text>
    </View>
  ),
};

...
```

앞의 코드에서 컴포넌트의 조합을 반환하는 **App** 함수도 컴포넌트입니다. 여러 개의 레고 블록을 조합하여 사용할 수 있듯이 여러 컴포넌트를 조합한 컴포넌트도 있습니다. **App** 컴포넌트는 여러 개의 컴포넌트가 조합된 컴포넌트입니다. 그리고 시작 파일에 있기 때문에 더 이상 상위 컴포넌트가 존재하지 않아서 **App** 컴포넌트를 최상위 컴포넌트라고 부르기도 합니다.

2 인라인 스타일로 스타일 적용하기

어떻게 하면 컴포넌트에 우리가 원하는 스타일을 적용할 수 있을까요? 리액트 네이티브의 스타일은 웹 프로그래밍의 CSS와 비슷한 부분이 많이 있습니다. 만약 CSS를 사용해본 경험이 있다면 좀 더 쉽게 익힐 수 있습니다. CSS를 다뤄본 경험이 없다고 하더라도 걱정하지 마세요. 어렵거나 복잡하지 않기 때문에 익히는 데 큰 어려움은 없습니다.

컴포넌트에 스타일을 적용하려면 아래 코드처럼 **style**에 스타일 코드를 전달하면 됩니다. 그리고 **style**에 전달하는 스타일 코드는 객체 형태여야 합니다.

```
<Component style={스타일 코드}></Component>
<Component style={{...}} />
```

이렇게 컴포넌트의 **style**에 직접 스타일 코드를 작성하는 것을 인라인 스타일이라고 합니다.

이번에는 Text 컴포넌트에 style을 전달해서 글자의 스타일을 변경하겠습니다.

 src/App.js

```
...

const App = () => {
  return (
    <View style={styles.container}>
      <StatusBar style="auto" />
      <Text
        style={{
          fontSize: 30,
          fontWeight: '700',
          color: 'green',
          backgroundColor: 'yellow',
          borderWidth: 1,
          borderColor: 'blue',
          paddingHorizontal: 20,
          paddingVertical: 10,
        }}
      >
        Calc App
      </Text>
    </View>
  );
};

...
```

스타일 코드에서 각 속성이 의미하는 것은 다음과 같습니다.

- fontSize – 글자 크기
- fontWeight – 글자 굵기
- color – 글자 색
- backgroundColor – 배경색
- borderWidth – 테두리 굵기
- borderColor – 테두리 색
- paddingHorizontal – 좌우 패딩(paddingLeft와 paddingRight를 적용한 것과 동일)
- paddingVertical – 상하 패딩(paddingTop과 paddingBottom을 적용한 것과 동일)

font로 시작하는 속성은 글자와 관련이 있고 border는 테두리와 관련이 있습니다. 이렇게 이름만으로도 각 속성이 어떤 스타일을 담당하고 있는지 예상할 수 있기 때문에 어렵지 않게 익힐 수 있습니다.

▶ 인라인 스타일 적용

CSS와 유사한 점이 많아 CSS를 다뤄본 경험이 있다면 친숙하게 느껴질 것입니다. 하지만 몇 가지 다른 점이 있어 스타일을 적용하는 과정에서 실수가 발생할 수도 있습니다. 따라서 리액트 네이티브에서 스타일 코드를 작성할 때에는 다음 사항을 꼭 염두에 두고 유의하기 바랍니다.

- 속성은 카멜 케이스camelCase로 작성해야 합니다.
- px, em 등의 단위를 사용하지 않습니다.
- fontWeight처럼 지정하는 값의 타입이 다를 수 있습니다. (CSS의 font-weight에는 숫자 값을 입력합니다.)
- borderColor, borderWidth처럼 스타일을 각각 지정해 주어야 합니다. (CSS에서는 border 속성 하나로 모두 지정이 가능합니다.)

❸ StyleSheet로 스타일 적용하기

인라인 스타일 외에도 리액트 네이티브에서 제공하는 **StyleSheet**를 사용해서 스타일을 적용하는 방법이 있습니다. 이 방법은 웹 프로그래밍에서 CSS 클래스를 사용하는 방법과 유사합니다. 이미 우리는 **StyleSheet**를 사용해서 스타일을 적용한 코드를 **App** 컴포넌트에서 봤습니다.

📄 src/App.js

```js
import { StatusBar } from 'expo-status-bar';
import { StyleSheet, Text, View } from 'react-native';

const App = () => {
  return (
    <View style={styles.container}>
      ...
    </View>
  );
};

const styles = StyleSheet.create({
  container: {
    flex: 1,
    backgroundColor: '#fff',
    alignItems: 'center',
    justifyContent: 'center',
  },
});

export default App;
```

StyleSheet를 사용해서 스타일을 적용할 때에는 **StyleSheet.create** 함수를 사용합니다. 함수에는 객체를 전달하며 키-값^{key-value} 형태로 스타일 이름과 스타일 코드를 작성합니다. 스타일을 적용할 때에는 스타일 이름을 사용해서 컴포넌트의 **style**에 적용합니다. 앞의 코드에서는 **StyleSheet**를 사용해서 **container**라는 이름의 스타일 코드를 작성하고, 이를 사용해서 **View** 컴포넌트의 **style**에 스타일을 전달하고 있습니다.

이제 **StyleSheet**를 사용해서 스타일을 만들고, **Text** 컴포넌트에 스타일을 적용하겠습니다.

```
...

const App = () => {
  return (
    <View style={styles.container}>
      <StatusBar style="auto" />
      <Text style={styles.text}>Calc App</Text>
      <Text style={styles.text}>StyleSheet</Text>
    </View>
  );
};

const styles = StyleSheet.create({
  container: {...},
  text: {
    fontSize: 30,
    fontWeight: '700',
    color: 'green',
  },
});

...
```

StyleSheet를 사용하면 앞의 코드처럼 컴포넌트에서 스타일 코드를 분리하고 스타일 이름을 사용해서 재사용할 수 있습니다. 이를 통해 컴포넌트의 코드가 간결해지고 가독성이 높아집니다.

▶ StyleSheet 적용과 재사용

StyleSheet를 사용하면 스타일 이름을 통해 스타일의 의도를 명확하게 할 수 있다는 장점도
있습니다. 예를 들어, 일반 텍스트와 에러를 나타내는 텍스트가 있다면 다음과 같이 코딩할 수
있습니다.

 src/App.js

```
...

const App = () => {
  return (
    <View style={styles.container}>
      <StatusBar style="auto" />
      <Text style={styles.text}>Calc App</Text>
      <Text style={styles.text}>StyleSheet</Text>
      <Text style={styles.error}>Error</Text>
    </View>
  );
};
```

```
const styles = StyleSheet.create({
  container: {...},
  text: {...},
  error: {
    fontSize: 30,
    fontWeight: '700',
    color: 'red',
  },
});

...
```

앞의 코드에서 스타일 코드를 확인하지 않더라도 text 스타일이 적용된 Text 컴포넌트는 일
반 텍스트를 나타내고, error 스타일이 적용된 Text 컴포넌트는 에러 텍스트를 표현하는 컴
포넌트라는 것을 알 수 있습니다.

▶ 스타일 이름을 통한 스타일의 의도

4 여러 개의 스타일 적용하기

하나의 컴포넌트에 여러 개의 스타일을 적용할 때에는 **style**에 전달하는 여러 개의 스타일을 배열로 묶어서 전달합니다.

```
<Component style={[스타일1, 스타일2, 스타일 3]}></Component>
```

이때 배열에 있는 스타일의 순서에 대해 주의해야 합니다. 배열의 뒤쪽에 있는 스타일 코드가 앞쪽에 있는 스타일 코드를 덮어쓰게 됩니다. 예를 들어, 스타일1에서 글자 크기를 **20**으로 지정하고 스타일3에서 글자 크기를 **30**으로 지정했다면, 최종적으로 글자 크기는 **30**으로 적용됩니다. 따라서 일반적인 스타일을 앞쪽에 두고 해당 컴포넌트에 적용되어야 하는 특정 스타일을 뒤쪽에 두어야 합니다.

이 특징을 잘 이용하면 중복된 스타일 코드를 줄일 수 있습니다. 예를 들어, 현재 **App** 컴포넌트에 있는 **text** 스타일과 **error** 스타일에는 같은 글자 크기와 두께가 적용되어 있습니다. 이를 다음과 같이 수정하면 중복된 코드를 줄일 수 있습니다.

📄 src/App.js

```
...

const App = () => {
  return (
    <View style={styles.container}>
      ...
      <Text style={[styles.error, styles.text]}>StyleSheet</Text>
      <Text style={[styles.text, styles.error]}>Error</Text>
    </View>
  );
};

const styles = StyleSheet.create({
  container: {...},
  text: {
    fontSize: 30,
    fontWeight: '700',
    color: 'green',
```

```
    },
    error: {
      color: 'red',
    },
  });
  ...
```

text 스타일을 사용해서 중복되는 스타일을 적용하고 error 스타일을 사용해서 차이가 있는 글자색만 변경하면, 기존에 코딩했던 스타일과 같은 스타일이 적용되어 빨간색 글자가 나타납니다. 스타일 순서를 반대로 해서 error 스타일을 먼저 적용하고 text 스타일을 적용하면 color 속성이 덮어씌워져서 녹색 글자가 나타납니다.

여러 개의 스타일을 적용하는 것은 중복된 스타일 코드를 줄이는 용도 외에 특정 상황에서 원하는 스타일을 적용하기 위한 용도로도 사용합니다. 예를 들어, 특정 변수의 값에 따라 스타일 적용이 다르게 되는 상황에서는 다음과 같이 코드를 작성합니다.

src/App.js

```
...

const App = () => {
  const isError = true;

  return (
    <View style={styles.container}>
      ...
      <Text style={[styles.text, isError && styles.error]}>Error</Text>
    </View>
  );
};

...
```

코드에 사용된 **&&**는 논리 연산자 중 하나로 AND 연산자라고 합니다.

🔗 논리 연산자 – https://mzl.la/3EoMILR

사용 방법은 앞의 코드처럼 **대상1 && 대상2**로 사용하며, **대상1**이 참(true)일 때 **대상2**를 반환합니다. 여러 상황에서 AND 연산의 결과를 확인해보면 다음과 같습니다.

```javascript
console.log(true && 'React Native');         // React Native
console.log(false && 'React Native');        // false
console.log('React Native' && true);         // true
console.log('React Native' && false);        // false
console.log('Beomjun' && 'React Native');    // React Native
console.log('' && 'React Native');           //
console.log('React Native' && {});           // {}
console.log({} && 'React Native');           // React Native
console.log(null && 'React Native');         // null
console.log(0 && 'React Native');            // 0
```

논리 연산에서 null, 0, NaN, ''(빈 문자열), undefined는 false로 처리되지만, 빈 배열이나 빈 객체는 true로 처리되는 점에 주의해야 합니다.

이제 isError의 값을 변경하면서 확인해보세요. isError가 true일 때는 error 스타일이 적용되어 글자가 빨간색으로 나타나고, isError가 false일 때는 error 스타일이 적용되지 않아 글자가 녹색으로 나타나는 것을 볼 수 있습니다.

▶ AND 연산자와 스타일 적용

2.3 Button 컴포넌트와 props

앞에서 Text 컴포넌트에 전달한 **style**을 props라고 합니다. props는 properties의 줄임말로, 의미 그대로 컴포넌트에 속성(데이터)을 전달하는 용도로 사용합니다. 컴포넌트마다 전달받는 props 종류의 차이가 있어서 모든 컴포넌트가 같은 props를 사용할 수 있는 것은 아닙니다. 예를 들어 Text 컴포넌트는 **style**이라는 props를 통해 스타일을 전달받지만 그렇지 않은 컴포넌트도 있습니다. 리액트 네이티브 공식 문서를 보면 각 컴포넌트에서 전달받는 props의 종류와 역할에 대해 확인할 수 있습니다.

◉ Text 컴포넌트 – style props : https://reactnative.dev/docs/0.68/text#style

결과 등 여러 가지 텍스트를 보여주기 위한 Text 컴포넌트만큼 중요하고 기본적인 컴포넌트로 Button 컴포넌트가 있습니다. 우리가 만드는 계산기 프로젝트에서도 숫자 버튼을 만드는 데 필요합니다. 다른 프로젝트를 진행한다고 하더라도 정적인 화면만 있는 프로젝트가 아닌 이상 버튼은 필수적으로 필요하다고 봐도 무방합니다. 이 절에서는 Button 컴포넌트를 사용하면서 props에 대해 알아보도록 하겠습니다.

❶ Button 컴포넌트 사용하기

리액트 네이티브에서 제공하는 Button 컴포넌트를 사용하겠습니다.

 src/App.js

```
import { StatusBar } from 'expo-status-bar';
import { Button, StyleSheet, Text, View } from 'react-native';

const App = () => {
  return (
    <View style={styles.container}>
```

```
      <StatusBar style="auto" />
      <Text style={styles.text}>Calc App</Text>
      <Button />
    </View>
  );
};
...
```

어떤 props도 전달하지 않고 **Button** 컴포넌트를 사용하면 다음 그림과 같은 에러가 발생합니다.

▶ Button 컴포넌트 에러

에러 메시지를 보면 **Button** 컴포넌트의 **title** props가 반드시 문자열로 전달되어야 한다는 내용입니다. 이렇게 필수로 전달되어야 하는 props가 정해져 있는 컴포넌트가 있습니다. 리액트 네이티브 공식 문서에서 **Button** 컴포넌트를 확인해보면 props 중에 **onPress**와 **title**이 필수라고 나와있습니다. **onPress**에는 버튼을 클릭했을 때 호출하는 함수를 전달하고, **title**에는 버튼에 표시할 텍스트를 전달해야 합니다.

🔗 **Button** 컴포넌트 – https://reactnative.dev/docs/0.68/button#props

Button 컴포넌트에 onPress와 title을 전달하겠습니다.

JS src/App.js

```
●●●

...

const App = () => {
  return (
    <View style={styles.container}>
      <StatusBar style="auto" />
      <Text style={styles.text}>Calc App</Text>
      <Button title="button" onPress={() => console.log('click!')} />
    </View>
  );
};

...
```

이제 에러 화면이 사라지고 버튼이 화면에 나타나는 것을 확인할 수 있습니다. 화면에 버튼이
나타나면 버튼을 클릭해보세요. 정상적으로 작동한다면 터미널 화면에 click!이 출력되어야 합
니다.

▶ Button 컴포넌트 사용 – iOS / 안드로이드

② 플랫폼별로 다르게 작동하는 props

앞의 그림을 보면 플랫폼에 따라 버튼 모습이 다르게 나타나는 것을 볼 수 있습니다. 먼저, title로 전달한 텍스트가 iOS에서는 전달한 대로 나타나지만 안드로이드에서는 대문자로 나타납니다. 공식 문서에서 Button 컴포넌트의 title props 설명을 보면 안드로이드에서는 대문자로 변환한다는 내용이 있습니다.

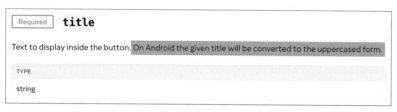

▶ Button 컴포넌트 title props

또한 Button 컴포넌트가 iOS에서는 텍스트만 나타나고 안드로이드에서는 사각형 배경이 나타납니다. 우리는 플랫폼에 상관없이 같은 모습으로 버튼을 표현하고 싶습니다. Button 컴포넌트의 스타일을 수정하려면 어떻게 해야 할까요? Text 컴포넌트에서 했던 것처럼 style props를 전달해보겠습니다.

JS src/App.js

```
...

const App = () => {
  return (
    <View style={styles.container}>
      <StatusBar style="auto" />
      <Text style={styles.text}>Calc App</Text>
      <Button
        title="button"
        onPress={() => console.log('click!')}
        style={{ backgroundColor: 'black', color: 'white' }}
      />
    </View>
  );
};

...
```

style을 전달했지만 어떤 변화도 생기지 않습니다. Button 컴포넌트는 style을 props로 받지 않기 때문에 스타일을 적용할 수 있는 방법이 없습니다. 대신 color props를 통해 버튼의 색을 변경할 수 있습니다.

▶ Button 컴포넌트 color props

공식 문서를 보면 color props도 플랫폼에 따라 다르게 움직이고 기본으로 설정된 색도 다르다는 것을 알 수 있습니다. 이번에는 Button 컴포넌트에 style 대신 color를 전달하여 두 플랫폼에서 같은 색이 사용되도록 수정하겠습니다.

🗎 src/App.js

```
...

const App = () => {
  return (
    <View style={styles.container}>
      <StatusBar style="auto" />
      <Text style={styles.text}>Calc App</Text>
      <Button
        title="button"
        onPress={() => console.log('click!')}
        color="purple"
      />
    </View>
  );
};

...
```

여러분도 원하는 색으로 color를 변경하면서 버튼의 색이 바뀌는지 확인해보세요.

▶ Button 컴포넌트 color 변경 – iOS / 안드로이드

플랫폼에 따라 다르게 작동하는 **Button** 컴포넌트의 코드가 궁금한 독자는 깃허브에 공개된 리액트 네이티브 코드를 확인하기 바랍니다. 코드를 완벽하게 이해하려고 하지 않아도 괜찮습니다. 함수 이름이나 호출 위치 등으로 이것이 어떤 의미이고 어떻게 작동하는지의 흐름만 이해한다는 생각으로 살펴보세요.

🔗 **Button** 컴포넌트 코드 – https://bit.ly/github-rn-button

```
286     if (color) {
287       if (Platform.OS === 'ios') {
288         textStyles.push({color: color});
289       } else {
290         buttonStyles.push({backgroundColor: color});
291       }
292     }

  • • •

309     invariant(
310       typeof title === 'string',
311       'The title prop of a Button must be a string',
312     );
```

```
313        const formattedTitle =
314          Platform.OS === 'android' ? title.toUpperCase() : title;
315        const Touchable =
316          Platform.OS === 'android' ? TouchableNativeFeedback : TouchableOpacity;
317
318        return (
319          <Touchable
```

▶ Button 컴포넌트 코드

- 286~292라인 – color props를 플랫폼에 따라 다르게 적용
- 309~312라인 – title props의 검사
- 313~314라인 – 안드로이드에서는 title props를 대문자로 변경
- 315~316라인 – 플랫폼에 따라 버튼으로 사용하는 컴포넌트 결정

코드를 통해 전달된 color의 값이 iOS에서는 글자색을 지정하는 color에 적용되고, 안드로이드에서는 배경색을 지정하는 backgroundColor에 적용되는 것을 볼 수 있습니다. color나 title의 차이점 외에도 플랫폼에 따라 사용되는 컴포넌트에 차이가 있다는 것도 알 수 있습니다.

> **NOTE**
>
> 구현 코드를 직접 확인하는 것은 여러 궁금증을 해결할 수 있는 과정인 동시에 프로그래밍 실력을 끌어올릴 수 있는 좋은 공부 방법입니다. 기회가 있을 때마다 구현 코드를 확인하면서 코드를 이해하려 노력하고 본인 코드와 비교하다 보면 어느 순간 코딩 실력이 향상된 자신을 발견할 수 있습니다. 필수로 해야 하는 학습 과정이 아니니 너무 부담 갖지 말고 이런 학습 방법도 있다는 정도로만 알아두세요.

Button 컴포넌트처럼 플랫폼에 따라 다르게 나타나는 컴포넌트가 있습니다. 플랫폼에 따라 다르게 적용되는 props도 있고 적용 자체가 안되는 props도 있습니다. 그러므로 컴포넌트를 사용할 때에는 문서를 통해 어떤 props가 있고 그 특징이 무엇인지 확인하면서 진행하는 것을 권장합니다.

덧붙여 iOS와 안드로이드 두 플랫폼에서 모두 확인 및 테스트 과정을 거치는 것이 좋습니다. 이 책에서는 iOS 기준으로 화면을 보여주고 차이점이 있을 때에만 안드로이드 화면을 함께 보여주면서 진행합니다.

❸ 커스텀 Button 컴포넌트 만들기

버튼은 기본적으로 많이 사용되는 요소인 만큼 디자인을 적용해야 하는 상황이 자주 생깁니다. 프로젝트 기획이나 디자인에 따라 플랫폼에 상관없이 같은 디자인이 되어야 할 때도 있습니다. 이렇게 리액트 네이티브에서 제공하는 컴포넌트로는 만족할 수 없는 경우나 특정 컴포넌트의 조합을 계속해서 재사용해야 할 때에는 직접 컴포넌트를 만들어서 사용합니다.

계산기 프로젝트를 진행하는 데 필요한 숫자 버튼은 정사각형 모양에 바탕색이 있고 가운데 숫자가 있어야 합니다. Button 컴포넌트로는 이 조건을 만족하는 모습을 만들 수 없으니 우리에게 필요한 Button 컴포넌트를 직접 만들겠습니다.

Button 컴포넌트 만들기

App 컴포넌트처럼 함수를 하나 작성하는 것으로 컴포넌트를 만들 수 있습니다. 이를 함수 컴포넌트라고 합니다. 컴포넌트를 만들 때 이름은 대문자로 시작해야 한다는 것과 JSX를 반환해야 한다는 규칙을 반드시 지켜야 합니다. null도 반환 값으로 허용하지만 null이 반환된 경우 아무것도 나타나지 않습니다.

> **NOTE**
>
> 컴포넌트를 만드는 방법으로 클래스를 사용할 수도 있습니다. 이를 클래스 컴포넌트라고 합니다. 이 책에서는 함수 컴포넌트를 사용하는 방법으로만 진행하며 클래스 컴포넌트는 다루지 않습니다.

이제 Button 컴포넌트를 직접 만들어보겠습니다. 먼저 컴포넌트를 관리할 폴더를 생성하겠습니다. src 폴더 밑에 components라는 이름의 폴더를 생성하세요. 컴포넌트의 파일 이름은 보통 컴포넌트의 이름과 같게 대문자로 시작하는 것이 일반적입니다. 파일명을 button.js처럼 소문자로 시작해도 문제가 되지는 않습니다. 단, 파일명 작성에 있어 일관성을 유지하는 것이 좋습니다. 컴포넌트 파일의 이름이 소문자로 시작했으면 모두 소문자로 시작하고, 대문자로 시작했으면 모두 대문자로 시작해야 혼동이 일어나지 않습니다. 이 책에서는 대문자로 파일 이름을 작성합니다.

components 폴더 밑에 Button.js 파일을 생성하고 다음과 같이 코딩하세요.

src/components/Button.js

```
import { Text } from 'react-native';

const Button = () => {
  return <Text>My Button</Text>;
};

export default Button;
```

Text 컴포넌트를 사용하여 My Button이라는 텍스트를 보여주는 Button 함수를 만들었습니다. 그리고 완성된 Button 함수를 다른 파일에서 사용할 수 있도록 export default를 사용해서 내보냈습니다. 이로써 우리는 간단한 Button 컴포넌트를 완성했습니다.

이제 작성한 Button 컴포넌트를 App 컴포넌트에서 사용해보겠습니다.

 src/App.js

```
import { StatusBar } from 'expo-status-bar';
import { StyleSheet, Text, View } from 'react-native';
import Button from './components/Button';

...
```

react-native 모듈에서 가져온 Button 컴포넌트를 삭제하고 우리가 만든 Button 컴포넌트를 import했습니다. 만약 react-native 모듈에서 가져온 Button 컴포넌트를 삭제하지 않으면 Button이 중복되었다는 에러 메시지가 발생합니다.

기존 Button 컴포넌트 코드를 변경하지 않더라도 이름이 동일하기 때문에 import만 잘 수정하면 에러 없이 작동합니다. 다만, 컴포넌트로 전달한 title, onPress, color가 적용되지 않고 우리가 작성한 'My Button'이라는 텍스트만 나타납니다.

▶ 커스텀 Button 컴포넌트

props 파라미터로 데이터 전달받기

컴포넌트에 전달한 props는 컴포넌트 함수의 파라미터로 전달됩니다. Button 컴포넌트 함수에 props라는 파라미터를 추가하고 어떤 데이터가 들어오는지 확인해보세요.

 src/components/Button.js

```js
import { Text } from 'react-native';

const Button = (props) => {
  console.log(props);

  return <Text>My Button</Text>;
};

export default Button;
```

출력되는 결과를 통해 우리가 Button 컴포넌트를 사용하면서 전달한 데이터가 모두 들어오는 것을 볼 수 있습니다.

```
Object {
  "color": "purple",
  "onPress": [Function onPress],
  "title": "button",
}
```

이제 props로 전달된 데이터 중에서 title을 사용해서 텍스트를 변경하겠습니다.

📄 src/components/Button.js

```js
import { Text } from 'react-native';

const Button = (props) => {
  console.log(props);

  return <Text>{props.title}</Text>;
};

export default Button;
```

코드를 수정하면 ESLint에서 'react/prop-types'라는 에러가 표시될 텐데 일단 무시하고 진행하세요. react/prop-types 에러에 대한 내용은 잠시 후에 다루도록 하겠습니다. App 컴포넌트에서 Button 컴포넌트에 전달하는 title의 내용을 변경하면서 변경한 값이 화면에 나타나는지 테스트해보세요.

▶title props 적용

컴포넌트에서 props로 전달되는 데이터를 사용할 때 앞의 코드처럼 전달된 내용 전체를 받아서 사용해도 되지만 다음과 같이 특정 데이터만 추출해서 사용하는 경우가 많습니다.

📄 src/components/Button.js

```js
import { Text } from 'react-native';

const Button = ({ title }) => {
  return <Text>{title}</Text>;
};

export default Button;
```

이 코드는 props로 받아와서 사용했던 이전 코드와 기능이 완벽하게 같은 코드입니다. 이 방법은 구조 분해 할당이라는 문법 중 객체의 데이터를 추출하는 객체 구조 분해입니다.

🔗 객체 구조 분해 – https://mzl.la/3K2PWjV

객체 구조 분해는 props에서 title만 추출해서 사용한 것처럼 원하는 데이터만 추출해서 사용하는 방법입니다. 예를 들어 다음과 같이 사용할 수 있습니다.

```
const obj = { a: 1, b: 2, c: 3 };
const { a, b, d } = obj;
console.log(a); // 1
console.log(b); // 2
console.log(d); // undefined
```

a와 b는 obj 객체 안에 같은 이름의 프로퍼티property가 있기 때문에 정상적으로 추출되고, d는 obj 안에 없는 프로퍼티이기 때문에 undefined가 됩니다. 굉장히 많이 사용하는 문법이니 꼭 기억하기 바랍니다.

구조 분해 할당을 이용하면 props로 전달된 데이터를 사용할 때마다 매번 props.을 통해 하나씩 접근할 필요가 없고 코드가 깔끔해지는 효과가 있습니다. 지금은 굉장히 간단한 코드라 크게 차이를 느끼지 못할 수 있지만, 전달되는 데이터가 많아지면 확연하게 차이를 체감할 수 있습니다.

propTypes로 타입 설정하기

프로젝트를 여러 명이 함께 진행하는 경우, 한 사람이 만든 컴포넌트를 다른 사람이 재사용하는 상황이 생깁니다. 이때 잘못된 타입을 전달하면 문제가 발생할 수 있습니다. 예를 들어 함수를 전달해야 하는데 문자열을 전달하는 상황이 발생하면 컴포넌트가 정상적으로 작동하지 않을 수 있습니다.

propTypes를 사용하면 props에 전달되어야 하는 데이터의 타입을 지정할 수 있습니다. 그리고 props로 전달된 데이터를 지정된 타입과 비교해서 문제가 있다면 경고 메시지로 알려줍니다. ESLint에서 지적하는 react/prop-types 에러 메시지는 이 유효성 검사를 하지 않았기 때문에 나타나는 메시지입니다.

전달되는 props의 타입을 지정하려면 prop-types 라이브러리가 필요합니다.

🔗 prop-types 라이브러리 – https://www.npmjs.com/package/prop-types

prop-types 라이브러리는 여러 가지 타입 검사 기능을 제공하고 있습니다. 사용 방법은 다음과 같습니다.

```
Component.propTypes = {
  props1: PropTypes.string,
  props2: PropTypes.number,
  props3: PropTypes.bool,
  props4: PropTypes.func,
  props5: PropTypes.array,
  props6: PropTypes.object,
}
```

아래 명령어를 사용해서 prop-types를 설치하세요.

```
$ npm install prop-types
```

설치가 완료되면 Button 컴포넌트에 propTypes를 사용해서 title의 타입을 지정하겠습니다.

src/components/Button.js

```
import { Text } from 'react-native';
import PropTypes from 'prop-types';

const Button = ({ title }) => {
  return <Text>{title}</Text>;
};

Button.propTypes = {
  title: PropTypes.string,
};

export default Button;
```

title은 문자열이 전달되어야 하므로 string으로 지정했습니다. 이제 App 컴포넌트에서 title에 문자가 아닌 숫자를 전달하도록 코드를 수정해보세요.

```
...

const App = () => {
  return (
    <View style={styles.container}>
      <StatusBar style="auto" />
      <Text style={styles.text}>Calc App</Text>
      <Button
        title={1234}
        onPress={() => console.log('click!')}
        color="purple"
      />
    </View>
  );
};

...
```

화면에 데이터는 정상적으로 나타나지만 다음 그림처럼 'Button의 title에는 string이 전달되어야 하는데 number가 전달되었다'는 경고 메시지가 나타납니다. 이를 통해 사용자가 어떤 곳의 props에 전달한 데이터 타입이 잘못되었는지와 어떻게 고쳐야 하는지를 알 수 있습니다. 혹시 경고 메시지가 나타나지 않는 분은 새로고침해보세요.

▶ 잘못된 타입 경고

리액트 네이티브에서 제공하는 Button 컴포넌트는 title props가 필수였습니다. 이렇게 특정 props가 필수로 전달되어야 한다는 것도 propTypes를 통해 지정할 수 있습니다. propsTypes에 타입을 지정하고 마지막에 isRequired만 붙여주면 필수로 전달되어야 하는 props가 됩니다.

Button 컴포넌트의 title을 필수로 전달되어야 하는 props로 지정하겠습니다.

🗒 src/components/Button.js

```
...

Button.propTypes = {
  title: PropTypes.string.isRequired,
};

export default Button;
```

이제 App 컴포넌트에서 Button 컴포넌트에 전달하고 있는 title을 삭제해보세요.

```
...

const App = () => {
  return (
    <View style={styles.container}>
      <StatusBar style="auto" />
      <Text style={styles.text}>Calc App</Text>
      <Button onPress={() => console.log('click!')} color="purple" />
    </View>
  );
};

...
```

숫자를 전달했을 때와 마찬가지로 작동은 하지만 'title이 필수인데 undefined가 전달되었다'
는 경고 메시지를 통해 무엇이 잘못되었는지 알려줍니다.

▶ 필수 props를 전달하지 않은 경고

이렇게 props의 타입과 필수 여부를 지정해서 컴포넌트를 사용할 때 발생하는 실수를 확인할 수 있습니다.

defaultProps로 기본값 설정하기

props로 전달된 데이터를 사용해서 컴포넌트를 구성하다 보면 props의 기본값을 설정하고 싶은 상황이 생기기도 합니다. props의 기본값은 컴포넌트의 **defaultProps**를 사용해서 설정할 수 있습니다.

Button 컴포넌트에 **defaultProps**를 사용해서 **title**의 기본값을 설정해보겠습니다.

 src/components/Button.js

```
●●●

...

const Button = ({ title }) => {
  return <Text>{title}</Text>;
};

Button.defaultProps = {
  title: 'button title',
};

...
```

그리고 **App** 컴포넌트에서 **Button** 컴포넌트를 추가해서 **title**이 전달된 컴포넌트와 아닌 컴포넌트를 동시에 확인해보세요.

src/App.js

```
● ● ●

...

const App = () => {
  return (
    <View style={styles.container}>
      <StatusBar style="auto" />
      <Text style={styles.text}>Calc App</Text>
      <Button onPress={() => console.log('click!')} color="purple" />
      <Button title="title" />
    </View>
  );
};

...
```

결과를 보면 title이 전달되지 않은 컴포넌트는 defaultProps에 지정된 기본값이 나타나고, title이 전달된 컴포넌트는 전달된 값으로 나타나는 것을 확인할 수 있습니다.

그리고 title을 전달하지 않았는데도 propTypes의 경고 메시지가 나타나지 않고 있습니다. 그 이유는 defaultProps 때문입니다. title을 전달하지 않더라도 defaultProps에서 설정한 값으로 처리되기 때문에, propTypes에서 지정한 문자열(string)이고 필수(isRequired)여야 한다는 조건을 통과하게 됩니다.

▶ defaultProps 설정

필수로 전달되지 않아도 되는 props인데 컴포넌트에서 항상 사용하는 props라면 기본값을 설정하는 것이 좋습니다. 기본값을 설정하면 컴포넌트를 사용하는 사람은 매번 props를 전달하지 않아도 되고 간단하게 사용할 수 있습니다. 컴포넌트를 만드는 사람은 props가 전달되지 않아도 문제가 발생하지 않도록 만들 수 있다는 장점이 있습니다.

터치 컴포넌트로 감싸기

이제 터치를 처리하는 컴포넌트로 Text 컴포넌트를 감싸서 버튼을 터치했을 때에 효과를 주도록 하겠습니다. 리액트 네이티브의 Button 컴포넌트 문서를 보면 TouchableOpacity 컴포넌트 또는 TouchableWithoutFeedback 컴포넌트를 사용해서 새로운 버튼을 만들 수 있다는 설명이 나옵니다. 이런 종류의 컴포넌트는 터치했을 때 특정 효과가 나타나게 합니다. 공식 문서에서 언급한 두 컴포넌트 외에도 Touchable로 시작하는 컴포넌트들이 비슷한 역할을 합니다.

- TouchableOpacity – 터치하면 투명도 조절
- TouchableWithoutFeedback – 터치해도 어떤 효과가 없음
- TouchableHighlight – 터치하면 배경색이 변경
- TouchableNativeFeedback – 터치하면 물결 효과(안드로이드 전용)

TouchableNativeFeedback 컴포넌트는 안드로이드에서만 사용 가능한 컴포넌트이므로 주의해야 합니다. TouchableNativeFeedback 컴포넌트와 TouchableOpacity 컴포넌트는 리액트 네이티브의 Button 컴포넌트 코드를 확인할 때 봤었던 컴포넌트로, iOS에는 TouchableOpacity 컴포넌트를 사용하고 안드로이드에는 TouchableNativeFeedback 컴포넌트를 사용하는 코드를 확인했었습니다. (103 페이지 그림 [Button 컴포넌트 코드] 참고)

먼저 TouchableOpacity 컴포넌트를 사용해서 Text 컴포넌트를 감싸고 간단한 스타일을 적용해보겠습니다.

`JS` src/components/Button.js

```
import { Text, TouchableOpacity } from 'react-native';
import PropTypes from 'prop-types';

const Button = ({ title }) => {
  return (
    <TouchableOpacity style={{ backgroundColor: 'red', padding: 20 }}>
      <Text style={{ color: 'white' }}>{title}</Text>
    </TouchableOpacity>
  );
};

...
```

TouchableOpacity 컴포넌트는 터치했을 때 opacity 스타일 속성을 0.2로 변경하고, 터치 상태가 해제되면 opacity 값을 다시 스타일 속성에 설정된 값으로 변경합니다. 현재 코드는 opacity 속성이 설정되지 않았으니 값이 1인 상태입니다. 이 상태에서 터치하면 opacity가 0.2가 되었다가 손을 떼면 다시 opacity 값이 1이 됩니다.

터치했을 때 변경되는 opacity 값은 activeOpacity props를 사용해서 수정할 수 있습니다. activeOpacity 값을 변경하면서 테스트해보세요.

▶ TouchableOpacity 컴포넌트

이번에는 TouchableHighlight 컴포넌트를 사용해보겠습니다.

 src/components/Button.js

```javascript
import { Text, TouchableHighlight } from 'react-native';
import PropTypes from 'prop-types';

const Button = ({ title }) => {
  return (
    <TouchableHighlight
      style={{ backgroundColor: 'red', padding: 20 }}
      underlayColor="orange"
      onPress={() => {}}
    >
      <Text style={{ color: 'white' }}>{title}</Text>
    </TouchableHighlight>
  );
};

...
```

underlayColor는 터치했을 때 나타나는 색을 설정하는 props입니다. 여러분도 원하는 색으로 설정해서 테스트해보세요. TouchableHighlight 컴포넌트는 터치 이벤트를 처리하는 props가 전달되어야 효과가 작동하기 때문에 onPress도 함께 전달했습니다. 터치 이벤트에 대한 자세한 내용은 잠시 후에 다루도록 하겠습니다.

▶ TouchableHighlight 컴포넌트

Touchable로 시작하는 컴포넌트 외에 리액트 네이티브 0.63버전에서 추가된 Pressable 컴포넌트가 있습니다.

ⓒ Pressable 컴포넌트 – https://reactnative.dev/docs/0.68/pressable

Pressable 컴포넌트는 Touchable로 시작하는 컴포넌트들과 비슷한 역할을 합니다. 차이점은 터치와 관련되어 정해진 효과가 없고, style props에서 터치 여부를 전달받을 수 있다는 것입니다. 이를 사용해서 style에서 터치 여부에 따라 원하는 대로 스타일을 변경할 수 있습니다.

이제 Pressable 컴포넌트를 사용해보겠습니다. Pressable 컴포넌트의 style에 스타일 코드가 아니라 함수를 전달하면 파라미터로 터치 여부가 전달됩니다. 전달한 함수에서 스타일 코드를 반환해야 한다는 것에 주의하세요.

```
● ● ●

import { Pressable, Text } from 'react-native';
import PropTypes from 'prop-types';

const Button = ({ title }) => {
  return (
    <Pressable
      style={(params) => {
        console.log(params);
        return { backgroundColor: 'red', padding: 20 };
      }}
    >
      <Text style={{ color: 'white' }}>{title}</Text>
    </Pressable>
  );
};

...
```

style에 전달된 함수에서는 파라미터로 전달된 값을 터미널에 출력하고, 스타일 코드를 반환해서 스타일이 적용되도록 했습니다. 화면에 스타일이 잘 적용되어 나타나고, 터미널에는 다음과 같은 내용이 나타나는 것을 확인할 수 있습니다

```
Object {
  "pressed": false,
}
```

파라미터로 전달된 객체에 있는 pressed가 터치 여부를 알려주는 값입니다. 버튼을 터치하면 값이 true가 되고, 손을 떼면 false가 되는 것을 확인해보세요. 이 값을 사용해서 터치 상태에 따라 스타일에 차이를 줄 수 있습니다.

이제 pressed 값에 따라 스타일이 다르게 적용되도록 코드를 수정하겠습니다.

```
...

const Button = ({ title }) => {
  return (
    <Pressable
      style={({ pressed }) => [
        { backgroundColor: 'red', padding: 20 },
        pressed && { backgroundColor: 'blue' },
      ]}
    >
      <Text style={{ color: 'white' }}>{title}</Text>
    </Pressable>
  );
};

...
```

객체 구조 분해를 이용해서 함수의 파라미터로 전달된 객체에서 pressed만 받아오고, pressed의 값이 true일 때만 배경색이 변경되도록 스타일을 수정했습니다. 화면의 버튼을 눌러보면서 터치 상태일 때와 아닐 때 스타일이 잘 적용되는지 확인해보세요.

▶ pressable 컴포넌트

코드를 보면 **style**에 전달한 함수에 중괄호가 보이지 않습니다. 이 코드는 다음 코드와 같은 코드입니다.

```
style={({ pressed }) => {
  return [
    { backgroundColor: 'red', padding: 20 },
    pressed && { backgroundColor: 'blue' },
  ];
}}
```

이렇게 화살표 함수에서 중괄호를 생략하고 코드를 작성하면 해당 코드를 반환하는 함수가 됩니다. 이 표현법을 잘 사용하면 조금 더 간단하고 깔끔한 코드를 작성할 수 있습니다. 다음 코드는 중괄호가 생략되었지만 동일한 기능을 하는 같은 이름의 함수를 보여주고 있습니다.

```
const func1 = (a, b) => {
  return a + b;
};
const func1 = (a, b) => a + b;

const func2 = (a, b) => {
  return [a, b];
};
const func2 = (a, b) => [a, b];

const func3 = (a, b) => {
  return { v1: a, v2. b ];
};
const func3 = (a, b) => ({ v1: a, v2: b });
```

여기에서 주의할 점은 반환하는 값이 예제 코드의 **func3**처럼 객체라면 소괄호로 꼭 감싸줘야 한다는 것입니다. 소괄호로 감싸지 않으면 코드는 객체의 중괄호를 함수의 중괄호라고 인식하기 때문에 의도한 대로 작동하지 않습니다.

press 이벤트

이번에는 버튼을 눌렀을 때 특정 함수를 호출하는 방법을 알아보겠습니다. 우리는 리액트 네이티브의 Button 컴포넌트를 사용해보면서 터치했을 때 onPress에 전달한 함수가 호출된다는 것을 알게 되었습니다. onPress 외에도 여러 상황에 맞춰 호출되는 props가 더 있습니다.

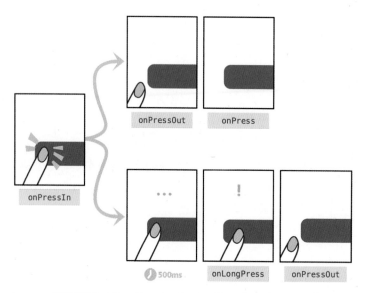

▶ press 이벤트(출처 : https://reactnative.dev/docs/0.68/pressable)

각 props가 호출되는 타이밍은 다음과 같습니다.

- onPressIn – 터치 되었을 때 호출
- onPressOut – 터치가 해제되었을 때 호출
- onPress – 터치가 해제(onPressOut)된 후에 호출
- onLongPress – 일정 시간(500ms) 동안 터치가 지속되었을 때 호출

onPressIn과 onPressOut은 터치의 시작과 끝에 항상 호출되고, onPress와 onLongPress는 상황에 따라 하나만 호출됩니다. 그래서 짧게 터치했을 때만 호출되길 원하면 onPress, 길게 터치했을 때 호출되길 원하면 onLongPress를 사용합니다. 터치 시간과 상관없이 터치하는 순간 호출되길 원하면 onPressIn을 사용하고 손을 떼었을 때 호출되길 원하면 onPressOut을 사용합니다.

Button 컴포넌트에 press 관련 props를 설정하고 테스트하겠습니다.

src/components/Button.js

```
 ● ● ●

...

const Button = ({ title }) => {
  return (
    <Pressable
      style={({ pressed }) => [
        { backgroundColor: 'red', padding: 20 },
        pressed && { backgroundColor: 'blue' },
      ]}
      onPressIn={() => console.log('In')}
      onPressOut={() => console.log('Out')}
      onPress={() => console.log('Press')}
      onLongPress={() => console.log('Long')}
    >
      <Text style={{ color: 'white' }}>{title}</Text>
    </Pressable>
  );
};

...
```

버튼을 길게 누르기도 하고 짧게 누르기도 하면서 터미널에 출력되는 내용의 순서를 잘 확인해 보세요. In → Out → Press 순으로 호출되거나 In → Long → Out 순으로 호출되는 것을 확인할 수 있습니다.

만약 onLongPress가 호출되는 시간을 조절하고 싶다면 delayLongPress에 원하는 시간을 ms 단위로 설정합니다. 참고로 1000ms가 1초입니다.

 src/components/Button.js

```
 ● ● ●

...

const Button = ({ title }) => {
  return (
    <Pressable
      style={({ pressed }) => [
```

```
        { backgroundColor: 'red', padding: 20 },
        pressed && { backgroundColor: 'blue' },
      ]}
    onPressIn={() => console.log('In')}
    onPressOut={() => console.log('Out')}
    onPress={() => console.log('Press')}
    onLongPress={() => console.log('Long')}
    delayLongPress={2000}
  >
  ...
```

delayLongPress가 2000으로 설정되었기 때문에 2초 동안 터치하고 있어야 onLongPress가
호출되고 그전에 손을 떼면 onPress가 호출됩니다.

④ 계산기 버튼 만들기

이제 Button 컴포넌트를 수정해서 계산기에서 필요한 숫자 버튼과 연산 버튼을 만들어보겠습
니다. 우리에게 필요한 버튼은 총 4가지입니다.

- 정사각형 숫자 버튼
- 가로가 긴 숫자 버튼
- 정사각형 연산 버튼
- 세로가 긴 연산 버튼

▶ 계산기 버튼 종류

각각의 역할을 하는 4개의 컴포넌트를 만드는 것도 한 가지 방법이지만 그렇게 하면 중복된 코
드가 매우 많아집니다. 그리고 변경사항이 생긴다면 적게는 2개의 컴포넌트 많게는 4개의 컴
포넌트를 수정해야 하는 상황이 발생할 수도 있습니다. 이 4가지 종류의 버튼을 모두 만들 수
있도록 Button 컴포넌트를 수정하겠습니다.

색 선택하기

버튼을 디자인하기 위해 먼저 배경색 선택이 필요합니다. 가능하다면 색을 결정할 때 디자이너의 도움을 받는 것이 가장 좋은 방법입니다. 디자이너의 도움을 받을 수 없는 상황이라면 구글머티리얼 디자인 혹은 Tailwind CSS 사이트를 방문하여 참고하는 것을 추천합니다. 두 사이트 모두 다양한 색과 다양한 밝기를 제공하고 있어서 색상 선택에 있어 많은 도움을 받을 수 있습니다.

☜ 구글 머티리얼 디자인 색상 – https://bit.ly/g-material-color
☜ Tailwind CSS 색상 – https://bit.ly/tailwindcss-color

색상표에 보이는 숫자는 해당 색의 밝기입니다. 숫자가 낮을수록 밝고 숫자가 높을수록 어둡습니다. 중심이 되는 색의 밝기는 500입니다. 같은 색상에서 색의 밝기에 변화를 줘서 터치나 사용 가능 여부 등 여러 가지 상태 표현을 할 수 있습니다. 기본적으로 상태는 기본, 활성화, 비활성화로 구분할 수 있습니다. 그 밖에도 여러 가지 상태가 있을 수 있지만, 이 3가지가 가장 기본이 되는 형태이니 색상 선택이나 디자인을 할 때 참고하기 바랍니다.

예를 들어, 버튼을 눌렀을 때 배경색을 어둡게 변경한다고 가정해보겠습니다. 기본색을 500으로 결정하면 선택할 수 있는 배경색 변화가 600부터 900까지 4가지가 됩니다. 하지만 기본색을 800으로 한다면 선택지는 900뿐입니다. 기본색의 밝기를 무엇으로 선택하느냐에 따라 밝기 변화를 줄 수 있는 선택의 폭이 달라지니 이 부분을 감안해서 색상 선택을 하면 도움이 됩니다.

같은 색에서 밝기의 변화로 차이를 주는 방법도 있지만, 다른 색을 선택해서 차이를 주는 방법도 있습니다. 예를 들어, 긍정적인 버튼은 녹색으로 하고 부정적인 버튼은 빨간색으로 보여줄 수 있습니다. 이렇게 다른 색을 함께 사용할 때에는 같은 밝기 값을 사용하는 것을 추천합니다. 만약 빨간색 300을 부정적인 버튼에 사용했다면 긍정적인 버튼에 녹색 300을 사용하는 방식입니다. 이렇게 해야 색의 밝기에 큰 변화가 없어서 어색하지 않고 자연스럽게 보입니다.

우리에게 필요한 색은 숫자 버튼의 배경색과 연산 버튼의 배경색입니다. 각각 버튼이 눌렸을 때 변경할 색까지 총 4가지 색이 필요합니다. 이 책에서는 Tailwind CSS의 색을 사용해서 숫자 버튼은 Zinc, 연산 버튼은 Amber를 사용하겠습니다. 여러분도 원하는 색의 색상 코드를 확인하고 적용해보세요.

숫자 버튼

먼저 숫자 버튼으로 사용할 수 있도록 Button 컴포넌트를 수정하겠습니다. 배경색을 회색으로 변경하고 버튼을 클릭했을 때 props로 호출할 함수와 버튼의 크기를 전달받겠습니다.

 src/components/Button.js

```js
import { Pressable, StyleSheet, Text } from 'react-native';
import PropTypes from 'prop-types';

const Button = ({ title, onPress, buttonStyle }) => {
  return (
    <Pressable
      style={({ pressed }) => [
        styles.button,
        pressed && { backgroundColor: '#3f3f46' },
        buttonStyle,
      ]}
      onPressOut={onPress}
    >
      <Text style={styles.title}>{title}</Text>
    </Pressable>
  );
};

Button.propTypes = {
  title: PropTypes.string.isRequired,
  onPress: PropTypes.func.isRequired,
  buttonStyle: PropTypes.object,
};

const styles = StyleSheet.create({
  button: {
    justifyContent: 'center',
    alignItems: 'center',
    backgroundColor: '#71717a',
  },
  title: {
    color: '#ffffff',
    fontSize: 50,
  },
});

export default Button;
```

인라인 스타일로 적용되어 있던 코드를 StyleSheet를 사용해서 분리하고 터치 여부에 따라 배경색이 다르게 적용되도록 했습니다. props로 전달된 onPress 함수는 onPressOut에 전달해서 버튼을 클릭하면 항상 호출되도록 했습니다. buttonStyle을 통해 버튼의 width와 height를 전달받을 예정이기 때문에 buttonStyle도 style에 적용했습니다. 추가로 propTypes에 onPress와 buttonStyle를 추가하고 onPress는 필수로 설정했습니다. title은 항상 전달받아야 해서 defaultProps는 삭제했습니다.

이제 App 컴포넌트에서 Button 컴포넌트로 title, onPress, buttonStyle을 전달하세요.

 src/App.js

```
...

const App = () => {
  return (
    <View style={styles.container}>
      <StatusBar style="auto" />
      <Text style={styles.text}>Calc App</Text>
      <Button
        title="1"
        onPress={() => console.log(1)}
        buttonStyle={{ width: 100, height: 100 }}
      />
      <Button
        title="0"
        onPress={() => console.log(0)}
        buttonStyle={{ width: 200, height: 100 }}
      />
    </View>
  );
};

...
```

버튼이 buttonStyle을 통해 전달한 크기로 잘 나타나고, 클릭할 때마다 배경색이 변경되는지 확인해보세요.

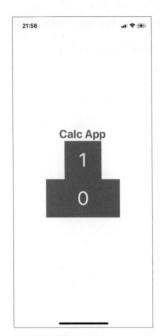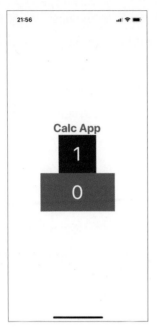

▶ 숫자 버튼

연산 버튼

숫자 버튼과 연산 버튼의 가장 큰 차이점은 배경색입니다. 이번에는 Button 컴포넌트에서 버튼의 타입을 전달받고 그 타입에 따라 배경색이 달라지도록 코드를 수정하겠습니다.

📄 src/components/Button.js

```js
import { Pressable, StyleSheet, Text } from 'react-native';
import PropTypes from 'prop-types';

const ButtonTypes = {
  NUMBER: 'NUMBER',
  OPERATOR: 'OPERATOR',
};

const Button = ({ title, onPress, buttonStyle, buttonType }) => {
...
};
```

```
Button.defaultProps = {
  buttonType: ButtonTypes.NUMBER,
};

Button.propTypes = {
  title: PropTypes.string.isRequired,
  onPress: PropTypes.func.isRequired,
  buttonStyle: PropTypes.object,
  buttonType: PropTypes.oneOf(Object.values(ButtonTypes)),
};

...

export { ButtonTypes };
export default Button;
```

먼저 Enum 역할을 하는 ButtonTypes라는 객체를 만들었습니다. Enum은 열거형이라고 부르기도 하며 비슷한 종류의 상수를 묶어 놓은 하나의 자료형이라고 이해하면 됩니다. 자바스크립트에서는 지원하지 않지만 다른 많은 언어에서 지원하고 있고, 자바스크립트에서는 위의 코드와 같은 방식으로 많이 사용되고 있습니다. 특히 지금처럼 값이 정해져 있는 경우 Enum을 사용하면 가독성도 좋아지고 오타도 줄일 수 있습니다.

Button 컴포넌트에는 buttonType이라는 props를 추가하고 propTypes에서 ButtonTypes의 값 중 한 가지를 전달받아야 한다고 설정했습니다. buttonType이 전달되지 않았을 때는 기본적으로 숫자 버튼으로 사용되도록 defaultProps도 설정했습니다.

propTypes에 사용된 Object.values 함수는 전달된 객체의 값들만 배열로 반환하는 함수입니다. 비슷한 함수로 객체의 키만 배열로 반환하는 Object.keys 함수가 있습니다.

• Object.values() – https://mzl.la/3L8UeYn
• Object.keys() – https://mzl.la/3jZeUpE

객체의 키나 값만 사용해야 할 때 굉장히 유용하게 사용할 수 있는 함수입니다.

PropTypes.oneOf는 prop-types 라이브러리에서 제공하는 기능 중 하나로 전달된 값이 oneOf의 파라미터로 전달된 배열의 값 중 한 가지인지 확인합니다. 우리는 propTypes에 ButtonTypes의 값 중 하나가 들어왔는지 확인해야 하므로 Object.values 함수를 사용했습니다.

마지막으로 export를 통해 다른 파일에서 **ButtonTypes**를 사용할 수 있도록 했습니다.

이제 buttonType에 따라 배경색이 다르게 적용되도록 코드를 수정하겠습니다.

JS src/components/Button.js

```
...
const Button = ({ title, onPress, buttonStyle, buttonType }) => {
  return (
    <Pressable
      style={({ pressed }) => [
        styles.button,
        {
          backgroundColor:
            buttonType === ButtonTypes.NUMBER ? '#71717a' : '#f59e0b',
        },
        pressed && {
          backgroundColor:
            buttonType === ButtonTypes.NUMBER ? '#3f3f46' : '#b45309',
        },
        buttonStyle,
      ]}
      onPressOut={onPress}
    >
      <Text style={styles.title}>{title}</Text>
    </Pressable>
  );
};

...

const styles = StyleSheet.create({
  button: {
    justifyContent: 'center',
    alignItems: 'center',
  },
  title: { ... },
});

export { ButtonTypes };
export default Button;
```

기본 배경색과 pressed가 true일 때의 배경색 모두 buttonType의 값에 따라 다른 색이 사용되도록 수정했습니다. 추가로 style에서 배경색을 설정하고 있으니 button 스타일에서 배경색을 삭제했습니다.

지금 코드도 문제없이 잘 작동합니다. 하지만 다음과 같이 코딩하는 방법도 있습니다.

📄 src/components/Button.js

```
...

const Colors = {
  NUMBER: ['#71717a', '#3f3f46'],
  OPERATOR: ['#f59e0b', '#b45309'],
};

const Button = ({ title, onPress, buttonStyle, buttonType }) => {
  return (
    <Pressable
      style={({ pressed }) => [
        styles.button,
        { backgroundColor: Colors[buttonType][0] },
        pressed && { backgroundColor: Colors[buttonType][1] },
        buttonStyle,
      ]}
      onPressOut={onPress}
    >
      <Text style={styles.title}>{title}</Text>
    </Pressable>
  );
};

...
```

Colors라는 객체를 만들고 키를 ButtonTypes의 값과 같게 만들었습니다. 값으로는 배열을 사용하고 0번 인덱스에 기본 배경색, 1번 인덱스에 클릭 시 사용하는 배경색을 넣었습니다. 이렇게 하면 props로 전달되는 buttonType의 값에 따라 Colors에서 색 조합을 배열로 받아 와서 사용할 수 있습니다. 이런 방법을 잘 사용하면 복잡한 코드를 외부로 빼내서 컴포넌트 안의 코드를 조금 더 깔끔하게 만들 수 있습니다.

이제 **App** 컴포넌트에서 연산 버튼을 만들겠습니다.

 src/App.js

```javascript
import { StatusBar } from 'expo-status-bar';
import { StyleSheet, Text, View } from 'react-native';
import Button, { ButtonTypes } from './components/Button';

const App = () => {
  return (
    <View style={styles.container}>

    ...

      <Button
        title="0"
        onPress={() => console.log(0)}
        buttonStyle={{ width: 200, height: 100 }}
        buttonType={ButtonTypes.NUMBER}
      />
      <Button
        title="+"
        onPress={() => console.log('+')}
        buttonStyle={{ width: 100, height: 200 }}
        buttonType={ButtonTypes.OPERATOR}
      />
      <Button
        title="-"
        onPress={() => console.log('-')}
        buttonStyle={{ width: 100, height: 100 }}
        buttonType={ButtonTypes.OPERATOR}
      />
    </View>
  );
};

...
```

ButtonTypes를 가져와서 **buttonType**을 전달할 때 사용했습니다. **buttonType**을 전달하지 않거나 **ButtonTypes.NUMBER**로 전달한 컴포넌트는 숫자 버튼으로 잘 나타나고, **ButtonTypes.OPERATOR**로 전달한 컴포넌트는 연산 버튼으로 잘 나타나는지 확인해보세요.

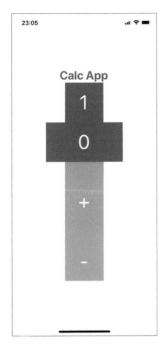 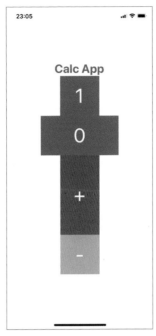

▶ 연산 버튼

2.4 화면에 결과 출력하기

버튼은 준비가 완료되었으니 결과를 보여줄 텍스트가 필요합니다. **Text** 컴포넌트를 사용해서 텍스트를 보여주고 있지만 현재는 입력한 텍스트만 **렌더링**rendering하고 있을 뿐입니다. 이번에는 간단한 더하기 빼기 버튼을 만들어서 결과가 변하면 화면의 텍스트도 변경되도록 만드는 방법에 대해 알아보겠습니다.

> **NOTE**
>
> 렌더링이라는 용어는 세부 분야에 따라 조금씩 다른 의미를 가지고 있지만, 공통적으로 최종 결과로써 완성된 결과를 만들어내는 과정 혹은 완성된 화면이나 영상을 의미합니다. 리액트 혹은 리액트 네이티브에서는 우리가 작성한 코드를 눈으로 볼 수 있도록 화면에 그려지는 것을 의미합니다.

더하기 빼기 화면 만들기

App 컴포넌트에 2개의 버튼을 만들고 각각 1씩 더하고 빼는 함수를 onPress에 전달하겠습니다.

`JS` src/App.js

```
...

const App = () => {
  let result = 0;

  return (
    <View style={styles.container}>
      <StatusBar style="auto" />
      <Text style={styles.text}>{result}</Text>

      <Button
        title="+"
```

```
            onPress={() => {
              result = result + 1;
              console.log('+ : ', result);
            }}
            buttonStyle={styles.button}
            buttonType={ButtonTypes.OPERATOR}
          />

          <View style={{ paddingVertical: 10 }}></View>

          <Button
            title="-"
            onPress={() => {
              result = result - 1;
              console.log('- : ', result);
            }}
            buttonStyle={styles.button}
            buttonType={ButtonTypes.OPERATOR}
          />
        </View>
    );
};

const styles = StyleSheet.create({
  container: { ... },
  text: {
    fontSize: 60,
    fontWeight: '700',
  },
  button: {
    width: 100,
    height: 100,
  },
});

export default App;
```

더하기 빼기의 결과를 담을 result 변수를 만들고 Text 컴포넌트에서 result를 렌더링하도
록 수정했습니다. 그리고 Button 컴포넌트 2개를 사용해서 버튼을 누를 때마다 result의 값
을 1씩 더하거나 빼도록 코딩했습니다. 버튼이 붙어있어서 구분이 어려운 점을 해결하기 위해
버튼 사이에 View 컴포넌트를 사용해서 공간을 띄웠습니다. 마지막으로 스타일을 조금 수정했
습니다.

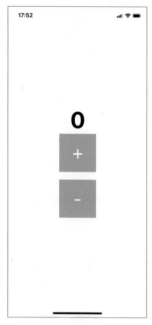

▶ 화면에 결과 출력하기

화면은 잘 나타나지만 아무리 버튼을 눌러도 화면의 결과에는 아무런 변화가 없습니다. 하지만 터미널에 나타나는 메시지를 보면 우리가 의도한 대로 result의 값이 변경되고 있다는 것을 알 수 있습니다. 자바스크립트 변수(result)가 변경되어도 화면에 변화가 없는 이유는 처음 렌더링되었던 모습 그대로 유지되고 있기 때문입니다. 값이 변하면 변경된 값을 사용해서 화면을 다시 렌더링해야 합니다. 이렇게 화면을 다시 렌더링하는 것을 리렌더링re-rendering이라고 합니다.

2 상태와 리렌더링

앞에서 우리가 사용한 result 변수는 값이 변해도 화면에 반영되지 않았습니다. 이렇게 동적으로 변하는 값은 상태state를 사용해야 합니다. 상태는 컴포넌트에서 관리하는 변경 가능한 값을 의미합니다.

컴포넌트 내에서 데이터를 처리한다는 점에서 props와 비슷하지만 분명한 차이점이 있습니다. props는 부모 컴포넌트로부터 전달받은 데이터로 관리의 주체가 부모입니다. 하지만 상태는 컴포넌트 내에서 생성 및 관리하는 데이터로 관리의 주체가 컴포넌트 자신이 됩니다.

동적으로 변하는 데이터를 그 변화에 맞춰 화면에 반영하기 위해서는 반드시 리렌더링 과정이 필요합니다. 컴포넌트가 리렌더링되는 조건에는 몇 가지가 있습니다.

- 컴포넌트 상태가 변경되었을 때
- 컴포넌트로 전달된 props가 변경되었을 때
- 부모 컴포넌트가 리렌더링되었을 때

이해하기 어렵다면 '화면에 변화를 적용시킬 것이 있는가?'를 생각해보세요.

- 컴포넌트가 상태가 변경되었다는 것은 동적인 데이터에 변화가 있다는 의미이니 다시 렌더링되어야 합니다.
- props가 변경되면 props를 사용하고 있던 컴포넌트에도 변경이 필요하다는 의미이니 리렌더링되어야 합니다.
- 하위에 있는 컴포넌트는 부모 컴포넌트에 포함되어 있는 것이니 부모 컴포넌트가 리렌더링된다면 함께 리렌더링되어야 합니다.

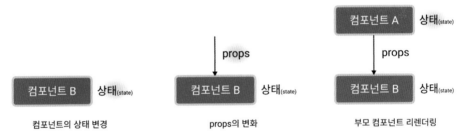

| 컴포넌트의 상태 변경 | props의 변화 | 부모 컴포넌트 리렌더링 |

▶ 컴포넌트의 리렌더링

너무 잦은 리렌더링은 성능에 영향을 줍니다. 이를 방지하기 위한 방법들에 대해서는 책을 진행하는 과정에서 하나씩 알아보도록 하겠습니다. 이번에는 상태를 관리하는 변수를 생성하고 사용하는 방법에 대해 알아보겠습니다.

3 Hook의 규칙

상태를 생성하고 관리하기 위해서 **useState**라는 Hook을 사용합니다. Hook은 리액트 16.8 버전에 추가된 기능으로 함수 컴포넌트에서 상태 관리뿐만 아니라 다양한 기능을 사용할 수 있도록 지원하는 함수입니다. 리액트 공식 문서에 Hook을 만들게 된 동기가 나와있으니 관심 있으신 독자는 한번 읽어보기 바랍니다.

useState Hook – https://bit.ly/react-useState
리액트 Hook 제작 동기 – https://bit.ly/hook-motivation

Hook은 함수 컴포넌트에서 다양한 기능을 사용할 수 있도록 지원하지만, 사용할 때 지켜야 하는 규칙이 있습니다.

- 함수 컴포넌트와 커스텀 Hook에서만 사용해야 합니다.
- 함수 최상위에서만 사용해야 합니다.

하나씩 자세하게 알아보겠습니다. Hook을 사용할 수 있는 곳은 2개뿐입니다. 하나는 커스텀 custom 컴포넌트를 정의하는 함수 내부입니다. 우리가 만든 Button 컴포넌트에서 Button 함수 내부를 의미합니다. 커스텀 컴포넌트를 만들 수 있듯이 Hook도 우리가 원하는 형태로 만들 수 있습니다. 커스텀 Hook을 정의하는 함수가 Hook을 사용할 수 있는 두 번째 위치입니다.

함수 최상위에서만 사용해야 한다는 의미는 함수 안의 또 다른 함수나 조건문 반복문 등에서 사용할 수 없다는 의미입니다. 예를 들어 다음과 같은 위치에서는 사용이 불가능합니다.

```
const Component = () => {

  const addNum = (a, b) => {
    // Hook X
  }

  if (title === '') {
    // Hook X
  }

  return (...);
};
```

리액트는 Hook을 호출되는 순서대로 저장해놓고 리렌더링될 때마다 저장해놓은 순서대로 Hook을 다시 호출합니다. 함수나 조건문 안에서 Hook을 호출하면 특정 조건에 따라 호출되지 않을 수 있기 때문에 리액트가 기억하고 있는 Hook의 순서와 차이가 생기게 됩니다. 이 부분에서 문제가 발생하기 때문에 Hook을 함수의 최상위에서만 사용해야 합니다.

컴포넌트의 이름이 대문자로 시작해야 한다는 규칙처럼 Hook의 이름에도 규칙이 있습니다. Hook은 항상 use로 시작한다는 규칙이 있습니다. 그래서 리액트나 리액트 네이티브를 지원하는 라이브러리에서 use로 시작하는 함수가 있다면 Hook이라고 생각하면 됩니다.

🔳 Hook과 ESLint

Hook을 사용할 때 ESLint를 설정해서 발생할 수 있는 실수를 막을 수 있습니다. Hook과 관련된 ESLint를 설정하지 않아도 Hook을 사용하는 데 문제가 되지는 않습니다. 하지만 Hook을 사용할 때 지켜야 하는 규칙을 강제해서 사용자의 실수를 막을 수 있으니 ESLint 설정을 권장합니다.

ESLint에 Hook 규칙을 설정하기 위해서는 eslint-plugin-react-hooks라는 플러그인을 설치해야 합니다.

🔗 eslint-plugin-react-hooks − https://www.npmjs.com/package/eslint-plugin-react-hooks

아래 명령어를 사용해서 설치하세요.

```
$ npm install -D eslint-plugin-react-hooks
```

설치가 완료되면 VS Code에서 **.eslintrc.json** 파일을 열고 다음과 같이 수정하세요.

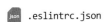 .eslintrc.json

```
● ● ●

  ...

    "extends": [
      "eslint:recommended",
      "plugin:react/recommended",
      "plugin:react/jsx-runtime",
      "plugin:react-hooks/recommended"
    ],
  }

  ...
```

이제 Hook과 관련된 ESLint 설정이 완료되었습니다.

5 useState Hook으로 상태 관리하기

이제 useState를 사용해서 결과의 변화가 화면에 반영되도록 하겠습니다. 먼저 useState의 사용 방법은 다음과 같습니다.

```
const [상태 변수, 상태 변경 함수] = useState(초깃값);
```

useState 함수를 호출하면 배열이 반환됩니다. 이 배열의 0번 인덱스에는 상태 값을 가진 변수가 있고, 1번 인덱스에는 상태 변수를 수정할 수 있는 함수가 들어가 있습니다. 상태를 변경할 때에는 상태 변수에 직접 값을 입력하는 것이 아니라 useState에서 반환한 상태 변경 함수를 사용해서 변경해야 합니다. 마지막으로 useState를 호출할 때에 파라미터로 상태 변수의 초깃값을 전달할 수 있습니다. 만약 어떤 값도 전달하지 않으면 상태 변수의 초깃값은 undefined가 됩니다.

useState를 사용할 때 반환되는 배열을 상태 변수와 상태 변경 함수로 나눠서 받는 문법을 배열 구조 분해라고 합니다.

🔗 배열 구조 분해 – https://mzl.la/3vxqLR2

배열 구조 분해는 앞에서 배웠던 객체 구조 분해와 사용 방법이 비슷합니다. 객체 구조 분해는 객체에서 원하는 데이터를 받아올 때 프로퍼티와 같은 이름으로 받아와야 했습니다. 하지만 배열은 값의 나열이기 때문에 이름을 신경 쓸 필요가 없습니다. 대신 값의 위치를 신경 써야 합니다.

```
const arr = ['red', 'green', 'blue'];
const [red, blue] = arr;
console.log(red);        // red
console.log(blue);       // green
```

앞의 코드처럼 배열에 순서대로 변수의 값이 전달되기 때문에 순서에 주의해야 합니다. 만약 특정 인덱스의 값이 필요 없는 상황이라면 다음과 같이 일부를 무시하고 받는 방법도 있습니다.

```
const arr = ['red', 'green', 'blue'];
const [red, , blue] = arr;
```

```
console.log(red);        // red
console.log(blue);       // blue
```

배열 구조 분해는 유용한 만큼 많이 사용되는 문법이니 잘 기억해두세요.

이제 App 컴포넌트에 useState를 사용해서 결괏값을 관리하는 상태를 만들어보겠습니다.

 src/App.js

```
●●●

...

import { useState } from 'react';

const App = () => {
  const [result, setResult] = useState(0);

  return (
    <View style={styles.container}>
      <StatusBar style="auto" />
      <Text style={styles.text}>{result}</Text>

      <Button
        title="+"
        onPress={() => {
          setResult(result + 1);
          console.log('+ : ', result);
        }}
        buttonStyle={styles.button}
        buttonType={ButtonTypes.OPERATOR}
      />

      <View style={{ paddingVertical: 10 }}></View>

      <Button
        title="-"
        onPress={() => {
          setResult(result - 1);
          console.log('- : ', result);
        }}
        buttonStyle={styles.button}
        buttonType={ButtonTypes.OPERATOR}
      />
```

```
      </View>
    );
  };

  ...
```

기존에 있던 result 변수는 삭제하고 useState를 사용해서 초깃값이 0인 상태 변수 result
와 상태 변수를 수정하는 함수 setResult를 생성했습니다. 어떤 이름으로 하든 문제가 되지
는 않지만 일반적으로 상태 변수를 수정하는 함수는 상태 변수 이름 앞에 set을 붙여서 이름
을 짓습니다. 버튼의 onPress에는 상태 변수를 수정하는 setResult를 사용해서 현재 상태
(result) 값에 1을 더하거나 빼도록 했습니다.

이제 버튼을 누를 때마다 변경된 결과가 화면에 잘 반영됩니다. 하지만 화면의 결과와 터미널
에 출력되는 result 값이 다르게 나타나는 것을 볼 수 있습니다. 이런 현상이 나타나는 이유는
상태 변수를 수정하는 함수가 비동기적으로 작동하기 때문입니다. 함수를 호출해서 상태를 변
경해도 즉각적으로 반영되지 않기 때문에 console.log를 호출하는 시점에서는 result가 변
경되기 전의 값이 됩니다. 실제로 더하기 버튼을 계속 누를 때마다 화면은 '1, 2, 3…'으로 나아
가지만 터미널에는 '0, 1, 2…'로 이전 값을 보여주는 것을 볼 수 있습니다.

비동기적으로 작동하는 것을 확인하기 위해 setResult를 여러 번 호출해보겠습니다. 더하기
버튼을 다음과 같이 수정해보세요.

JS src/App.js

```
●●●

...

const App = () => {
  const [result, setResult] = useState(0);

  return (
    <View style={styles.container}>
      <StatusBar style="auto" />
      <Text style={styles.text}>{result}</Text>

      <Button
        title="+"
```

```
      onPress={() => {
        setResult(result + 1);
        setResult(result + 1);
        console.log('+ : ', result);
      }}
      buttonStyle={styles.button}
      buttonType={ButtonTypes.OPERATOR}
    />

...
```

더하기 버튼을 누르면 setResult를 연속으로 2번 호출하도록 수정했습니다. 만약 setResult 가 즉각적으로 상태 변수에 값을 반영한다면 첫 번째 setResult에서 1이 증가하고 두 번째 setResult에서 1이 다시 한번 증가해서 결과적으로 2가 증가해야 합니다.

하지만 결과를 보면 setResult를 연속해서 2번 호출했어도 1만 증가하고 있고, 터미널에 출력된 결과도 이전과 변화 없이 '0, 1, 2…'로 나타나고 있습니다. 이것은 다음과 같은 과정으로 인해 나온 결과입니다.

- 현재 result의 값은 0입니다.
- 첫 번째 setResult를 통해 현재 result 값(0)에 1을 더한 값(1)으로 상태를 변경합니다.
- 두 번째 setResult가 호출되기 전에 상태는 변경되지 않았습니다.
- 두 번째 setResult를 통해 현재 result 값(0)에 1을 더한 값(1)으로 상태를 변경합니다.
- console.log가 호출되기 전에 상태는 변경되지 않았습니다.
- console.log를 통해 터미널에 현재 result 값(0)을 출력합니다.

이런 과정을 거치기 때문에 첫 번째와 두 번째 setResult에서 모두 같은 값을 전달하게 되고 결과적으로 1만 증가하게 됩니다.

현재 상태를 기준으로 상태를 변경해야 할 때 상태 변수를 사용해서 처리하면 의도하지 않은 결과가 나올 수 있습니다. 이런 문제를 해결하는 방법은 상태 변경 함수에 함수를 전달하는 것입니다. 이를 함수형 업데이트라고 합니다.

```
setResult((현재 상태) => {
  return 새로운 상태 값;
});
```

여기에서 주의할 점은 함수를 전달했을 때 반드시 상태 값을 반환해야 한다는 것입니다. 만약 함수에서 값을 반환하지 않으면 상태는 undefined가 되니 주의하세요. 상태 변경 함수에 함수를 전달하면 해당 함수의 파라미터로 현재의 상태가 전달됩니다. 함수의 파라미터로 전달된 상태를 사용하면 이 문제를 해결할 수 있습니다.

App 컴포넌트를 다음과 같이 수정해보세요.

 src/App.js

```
...

const App = () => {
  const [result, setResult] = useState(0);
  console.log('rendering : ', result);

  return (
    <View style={styles.container}>
      <StatusBar style="auto" />
      <Text style={styles.text}>{result}</Text>

      <Button
        title="+"
        onPress={() => {
          setResult((prevState) => {
            console.log('prevState 1 : ', prevState);
            return prevState + 1;
          });
          setResult((prevState) => {
            console.log('prevState 2 : ', prevState);
            return prevState + 1;
          });
        }}
        buttonStyle={styles.button}
        buttonType={ButtonTypes.OPERATOR}
      />

...
```

더하기 버튼을 눌러보면 2씩 증가하는 것을 확인할 수 있습니다. 터미널을 확인해보면 더하기 버튼을 눌렀을 때 순서대로 prevState 1 : 0 → prevState 2 : 1 → rendering : 2가 나타나는 것을 볼 수 있습니다.

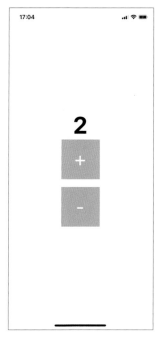

▶ 함수형 업데이트

여러분도 버튼을 눌러보면서 화면에 결과가 잘 나타나는지 확인해보세요.

2.5 마치며

이 장에서는 리액트 네이티브의 기본이 되는 컴포넌트와 스타일을 적용하는 방법에 대해 알아 봤습니다. 그리고 Hook에 대해 알아보고 상태를 생성하고 관리하는 useState를 사용해봤습니다.

리액트 네이티브는 컴포넌트의 조합으로 만들어지므로 컴포넌트가 굉장히 중요합니다. 리액트 네이티브에서 다양한 컴포넌트를 제공하지만 상황에 따라 커스텀 컴포넌트를 만드는 경우가 많이 있습니다. 이 책을 진행하는 과정에서도 다양한 커스텀 컴포넌트를 만들게 됩니다.

정적인 화면을 만들 게 아니라면 동적으로 적용되는 상태는 필수로 사용되어야 하니 상태를 생성하고 관리하는 useState의 사용 방법을 잘 기억하기 바랍니다. 앞으로도 많이 사용되는 함수이니 이 책의 프로젝트를 따라 하면서 연습하면 쉽게 익숙해질 수 있습니다.

우리가 원하는 디자인을 적용하기 위한 스타일 적용도 프로젝트 진행에 중요한 부분입니다. 다음 장에서는 화면을 구성하기 위한 정렬 방법에 대해 알아보고 계산기 프로젝트를 완성해보겠습니다.

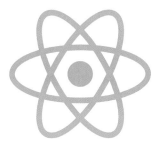

CHAPTER

3

계산기 만들기 II

2장에서 우리는 컴포넌트와 스타일 그리고 상태를 생성하고 관리하는 방법에 대해 알아봤습니다. 그리고 숫자 버튼과 연산 버튼을 만들었습니다. 이 장에서는 계산기 화면을 구현하고 기능을 추가하여 프로젝트를 완성합니다.

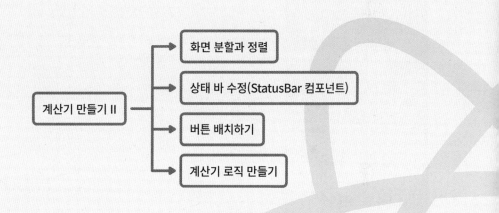

3.1 화면 분할과 정렬

계산기는 하나의 화면에 결과를 나타내는 상단부와 버튼이 있는 하단부로 구분 지을 수 있습니다. 그리고 각 부분이 화면의 절반 정도를 나누어 차지하고 있습니다. 이 절에서는 화면의 영역을 성격에 따라 나눠보고 원하는 만큼 화면을 채우는 방법과 정렬하는 방법에 대해 알아보겠습니다.

▶ 계산기 화면 영역 나누기

1 화면 나누기

View 컴포넌트를 사용해서 결과를 보여주는 부분과 버튼이 보이는 부분을 구분 짓겠습니다.

```
...

const App = () => {
  const [result, setResult] = useState(0);

  return (
    <View style={styles.container}>
      <StatusBar style="auto" />

      <View style={styles.resultContainer}>
        <Text style={styles.text}>{result}</Text>
      </View>

      <View style={styles.buttonContainer}>
        <Text>Button</Text>
      </View>
    </View>
  );
};

const styles = StyleSheet.create({
  container: { ... },
  text: {
    fontSize: 60,
    fontWeight: '700',
    color: '#fffff',
  },
  resultContainer: {
    backgroundColor: '#000000',
  },
  buttonContainer: {
    backgroundColor: '#A5B4FC',
  },
});

export default App;
```

기존에 있던 Text 컴포넌트를 View 컴포넌트로 감싸주었습니다. View 컴포넌트의 배경색은
검은색으로 하고 Text 컴포넌트의 글자색을 흰색으로 변경했습니다. 기존에 작성되어 있던

Button 컴포넌트는 삭제했습니다. 그리고 버튼을 표시하는 부분을 View 컴포넌트와 Text 컴포넌트를 사용해서 나타내주었습니다.

결과를 보면, View 컴포넌트가 차지하는 부분이 전체가 아니라 자식 컴포넌트가 차지하는 만큼만 공간을 차지하고 있는 것을 볼 수 있습니다.

▶ 화면 나누기

② flex로 화면 채우기

스타일 속성 중에 flex를 사용하면 컴포넌트가 공간을 차지하도록 설정할 수 있습니다. flex의 특징은 width나 height처럼 차지하고 싶은 공간의 크기를 값으로 설정하는 것이 아니라 비율로 설정한다는 것입니다. 예를 들어, 같은 공간을 나눠 사용하는 두 컴포넌트의 flex를 모두 1로 설정한다면 공간을 1:1의 비율로 나눠서 차지하게 됩니다.

결과 화면을 감싸는 View 컴포넌트와 버튼을 감싸는 View 컴포넌트의 스타일에 모두 flex를 1로 설정해보세요.

```
...

const styles = StyleSheet.create({
  container: { ... },
  text: { ... },
  resultContainer: {
    flex: 1,
    backgroundColor: '#000000',
  },
  buttonContainer: {
    flex: 1,
    backgroundColor: '#A5B4FC',
  },
});

...
```

결과를 보면 두 View 컴포넌트가 1:1 비율로 화면을 차지하고 있는 것을 확인할 수 있습니다.

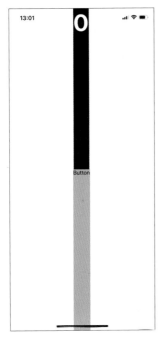

▶ flex 1 설정

컴포넌트가 높이는 채우고 있지만 너비를 채우지 않은 이유는 flex가 방향(flexDirection)에 따라 채우는 특징이 있기 때문입니다. 리액트 네이티브에서 방향의 기본값은 아래 방향(column)이기 때문에 세로 방향으로 높이만 채우고 있습니다. 방향을 변경하는 방법은 잠시 후에 다루도록 하겠습니다.

테스트하는 기기에 따라 화면 일부가 가려지는 상황이 생길 수 있습니다. 대표적으로 iOS로 테스트를 진행할 때, 상단의 노치[notch] 부분이 위쪽 화면의 일부를 가리는 현상이 있습니다. 이 문제를 해결하는 방법은 5장에서 알아보겠습니다.

이번에는 View 컴포넌트를 하나 추가하고 flex 값을 2로 설정해보세요.

JS src/App.js

```
...

const App = () => {
  const [result, setResult] = useState(0);

  return (
    <View style={styles.container}>

      ...

      <View style={{ flex: 2, backgroundColor: '#e3e3e3' }}>
        <Text>component</Text>
      </View>
    </View>
  );
};

...
```

이제 세 개의 View 컴포넌트가 화면을 1:1:2 비율로 차지하고 있는 것을 볼 수 있습니다. 여러분도 flex 값을 변경해보면서 View 컴포넌트가 차지하는 공간 비율이 변경되는 것을 확인해보세요.

▶ flex와 화면의 공간 채우기

앞에서 확인한 것처럼 flex는 비율로 공간을 차지합니다. 화면 전체를 차지하게 하려면 어떻게 해야 할까요? 하나의 컴포넌트만 공간을 차지하고, flex가 1 이상으로 설정되어 있으면 화면 전체를 차지합니다. container 스타일에 적용된 flex: 1이 대표적인 예시입니다.

src/App.js

```
...

const styles = StyleSheet.create({
  container: {
    flex: 1,
    backgroundColor: '#fff',
    alignItems: 'center',
    justifyContent: 'center',
  },

...
```

container 스타일이 적용된 **View** 컴포넌트는 다른 컴포넌트 없이 혼자 공간을 사용하고 있습니다. 이 상황에서 **flex: 1**이 설정되면 공간 전체를 차지하게 됩니다. **flex**가 1보다 크거나 같다면 모든 공간을 차지합니다. 하지만 1보다 작은 값이라면 약간 다르게 작동합니다. 예를 들어, **0.5**로 설정된다면 화면의 절반만 차지하게 됩니다.

 src/App.js

```
...

const styles = StyleSheet.create({
  container: {
    flex: 0.5,
    backgroundColor: '#fff',
    alignItems: 'center',
    justifyContent: 'center',
  },

...
```

▶ container 스타일 flex 변화

앞에서 flex는 비율로 공간을 차지한다고 했습니다. 따라서 flex가 설정된 컴포넌트가 하나만 있다면 그 값이 1이든 2이든 비교 대상이 없으므로 전체를 차지합니다. 하지만 1보다 작은 값이면 그 값을 비율로 계산해서 공간을 차지합니다. 예를 들어, 0.5면 50%를 차지하고 0.7이면 70%를 차지합니다. 여러분도 flex 값을 변경하면서 테스트해보세요.

flex가 비율로 공간을 차지하긴 하지만 차지할 수 있는 공간이 항상 화면 전체인 것은 아닙니다. container의 flex 값을 0.5로 변경하면, View 컴포넌트들도 화면의 절반을 1:1:2로 나누어 차지하고 있는 것을 볼 수 있습니다. flex는 차지할 수 있는 공간 내에서 비율로 나누어 차지한다는 점에 주의하세요.

다음과 같이 App 컴포넌트를 수정해보세요.

📄 src/App.js

```
...

const styles = StyleSheet.create({
  container: {
    flex: 1,
    backgroundColor: '#fff',
    alignItems: 'center',
    justifyContent: 'center',
  },
  text: { ... },
  resultContainer: {
    height: 100,
    backgroundColor: '#000000',
  },
  buttonContainer: {
    height: 100,
    backgroundColor: '#A5B4FC',
  },
});

...
```

container 스타일의 flex를 다시 1로 변경했습니다. 그리고 resultContainer와 buttonContainer에서 flex를 삭제하고 height를 100으로 설정했습니다. 결과를 보면 앞의 두 컴포넌트는 높이 100만큼 차지하고 flex가 설정된 마지막 컴포넌트가 남은 모든 공간을 차지하는 것을 확인할 수 있습니다.

▶ flex가 차지할 수 있는 범위

앞의 두 컴포넌트가 높이 100만큼씩 총 200을 차지하고 있기 때문에 마지막 컴포넌트는 전체 높이에서 200만큼을 뺀 나머지 공간을 채우고 있습니다. 이렇게 flex는 무조건 공간을 채우는 것이 아니라, 차지할 수 있는 범위 내에서만 채운다는 것을 기억하세요.

- flex는 비율로 공간을 채웁니다.
- flex는 설정된 방향(flexDirection)으로 공간을 채웁니다.
- flex는 차지할 수 있는 범위 내에서 공간을 채웁니다.

3 flexDirection으로 방향 변경하기

현재 우리는 컴포넌트를 사용할 때마다 화면의 아래 방향으로 컴포넌트가 추가되고 있습니다. 화면을 디자인하다 보면 컴포넌트를 옆쪽으로 배치해야 하는 상황이 생깁니다. 이렇게 컴포넌트가 화면에 추가되는 방향을 수정하고 싶을 땐 flexDirection 값을 변경해야 합니다.

flexDirection에 설정할 수 있는 방향은 총 4가지입니다.

- column − 위에서 아래로 정렬(기본값)
- column-reverse − 아래에서 위로 정렬
- row − 왼쪽에서 오른쪽으로 정렬
- row-reverse − 오른쪽에서 왼쪽으로 정렬

flexDirection의 기본값은 column입니다. 그래서 우리가 컴포넌트를 추가할 때마다 위에서 아래 방향으로 화면에 추가되고 있었던 것입니다.

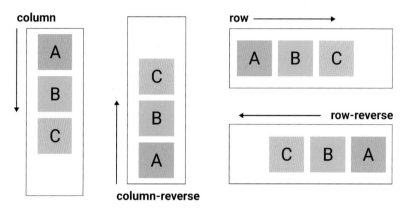

▶ flexDirection

App 컴포넌트의 container 스타일에 flexDirection을 row로 변경해보세요.

📄 src/App.js

```
● ● ●

...

const styles = StyleSheet.create({
  container: {
    flex: 1,
    flexDirection: 'row',
    backgroundColor: '#fff',
    alignItems: 'center',
    justifyContent: 'center',
  },

...
```

컴포넌트가 쌓여가는 방향이 가로로 변경되면서, flex도 세로가 아닌 가로로 공간을 채우고 있는 것을 확인할 수 있습니다. flexDirection을 수정하면서 컴포넌트가 쌓이는 방향을 확인해보세요.

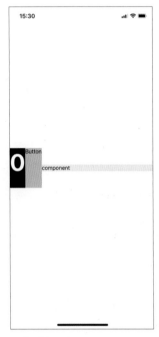

▶ flexDirection row

4 justifyContent와 alignItems로 정렬하기

지금까지 컴포넌트가 추가되는 방향을 결정하고 공간을 차지하는 방법을 확인했습니다. 이번에는 자식 컴포넌트를 정렬하는 방법에 대해 알아보겠습니다. 자식 컴포넌트를 정렬하는 스타일 속성은 justifyContent와 alignItems입니다.

justifyContent와 alignItems는 자식 컴포넌트가 정렬되는 방향을 결정합니다. justifyContent는 flexDirection의 방향으로 정렬하는 방법이고, alignItems는 flexDirection의 방향과 수직 방향으로 정렬하는 방법입니다. 두 속성이 비슷하지만 역할의 차이가 있어 헷갈릴 수 있습니다. flexDirection과 같은 방향인지 수직 방향인지 잘 기억하기 바랍니다.

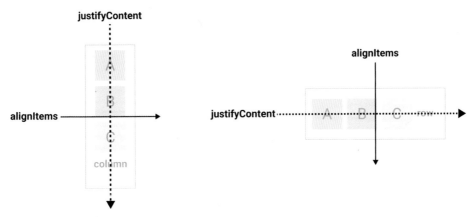

▶ justifyContent와 alignItems

justifyContent

justifyContent에 설정 가능한 값은 6가지입니다.

- flex-start – 시작점부터 정렬(기본값)
- flex-end – 끝에서부터 정렬
- center – 중앙 정렬
- space-between – 컴포넌트 사이의 공간을 같게 만들어서 정렬
- space-around – 컴포넌트 주변 공간을 같게 만들어서 정렬
- space-evenly – 컴포넌트 사이와 양 끝 사이의 공간을 같게 만들어서 정렬

다음 그림은 flexDirection이 row일 때 justifyContent의 값 변화에 따른 정렬 방법을 보여주고 있습니다.

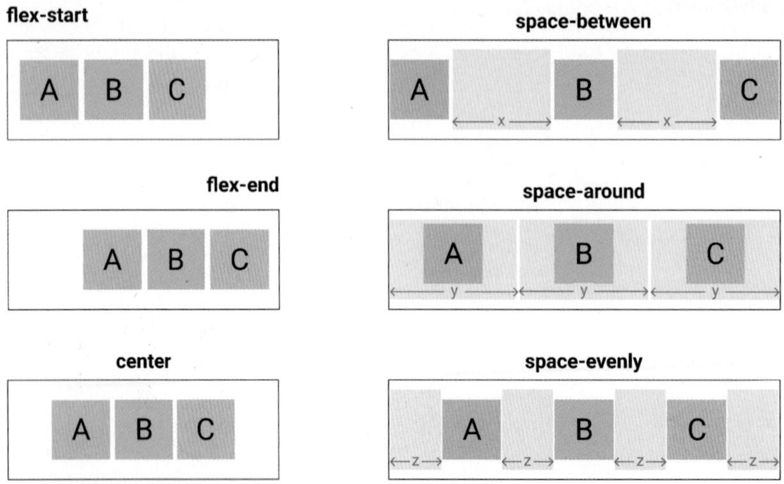
flex-start
A
B
C
space-between
A
B
C
x
x
flex-end
A
B
C
space-around
A
B
C
y
y
y
center
A
B
C
space-evenly
A
B
C
z
z
z
z

* 이미지의 x, y, z는 거리를 의미합니다.

▶ justifyContent

`container` 스타일에서 `flexDirection`과 `justifyContent`의 값을 변경해보면서 테스트해보세요. 직접 테스트해보며 눈으로 확인하는 게 가장 기억에 오래 남습니다.

alignItems

`alignItems`에 설정 가능한 값은 5가지입니다.

- `flex-start` – 시작점부터 정렬
- `flex-end` – 끝에서부터 정렬
- `center` – 중앙 정렬
- `stretch` – `flexDirection`과 수직 방향으로 확장(기본값)
- `baseline` – 기준선에 맞춰 정렬

다음 그림은 `flexDirection`이 `row`일 때 `alignItems`의 값에 따른 정렬을 보여주고 있습니다.

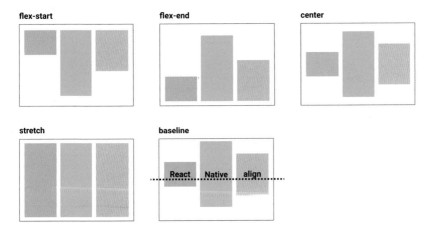

▶ alignItems

stretch는 flexDirection과 수직이 되는 방향, 즉 alignItems의 방향으로 확장됩니다. 여기에서 주의할 부분은 무조건 끝까지 확장하는 것이 아니라 확장할 수 있는 범위 내에서만 확장한다는 점입니다.

App 컴포넌트를 다음과 같이 수정해보세요.

📄 src/App.js

```
...

const styles = StyleSheet.create({
  container: {
    height: 400,
    flexDirection: 'row',
    backgroundColor: '#fff',
    alignItems: 'stretch',
    justifyContent: 'center',
  },
...
```

container에서 flex를 삭제하고 높이를 400으로 설정했습니다. 그리고 alignItems를 stretch로 변경했습니다. flexDirection이 row이기 때문에 alignItems는 세로 방향으로 확장(stretch)되어야 합니다. 결과를 보면 끝까지 확장되는 것이 아니라 container의 높이로 설정된 **400**까지만 확장되는 것을 확인할 수 있습니다.

▶ alignItems stretch의 범위

alignItems와 비슷한 역할을 하는 속성으로 alignSelf가 있습니다. 설정 가능한 값은 alignItems와 같습니다. 차이점은 alignItems는 자식 컴포넌트의 정렬 방식을 결정하고, alignSelf는 자기 자신을 정렬한다는 것입니다. 어떤 옵션을 사용하든 원하는 모습으로 정렬되면 상관없지만, 보통 자식 컴포넌트들의 정렬 방식을 한꺼번에 설정할 때 alignItems를 사용하고 특정 컴포넌트의 정렬만 설정할 때 alignSelf를 사용합니다.

5 결과 화면 정렬하기

이제 결과를 보여주는 부분을 수정하겠습니다. 화면의 절반을 차지하고 배경은 검은색이 되도록 설정하고 계산된 결과를 오른쪽 아래에 흰색으로 나타나게 하겠습니다.

src/App.js

```
...

const App = () => {
  const [result, setResult] = useState(0);

  return (
    <View style={styles.container}>
      <StatusBar style="auto" />

      <View style={styles.resultContainer}>
        <Text style={styles.text}>{result}</Text>
      </View>

      <View style={styles.buttonContainer}>
        <Text>Button</Text>
      </View>
    </View>
  );
};

const styles = StyleSheet.create({
  container: {
    flex: 1,
    flexDirection: 'column',
    backgroundColor: '#fff',
    alignItems: 'stretch',
    justifyContent: 'center',
  },
  text: {
    fontSize: 60,
    fontWeight: '700',
    color: '#ffffff',
    paddingBottom: 30,
    paddingRight: 30,
  },
  resultContainer: {
    flex: 1,
    backgroundColor: '#000000',
    justifyContent: 'flex-end',
    alignItems: 'flex-end',
  },
  buttonContainer: {
```

```
    flex: 1,
    backgroundColor: '#A5B4FC',
  },
});

export default App;
```

테스트를 위해 추가했던 View 컴포넌트를 삭제하고 테스트를 위해 변경했던 container 스타일에서 flex를 1로 다시 변경하고, 방향(flexDirection)도 세로(column)로 수정했습니다. 그리고 resultContainer 스타일의 justifyContent와 alignItems를 flex-end로 설정해서 Text 컴포넌트를 오른쪽 아래로 정렬했습니다. 추가로 텍스트가 끝에 너무 가까이 붙는 것을 방지하기 위해 text 스타일에 padding을 설정했습니다.

결과를 보면 앞에서 flex를 처음 설정했을 때와 다르게 지금은 너비도 채우고 있는 것을 확인할 수 있습니다. container의 alignItems가 stretch로 설정되어서 자식 컴포넌트로 있는 View 컴포넌트가 alignItems의 방향으로 확장되었기 때문입니다.

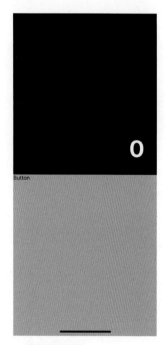

▶ 결과 화면 정렬

3.2 StatusBar 컴포넌트로 상태 바 수정하기

화면의 위쪽 배경색을 검은색으로 변경하면서 시간, 네트워크 상태 및 배터리 상태를 보여주는 상태 바가 보이지 않고 있습니다. 이번에는 상태 바의 색을 변경하는 방법에 대해 알아보겠습니다.

StatusBar 컴포넌트를 사용하면 상태 바의 콘텐츠 색을 변경할 수 있습니다. 현재 코드에는 Expo에서 제공하는 StatusBar 컴포넌트를 사용하고 있지만, 리액트 네이티브에서 제공하는 StatusBar 컴포넌트도 있습니다.

1 리액트 네이티브 StatusBar 컴포넌트

먼저 리액트 네이티브에서 제공하는 StatusBar 컴포넌트를 사용해서 상태 바를 수정하겠습니다.

ꚕ 리액트 네이티브 StatusBar 컴포넌트 – https://reactnative.dev/docs/0.68/statusbar

StatusBar 컴포넌트에 barStyle이라는 props를 사용하면 상태 바에 나타나는 콘텐츠의 색을 수정할 수 있습니다. barStyle을 light-content로 설정하면 상태 바의 콘텐츠가 밝은색으로 나타나고 dark-content로 설정하면 어두운색으로 나타납니다.

expo-status-bar 모듈에서 가져온 StatusBar 코드를 삭제하고 다음과 같이 코드를 수정해 보세요.

 src/App.js

```js
import { StatusBar, StyleSheet, Text, View } from 'react-native';
import Button, { ButtonTypes } from './components/Button';
import { useState } from 'react';

const App = () => {
  const [result, setResult] = useState(0);
```

```
  return (
    <View style={styles.container}>
      <StatusBar barStyle="light-content" />
...
```

barStyle을 light-content로 설정하면 상태 바의 콘텐츠 색이 밝은색으로 나타나는 것을
확인할 수 있습니다.

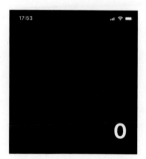

▶ 리액트 네이티브 StatusBar 컴포넌트

StatusBar 컴포넌트를 사용하면 상태 바의 배경색도 변경할 수 있습니다. 단, 안드로이드에
서만 적용되고 어떤 값도 설정하지 않는다면 배경색은 검은색이 됩니다. resultContainer의
배경색을 흰색으로 변경하고 iOS와 안드로이드에서의 화면을 비교해보세요.

📄 src/App.js

```
...

  resultContainer: {
    flex: 1,
    backgroundColor: '#ffffff',
    justifyContent: 'flex-end',
    alignItems: 'flex-end',
  },

...
```

배경색을 흰색으로 변경하면 iOS와 안드로이드의 상태 바가 다르게 작동하는 것을 확인할 수 있습니다. iOS에는 상태 바의 배경색이 없어서 밑에 있는 **View** 컴포넌트의 배경색으로 보입니다. 반면, 안드로이드에서는 상태 바의 배경색이 기본값인 검은색으로 보입니다.

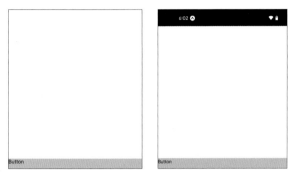

▶ StatusBar 컴포넌트의 기본 배경색 – iOS / 안드로이드

이제 **backgroundColor**를 사용해서 배경색을 파란색으로 설정해보세요.

JS src/App.js

```
● ● ●

...

const App = () => {
  const [result, setResult] = useState(0);

  return (
    <View style={styles.container}>
      <StatusBar barStyle="light-content" backgroundColor={'blue'} />

...
```

배경색을 설정하면 iOS는 변화가 없지만 안드로이드는 설정된 색으로 배경색이 변경됩니다.

▶ StatusBar 컴포넌트 배경색 변경 – iOS / 안드로이드

❷ Expo StatusBar 컴포넌트

이번에는 Expo에서 제공하는 **StatusBar** 컴포넌트를 사용해보겠습니다.

ᴘ Expo StatusBar 컴포넌트 – https://docs.expo.dev/versions/v45.0.0/sdk/status-bar/

Expo에서 제공하는 **StatusBar** 컴포넌트를 사용하기 위해서는 expo-status-bar 라이브러리 설치가 필요합니다. 하지만 Expo 프로젝트를 생성할 때 자동으로 설치되었으니 추가로 설치할 필요는 없습니다.

Expo **StatusBar** 컴포넌트에서는 **style** props로 상태 바 콘텐츠의 색을 설정합니다. **style**을 **light**로 설정하면 밝은색 콘텐츠, **dark**로 설정하면 어두운색 콘텐츠가 나타납니다.

배경색은 똑같이 **backgroundColor**로 설정하고 안드로이드에서만 적용됩니다. Expo **StatusBar** 컴포넌트는 **backgroundColor**의 기본값이 검은색이 아니라는 특징이 있습니다. **backgroundColor**를 설정하지 않으면 안드로이드도 iOS처럼 배경색이 없는 것으로 처리됩니다.

react-native 모듈에서 가져온 **StatusBar**를 삭제하고 다음과 같이 코드를 수정해보세요.

 src/App.js

```
import { StatusBar } from 'expo-status-bar';
import { StyleSheet, Text, View } from 'react-native';
import Button, { ButtonTypes } from './components/Button';
import { useState } from 'react';
```

```
const App = () => {
  const [result, setResult] = useState(0);

  return (
    <View style={styles.container}>
      <StatusBar style="dark" />

...
```

backgroundColor를 설정하지 않았지만 안드로이드의 상태 바 배경색이 검은색으로 나타나지 않습니다. iOS와 안드로이드 모두 **View** 컴포넌트의 배경색이 보이는 것을 확인할 수 있습니다.

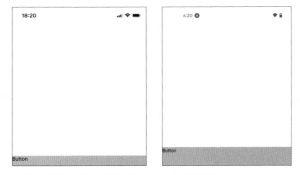

▶ Expo StatusBar 컴포넌트 – iOS / 안드로이드

여러 가지 값으로 설정을 변경해보며 다양하게 테스트해보세요. 테스트가 마무리되면 코드를 수정해서 배경은 검은색으로, 상태 바의 콘텐츠는 밝은색으로 변경하세요.

JS src/App.js

```
● ● ●

...

const App = () => {
  const [result, setResult] = useState(0);

  return (
    <View style={styles.container}>
      <StatusBar style="light" />
```

```
      ...

    </View>
  );
};

const styles = StyleSheet.create({
...

  resultContainer: {
    flex: 1,
    backgroundColor: '#000000',
    justifyContent: 'flex-end',
    alignItems: 'flex-end',
  },

...

});

export default App;
```

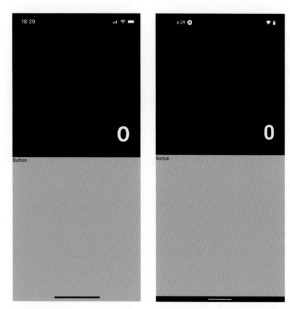

▶ 화면 정리

이 책에서는 Expo **StatusBar** 컴포넌트를 사용해서 진행합니다.

3.3 버튼 배치하기

결과를 보여주는 부분과 상태 바 설정이 마무리되었으니 이제부터 버튼을 화면에 배치하겠습니다.

1 계산기 버튼 영역 나누기

우리가 만들고자 하는 버튼의 모습은 가로 방향과 세로 방향 모두 사용해서 배치해야 합니다. 가로 방향과 세로 방향을 모두 활용해야 할 땐 View 컴포넌트를 중첩해서 사용하면 됩니다. flexDirection: row인 View 컴포넌트를 flexDirection: column인 View 컴포넌트에 쌓는 방법도 있고, 반대로 flexDirection: column인 View 컴포넌트를 flexDirection: row인 View 컴포넌트에 쌓는 방법도 있습니다. 하지만 우리가 만드는 계산기처럼 컴포넌트의 크기가 다양하면 한 줄씩 깔끔하게 범위를 지정하기 어렵습니다.

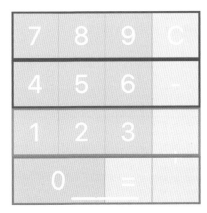 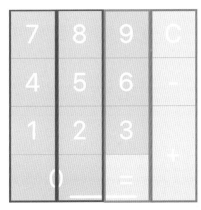

▶ 버튼 영역

화면의 영역을 구분할 땐 하위 컴포넌트의 정렬 방식이나 크기를 고려해야 합니다. 추기로 영역의 역할이나 성격도 함께 고려하면 좋습니다. 결과 영역과 버튼 영역으로 나누는 것도 성격에 따라 구분 지은 것입니다. 영역을 나눌 때 컴포넌트의 역할이나 성격을 고려하면 코드의 가독성도 좋아지고 유시보수에도 노움이 됩니다.

우리가 만들고자 하는 버튼은 숫자 버튼과 연산 버튼으로 구분할 수 있습니다. 아쉽게도 계산 (=) 버튼과 0 버튼을 함께 묶을 수밖에 없지만, 나머지는 같은 성격의 버튼끼리 묶을 수 있습니다. 이렇게 묶었을 때 숫자 버튼 영역, 연산 버튼 영역, 나머지 영역으로 구분 지을 수 있습니다.

▶ 버튼 영역 나누기

반드시 앞의 그림처럼 영역을 구분할 필요는 없습니다. 주어진 조건에서 원하는 결과를 얻어 낼 수 있는 다양한 영역 구분 방법이 존재할 수 있습니다. 여러분도 스스로 영역을 구분 지어보세요.

App 컴포넌트를 위의 그림처럼 영역이 구분되도록 수정하세요.

📄 src/App.js

```
...

const App = () => {
  const [result, setResult] = useState(0);

  return (

    ...

      <View style={styles.buttonContainer}>
        <View style={styles.leftPad}>
          <View style={styles.number}>{/* 숫자 버튼 */}</View>
          <View style={styles.bottom}>{/* 0, = 버튼 */}</View>
```

```
        </View>

        <View>{/* 연산 버튼 */}</View>
      </View>
    </View>
  );
};

const styles = StyleSheet.create({

  ...

  leftPad: {},
  number: {},
  bottom: {},
});

export default App;
```

2 useWindowDimensions로 화면 크기 구하기

이제 화면에 버튼을 추가하겠습니다. 우리가 만들고 있는 계산기 화면은 정사각형 모양의 버튼 기준으로 가로에 4개의 버튼이 들어가야 합니다. 기기마다 화면의 너비 차이가 있어서, width 값을 고정하면 특정 기기에서는 원하는 모습으로 나타나지 않을 수 있습니다. 따라서 모든 기기에서 가로에 4개의 버튼이 들어가기 위해서는 버튼 하나의 width가 화면 너비의 1/4이 되게 만들어야 합니다.

이렇게 화면의 크기가 필요할 때 useWindowDimensions 함수를 사용하면 됩니다. use WindowDimensions는 리액트 네이티브에서 제공하는 Hook으로 화면의 너비(width)와 높이(height)가 포함된 객체를 반환합니다.

∞ useWindowDimensions Hook – https://reactnative.dev/docs/0.68/usewindowdimensions

App 컴포넌트를 다음과 같이 수정해보세요.

JS src/App.js

```
import { StatusBar } from 'expo-status-bar';
import { StyleSheet, Text, useWindowDimensions, View } from 'react-native';
import Button, { ButtonTypes } from './components/Button';
import { useState } from 'react';

const App = () => {
  const [result, setResult] = useState(0);

  const windowWidth = useWindowDimensions().width;
  console.log(windowWidth);

  return ( ... );
};

...
```

터미널에 테스트하는 기기의 너비가 출력되는지 확인해보세요.

이제 화면의 너비를 알고 있으니 이 값을 사용해서 버튼의 너비와 높이를 구할 수 있습니다. 정사각형 버튼의 `width` 값은 화면 너비(`windowWidth`)의 1/4이 되고, `height`는 너비와 같은 값으로 설정하면 됩니다. 가로나 세로가 긴 버튼은 긴 부분의 값을 정사각형 버튼 `width`의 2배로 설정하면 됩니다.

이제 3가지 크기의 버튼을 모두 만들겠습니다.

JS src/App.js

```
...

const App = () => {
  const [result, setResult] = useState(0);

  const windowWidth = useWindowDimensions().width;
  const width = windowWidth / 4;

  return (
```

```
    <View style={styles.container}>

      ...

      <View style={styles.buttonContainer}>
        <View style={styles.leftPad}>
          <View style={styles.number}>
            {/* 숫자 버튼 */}
            <Button
              title="1"
              onPress={() => {}}
              buttonStyle={{ width, height: width }}
            />
            <Button
              title="2"
              onPress={() => {}}
              buttonStyle={{ width, height: width * 2 }}
            />
            <Button
              title="3"
              onPress={() => {}}
              buttonStyle={{ width: width * 2, height: width }}
            />
          </View>
          <View style={styles.bottom}>{/* 0, = 버튼 */}</View>
        </View>

        <View>{/* 연산 버튼 */}</View>
      </View>
    </View>
  );
};

...
```

프로젝트에서 사용하는 3가지 크기의 버튼을 모두 만들었습니다. 정사각형, 세로가 긴 사각형, 가로가 긴 사각형이 모두 잘 나타나는지 확인해보세요.

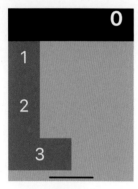

▶ 3가지 버튼 크기

앞의 코드에서 `buttonStyle`에 `width`를 설정할 때에 키만 있고 값을 설정하지 않았습니다. 앞에서 작성한 코드는 다음 코드와 같은 코드입니다.

```
buttonStyle={{ width: width, height: width }}
```

이 코드에서 **width**처럼 객체에 추가하는 프로퍼티 이름과 변수 이름이 같다면 객체를 만들 때 단축해서 표현할 수 있습니다.

🔗 객체 초기자 – https://mzl.la/3OH2bWP

❸ 버튼 영역 크기와 버튼의 구분선

버튼의 크기는 원하는 대로 잘 설정되어 나타나지만 아직 두 가지 문제가 남았습니다. 한 가지는 버튼의 테두리 없이 같은 종류의 버튼이 붙어있어 구분이 명확하지 않다는 것이고, 또 다른 하나는 버튼 영역의 높이와 관련한 문제입니다.

현재 버튼 영역에는 정사각형 버튼 1개, 세로가 긴 버튼 1개, 가로가 긴 버튼 1개가 들어가 있으니 총합은 정사각형 버튼 너비의 4배가 됩니다. 우리가 만들고자 하는 계산기는 세로로 4개의 버튼이 들어가는 디자인이니 현재의 버튼 높이가 버튼을 모두 배치했을 때의 높이와 같다고 보면 됩니다.

하지만 앞 절의 [3가지 버튼 크기] 그림처럼 버튼 영역의 아랫부분에 공간이 남아서 배경이 보이는 것을 확인할 수 있습니다. 버튼 영역의 여유 공간은 기기에 따라 다르게 나타날 수 있습니다. 예를 들어, 아이폰 8에서 테스트하면 공간이 남는 것이 아니라 오히려 높이가 부족해서 마지막 버튼이 다 나타나지 않습니다.

▶ 아이폰 8

버튼 영역이 알맞지 않은 문제부터 해결해보겠습니다. 이 문제는 결과를 보여주는 부분과 버튼을 보여주는 부분이 각각 **flex: 1**로 설정되어 화면을 절반씩 차지하면서 발생한 것입니다. 화면의 절반이 버튼 4개의 높이보다 높으면 공간이 남고, 낮으면 버튼을 다 보여주지 못합니다.

앞에서 **flex**에 대해 설명할 때 **flex**가 없으면 자식 컴포넌트가 차지하는 공간만큼 차지한다고 설명했던 것을 기억하나요? **buttonContainer** 스타일에서 **flex: 1**을 삭제해보세요.

Js src/App.js

```
●●●

...

const styles = StyleSheet.create({

  ...

  buttonContainer: {
    backgroundColor: '#A5B4FC',
  },
  leftPad: {},
  number: {},
  bottom: {},
});

...
```

버튼을 감싸고 있는 **View** 컴포넌트에서 **flex**가 사라졌기 때문에 하위 컴포넌트가 차지하는 공간만큼만 차지합니다. 그리고 결과 화면을 담당하는 **View** 컴포넌트에는 여전히 **flex: 1**이 적용되어 있으니 버튼 영역이 차지하는 공간을 제외한 나머지 모든 공간을 차지하게 됩니다. 이제 공간이 남거나 부족한 문제가 해결되었습니다.

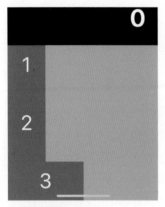 

▶ 버튼 영역 문제 해결

이번에는 버튼의 명확한 구분이 어렵다는 문제를 해결하겠습니다. 가장 먼저 버튼에 테두리를 추가하는 방법을 떠올릴 수 있습니다. 하지만 지금처럼 컴포넌트가 붙어있을 때에 테두리를 사용해서 구분하면 의도하지 않은 모습으로 나타납니다.

Button 컴포넌트의 스타일에 borderWidth: 1을 추가해보세요.

 src/components/Button.js

```
...

const styles = StyleSheet.create({
  button: {
    justifyContent: 'center',
    alignItems: 'center',
    borderWidth: 1,
  },
  title: {
    color: '#ffffff',
    fontSize: 50,
```

```
    },
  });

  ...
```

구분선은 나타나지만 버튼과 버튼 사이의 구분선과 버튼과 배경 사이 구분선 간의 두께 차이가 있는 것을 볼 수 있습니다. 버튼이 겹쳐진 부분은 테두리도 2개가 겹쳐졌기 때문에 구분선의 두께 차이가 생깁니다.

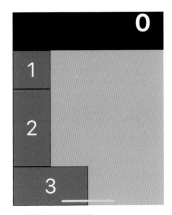

▶ 테두리 두께 문제

여러 가지 해결 방법이 있지만 버튼 사이의 공간을 띄워서 해결하겠습니다. 버튼 크기를 화면 너비의 1/4로 하는 것이 아니라 **(화면 너비 − 여백 공간)/4**로 하면 계산에 사용된 여백 공간만큼 버튼 사이의 공간을 만들 수 있습니다. 이 계산기는 가로에 버튼이 4개 들어가니 버튼 사이의 공간은 3개가 필요합니다. 화면 양 끝과 버튼 사이에도 공간을 만들면 2개가 추가되어 총 5개의 공간이 필요합니다.

이제 Button 컴포넌트에 추가했던 borderWidth를 삭제하세요. 그리고 App 컴포넌트에서 버튼의 크기 계산을 다음과 같이 수정하세요.

src/App.js

```
●●●

...

const App = () => {
  const [result, setResult] = useState(0);

  const windowWidth = useWindowDimensions().width;
  const width = (windowWidth - 5) / 4;

...
```

🔢 버튼 배치하기

버튼 크기가 여백을 고려한 크기로 변경되었지만 화면에서는 아직 버튼 사이에 공간이 보이지 않습니다. 이번에는 버튼을 추가하면서 버튼 사이의 공간을 만들어보겠습니다.

연산 버튼 배치하기

먼저 테스트를 위해 작성한 **Button** 컴포넌트들을 삭제하고 연산 버튼을 추가하겠습니다.

src/App.js

```
●●●

...

  return (
    <View style={styles.container}>
      <StatusBar style="light" />

      <View style={styles.resultContainer}>
        <Text style={styles.text}>{result}</Text>
      </View>

      <View style={styles.buttonContainer}>
        <View style={styles.leftPad}>
          <View style={styles.number}>{/* 숫자 버튼 */}</View>
          <View style={styles.bottom}>{/* 0, = 버튼 */}</View>
```

```
          </View>

          <View>
            <Button
              title="C"
              onPress={() => {}}
              buttonType={ButtonTypes.OPERATOR}
              buttonStyle={{ width, height: width, marginTop: 1 }}
            />
            <Button
              title="-"
              onPress={() => {}}
              buttonType={ButtonTypes.OPERATOR}
              buttonStyle={{ width, height: width, marginTop: 1 }}
            />
            <Button
              title="+"
              onPress={() => {}}
              buttonType={ButtonTypes.OPERATOR}
              buttonStyle={{ width, height: width * 2, marginTop: 1 }}
            />
          </View>
        </View>
      </View>
    );

...
```

초기화(C) 버튼과 빼기(-) 버튼은 정사각형 크기로 만들고, 더하기(+) 버튼은 세로가 긴 버튼으로 만들었습니다. 버튼 사이의 공백을 만들기 위해 **marginTop**을 사용해서 위쪽에 공백을 주었습니다.

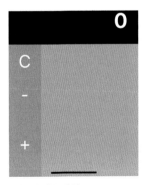

▶ 연산 버튼 배치

나머지 버튼 배치

이제 0 버튼과 = 버튼을 배치하겠습니다. 0 버튼은 가로가 긴 숫자 버튼, = 버튼은 정사각형 크기의 연산 버튼을 사용합니다.

📄 src/App.js

```
...

  return (
    <View style={styles.container}>
      <StatusBar style="light" />

      <View style={styles.resultContainer}>
        <Text style={styles.text}>{result}</Text>
      </View>

      <View style={styles.buttonContainer}>
        <View style={styles.leftPad}>
          <View style={styles.number}>{/* 숫자 버튼 */}</View>
          <View style={styles.bottom}>
            <Button
              title="0"
              onPress={() => {}}
              buttonType={ButtonTypes.NUMBER}
              buttonStyle={{
                width: width * 2,
                height: width,
                marginTop: 1,
              }}
            />
            <Button
              title="="
              onPress={() => {}}
              buttonType={ButtonTypes.OPERATOR}
              buttonStyle={{ width, height: width, marginTop: 1 }}
            />
          </View>
        </View>

...
```

앞에서 추가한 연산 버튼과 마찬가지로 위쪽 공백을 위해 **marginTop**을 스타일에 추가했습니다. 결과를 보면 버튼은 잘 나타나지만, **flexDirection** 설정이 되어있지 않아 위에서 아래로만 쌓이고 있는 것을 볼 수 있습니다.

▶ 나머지 버튼

우리가 원하는 모습으로 버튼을 배치하기 위해서 각 영역을 감싸고 있는 **View** 컴포넌트에 알맞은 **flexDirection**을 설정해야 합니다.

- 버튼 영역 전체를 감싸고 있는 **View** 컴포넌트는 **flexDirection: 'row'**가 되어 옆으로 자식 컴포넌트가 배치되어야 합니다.
- 연산 버튼 영역은 위에서 아래로 배치되어야 하니 기본값 상태로 두어도 됩니다.
- 왼쪽 버튼 영역도 자식으로 있는 두 개의 **View** 컴포넌트가 아래로 배치되어야 하니 따로 설정할 필요가 없습니다.
- 왼쪽 아래에 있는 **View** 컴포넌트는 자식 컴포넌트가 가로로 배치되어야 하니 **flexDirection: 'row'**가 되어야 합니다.

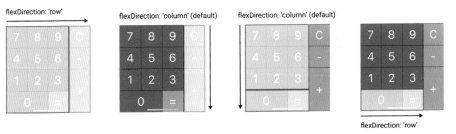

▶ flexDirection 설정

코드를 다음과 같이 수정하세요.

JS src/App.js

```js
...

const styles = StyleSheet.create({
  ...

  buttonContainer: {
    backgroundColor: '#A5B4FC',
    flexDirection: 'row',
    justifyContent: 'space-evenly',
  },
  leftPad: {},
  number: {},
  bottom: {
    flexDirection: 'row',
    justifyContent: 'space-evenly',
  },
});

export default App;
```

버튼 영역 전체를 감싸는 buttonContainer와 아래쪽 버튼 영역인 bottom 스타일에 flex
Direction을 row로 설정했습니다. 그리고 빈 공간을 같은 크기로 나눠 사용하도록 justify
Content를 space-evenly로 설정했습니다.

결과를 보면 정렬도 의도한 대로 되고 공간도 잘 나눠 사용하고 있습니다. 버튼 사이에 공간이
생기면서 배경이 보이는 것을 확인할 수 있습니다. 하지만 자세히 보면 0 버튼과 = 버튼 사이
에는 공간이 없이 붙어 있다는 것을 알 수 있습니다.

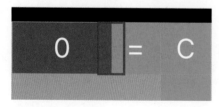

▶ flexDirection 적용

justifyContent: 'space-evenly'로 설정해도 두 버튼 사이가 붙어있는 이유는 버튼을 감싸고 있는 View 컴포넌트에 더 이상 공간이 없기 때문입니다. 왼쪽 버튼 영역을 감싸고 있는 View 컴포넌트의 배경색을 설정해보세요.

📄 src/App.js

```
...

const styles = StyleSheet.create([

  ...

  leftPad: {
    backgroundColor: 'green',
  },
  number: {},
  bottom: {
    flexDirection: 'row',
    justifyContent: 'space-evenly',
  },
});

export default App;
```

배경색이 녹색인 부분의 너비를 보면 0 버튼과 = 버튼이 들어갈 수 있는 최소 크기인 것을 알 수 있습니다. 너비와 관련되어 어떠한 스타일 설정도 없어서 자식 컴포넌트가 차지하는 공간만큼만 차지해서 발생한 문제입니다. 두 버튼 사이의 공백을 만들기 위해서는 왼쪽 버튼 영역의 너비를 설정해야 합니다.

가로 방향으로 버튼이 총 4개가 들어가고 왼쪽 버튼 영역에는 3개의 버튼이 들어갑니다. 따라서 항상 가로의 75% 크기를 차지하게 됩니다. 이제 왼쪽 버튼 영역의 너비를 75%로 설정해보세요.

```
●●●
...

const styles = StyleSheet.create({
  ...

  leftPad: {
    width: '75%',
  },
  number: {},
  bottom: {
    flexDirection: 'row',
    justifyContent: 'space-evenly',
  },
});

export default App;
```

화면을 확인해보면 버튼 사이에 공백이 생긴 것을 볼 수 있습니다.

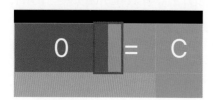

▶ 버튼 사이 공백

숫자 버튼 배치하기

마지막으로 숫자 버튼을 배치하겠습니다. 숫자 버튼은 가로 3개, 세로 3개가 배치되어야 합니다. 가장 먼저 쉽게 떠올릴 수 있는 방법은 View 컴포넌트를 3개 추가해서 각각 3개의 버튼을 자식 컴포넌트로 갖는 것입니다. 쉬운 방법이지만 반복되는 코드가 너무 많다는 단점이 있습니다.

View 컴포넌트를 추가하지 않고 한 번에 처리하는 방법도 있습니다. flexWrap 스타일 속성을 사용하면 현재의 View 컴포넌트에서 간결한 코드로 한 번에 9개의 버튼을 화면에 보여줄 수 있습니다. flexWrap은 자식 컴포넌트를 flexDirection에 설정된 방향으로 추가하다가 범위를 벗어나면 다음 줄로 내려서 렌더링하는 스타일 속성입니다.

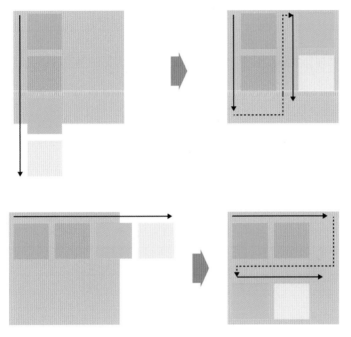

▶ flexWrap 작동 방식

flexWrap을 사용해서 1부터 9까지 숫자 버튼을 추가하겠습니다.

📄 src/App.js

```
...

const styles = StyleSheet.create({
  ...
  number: {
    flexWrap: 'wrap',
    flexDirection: 'row',
    justifyContent: 'space-evenly',
  },
```

```
    bottom: {
      flexDirection: 'row',
      justifyContent: 'space-evenly',
    },
  });

  export default App;
```

숫자 버튼을 자식 컴포넌트로 갖는 **View** 컴포넌트에 **flexWrap**을 설정하고 방향을 가로로 설정했습니다. 그리고 버튼 사이의 공간을 띄우기 위해 **justifyContent** 값을 **space-evenly**로 설정했습니다.

이제 Button 컴포넌트를 추가하겠습니다. 가장 간단한 방법은 숫자 버튼 9개를 추가하는 것이지만 중복된 코드가 너무 많이 생기게 됩니다. 중복된 코드가 많을 때 배열을 사용하면 중복된 코드를 없앨 수 있습니다.

JS src/App.js

```
...

  return (
    <View style={styles.container}>
      <StatusBar style="light" />

      <View style={styles.resultContainer}>
        <Text style={styles.text}>{result}</Text>
      </View>

      <View style={styles.buttonContainer}>
        <View style={styles.leftPad}>
          <View style={styles.number}>
            {[1, 2, 3, 4, 5, 6, 7, 8, 9].map((num) => (
              <Button
                title={num.toString()}
                onPress={() => {}}
                buttonStyle={{ width, height: width, marginTop: 1 }}
              />
            ))}
```

```
        </View>
...
```

배열의 map 함수를 사용해서 1부터 9까지 9개의 Button 컴포넌트를 만들었습니다. Button 컴포넌트의 title에는 문자열이 전달되어야 하므로 .toString()을 사용해서 문자열로 변환했습니다.

코드에서 사용된 map 함수는 배열에 내장된 함수로 배열을 순환하면서 원본 배열과 같은 크기의 새로운 배열을 만들어 반환하는 함수입니다.

⊕ Array.map() – https://mzl.la/3MEidiy

map 함수에는 값을 반환하는 함수를 전달해야 합니다. 그리고 전달된 함수의 파라미터로 현재 배열의 값, 현재 값의 배열 인덱스, 배열 원본이 전달됩니다. 만약 함수에서 값을 반환하지 않으면 해당 인덱스에는 undefined가 들어간 배열이 만들어집니다.

```
const result = [1, 2, 3].map((value, index, array) => {
  console.log(value, index, array);
  // [1, 2, 3]을 순환하며 순서대로
  // 1, 0, [1, 2, 3]
  // 2, 1, [1, 2, 3]
  // 3, 2, [1, 2, 3]

  return value * 2;
});
console.log(result); // [2, 4, 6]
```

결과를 보면 1부터 9까지 버튼이 줄바꿈하며 잘 나타나는 것을 볼 수 있습니다.

▶ map 함수를 사용한 숫자 버튼

그런데 코드 상에서 react/jsx-key라는 에러 메시지가 나타나고 화면에도 다음 그림과 같이 경고 메시지가 나타납니다.

▶ key 누락 경고

리액트에서 배열을 사용해서 컴포넌트를 렌더링할 때에는 props로 **key**를 전달해야 합니다. 리액트는 props로 전달된 **key**를 배열에서 어떤 항목을 변경, 추가 또는 삭제해야 하는지 판단하는 데 사용합니다. 그래서 유니크unique한 값을 **key**로 사용하는 것을 권장합니다.

하지만 상황에 따라 key로 사용할 만한 값이 없을 수도 있습니다. 이러한 상황에서는 배열의 인덱스를 key로 사용할 수밖에 없습니다. 하지만 성능 저하 혹은 상태와 관련된 문제가 발생할 수 있기 때문에 리액트 공식 문서에서도 인덱스를 key로 사용하는 것을 권장하지 않고 있습니다. key로 사용할 만한 값이 없을 때나 배열에 변화가 없을 때만 인덱스를 key로 사용하기 바랍니다.

여기에서는 배열의 값을 key로 설정하겠습니다.

📄 src/App.js

```
...

  <View style={styles.number}>
    {[1, 2, 3, 4, 5, 6, 7, 8, 9].map((num) => (
      <Button
        key={num}
        title={num.toString()}
        onPress={() => {}}
        buttonStyle={{ width, height: width, marginTop: 1 }}
      />
    ))}
  </View>

...
```

이제 경고가 나타나지 않습니다.

key props는 리액트에서 내부적으로 관리하는 특수한 props 중 하나입니다. 리액트에서 특별히 관리하는 props는 자식 컴포넌트에서 받아서 사용할 수 없습니다. Button 컴포넌트 코드를 다음과 같이 수정해서 key를 console.log로 출력해보세요. key 값이 undefined로 나타나는 것을 확인할 수 있습니다.

JS src/components/Button.js

```
● ● ●
...

const Button = ({ title, onPress, buttonStyle, buttonType, key }) => {
  console.log(key);

...
```

다음 그림과 같이 key는 props가 아니라는 경고 메시지도 나타납니다. key를 전달받지 못한
다는 것을 확인했다면 테스트를 위해 추가한 코드는 삭제하세요.

▶ key props 경고

이제 버튼의 순서를 변경하겠습니다. 지금은 1부터 9까지 위에서부터 차례로 화면에 렌더링되
고 있습니다. 하지만 우리가 원하는 모습은 7, 8, 9, 4, 5, 6, 1, 2, 3 순서로 화면에 나타나는
것입니다. 이것은 flexWrap 값을 변경해서 굉장히 쉽게 해결할 수 있습니다.

```
● ● ●
...

const styles = StyleSheet.create({
  ...

  buttonContainer: {
    backgroundColor: '#000000',
    flexDirection: 'row',
    justifyContent: 'space evenly',
  },
  leftPad: {
    width: '75%',
  },
  number: {
    flexWrap: 'wrap-reverse',
    flexDirection: 'row',
    justifyContent: 'space-evenly',
  },
  ...
```

flexWrap을 wrap-reverse로 하면 반대 방향으로 아래에서부터 컴포넌트를 채웁니다. 9부터 1까지 역순으로 나타나지 않을까 생각할 수도 있습니다만 flexDirection이 row이기 때문에 왼쪽에서부터 오른쪽으로 1부터 정렬되고, flexWrap이 wrap-reverse이기 때문에 줄바꿈의 방향만 변경되는 것입니다.

추가로 공백 사이로 보이는 배경색을 검은색으로 바꿔서 결과 화면의 배경색과 어우러지게 했습니다.

그런데 flexWrap을 변경하면서 디자인이 약간 변경된 부분이 있습니다. 다음 그림을 보면 숫자 버튼이 조금 더 위로 올라가 있고 아래쪽 공백도 조금 넓은 것을 볼 수 있습니다. 오른쪽에 있는 연산 버튼과의 높이와 비교해보면 확연한 차이가 있다는 것을 알 수 있습니다.

▶ 공백 차이

flexWrap을 wrap-reverse로 변경하면 컴포넌트의 방향까지 변경됩니다. 따라서 현재 buttonStyle에 적용된 marginTop도 위쪽이 아닌 아래쪽으로 적용됩니다. marginTop의 방향이 아래쪽으로 변경되면서 숫자 버튼 영역과 0 버튼과의 공백이 두 배가 되고, 버튼 위치의 차이가 생긴 것입니다. buttonStyle을 다음과 같이 marginBottom으로 변경해보세요.

📄 src/App.js

```
...

  <View style={styles.number}>
    {[1, 2, 3, 4, 5, 6, 7, 8, 9].map((num) => (
      <Button
        key={num}
        title={num.toString()}
        onPress={() => {}}
        buttonStyle={{ width, height: width, marginBottom: 1 }}
      />
    ))}
  </View>

...
```

marginTop과 마찬가지로 marginBottom의 방향도 반대가 되기 때문에 위쪽으로 여백이 적용됩니다. 이제 여백의 방향이 우리가 원하는 방향으로 설정되면서 높이의 차이가 생기는 문제가 해결되었습니다.

▶ 버튼 배치하기

마지막으로 + 버튼의 아래 공간이 조금 남는 문제를 해결하겠습니다. + 버튼과 = 버튼의 아래 공간을 비교해보면 얼마 안 되긴 하지만 분명히 차이가 있습니다. + 버튼은 세로로 총 3개의 버튼이 있어서 marginTop의 합이 3이 됩니다. = 버튼은 세로로 총 4개의 버튼이 있어서 marginTop의 합이 총 4가 됩니다. 따라서 여백 공간에 marginTop: 1만큼의 차이가 생깁니다. + 버튼의 높이를 1만큼 증가시키면 이 차이를 메꿀 수 있습니다.

📄 src/App.js

```
...

  <Button
    title="+"
    onPress={() => {}}
    buttonType={ButtonTypes.OPERATOR}
    buttonStyle={{
      width: width,
      height: width * 2 + 1,
      marginTop: 1,
    }}
  />

...
```

이제 계산기 모습이 모두 완성되었습니다.

3.4 계산기 로직 만들기

이 절에서는 계산기가 실제로 작동하도록 로직을 추가하겠습니다.

1 숫자 버튼 클릭

먼저 숫자 버튼을 클릭했을 때 해당 숫자를 화면에 보여주도록 코드를 수정하겠습니다.

 src/App.js

```
...

const App = () => {
  const [result, setResult] = useState(0);

  const onPressNumber = (number) => {
    setResult(number);
  };

  const windowWidth = useWindowDimensions().width;
  const width = (windowWidth - 5) / 4;

  return (
    <View style={styles.container}>
      ...

      <View style={styles.buttonContainer}>
        <View style={styles.leftPad}>
          <View style={styles.number}>
            {[1, 2, 3, 4, 5, 6, 7, 8, 9].map((num) => (
              <Button
                key={num}
                title={num.toString()}
                onPress={() => onPressNumber(num)}
                buttonStyle={{ width, height: width, marginBottom: 1 }}
```

```
          />
        ))}
      </View>
      <View style={styles.bottom}>
        <Button
          title="0"
          onPress={() => onPressNumber(0)}
          buttonType={ButtonTypes.NUMBER}
          buttonStyle={{
            width: width * 2,
            height: width,
            marginTop: 1,
          }}
        />
  ...
```

숫자 버튼을 클릭하면 result 상태 변수를 수정하는 함수를 만들어 각 버튼의 onPress에 전달했습니다. 버튼을 눌러보면 클릭할 때마다 화면에 숫자가 잘 나타나는 것을 확인할 수 있습니다.

하지만 한자리 숫자만 나타난다는 문제가 있습니다. 숫자 버튼을 누를 때 이전에 입력된 숫자에 10을 곱하고 현재 입력된 숫자를 더해야 두 자리 이상의 수 입력을 처리할 수 있습니다.

⬛ src/App.js

```
●●●

...

const App = () => {
  const [result, setResult] = useState(0);

  const onPressNumber = (number) => {
    setResult((prev) => prev * 10 + number);
  };

...
```

숫자 버튼을 눌러보며 두 자리 이상의 수가 잘 나타나는지 확인해보세요.

▶ 숫자 버튼 클릭

2 콤마(,) 추가하기

숫자가 커지면 몇 자리 수인지 알아보기 어려울 수 있으니 세 자리마다 콤마(,)를 추가하겠습니다. 가장 쉽게 콤마를 추가하는 방법은 자바스크립트의 Number에 내장된 **toLocaleString** 함수를 사용하는 것입니다.

🔗 Number.toLocaleString() – https://mzl.la/3vshhbg

📄 **src/App.js**

```
● ● ●

...

  return (
    <View style={styles.container}>
      <StatusBar style="light" />
```

```
<View style={styles.resultContainer}>
  <Text style={styles.text}>
    {result.toLocaleString()}
  </Text>
</View>

...
```

결과를 보면 세 자리마다 콤마가 잘 찍히는 것을 확인할 수 있습니다. 하지만 안드로이드에서는 `toLocalString` 함수가 작동하지 않습니다. 이 문제는 다른 라이브러리나 정규 표현식을 사용해서 해결해야 합니다.

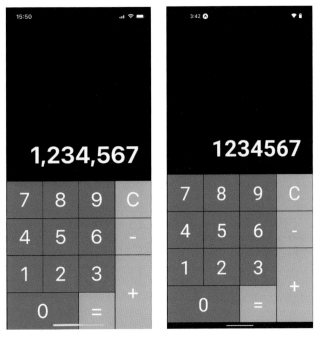

▶ toLocalString 함수와 콤마 – iOS / 안드로이드

정규 표현식은 문자열에서 특정 조건의 문자를 검색하는 방법입니다. 추가 라이브러리를 설치하기보다 정규 표현식을 사용해서 안드로이드에서도 콤마가 추가되도록 수정하겠습니다.

🔗 정규 표현식 – https://mzl.la/3rYpxNl

정규 표현식은 기회가 될 때마다 사용해보는 것을 추천합니다. 지금처럼 세 자리마다 콤마를 추가하는 데 쓸 수도 있고, 입력된 이메일이 유효한 이메일인지 검사하는 데 사용하기도 하는 등 다양한 곳에서 유용하게 활용할 수 있습니다. 처음에는 사용 방법이 어렵게 느껴질 수 있지만 복잡한 코드를 간결하게 만들 수 있다는 장점이 있습니다.

이제 다음과 같이 정규 표현식을 사용해서 세 자리마다 콤마가 추가되도록 코드를 수정하세요.

📄 src/App.js

```
...

  return (
    <View style={styles.container}>
      <StatusBar style="light" />

      <View style={styles.resultContainer}>
        <Text style={styles.text}>
          {result.toString().replace(/\B(?=(\d{3})+(?!\d))/g, ',')}
        </Text>
      </View>

...
```

toString 함수를 사용해서 result 상태 변수를 문자열로 변경했습니다. 그리고 정규 표현식과 replace 함수를 사용해서 세 자리마다 콤마(,)를 추가했습니다.

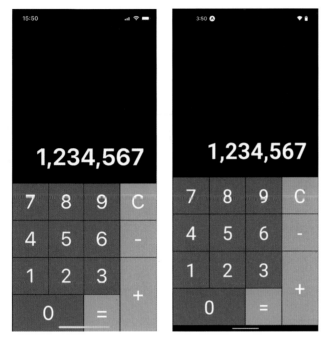

▶ 정규 표현식과 콤마

이제 안드로이드에서도 세 자리마다 콤마가 잘 나타나게 됩니다.

③ 연산 버튼 클릭

이제 연산 버튼을 누르면 호출하는 함수를 만들어보겠습니다. 숫자 버튼과 연산 버튼을 통해 입력된 값을 저장하고 있다가 = 버튼이 클릭되었을 때 전체 식을 계산해서 결과로 보이도록 하겠습니다.

계산식 상태 변수 만들기

버튼을 통해 입력된 값을 저장하는 상태 변수를 추가하고 숫자 버튼과 연산 버튼이 클릭될 때마다 해당 버튼의 내용을 값으로 저장하도록 만들겠습니다.

```
...

const App = () => {
  const [result, setResult] = useState(0);
  const [formula, setFormula] = useState([]);

  const onPressNumber = (number) => {
    const last = formula[formula.length - 1];
    if (isNaN(last)) {
      setResult(number);
      setFormula((prev) => [...prev, number]);
    } else {
      const newNumber = (last ?? 0) * 10 + number;
      setResult(newNumber);
      setFormula((prev) => {
        prev.pop();
        return [...prev, newNumber];
      });
    }
  };

...
```

입력되는 식을 순서대로 배열에 저장할 formula 상태 변수를 만들었습니다.

```
const [formula, setFormula] = useState([]);
```

formula 상태 변수의 마지막 인덱스에 있는 값은 마지막으로 입력된 값입니다.

```
const last = formula[formula.length - 1];
```

마지막 값이 숫자가 아니면 처음 입력되는 값이거나 연산 버튼을 누른 이후에 숫자를 입력한 것입니다. 따라서 현재 전달된 숫자를 화면에 그대로 보여주고 계산식에 입력된 숫자를 추가하면 됩니다.

```
if (isNaN(last)) {
  setResult(number);
  setFormula((prev) => [...prev, number]);
}
```

마지막 값이 숫자라면 10을 곱하고 전달된 숫자를 더한 새로운 값을 만들어서 화면을 업데이트합니다. 계산식의 마지막에 있는 숫자는 새로 만들어진 값으로 대체되어야 하니 마지막 값을 삭제하고 새로운 값을 추가했습니다.

```
else {
  const newNumber = (last ?? 0) * 10 + number;
  setResult(newNumber);
  setFormula((prev) => {
    prev.pop();
    return [...prev, newNumber];
  });
}
```

코드를 작성하는 과정에서 **isNaN** 함수와 배열의 내장 함수 중 하나인 **pop** 함수 그리고 전개 구문과 nullish 병합 연산자가 사용되었습니다.

- **isNaN()** – https://mzl.la/3y2M7ZK
- **Array.pop()** – https://mzl.la/3rW5zDC
- 전개 구문 – https://mzl.la/3rUC70H
- nullish 병합 연산자 – https://mzl.la/38y3gzs

isNaN은 'is Not a Number'의 줄임말로 파라미터로 전달된 값이 숫자가 아니면 **true**를 반환하는 함수입니다.

배열에 내장된 **pop** 함수는 배열의 마지막 인덱스에 있는 값을 반환하면서 원본 배열에서는 삭제하는 함수입니다. 만약 빈 배열이라면 **undefined**를 반환합니다. 예를 들어 [1, 2, 3]이라는 배열이 있고 **pop** 함수를 호출하면 3을 반환하고 원본 배열은 [1, 2]가 됩니다

```
const array = [1, 2, 3];
const last = array.pop();
console.log(array);          // [1, 2]
console.log(last);           // 3
```

전개 구문은 이름처럼 객체나 배열을 펼쳐서 사용하는 문법입니다. 배열이나 객체에 있는 값을
하나씩 전달하지 않고 한꺼번에 전달하거나 새로운 객체 혹은 배열을 만들 때 굉장히 유용하게
사용되는 문법입니다.

```
const array = [1, 2, 3];
console.log(array);          // [1, 2, 3]
console.log(...array);       // 1 2 3
console.log([...array, 4]);  // [1, 2, 3, 4]

const obj = {'x': 1, 'y': 2};
console.log({...obj, 'z': 3}); // {'x': 1, 'y': 2, 'z': 3}
```

마지막 nullish 병합 연산자는 ??를 사용해서 왼쪽의 값이 null 또는 undefined인지 확인하
는 문법입니다. 앞에서 사용했던 논리 연산자와 비슷하지만 약간 다른 점이 있습니다. 논리 연
산자에서는 null, undefined뿐만 아니라 '' (빈 문자열)이나 0도 false로 처리합니다. 하지
만 ??는 null 또는 undefined일 때만 ??의 오른쪽 값을 반환하고 그렇지 않으면 왼쪽 값을
반환합니다.

```
console.log(null ?? 'React Native');       // React Native
console.log(undefined ?? 'React Native');  // React Native
console.log('' ?? 'React Native');         // 
console.log(0 ?? 'React Native');          // 0
console.log(false ?? 'React Native');      // false
console.log(NaN ?? 'React Native');        // NaN
```

모두 많이 사용되는 문법이니 익혀두기 바랍니다.

연산 버튼 클릭 함수 만들기

연산 버튼을 클릭하면 호출할 함수를 만들고 formula 상태 변수에 연산자를 추가하겠습니다.

src/App.js

```
●●●

...

const Operators = {
  CLEAR: 'C',
  PLUS: '+',
  MINUS: '-',
  EQUAL: '=',
};

const App = () => {
  ...

  const onPressOperator = (operator) => {
    switch (operator) {
      case Operators.CLEAR:
        setFormula([]);
        setResult(0);
        return;
      case Operators.EQUAL:
        return;
      default:
        const last = formula[formula.length - 1];
        if ([Operators.PLUS, Operators.MINUS].includes(last)) {
          setFormula((prev) => {
            prev.pop();
            return [...prev, operator];
          });
        } else {
          setFormula((prev) => [...prev, operator]);
        }
        return;
    }
  };

  const windowWidth = useWindowDimensions().width;
  const width = (windowWidth - 5) / 4;

  return (
    <View style={styles.container}>
      ...

      <View style={styles.buttonContainer}>
```

```
      <View style={styles.leftPad}>
        <View style={styles.number}> ... </View>
        <View style={styles.bottom}>
          <Button
            title="0"
            ...
          />
          <Button
            title={Operators.EQUAL}
            onPress={() => onPressOperator(Operators.EQUAL)}
            buttonType={ButtonTypes.OPERATOR}
            buttonStyle={{ width, height: width, marginTop: 1 }}
          />
        </View>
      </View>

      <View>
        <Button
          title={Operators.CLEAR}
          onPress={() => onPressOperator(Operators.CLEAR)}
          buttonType={ButtonTypes.OPERATOR}
          buttonStyle={{ width, height: width, marginTop: 1 }}
        />
        <Button
          title={Operators.MINUS}
          onPress={() => onPressOperator(Operators.MINUS)}
          buttonType={ButtonTypes.OPERATOR}
          buttonStyle={{ width, height: width, marginTop: 1 }}
        />
        <Button
          title={Operators.PLUS}
          onPress={() => onPressOperator(Operators.PLUS)}
          buttonType={ButtonTypes.OPERATOR}
          buttonStyle={{
            width: width,
            height: width * 2 + 1,
            marginTop: 1,
          }}
        />
      </View>
    </View>
  </View>
  );
};

...
```

먼저 Operators라는 Enum을 만들고 각 버튼의 **title**과 **onPress**에서 Enum을 사용하도록 수정했습니다.

연산 버튼을 클릭하면 호출할 **onPressOperator** 함수를 만들었고 초기화 버튼을 클릭하면 계산식과 결과를 초기화하도록 했습니다.

```
case Operators.CLEAR:
  setFormula([]);
  setResult(0);
  return;
```

결과 버튼을 클릭했을 때 행동은 잠시 후에 작성하도록 하겠습니다. 초기화 버튼 혹은 결과 버튼이 아니라면 더하기 또는 빼기 버튼을 클릭한 상황입니다. 이때는 계산식의 마지막 값이 숫자인지를 확인해서 숫자가 아니라면 마지막 값을 삭세하도록 작성했습니다. 이렇게 해야 연산자가 중복으로 들어가는 것을 방지할 수 있습니다.

```
default:
  const last = formula[formula.length - 1];
  if ([Operators.PLUS, Operators.MINUS].includes(last)) {
    setFormula((prev) => {
      prev.pop();
      return [...prev, operator];
    });
  } else {
    setFormula((prev) => [...prev, operator]);
  }
  return;
```

코드에서 **includes**라는 함수가 사용되었는데 이 함수는 배열의 내장 함수로 특정 값이 배열에 있는지 확인하는 역할을 합니다.

⊜ **Array.includes()** – https://mzl.la/3KsPl5R

코드를 다 작성하면 **onPressOperator** 함수에 작성한 **switch** 문의 **default**에서 no-case-declarations라는 ESLint 에러 메시지가 나타나는 것을 볼 수 있습니다. no-casedeclarations는 case문 내에서 스코프scope 지정 없이 변수 등이 선언되었을 때 나타나는 메시지입니다. 다음과 같이 default에 스코프를 지정하면 해결할 수 있습니다.

JS src/App.js

```
...

    case Operators.EQUAL:
      return;
    default: {
      const last = formula[formula.length - 1];
      ...
      return;
    }
  }
};

...
```

계산 함수 만들기

이제 계산식을 사용해서 결과를 계산하는 함수를 만들겠습니다.

JS src/App.js

```
...

const App = () => {

  ...

  const calculate = () => {
    let calculatedNumber = 0;
    let operator = '';

    formula.forEach((value) => {
      if ([Operators.PLUS, Operators.MINUS].includes(value)) {
```

```
        operator = value;
      } else {
        if (operator === Operators.PLUS) {
          calculatedNumber += value;
        } else if (operator === Operators.MINUS) {
          calculatedNumber -= value;
        } else {
          calculatedNumber = value;
        }
      }
    });
    setResult(calculatedNumber);
    setFormula([]);
  };

  const onPressOperator = (operator) => {
    switch (operator) {
      case Operators.CLEAR:
        setFormula([]);
        setResult(0);
        return;
      case Operators.EQUAL:
        calculate();
        return;
      default: {...}
    }
  };

...
```

계산(=) 버튼을 클릭하면 호출할 calulate 함수를 만들었습니다. calulate 함수는 formula 배열의 값에 따라 더하기 또는 빼기 연산을 진행합니다. formula 배열에 있는 모든 값을 확인하고 나면 결과를 화면에 반영하고 formula 배열은 초기화하도록 작성했습니다.

축하합니다! 계산기 프로젝트가 완성되었습니다. 더하기와 빼기뿐인 계산기이지만 여러분의 첫 번째 리액트 네이티브 프로젝트가 완성되었습니다. 이 프로젝트가 재미있었다면 곱하기, 나누기 기능도 만들어보고 계산기의 디자인도 여러분이 원하는 형태로 변경해보세요. 직접 원하는 기능과 디자인을 만들어보는 것만큼 좋은 학습은 없습니다.

3.5 마치며

이 장에서는 화면의 공간을 차지하는 방법과 자식 컴포넌트를 정렬하는 방법에 대해 알아봤습니다. 어떤 프로젝트를 진행하든 원하는 디자인으로 화면을 구성하기 위해서는 화면의 공간을 차지하는 요소들을 적절하게 정렬해야 합니다. 다양한 스타일 속성과 값 때문에 헷갈리고 어렵게 느껴질 수 있습니다. 누구나 처음은 어렵습니다. 하지만 이 책을 진행하면서 계속 연습하다 보면 금방 익숙해질 것입니다.

CHAPTER

4

ToDo 리스트 만들기 I

이 장에서 진행할 프로젝트는 ToDo리스트 만들기입니다. 다양한 기능을 제공하는 ToDo리스트들이 있지만 우리는 할 일을 입력하고 완료 처리 및 삭제하는 기능만 있는 간단한 ToDo리스트를 만들어봅니다.

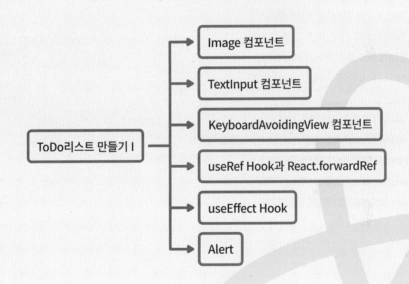

4.1 프로젝트 준비하기

Todo리스트를 만드는 프로젝트를 통해 값을 입력받는 방법을 배우고 목록을 다루는 방법에 대해 알아보겠습니다. 추가로 로그인 화면을 만들어서 사용자 인증 과정을 경험해보겠습니다. Todo리스트 프로젝트에서는 실제 서버를 통한 사용자 인증은 진행하지 않고, 인증 후 화면을 이동하는 방법에 대해서만 다루겠습니다.

- 리액트 네이티브
  - Image 컴포넌트로 이미지 다루기
  - TextInput 컴포넌트로 입력 값 받기
  - FlatList 컴포넌트로 목록 다루기
  - Animated로 애니메이션 효과 만들기
- Hook
  - useRef로 특정 컴포넌트 지정하기
  - useEffect로 특정 상황에서 원하는 작업 실행하기
- 리액트 내비게이션으로 화면 관리하기
- Context API로 글로벌 상태 관리하기
- AsyncStorage로 데이터 저장하기

▶ Todo리스트

먼저 프로젝트를 생성하고 프로젝트 진행에 필요한 설정을 한 뒤 라이브러리를 설치하겠습니다.

아래 명령어를 사용해서 새로운 프로젝트를 생성하세요.

```
$ expo init rn-todo
```

프로젝트 생성이 완료되면 생성된 프로젝트 폴더로 이동하세요.

```
$ cd rn-todo
```

이제 프로젝트 ESLint 설정을 진행하겠습니다. 아래 명령어를 실행하세요.

```
$ npx eslint --init
```

패키지 설치에 대한 질문에 y를 입력하고 진행 과정에 나오는 질문에 다음과 같이 선택하세요.

```
How would you like to use ESLint? To check syntax and find problems
What type of modules does your project use? JavaScript modules (import/export)
Which framework does your project use? React
Does your project use TypeScript? No
Where does your code run? Node
What format do you want your config file to be in? JSON
Would you like to install them now with npm? Yes
```

우리는 프로젝트를 진행하며 Hook을 사용하므로 Hook과 관련된 ESLint도 설정하겠습니다. 아래 명령어를 사용해 설정에 필요한 플러그인을 설치하세요.

```
$ npm install -D eslint-plugin-react-hooks
```

설치가 완료되면 VS Code에서 프로젝트 폴더를 열고 .eslintrc.json 파일을 수정하겠습니다. extends에 plugin:react/jsx-runtime을 추가해서 React를 import하지 않아도 에러 메시지가 나타나지 않도록 하고, Hook 사용 규칙을 검사하기 위해 plugin:react-hooks/recommended를 추가하세요. 마지막으로 rules에 no-console을 추가하세요.

.eslintrc.json

```json
...

  "extends": [
    "eslint:recommended",
    "plugin:react/recommended",
    "plugin:react/jsx-runtime",
    "plugin:react-hooks/recommended"
  ],

...

  "rules": {
    "no-console": "warn"
  }
}
```

다음으로 Prettier 설정을 진행하겠습니다. 프로젝트에 .prettierrc 파일을 생성하고 다음과 같이 작성하세요.

.prettierrc

```
{
  "arrowParens": "always",
  "printWidth": 80,
  "singleQuote": true,
  "tabWidth": 2
}
```

이제 필요한 라이브러리를 설치하고 필요 없는 라이브러리는 삭제하겠습니다. 아래 명령어를 사용해서 자동 완성에 필요한 패키지를 설치하세요.

```
$ npm install -D @types/react @types/react-native
```

그리고 사용하지 않는 react-native-web은 삭제하세요.

```
$ npm uninstall react-native-web
```

다음으로 커스텀 컴포넌트를 만들 때 사용하는 prop-types 라이브러리를 설치하세요.

```
$ npm install prop-types
```

마지막으로 프로젝트 폴더 구조를 변경하겠습니다. 프로젝트에 src 폴더를 생성하세요. 그리고 src 폴더 안에 App.js 파일을 만들고 다음과 같이 작성하세요.

src/App.js

```
import { StatusBar } from 'expo-status-bar';
import { StyleSheet, Text, View } from 'react-native';

const App = () => {
  return (
    <View style={styles.container}>
      <StatusBar style="dark" />
      <Text style={{ fontSize: 30 }}>TODO App</Text>
    </View>
  );
};

const styles = StyleSheet.create({
  container: {
    flex: 1,
    backgroundColor: '#ffffff',
  },
});

export default App;
```

이제 프로젝트 루트 경로에 있는 App.js 파일을 다음과 같이 수정하세요.

App.js

```
import App from './src/App';

export default App;
```

이것으로 프로젝트 준비가 완료되었습니다. 아래 명령어를 사용해서 프로젝트를 실행하고 다음 그림처럼 App 컴포넌트에 작성한 텍스트가 나타나는지 확인해보세요.

```
$ npm start
```

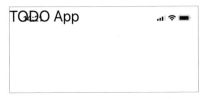

▶ 프로젝트 준비하기

텍스트가 화면의 일부와 겹쳐서 잘 보이지 않는 문제를 해결하는 방법은 5장에서 알아보겠습니다. 이 장에서는 크게 문제 되는 부분은 아니니 너무 걱정하지 마세요.

4.2 로그인 화면 만들기

이 절에서는 로그인 화면으로 사용할 컴포넌트를 만들어보겠습니다. 먼저 화면으로 사용하는 컴포넌트를 관리하는 폴더를 만들겠습니다. src 폴더 밑에 screens라는 폴더를 만드세요.

components 폴더는 화면의 요소 대부분을 담당하는 공통 컴포넌트를 관리합니다. 우리가 앞에서 만들었던 Button 컴포넌트가 대표적인 예시입니다. 반면에 screens 폴더에서는 화면 단위의 컴포넌트를 관리합니다. 지금처럼 로그인 화면을 담당하는 컴포넌트가 예입니다. 앞으로 화면으로 사용되는 컴포넌트는 screens 폴더에서 관리합니다.

컴포넌트 이름이나 파일명은 그 역할을 명확하게 인지할 수 있도록 짓는 것이 좋습니다. components 폴더와 screens 폴더에 있는 파일들은 모두 컴포넌트이지만 역할 차이가 있습니다. 이 책에서는 두 폴더에 있는 파일의 역할을 명확하게 구분하기 위해 screens 폴더에 있는 파일 이름 끝에 Screen을 붙여서 사용하겠습니다. 이렇게 하면 파일명 혹은 컴포넌트의 이름만으로 그 역할을 명확하게 할 수 있습니다.

이제 screens 폴더 밑에 SignInScreen.js 파일을 생성하고 다음과 같이 코딩하세요.

 src/screens/SignInScreen.js

```
import { StyleSheet, Text, View } from 'react-native';

const SignInScreen = () => {
  return (
    <View style={styles.container}>
      <Text>SignInScreen</Text>
    </View>
  );
};

const styles = StyleSheet.create({
```

```
  container: {
    flex: 1,
    justifyContent: 'center',
    alignItems: 'center',
  },
});

export default SignInScreen;
```

작성이 완료되면 App 컴포넌트에서 SignInScreen 컴포넌트를 사용하세요.

📄 src/App.js

```
import { StatusBar } from 'expo-status-bar';
import { StyleSheet, View } from 'react-native';
import SignInScreen from './screens/SignInScreen';

const App = () => {
  return (
    <View style={styles.container}>
      <StatusBar style="dark" />
      <SignInScreen />
    </View>
  );
};

...
```

SignInScreen 컴포넌트에 입력한 텍스트가 화면에 잘 나타나는지 확인해보세요.

4.3 Image 컴포넌트로 이미지 넣기

이제 로그인 화면에 프로젝트를 대표하는 이미지를 보여주겠습니다. 화면에 이미지를 보여줄 때에는 리액트 네이티브에서 제공하는 **Image** 컴포넌트를 사용합니다.

🔗 Image 컴포넌트 – https://reactnative.dev/docs/0.68/image

화면에 보여줄 이미지를 준비하겠습니다. 아래 링크에서 파일을 다운로드하고 압축을 풀면 총 6장의 이미지가 있습니다. 이미지 모두 프로젝트 루트 경로에 있는 **assets** 폴더에 넣으세요.

🔗 이미지 다운로드 – https://bit.ly/2022-ch4-assets

> **NOTE**
>
> 이미지를 꼭 **assets** 폴더에서 관리할 필요는 없습니다. 다른 폴더에서 관리하고 싶다면 원하는 폴더를 생성해서 관리해도 됩니다. 단, 다른 폴더에서 이미지를 관리한다면 경로에 주의해서 진행하기 바랍니다.

1 선명한 이미지 보여주기

다운로드한 이미지는 총 6장으로 main.png, main@2x.png, main@3x.png 와 test.png, test@2x.png, test@3x.png가 있습니다. main.png 파일과 test.png 파일은 크기가 200px×200px이고 파일 이름 뒤에 @2x, @3x가 붙은 파일은 각각 2배, 3배 크기의 파일입니다. 이렇게 이름 뒤에 @2x, @3x가 붙은 파일을 함께 사용하면 다른 특별한 작업을 하지 않아도 리액트 네이티브에서 자동으로 기기에 가장 적절한 크기의 이미지를 사용합니다.

Image 컴포넌트의 source props를 사용해서 이미지의 경로를 전달하면 해당 이미지가 렌더링됩니다. 지금처럼 로컬에 파일이 있다면 require를 사용하고, 원격 서버에 있는 이미지라면 객체 형태로 { uri : '...' }와 같이 경로를 전달합니다. SignInScreen 컴포넌트를 다음과 같이 수정해보세요.

src/screens/SignInScreen.js

```js
import { Image, StyleSheet, Text, View } from 'react-native';

const SignInScreen = () => {
  return (
    <View style={styles.container}>
      <Image
        source={require('../../assets/test.png')}
        style={styles.image}
      />
      <Text>SignInScreen</Text>
    </View>
  );
};

const styles = StyleSheet.create({
  container: {
    flex: 1,
    justifyContent: 'center',
    alignItems: 'center',
  },
  image: {
    width: 200,
    height: 200,
  },
});

export default SignInScreen;
```

test.png 파일을 이미지로 전달했지만 테스트하는 기기에 따라 @2x 혹은 @3x 파일이 나타날 수 있습니다. 책에서 테스트하는 아이폰 11 pro와 Android Pixel 5에서는 다음 그림처럼 test@3x.png 파일이 화면에 나타납니다.

▶ 아이폰 11 pro와 Android Pixel 5

스마트폰 기기에 따라 화면 크기가 다양하듯이 화면의 해상도(밀도)도 다양합니다. 화면의 크기가 같고 해상도가 다르다면 화면의 픽셀 값에 차이가 생깁니다. 예를 들어 아이폰 11은 6.1인치 크기의 화면에 828픽셀의 너비를 갖고 있습니다. 아이폰 13은 같은 6.1인치지만 너비 픽셀 값은 1170입니다. 이렇게 크기가 같은 기기에서 서로 다른 픽셀을 표현하기 때문에 화면의 밀도가 달라집니다. 이것을 1인치에 들어가 있는 픽셀의 수를 나타내는 ppi$^{\text{pixels per inch}}$라는 단위로 표시합니다. 아이폰 11과 아이폰 13의 ppi는 각각 326ppi와 460ppi입니다. 같은 크기의 화면에 더 많은 픽셀을 표현하는 아이폰 13이 더 높은 ppi 값을 가지고 있습니다.

2장에서 리액트 네이티브에서는 **px** 혹은 **em** 같은 단위를 작성하지 않는다고 설명했던 것을 기억하나요? 단위를 작성하지는 않지만 리액트 네이티브에서는 **dp**$^{\text{density-independent pixels}}$라는 단위를 사용합니다. **dp**는 픽셀과 상관없이 독립적인 크기를 가지는 단위로 화면의 밀도와 상관없이 일정한 크기를 지정할 수 있습니다. **dp**의 이런 특징 덕분에 기기마다 픽셀 값의 차이가 있더라도 같은 크기로 화면에 표현할 수 있습니다.

화면에 같은 크기로 표현하더라도 밀도 차이 때문에 픽셀로 비교하면 값의 차이가 생깁니다. 예를 들어 앞에서 본 아이폰 11과 아이폰 13에서 화면 너비 절반을 차지하도록 이미지를 렌더링했다고 가정하겠습니다. 화면에 나타난 모습은 같지만 이미지 너비가 아이폰 11에서는 414 픽셀이 되고 아이폰 13에서는 585픽셀이 됩니다. 따라서 실제 이미지 크기가 400픽셀이었다면 아이폰 11에서는 괜찮게 보일지 몰라도 아이폰 13에서는 약간 흐리게 보일 수 있습니다.

이렇게 화면 밀도(ppi)에 따라 필요한 이미지의 크기가 달라지는 문제가 있습니다. 하지만 리액트 네이티브에서는 이름 끝에 @2x, @3x가 붙은 크기가 다른 이미지를 사용하면 화면 해상도에 따라 적절한 것을 사용합니다. 앞의 코드에서도 가로, 세로 200 크기로 test.png를 표현하게 했지만 리액트 네이티브는 화면 해상도를 기준으로 가장 적절한 크기의 이미지인 test@3x.png 파일을 사용하고 있습니다.

만약 ppi 값이 더 작은 아이폰 11이나 아이폰 8에서 실행한다면 test@2x.png 파일이 화면에 나타나는 것을 볼 수 있을 것입니다. 참고로 아이폰 8과 아이폰 11의 ppi는 326ppi로 같고, 앞의 그림에 표시된 아이폰 11 pro는 458ppi, Pixel 5는 432ppi입니다.

▶ 아이폰 8과 아이폰 11

물론 반드시 @2x, @3x 이미지를 항상 같이 사용해야 하는 것은 아닙니다. 하나의 이미지만 사용해도 괜찮습니다. assets 폴더에서 test@2x.png 파일과 test@3x.png 파일을 삭제해보세요. 그러고 나서 새로고침하면 test.png 파일이 화면에 나타납니다.

▶ @2x @3x 파일 삭제

만약 안드로이드 기기에서 새로고침을 해도 이전 화면이 계속 나타난다면, 메뉴에서 **설정 > 앱 > Expo Go > 저장용량 및 캐시 > 캐시 지우기**를 통해 캐시를 삭제하고 새로고침해보세요.

2 resizeMode로 이미지 조절하기

지금 작성된 코드는 이미지의 가로, 세로 비율과 Image 컴포넌트의 style에 적용된 width, height의 비율이 같습니다. 이렇게 비율이 같을 때에는 Image 컴포넌트의 크기에 맞춰 이미지가 나타납니다. 하지만 비율이 다르다면 어떻게 될까요? Image 컴포넌트 크기를 다음과 같이 변경해보세요.

```
● ● ●
...

const styles = StyleSheet.create({
  container: { ... },
  image: {
    width: 200,
    height: 300,
  },
});

export default SignInScreen;
```

높이를 300으로 변경하면 **Image** 컴포넌트의 높이에 맞춰 영역을 모두 채울 수 있도록 확대되어 나타나는 것을 볼 수 있습니다. 높이는 잘 맞지만 이미지 원본의 비율을 유지한 상태로 확대되어서 가로 영역에 있는 이미지 일부가 보이지 않습니다.

▶ 비율이 다를 때

이러한 현상은 Image 컴포넌트의 resizeMode props 기본값이 cover이기 때문에 나타납니다. resizeMode는 Image 컴포넌트의 이미지 크기를 조절하는 props인데 설정 가능한 값과 그 특징은 다음과 같습니다.

- cover – 원본 비율을 유지한 상태로 영역 전체를 채우도록 조절합니다. 비율이 맞지 않으면 이미지 일부가 보이지 않을 수 있습니다.(기본값)
- contain – 원본 비율을 유지한 상태로 이미지가 영역 내에 모두 보이도록 조절합니다. 비율이 맞지 않으면 영역에 공백이 생기더라도 이미지가 모두 보이도록 배치합니다.
- stretch – 영역의 크기에 맞춰 이미지를 조절합니다. 원본 이미지의 비율을 고려하지 않습니다.
- repeat – 영역의 크기가 이미지보다 크면 바둑판 배열로 이미지를 반복하여 배치합니다.
- center – 영역 중앙에 이미지를 배치합니다. 영역이 작으면 이미지의 크기를 줄이지만 영역이 크다면 원본 크기를 유지한 상태로 중앙에 배치합니다.

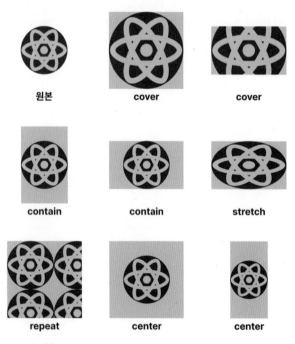

▶ resizeMode

resizeMode를 적절하게 잘 사용하면 상황에 따라 적절한 이미지를 화면에 보여줄 수 있습니다. Image 컴포넌트 크기를 변경하면서 resizeMode 값에 따라 어떻게 화면에 나타나는지 테스트해보세요.

🔟 이미지 교체하기

이제 이미지를 main.png로 변경하세요.

📄 src/screens/SignInScreen.js

```
import { Image, StyleSheet, Text, View } from 'react-native';

const SignInScreen = () => {
  return (
    <View>
      <Image
        source={require('../../assets/main.png')}
        style={styles.image}
      />
    </View>
  );
};

const styles = StyleSheet.create({
  container: { ... },
  image: {
    width: 200,
    height: 200,
  },
});

export default SignInScreen;
```

화면 이미지를 main.png로 변경하고 Image 컴포넌트에 적용된 스타일도 수정했습니다. 추가로 화면의 이름을 보여주던 Text 컴포넌트도 삭제했습니다.

▶ main 이미지

4.4 TextInput 컴포넌트로 입력 칸 만들기

이번에는 사용자 ID와 비밀번호를 입력받는 입력 칸을 만들어 보겠습니다. ID와 비밀번호 입력 칸은 역할과 모양이 거의 같으니 커스텀 컴포넌트로 만들어서 재사용하겠습니다.

리액트 네이티브에서 제공하는 TextInput 컴포넌트를 사용하면 사용자가 키보드를 통해 입력하는 텍스트를 전달받을 수 있습니다.

∞ TextInput 컴포넌트 – https://reactnative.dev/docs/0.68/textinput

TextInput 컴포넌트는 매우 많은 props를 제공합니다. 모든 props를 다룰 수는 없지만 프로젝트에서 사용하는 props 위주로 설명하겠습니다.

1 Input 컴포넌트 만들기

TextInput 컴포넌트의 placeholder에 문자열을 전달하면 어떤 값이 입력되어야 하는지 알려주는 힌트가 나타납니다. 또한 placeholderTextColor를 사용해서 placeholder의 글자 색을 변경할 수 있습니다. placeholder와 placeholderTextColor를 사용해서 힌트가 나타나는 간단한 입력 칸을 만들어보겠습니다.

src 폴더 밑에 components 폴더를 만들고 그 안에 Input.js 파일을 생성하세요. 그리고 TextInput 컴포넌트를 사용해서 다음과 같이 작성하세요.

 src/components/Input.js

```
import { StyleSheet, Text, TextInput, View } from 'react-native';
import PropTypes from 'prop-types';

const Input = ({ title, placeholder }) => {
  return (
```

```
    <View style={styles.container}>
      <Text style={styles.title}>{title}</Text>
      <TextInput
        style={styles.input}
        placeholder={placeholder ?? title}
        placeholderTextColor={'#a3a3a3'}
      />
    </View>
  );
};

Input.propTypes = {
  title: PropTypes.string.isRequired,
  placeholder: PropTypes.string,
};

const styles = StyleSheet.create({
  container: {
    width: '100%',
    paddingHorizontal: 20,
    marginVertical: 10,
  },
  title: {
    marginBottom: 4,
  },
  input: {
    borderWidth: 1,
    borderRadius: 8,
    paddingHorizontal: 10,
    height: 42,
  },
});

export default Input;
```

props로 title과 placeholder를 받아서 각각 입력 칸 위에 표시할 타이틀과 placeholder로 사용하는 컴포넌트를 만들었습니다. placeholder는 ??(nullish 병합 연산자)를 사용해서 전달되지 않았을 때 title이 나타나도록 했습니다. 그리고 placeholderTextColor를 사용해서 색을 변경했습니다.

이제 SignInScreen 컴포넌트에서 Input 컴포넌트를 사용해보세요.

```
import { Image, StyleSheet, View } from 'react-native';
import Input from '../components/Input';

const SignInScreen = () => {
  return (
    <View>
      <Image
        source={require('../../assets/main.png')}
        style={styles.image}
      />

      <Input title={'이메일'} placeholder="your@email.com" />
      <Input title={'비밀번호'} />
    </View>
  );
};
...
```

Input 컴포넌트를 사용해서 각각 이메일과 비밀번호 입력 칸을 만들었습니다. 이메일은 타이틀과 placeholder가 전달한 대로 나타나고, 비밀번호는 placeholder를 전달하지 않아서 title에 전달한 텍스트가 placeholder로 나타나고 있습니다.

만약 placeholder에 ''(빈 스트링)을 전달하면 placeholder에 아무것도 나타나지 않습니다. ??는 undefined와 null만 false로 처리해서 ''(빈 스트링)이 전달되면 그대로 ''를 사용하기 때문입니다. placeholder 값을 변경하면서 테스트해보세요.

▶ Input 컴포넌트

입력 칸을 클릭하면 키보드가 나타납니다. 만약 iOS 시뮬레이터에서 키보드가 나타나지 않으면 시뮬레이터 메뉴에서 I/O > Keyboard > Toggle Software Keyboard를 클릭하거나 Command + K를 누르면 키보드가 나타납니다.

안드로이드 에뮬레이터에서 한글 키보드가 나타나지 않으면 기기의 **설정**(Settings) > **시스템**(System) > **언어 및 입력**(Languages & input) > **언어**(Languages)에서 한국어를 추가하면 해결됩니다.

키보드가 잘 나타나는지, 키보드로 입력하는 값이 화면에 잘 나타나는지 확인해보세요.

▶ 키보드 – iOS / 안드로이드

안드로이드와 다르게 iOS에서 키보드가 입력 칸을 가리는 문제가 생깁니다. 이 문제는 4.5절에서 해결하겠습니다.

2 자동 수정과 자동 대문자

입력 칸에 텍스트를 입력하다 보면 몇 가지 불편한 점을 확인할 수 있습니다. 우선 첫 글자가 항상 대문자로 처리되고 있습니다. 영어에서 첫 번째 스펠링이 대문자로 시작하는 것은 일반적인 상황이지만 여기에서는 이메일을 입력해야 하는 상황이기 때문에 첫 글자가 대문자일 필요는 없습니다. 그다음 오타를 입력했을 때 자동으로 글자가 수정됩니다. 오타를 자동으로 수정해주는 것이 유용하기도 하지만 사용자가 만든 이메일은 사전에 없는 문자의 조합을 사용하는 경우도 많기 때문에 오히려 자동으로 수정되는 것이 불편할 수 있습니다.

자동으로 오타가 수정되지 않은 독자는 언어 설정과 자동 수정 관련 설정을 확인해보기 바랍니다. 영어를 테스트한다면 사용 언어 설정에 영어가 포함되어 있어야 합니다. 키보드 설정에서는 자동 수정 설정이 켜져 있어야 작동합니다. 설정을 변경해서 직접 테스트하거나 아래 링크를 통해 자동 수정되는 것을 확인해보세요.

▶ 자동 수정 테스트 영상 – https://bit.ly/2022-rn-auto-correct

앞의 영상은 아이폰 11 시뮬레이터 환경과 Pixel 5 실물 기기에서 진행한 테스트입니다. 영상을 보면 의도적으로 오타를 낼 때 자동으로 수정되는 것을 확인할 수 있습니다. 그리고 입력된 값을 지우고 다시 작성해도 첫 글자는 항상 대문자로 처리되는 것을 볼 수 있습니다.

첫 글자가 자동으로 대문자로 입력되는 것과 오타가 자동으로 수정되는 기능은 autoCapitalize와 autoCorrect를 사용해서 변경할 수 있습니다. Input 컴포넌트를 다음과 같이 수정해보세요.

📄 src/components/Input.js

```
...

const Input = ({ title, placeholder }) => {
  return (
    <View style={styles.container}>
      <Text style={styles.title}>{title}</Text>
      <TextInput
        style={styles.input}
        placeholder={placeholder ?? title}
        placeholderTextColor={'#a3a3a3'}
        autoCapitalize="none"
        autoCorrect={false}
      />
    </View>
  );
};

...
```

코드 적용 후 다시 테스트해보면 첫 글자가 자동으로 대문자로 설정되지 않고 오타를 입력해도 자동으로 수정되지 않는 것을 확인할 수 있습니다.

3 keyboardType으로 키보드 종류 변경하기

이번에는 키보드 종류를 변경해보겠습니다. 우리는 ID로 이메일을 입력해야 합니다. 기본적으로 표시되는 키보드는 @를 입력하기 위해서 특수 문자 키보드로 변경해야 합니다. TextInput 컴포넌트는 여러 가지 키보드를 제공하는 데 keyboardType을 사용해서 변경할 수 있습니다.

지금처럼 이메일을 입력해야 할 때에 keyboardType을 email-address로 설정하면 좀 더 이메일을 입력하기 좋은 키보드로 변경됩니다. keyboardType에는 email-address 외에도 url, phone-pad 등 상황에 맞는 다양한 값을 설정할 수 있습니다.

Input 컴포넌트에서 keyboardType를 props로 받아서 적용하도록 수정하겠습니다.

_{JS} src/components/Input.js

```
import { StyleSheet, Text, TextInput, View } from 'react-native';
import PropTypes from 'prop-types';

export const KeyboardTypes = {
  DEFAULT: 'default',
  EMAIL: 'email-address',
};

const Input = ({ title, placeholder, keyboardType }) => {
  return (
    <View style={styles.container}>
      <Text style={styles.title}>{title}</Text>
      <TextInput
        style={styles.input}
        placeholder={placeholder ?? title}
        placeholderTextColor={'#a3a3a3'}
        autoCapitalize="none"
        autoCorrect={false}
        keyboardType={keyboardType}
      />
    </View>
  );
};

Input.defaultProps = {
  keyboardType: KeyboardTypes.DEFAULT,
};

Input.propTypes = {
  title: PropTypes.string.isRequired,
  placeholder: PropTypes.string,
  keyboardType: PropTypes.oneOf(Object.values(KeyboardTypes)),
};

...
```

Input 컴포넌트에서 사용하는 keyboardType은 이메일을 입력할 때 적용할 email-address 와 비밀번호를 입력할 때 적용할 default밖에 없습니다. 값을 전달할 때 오타가 발생하지 않도록 KeyboardTypes Enum을 만들고 다른 파일에서 사용할 수 있도록 export했습니다. 추가로 keyboardType을 전달하지 않아도 기본값인 default로 적용되도록 defaultProps를 설정했습니다.

이제 SignInScreen 컴포넌트에서 사용하고 있는 Input 컴포넌트에 keyboardType을 전달해보세요.

 src/screens/SignInScreen.js

```js
import { Image, StyleSheet, View } from 'react-native';
import Input, { KeyboardTypes } from '../components/Input';

const SignInScreen = () => {
  return (
    <View style={styles.container}>
      <Image
        source={require('../../assets/main.png')}
        style={styles.image}
      />

      <Input
        title={'이메일'}
        placeholder="your@email.com"
        keyboardType={KeyboardTypes.EMAIL}
      />
      <Input title={'비밀번호'} />
    </View>
  );
};

...
```

코드가 적용된 후 확인해보면 이메일을 입력할 때 표시되는 키보드와 비밀번호를 입력할 때 표시되는 키보드간의 차이를 볼 수 있습니다. 앞에서 적용한 email-address와 default 외에도 keyboardType에 설정 가능한 값을 변경하면서 키보드가 어떻게 변하는지 테스트해보세요.

▶ keyboardType 변경

④ returnKeyType으로 키보드 완료 버튼 변경하기

그림 [keyboardType 변경]을 보면 키보드의 완료 버튼이 항상 return으로 되어 있습니다. 하지만 현재 입력 중인 칸이 마지막 칸이라면 done으로 나타나고, 다음에 입력하는 칸이 있을 때는 next로 나타나는 것이 조금 더 자연스러울 것입니다.

TextInput 컴포넌트의 설정 가능한 props 중 returnKeyType을 사용하면 done, next, send 등 다양한 값으로 키보드의 완료 버튼을 수정할 수 있습니다. Input 컴포넌트를 다음과 같이 수정해보세요.

```
...
export const ReturnKeyTypes = {
  DONE: 'done',
  NEXT: 'next',
};

const Input = ({ title, placeholder, keyboardType, returnKeyType }) => {
  return (
    <View style={styles.container}>
      <Text style={styles.title}>{title}</Text>
      <TextInput
        ...
        keyboardType={keyboardType}
        returnKeyType={returnKeyType}
      />
    </View>
  );
};

Input.defaultProps = {
  keyboardType: KeyboardTypes.DEFAULT,
  returnKeyType: ReturnKeyTypes.DONE,
};

Input.propTypes = {
  title: PropTypes.string.isRequired,
  placeholder: PropTypes.string,
  keyboardType: PropTypes.oneOf(Object.values(KeyboardTypes)),
  returnKeyType: PropTypes.oneOf(Object.values(ReturnKeyTypes)),
};

...
```

이메일 입력 칸에서 사용할 next와 비밀번호 입력 칸에서 사용할 done을 가진 ReturnKey Types Enum을 만들고 다른 파일에서 사용할 수 있도록 export했습니다. 그리고 전달된 returnKeyType을 TextInput 컴포넌트로 전달하고, returnKeyType이 전달되지 않으면 done이 되도록 defaultProps를 설정했습니다.

이제 SignInScreen 컴포넌트를 다음과 같이 수정하세요.

JS src/screens/SignInScreen.js

```
import { Image, StyleSheet, View } from 'react-native';
import Input, { KeyboardTypes, ReturnKeyTypes } from '../components/Input';

const SignInScreen = () => {
  return (
      ...
      <Input
        title={'이메일'}
        placeholder="your@email.com"
        keyboardType={KeyboardTypes.EMAIL}
        returnKeyType={ReturnKeyTypes.NEXT}
      />
      <Input title={'비밀번호'} returnKeyType={ReturnKeyTypes.DONE} />
    </View>
  );
};

...
```

returnKeyType을 전달하고 테스트해보면 이메일을 입력하는 곳에서는 키보드의 완료 버튼이 next로 나타나고, 비밀번호를 입력하는 곳에서는 done으로 나타나는 것을 확인할 수 있습니다. next와 done 외에도 returnKeyType에서 지원하는 값을 적용하면서 어떻게 나타나는지 테스트해보세요.

▶ 완료 버튼 수정 – iOS / 안드로이드

5 추천 단어와 자동 완성

키보드를 입력하다 보면 위쪽에 자동 완성 혹은 추천 단어가 나오게 됩니다. 이 기능은 기기의
설정에서 제어해야 합니다. iOS에서는 **설정 > 일반 > 키보드**로 이동해서 자동 수정 기능을 해제
하면 됩니다. 안드로이드는 기기마다 약간의 차이는 있지만 보통 **설정 > 시스템 > 언어 및 입력 >
터치 키보드 > (사용 중인 키보드 클릭) > 텍스트 수정 > 추천란 표시 기능**을 해제하면 됩니다.

> **NOTE**
>
> 안드로이드는 기기에 따라 설정 메뉴가 다를 수 있습니다. 이 책에서 설명하는 기준과 다르다면 설정
> 에서 키보드를 검색하고 사용 중인 키보드를 선택 후 문구 추천과 관련된 설정을 변경할 수 있습니다.

▶ 추천 단어 기능 해제

기기 설정을 수정하면 키보드의 상단에 나타나는 추천 단어가 더 이상 나타나지 않습니다.

만약 실제 사용 중인 아이폰으로 진행하고 있다면 이메일을 입력하는 곳에 다음 그림처럼 등록된 이메일이 나타납니다.

▶ 등록된 이메일

이 기능은 상황에 맞는 자동 완성을 지원하는 기능입니다. 예를 들어 인증코드를 문자(SMS)로 받으면 자동으로 입력할 수 있도록 해주거나 지금처럼 이메일을 입력하는 곳에 기기에 등록된 이메일을 자동으로 입력할 수 있도록 알려줍니다.

TextInput 컴포넌트에 textContentType을 설정해서 자동 완성 기능을 변경할 수 있습니다. 다만 이 기능은 iOS에서만 적용됩니다. 이 책에서는 자동 완성 기능을 사용하지 않기 때문에 textContentType을 none으로 설정하고 진행합니다.

다음과 같이 Input 컴포넌트를 수정하세요.

 src/components/Input.js

```
...

const Input = ({ title, placeholder, keyboardType, returnKeyType }) => {
  return (
    <View style={styles.container}>
      <Text style={styles.title}>{title}</Text>
      <TextInput
        ...
        keyboardType={keyboardType}
        returnKeyType={returnKeyType}
        textContentType="none"
      />
    </View>
  );
};

...
```

6 secureTextEntry로 민감한 데이터 감추기

현재는 비밀번호를 입력해도 입력한 내용이 그대로 화면에 나타납니다. 비밀번호같이 민감한 내용이 화면에 노출되면 분명 좋지 않을 것입니다. secureTextEntry를 true로 설정하면 입력되는 텍스트를 다른 문자로 대체할 수 있습니다.

secureTextEntry를 전달받아서 TextInput 컴포넌트에 적용되도록 Input 컴포넌트를 수정하겠습니다.

```
...

const Input = ({
  title,
  placeholder,
  keyboardType,
  returnKeyType,
  secureTextEntry,
}) => {
  return (
    <View style={styles.container}>
      <Text style={styles.title}>{title}</Text>
      <TextInput
        ...
        textContentType="none"
        secureTextEntry={secureTextEntry}
      />
    </View>
  );
};
...
Input.propTypes = {
  ...
  returnKeyType: PropTypes.oneOf(Object.values(ReturnKeyTypes)),
  secureTextEntry: PropTypes.bool,
};

...
```

이제 SignInScreen 컴포넌트에서 비밀번호를 입력하는 Input 컴포넌트에 secureTextEntry
를 전달하도록 다음과 같이 수정하세요.

src/screens/SignInScreen.js

```
...

const SignInScreen = () => {
  return (
```

```
    <View style={styles.container}>
      ...
      <Input
        title={'비밀번호'}
        returnKeyType={ReturnKeyTypes.DONE}
        secureTextEntry
      />
    </View>
  );
};

...
```

앞의 코드를 보면 secureTextEntry를 전달하면서 값을 지정하지 않았습니다. 이렇게 값을 지정하지 않고 키만 전달하면 컴포넌트는 그 값을 true로 받습니다. Input 컴포넌트에 console.log를 사용해서 secureTextEntry가 어떻게 들어오는지 확인해보세요. secureTextEntry를 전달하지 않은 이메일 Input 컴포넌트는 undefined가 들어오고, 비밀번호 Input 컴포넌트에서는 true로 값이 전달되는 것을 확인할 수 있습니다.

▶ secureTextEntry 적용

7 keyboardAppearance로 키보드 색 변경하기

iOS 시뮬레이터를 이용해서 테스트하고 있다면 키보드가 책에 수록된 그림처럼 밝은색으로 나타납니다. 하지만 실제 기기에서 다크 모드를 사용하고 있다면 키보드가 어두운색으로 나타나고 있을 것입니다. 이 절에서는 키보드 색을 변경해보겠습니다.

keyboardAppearance props를 사용하면 키보드 색을 변경할 수 있습니다. keyboardAppearance는 iOS에서만 적용되며 적용할 수 있는 값은 다음과 같습니다.

- default – 기기의 설정에 따라 색이 결정됩니다.(기본값)
- light – 밝은색 키보드가 나타납니다.
- dark – 어두운색 키보드가 나타납니다.

기본값이 default로 되어 있어서 기기를 다크 모드로 설정하면 키보드도 어두운색의 키보드가 나타납니다. 실물 기기에서는 **설정 > 디스플레이 및 밝기**에서 설정할 수 있고, iOS 시뮬레이터에서는 **설정 > 개발자**에서 변경할 수 있습니다.

▶ 다크 모드와 키보드

기기의 설정에 맞춰 키보드가 나타나게 하고 싶다면 특별히 설정할 필요는 없습니다. 하지만 프로젝트의 디자인에 따라 특정 키보드가 나타나게 하고 싶다면 keyboardAppearance를 설정해야 합니다.

이 책에서는 keyboardAppearance를 항상 light로 설정하고 진행합니다.

 src/components/Input.js

```
...

const Input = ({ ... }) => {
  return (
    <View style={styles.container}>
      <Text style={styles.title}>{title}</Text>
      <TextInput
        ...
        textContentType="none"
        secureTextEntry={secureTextEntry}
        keyboardAppearance="light"
      />
    </View>
  );
};

...
```

8 구조 분해 할당을 활용한 props 간소화

현재 Input 컴포넌트는 5개의 props를 전달받고 있습니다. 그중 몇 개는 특별한 추가 작업 없이 TextInput 컴포넌트의 props로 전달하고 있습니다. 이렇게 props의 수가 많아지고 그중 일부가 특별한 작업 없이 컴포넌트의 props로 다시 전달될 때 구조 분해 할당을 사용하면 코드를 간소화할 수 있습니다.

구조 분해 할당을 사용하면 원하는 값을 할당하고 나머지 값 전체를 하나의 변수로 할당할 수 있습니다. 객체와 배열 모두 가능하며 다음과 같이 사용합니다.

```
const arr = [1, 2, 3, 4, 5];
const [a, b, ...c] = arr;
console.log(a); // 1
console.log(b); // 2
console.log(c); // [3, 4, 5]

const obj = { w: 1, x: 2, y: 3, z: 4 };
const { x, y, ...r } = obj;
console.log(x); // 2
console.log(y); // 3
console.log(r); // {"w": 1, "z": 4}
```

앞의 코드처럼 원하는 값을 할당받고 나머지 전체를 받을 때에는 ...를 변수 앞에 붙입니다. 객체나 배열을 전개하는 전개 구문과 사용 방법이 비슷하지만 구조 분해 할당에서는 나머지 값을 ... 뒤에 오는 변수에 할당하고, 전개 구문에서는 객체 혹은 배열을 전개한다는 차이가 있습니다. 구조 분해 할당과 전개 구문을 사용하면 다음과 같이 코드를 간소화할 수 있습니다.

JS src/components/Input.js

```
...

const Input = ({ title, placeholder, ...props }) => {
  return (
    <View style={styles.container}>
      <Text style={styles.title}>{title}</Text>
      <TextInput
        {...props}
        style={styles.input}
        placeholder={placeholder ?? title}
        placeholderTextColor={'#a3a3a3'}
        autoCapitalize="none"
        autoCorrect={false}
        textContentType="none"
        keyboardAppearance="light"
      />
    </View>
  );
};

Input.propTypes = {
```

```
    title: PropTypes.string.isRequired,
    placeholder: PropTypes.string,
};

...
```

Input 컴포넌트의 props로 전달된 값 중 특별한 추가 작업 없이 TextInput 컴포넌트로 전달되는 값을 props라는 변수로 모두 전달받았습니다. 그리고 전개 구문을 사용해서 그 값을 TextInput 컴포넌트로 전달하도록 코드를 수정했습니다.

전달되는 값의 기본값을 지정하고 싶으면 defaultProps를 유지해도 됩니다. 앞의 코드에서는 TextInput 컴포넌트에 적용된 기본값으로 작동하도록 하기 위해 defaultProps를 삭제했습니다. propsTypes도 returnKeyType에 있는 next와 done만 허용하고 싶다면 유지해도 되지만 TextInput 컴포넌트에서 모든 값을 허용하기 위해 삭제했습니다.

KeyboardTypes Enum과 ReturnKeyTypes Enum도 삭제하고 Input 컴포넌트를 사용하는 곳에서 문자열로 값이 전달하도록 수정해도 괜찮습니다. 하지만 앞의 코드에서는 Input 컴포넌트에서 사용하는 값이 어떤 것들이 있는지 알려주고 오타를 방지하기 위해서 Enum을 유지했습니다.

이렇게 전달받는 props를 특별한 작업 없이 내부에서 사용하는 컴포넌트로 전달하는 상황에서 구조 분해 할당과 전개 구문을 잘 사용하면 코드를 간소화할 수 있습니다. 그뿐만 아니라 사용하는 컴포넌트에 적용된 기본값을 그대로 사용할 수 있다는 장점도 있습니다.

4.5 KeyboardAvoidingView 컴포넌트로 입력 화면 조절하기

화면에 키보드가 나타났을 때 안드로이드에서는 자동으로 화면이 이동되므로 문제가 없지만, iOS에서는 키보드가 화면을 가리는 문제가 생깁니다. 이 문제는 리액트 네이티브에서 제공하는 KeyboardAvoidingView 컴포넌트를 사용해서 해결할 수 있습니다

🔗 KeyboardAvoidingView 컴포넌트 – https://bit.ly/rn-docs-KeyboardAvoidingView

1 behavior에 따른 작동 방식

키보드가 나타났을 때 작동하는 방식은 behavior props에 설정된 값에 따라 달라집니다. behavior에 설정 가능한 값과 특징은 다음과 같습니다.

- padding – 화면의 paddingBottom 값을 변경합니다.
- height – 화면의 height 값을 변경합니다.
- position – 화면의 bottom 값을 변경합니다.

아래에 있는 링크를 통해 KeyboardAvoidingView 컴포넌트가 behavior의 값에 따라 어떻게 작동하는지 확인할 수 있습니다.

🔗 KeyboardAvoidingView 컴포넌트 코드 – https://bit.ly/github-rn-avoid

이제 직접 값을 변경하며 테스트해보기 위해 파일을 추가해보겠습니다. screens 폴더 밑에 TestAvoid.js 파일을 만들고 다음과 같이 작성하세요.

 src/screens/TestAvoid.js

```
import {
  Image,
  KeyboardAvoidingView,
```

```
  Platform,
  StyleSheet,
  TextInput,
  View,
} from 'react-native';

const TestAvoid = () => {
  return (
    <KeyboardAvoidingView
      style={{ flex: 1 }}
      behavior={Platform.select({ ios: 'padding' })}
    >
      <View style={{ flex: 1 }}>
        <View style={[styles.box, { backgroundColor: '#737373' }]}>
          <Image
            source={require('../../assets/main.png')}
            style={{ width: 200, height: 200 }}
          />
        </View>

        <View style={[styles.box, { backgroundColor: '#818cf8' }]}>
          <TextInput
            style={styles.input}
            placeholder="padding"
            placeholderTextColor={'#000000'}
          />
        </View>
      </View>
    </KeyboardAvoidingView>
  );
};

const styles = StyleSheet.create({
  box: {
    flex: 1,
    justifyContent: 'center',
    alignItems: 'center',
    paddingHorizontal: 20,
  },
  input: {
    backgroundColor: '#ffffff',
    height: 40,
    width: '100%',
  },
});

export default TestAvoid;
```

현재 SignInScreen과 비슷한 모습으로 화면의 절반 위쪽에 이미지를 넣고 아래쪽에 입력 칸을 만들었습니다. 그리고 KeyboardAvoidingView 컴포넌트를 사용해서 컴포넌트 전체를 감쌌습니다.

behavior에는 Platform을 사용해서 iOS에서만 코드가 적용되도록 작성했습니다. Platform은 리액트 네이티브에서 제공하는 API로 플랫폼에 따라 코드를 다르게 적용할 때 사용합니다.

∞ Platform – https://reactnative.dev/docs/0.68/platform

사용 방법은 크게 2가지로 리액트 네이티브가 실행 중인 플랫폼을 반환하는 Platform.OS를 사용하는 방법과 실행 중인 플랫폼에 적합한 값을 반환하는 Platform.select()를 사용하는 방법이 있습니다.

```
Platform.OS === 'ios' ? <iOS code> : <Android code>;
Platform.select({
  ios: <iOS code>,
  android: <Android code>,
});
```

앞의 코드에서 보듯이 Platform.OS를 사용해서 반환된 값에 따라 코드를 적용할 수도 있고 Platform.select()를 사용해서 특정 플랫폼에 원하는 코드를 적용할 수도 있습니다. 어떤 방법을 사용하든 상관없으니 각자 선호하는 방법을 선택하면 됩니다. 하지만 지금처럼 특정 플랫폼에서만 코드를 적용해야 할 때에는 Platform.select()를 사용하는 것을 추천합니다.

App 컴포넌트에서 SignInScreen 컴포넌트 대신 TextAvoid 컴포넌트를 사용해보세요.

src/App.js

```
...

import TestAvoid from './screens/TestAvoid';

const App = () => {
  return (
    <View style={styles.container}>
```

```
        <StatusBar style="dark" />
        <TestAvoid />
      </View>
    );
  };

  ...
```

TestAvoid 컴포넌트가 화면에 나타나면 TextInput 컴포넌트를 클릭해서 키보드가 나타나게 해보세요. 이제 키보드가 화면을 가리는 문제가 해결된 것을 확인할 수 있습니다. behavior 값도 변경하면서 어떻게 작동하는지 확인해보세요. behavior가 padding일 때와 height일 때 작동하는 방식은 비슷합니다. 하지만 behavior를 position으로 설정하면 화면의 디자인이 깨지는 현상이 발생합니다.

깃허브에서 keyboardAvoidingView 컴포넌트 코드를 확인해보면 padding이나 height일 때는 View 컴포넌트 하나를 반환하지만, position은 두 개의 중첩된 View 컴포넌트를 반환하는 것을 볼 수 있습니다. 이 차이 때문에 발생하는 문제로 contentContainerStyle props 를 사용해서 해결할 수 있습니다.

behavior를 position으로 테스트할 때는 다음과 같이 contentContainerStyle을 사용하세요.

📄 src/screens/TestAvoid.js

```
●●●
────────────────────────────────────────────────────

...

const TestAvoid = () => {
  const height = useWindowDimensions().height;

  return (
    <KeyboardAvoidingView
      style={{
        flex: 1,
      }}
      behavior={Platform.select({ ios: 'position' })}
      contentContainerStyle={{ flex: 1 }}
```

```
        >

    ...
```

▶ KeyboardAvoidingView behavior 작동(왼쪽부터 behavior가 padding, height, position일 때 작동 모습)

앞에서 behavior의 작동 방식을 설명한 대로 padding은 키보드 높이만큼 paddingBottom
을 설정하고, height는 컴포넌트의 높이를 키보드 높이만큼 뺀 값으로 수정합니다. 반면에
position은 bottom의 값을 변경해서 화면의 위치를 옮기는 방법으로 문제를 해결합니다.

작동 방식의 특징 때문에 padding이나 height는 화면에 나타나는 요소가 적을 때 사용하는
것이 좋습니다. position은 화면이 위쪽으로 이동하면서 화면 상단이 화면 밖으로 나가는 현
상이 발생해서 보이지 않을 수 있으니 사용할 때 주의해야 합니다.

2 SingInScreen 컴포넌트에 적용하기

SignInScreen 컴포넌트에서 KeyboardAvoidingView 컴포넌트를 사용하겠습니다.

📄 src/screens/SignInScreen.js

```js
import {
  Image,
  KeyboardAvoidingView,
  Platform,
  StyleSheet,
  View,
} from 'react-native';
import Input, { KeyboardTypes, ReturnKeyTypes } from '../components/Input';

const SignInScreen = () => {
  return (
    <KeyboardAvoidingView
      style={{ flex: 1 }}
      behavior={Platform.select({ ios: 'padding' })}
    >
      <View style={styles.container}>
        ...
      </View>
    </KeyboardAvoidingView>
  );
};

...
```

App 컴포넌트에서 SignInScreen 컴포넌트를 사용하도록 코드를 수정하세요.

📄 src/App.js

```js
...

const App = () => {
  return (
    <View style={styles.container}>
```

```
      <StatusBar style="dark" />
      <SignInScreen />
    </View>
  );
};

...
```

이제 iOS에서 키보드가 화면을 가리는 문제가 더 이상 나타나지 않습니다.

▶ KeyboardAvoidingView 컴포넌트 적용

❸ Keyboard로 키보드 감추기

이번에는 키보드가 나타났을 때 화면의 다른 곳을 클릭하면 키보드가 사라지도록 만들어보 겠습니다. 입력 칸이 아닌 화면의 다른 곳을 클릭할 때의 특성 이벤트를 발생시켜야 하니 Pressable 컴포넌트를 사용하겠습니다.

다음과 같이 SignInScreen 컴포넌트를 수정하세요.

src/screens/SingInScreen.js

```js
import {
  Image,
  KeyboardAvoidingView,
  Platform,
  Pressable,
  StyleSheet,
  View,
} from 'react-native';
import Input, { KeyboardTypes, ReturnKeyTypes } from '../components/Input';

const SignInScreen = () => {
  return (
    <KeyboardAvoidingView
      style={{ flex: 1 }}
      behavior={Platform.select({ ios: 'padding' })}
    >
      <Pressable
        style={{ flex: 1 }}
        onPress={() => console.log('click!')}
      >
        <View style={styles.container}>
          ...
        </View>
      </Pressable>
    </KeyboardAvoidingView>
  );
};

...
```

코드가 적용되면 키보드가 나타났을 때, **Input** 컴포넌트가 아닌 다른 영역을 클릭하면 터미널에 'click!'이 나타나는지 확인해보세요. 화면을 클릭했을 때 'click!' 대신 키보드를 감추는 함수를 호출하면 됩니다.

리액트 네이티브에서 제공하는 **Keyboard** API를 사용하면 키보드를 제어할 수 있습니다. **Keyboard**를 사용하면 키보드를 감출 수 있으며 키보드가 나타났을 때 또는 키보드가 사라질 때에 특정 이벤트를 호출할 수도 있습니다.

🔗 Keyboard – https://reactnative.dev/docs/0.68/keyboard

Keyboard에 있는 dismiss 함수는 키보드를 사라지게 하고 포커스를 제거합니다. onPress에서 Keyboard.dismiss()를 호출하도록 코드를 수정하세요.

 src/screens/SignInScreen.js

```
import {
  Image,
  Keyboard,
  KeyboardAvoidingView,
  Platform,
  Pressable,
  StyleSheet,
  View,
} from 'react-native';
import Input, { KeyboardTypes, ReturnKeyTypes } from '../components/Input';

const SignInScreen = () => {
  return (
    <KeyboardAvoidingView
      style={{ flex: 1 }}
      behavior={Platform.select({ ios: 'padding' })}
    >
      <Pressable style={{ flex: 1 }} onPress={() => Keyboard.dismiss()}>
...
```

화면에 키보드가 있을 때 다른 영역을 클릭하면 키보드가 사라집니다. 여러분도 잘 작동하는지 확인해보세요.

④ SafeInputView 컴포넌트 만들기

키보드가 화면 일부를 가리지 않게 하고, 화면의 다른 영역을 클릭했을 때 키보드가 사라지도록 하기 위해서는 KeyboardAvoidingView 컴포넌트와 Pressable 컴포넌트를 사용하고 Keyboard.dismiss()도 호출해야 합니다. iOS에서는 입력 칸이 있는 화면 대부분에서 활용되는 만큼 재사용 가능성이 큰 조합입니다. 이번에는 이 조합을 커스텀 컴포넌트로 분리해서 재사용할 수 있게 만들어보겠습니다.

components 폴더 밑에 SafeInputView.js 파일을 만들고 다음과 같이 작성하세요.

```js
import {
  Keyboard,
  KeyboardAvoidingView,
  Platform,
  Pressable,
} from 'react-native';
import PropTypes from 'prop-types';

const SafeInputView = ({ children }) => {
  return (
    <KeyboardAvoidingView
      style={{ flex: 1 }}
      behavior={Platform.select({ ios: 'padding' })}
    >
      <Pressable style={{ flex: 1 }} onPress={() => Keyboard.dismiss()}>
        {children}
      </Pressable>
    </KeyboardAvoidingView>
  );
};

SafeInputView.propTypes = {
  children: PropTypes.node,
};

export default SafeInputView;
```

SafeInputView 컴포넌트는 children이라는 props를 받아서 Pressable 컴포넌트 태그 사이에 사용했습니다. children은 우리가 따로 지정하지 않아도 컴포넌트의 자식 컴포넌트로 사용된 내용이 전달되는 props입니다.

우리는 계산기 프로젝트에서 Button 컴포넌트를 만들었고 이번 프로젝트를 진행하면서 Input 컴포넌트를 만들었습니다. 그리고 항상 다음과 같이 사용했습니다.

```
<Input ... />
<Button ... />
```

이렇게 스스로 닫는 태그를 사용하면 태그 사이에 값이 없기 때문에 children은 undefined가 됩니다. 반면에 View 컴포넌트나 Text 컴포넌트처럼 여는 태그와 닫는 태그가 있을 때에는 태그 사이에 있는 값이 children으로 전달됩니다.

```
<SafeInputView>
  <View>
    <Text>children test</Text>
  </View>
</SafeInputView>
```

예를 들어 앞의 코드에서는 SafeInputView 컴포넌트의 children props로 <View><Text> children test</Text></View>가 전달됩니다. SafeInputView 컴포넌트에서 children 을 받아서 사용하지 않으면 전달된 내용은 화면에 나타나지 않습니다. 그래서 View 컴포넌트 처럼 여는 태그와 닫는 태그를 사용해서 그 사이에 자식 컴포넌트를 작성하는 컴포넌트를 만들 때 꼭 children을 받아서 사용해야 합니다.

이제 SignInScreen 컴포넌트에서 SafeInputView 컴포넌트를 사용해보세요.

JS src/screens/SignInScreen.js

```
import { Image, StyleSheet, View } from 'react-native';
import Input, { KeyboardTypes, ReturnKeyTypes } from '../components/Input';
import SafeInputView from '../components/SafeInputView';

const SignInScreen = () => {
  return (
    <SafeInputView>
      <View style={styles.container}>
        ...
      </View>
    </SafeInputView>
  );
};

...
```

SafeInputView 컴포넌트를 적용하면서 코드가 조금 더 깔끔해진 것을 볼 수 있습니다. children으로 전달되는 내용이 궁금한 분은 SafeInputView 컴포넌트에서 console.log로 children을 확인해보세요. `<View style={styles.container}>`부터 `</View>`까지의 코드가 전달되는 것을 볼 수 있습니다.

4.6 Input 컴포넌트 입력 값 받기

지금은 Input 컴포넌트에서 값을 입력하면 화면에 텍스트가 잘 나타납니다. 하지만 어떤 변수에도 그 값이 저장되어 있지 않습니다. 그래서 입력된 값을 사용할 수 있는 방법이 없습니다. 이번에는 입력되는 값을 사용할 수 있도록 Input 컴포넌트에 입력되는 값은 받아 변수에 저장하는 방법을 알아보겠습니다.

Input 컴포넌트에서 입력되는 값을 저장해야 하니 Input 컴포넌트 안에 상태 변수를 만들고 입력되는 값을 받아야 한다고 생각할 수 있습니다. 하지만 입력되는 값을 사용해서 로그인을 수행하는 컴포넌트는 Input 컴포넌트가 아니라 부모 컴포넌트인 SignInScreen 컴포넌트입니다. 데이터는 부모 컴포넌트가 자식 컴포넌트로 전달하지는 것이지 자식 컴포넌트가 부모 컴포넌트로 전달하는 것이 아닙니다. 따라서 Input 컴포넌트에 입력되는 값을 저장하는 상태 변수는 부모 컴포넌트인 SignInScreen 컴포넌트에서 생성하고, Input 컴포넌트는 props로 전달받아서 사용해야 합니다.

'그 값을 사용하는 곳은 어디인가?'를 생각하면 좀 더 쉽게 판단할 수 있습니다. Input 컴포넌트에서 입력되는 값을 사용하는 곳은 어디인가요? SignInScreen 컴포넌트에서 로그인할 때 사용합니다. 그렇다면 값을 저장할 상태 변수는 그 값을 사용하는 SignInScreen 컴포넌트에 만듭니다.

SignInScreen 컴포넌트에 이메일과 비밀번호를 저장할 상태 변수를 만드세요.

 src/screens/SignInScreen.js

```
●●●
...
import { useState } from 'react';

const SignInScreen = () => {
  const [email, setEmail] = useState('');
```

```
  const [password, setPassword] = useState('');

  return ( ... );
};

...
```

생성한 상태 변수를 사용해서 Input 컴포넌트를 통해 입력되는 값을 저장해야 합니다. TextInput 컴포넌트에 입력된 텍스트가 변할 때마다 호출되는 props는 onChange와 onChangeText가 있습니다.

같은 역할을 하지만, onChange는 변경되는 텍스트(text)뿐만 아니라 어떤 컴포넌트에서 발생한 이벤트인지(target)와 이벤트가 몇 번째 호출되었는지(eventCount)를 함수의 파라미터를 통해 알려줍니다. 반면 onChangeText는 변경되는 텍스트만 함수의 파라미터로 전달합니다. 어떤 props를 사용하든 상관없지만 단순히 변경되는 텍스트만 처리하면 될 때에는 onChangeText를 사용하는 것이 더 간단합니다.

TextInput 컴포넌트에 특정 변숫값을 보여주고 싶을 때에는 value라는 props를 사용합니다. 우리는 onChangeText를 통해 변경된 상태 변수를 보여줘야 하므로 email 혹은 password를 value로 전달하면 됩니다.

다음과 같이 SignInScreen 컴포넌트를 수정하세요.

 src/screens/SignInScreen.js

```
...

const SignInScreen = () => {
  const [email, setEmail] = useState('');
  const [password, setPassword] = useState('');

  console.log(email, password);

  return (
    <SafeInputView>
      <View style={styles.container}>
```

```
        <Image ... />

        <Input
          title={'이메일'}
          placeholder="your@email.com"
          keyboardType={KeyboardTypes.EMAIL}
          returnKeyType={ReturnKeyTypes.NEXT}
          value={email}
          onChangeText={(email) => setEmail(email.trim())}
        />
        <Input
          title={'비밀번호'}
          returnKeyType={ReturnKeyTypes.DONE}
          secureTextEntry
          value={password}
          onChangeText={(password) => setPassword(password.trim())}
        />
      </View>
    </SafeInputView>
  );
};

...
```

Input 컴포넌트로 전달되는 props 중 title과 placeholder를 제외한 나머지는 props라는 변수에 담아 모두 TextInput 컴포넌트로 전달하고 있기 때문에 추가로 코딩해야 하는 내용은 없습니다. 그리고 이메일과 비밀번호는 공백을 허용하지 않기 때문에 값을 변경하기 전에 trim()을 사용해서 공백을 제거했습니다.

이제 Input 컴포넌트에서 텍스트를 입력하면 터미널에 입력한 내용이 출력됩니다. 이메일을 입력하는 칸과 비밀번호를 입력하는 칸에 입력한 내용이 모두 잘 저장되고 있는지 확인해보세요. 테스트가 모두 끝나면 console.log는 삭제하세요.

4.7 Input 컴포넌트 꾸미기

Input 컴포넌트를 좀 더 꾸며보겠습니다. 포커스나 입력 값 상태에 따라 색에 변화를 줘서 차이를 만들고, 아이콘을 추가해서 입력 칸의 역할을 좀 더 명확하게 인지할 수 있도록 만들겠습니다.

1 색 관리하기

먼저 프로젝트에서 사용할 대표색을 선택하겠습니다. 대표색은 Input 컴포넌트뿐만 아니라 다른 컴포넌트에서도 사용할 수 있는 값이니 파일을 따로 분리해서 관리하겠습니다.

src 폴더 밑에 colors.js 파일을 만들고 다음과 같이 작성하세요.

📄 src/colors.js

```js
export const WHITE = '#ffffff';
export const BLACK = '#000000';

export const PRIMARY = {
  DEFAULT: '#2563eb',
};

export const GRAY = {
  DEFAULT: '#a3a3a3',
};
```

프로젝트의 대표색을 보통 프라이머리 컬러primary color라고 합니다. ToDo리스트에서는 프라이머리 컬러를 파란색으로 정하겠습니다. 이후 상황에 따라 옅은 색 혹은 진한 색이 추가될 수 있으니 PRIMARY 객체에서 DEFAULT로 관리하겠습니다. 그리고 현재 Input 컴포넌트에서 placeholderTextColor에 사용하고 있는 회색을 GRAY의 DEFAULT로 만들었습니다. 추가로, 기본이 되는 흰색과 검은색도 만들었습니다.

프로젝트에서 사용하고 있는 모든 색을 colors.js 파일에서 정의된 색으로 사용하도록 수정하겠습니다. 먼저 App 컴포넌트를 다음과 같이 수정하세요.

📄 src/App.js

```
...
import { WHITE } from './colors';

const App = () => {...};

const styles = StyleSheet.create({
  container: {
    flex: 1,
    backgroundColor: WHITE,
  },
});

export default App;
```

그다음 Input 컴포넌트를 수정하겠습니다.

📄 src/components/Input.js

```
import { StyleSheet, Text, TextInput, View } from 'react-native';
import PropTypes from 'prop-types';
import { GRAY } from '../colors';

...

const Input = ({ title, placeholder, ...props }) => {
  return (
    <View style={styles.container}>
      <Text style={styles.title}>{title}</Text>
      <TextInput
        {...props}
        style={styles.input}
        placeholder={placeholder ?? title}
        placeholderTextColor={GRAY.DEFAULT}
```

```
        autoCapitalize="none"
        autoCorrect={false}
        textContentType="none"
        keyboardAppearance="light"
      />
    </View>
  );
};

...
```

사용하는 색을 `colors.js`처럼 파일 하나에서 관리하면 특정 색을 변경할 때 일일이 그 색을 찾아 수정할 필요 없이 `colors.js`에서 수정하면 모든 파일에 적용할 수 있습니다. 그리고 어떤 색을 사용하고 있는지 명확하게 알 수 있어서 비슷한 계열의 색상을 중복으로 사용하는 실수도 막을 수 있습니다.

② 포커스 유무에 따라 스타일 변경하기

`TextInput` 컴포넌트의 포커스 유무에 따라 스타일이 다르게 적용되도록 만들어보겠습니다. 리액트 네이티브의 `TextInput` 컴포넌트에는 onFocus와 onBlur라는 props가 있는데, 각각 `TextInput` 컴포넌트가 포커스를 얻거나 잃었을 때 호출되는 함수입니다.

다음과 같이 Input 컴포넌트를 수정해보세요.

 src/components/Input.js

```
...

const Input = ({ title, placeholder, ...props }) => {
  return (
    <View style={styles.container}>
      <Text style={styles.title}>{title}</Text>
      <TextInput
        ...
        keyboardAppearance="light"
        onFocus={() => console.log('Focus')}
        onBlur={() => console.log('Blur')}
```

```
      />
    </View>
  );
};

...
```

이제 입력 칸을 클릭해서 키보드가 나타날 때에 터미널에 'Focus'가 출력되고, 키보드가 사라질 때 포커스가 없어지면서 터미널에 'Blur'가 나타나는 것을 볼 수 있습니다. 우리는 포커스 상태에 따라 스타일에 변화를 주고 싶으니 포커스 상태를 관리하는 상태 변수가 필요합니다.

Input 컴포넌트에 포커스 상태를 관리하는 상태 변수를 만들고, 그 값에 따라 스타일이 다르게 적용되도록 수정하겠습니다.

JS src/components/Input.js

```
import { StyleSheet, Text, TextInput, View } from 'react-native';
import PropTypes from 'prop-types';
import { GRAY, PRIMARY } from '../colors';
import { useState } from 'react';

...

const Input = ({ title, placeholder, ...props }) => {
  const [isFocused, setIsFocused] = useState(false);

  return (
    <View style={styles.container}>
      <Text style={[styles.title, isFocused && styles.focusedTitle]}>
        {title}
      </Text>
      <TextInput
        {...props}
        style={[styles.input, isFocused && styles.focusedInput]}
        ...
        onFocus={() => setIsFocused(true)}
        onBlur={() => setIsFocused(false)}
      />
    </View>
```

```
    );
  };

  ...

const styles = StyleSheet.create({
  container: { ... },
  title: {
    marginBottom: 4,
    color: GRAY.DEFAULT,
  },
  focusedTitle: {
    fontWeight: '600',
    color: PRIMARY.DEFAULT,
  },
  input: {
    borderWidth: 1,
    borderRadius: 8,
    paddingHorizontal: 10,
    height: 42,
    borderColor: GRAY.DEFAULT,
  },
  focusedInput: {
    borderWidth: 2,
    borderColor: PRIMARY.DEFAULT,
    color: PRIMARY.DEFAULT,
  },
});

export default Input;
```

포커스 상태를 관리하는 isFocused 상태 변수를 만들고 onFocus와 onBlur가 호출될 때 상태가 변경되도록 만들었습니다. 그리고 isFocused의 값이 true면 Text 컴포넌트와 TextInput 컴포넌트에 추가로 스타일이 적용되도록 만들었습니다. 포커스가 없을 때에는 placeholderTextColor와 같은 회색이 나타나도록 스타일을 추가했습니다.

이제 포커스가 있을 때는 굵은 파란색 글자와 선이 나타나고, 포커스가 없을 때는 얇고 옅은 회색으로 나타납니다. 여러분도 포커스가 있을 때와 없을 때 스타일이 다르게 적용되는지 확인해 보세요.

▶ 포커스에 따른 스타일 변화

3 값의 입력 여부에 따라 스타일 변경하기

포커스에 따라 스타일이 잘 변경되지만 다음 그림처럼 값은 있으나 포커스가 없는 상태일 때 타이틀과 입력 칸의 테두리 색이 너무 연하다는 문제가 남았습니다. 포커스가 없다 하더라도 값이 있을 때에는 값이 없을 때와 다른 모습으로 나타나는 것이 더 자연스럽습니다.

▶ 값은 있고 포커스가 없을 때

이번에는 값의 여부에 따라 다른 스타일이 적용되도록 코드를 수정하겠습니다.

JS src/components/Input.js

```javascript
import { StyleSheet, Text, TextInput, View } from 'react-native';
import PropTypes from 'prop-types';
import { BLACK, GRAY, PRIMARY } from '../colors';
import { useState } from 'react';

...

const Input = ({ title, placeholder, value, ...props }) => {
  const [isFocused, setIsFocused] = useState(false);

  return (
    <View style={styles.container}>
      <Text
        style={[
          styles.title,
```

```jsx
          value && styles.hasValueTitle,
          isFocused && styles.focusedTitle,
        ]}
      >
        {title}
      </Text>
      <TextInput
        {...props}
        value={value}
        style={[
          styles.input,
          value && styles.hasValueInput,
          isFocused && styles.focusedInput,
        ]}
        ...
      />
    </View>
  );
};

Input.propTypes = {
  title: PropTypes.string.isRequired,
  placeholder: PropTypes.string,
  value: PropTypes.string,
};

const styles = StyleSheet.create({
  container: { ... },
  title: { ... },
  hasValueTitle: {
    color: BLACK,
  },
  focusedTitle: { ... },
  input: { ... },
  hasValueInput: {
    borderColor: BLACK,
    color: BLACK,
  },
  focusedInput: { ... },
});

export default Input;
```

먼저 값의 유무를 판단해야 하므로 value를 받아왔습니다. 이제 ...props에 value가 포함되지 않으므로 TextInput 컴포넌트에 value를 직접 전달해야 합니다. 그리고 &&를 사용해서 value에 값이 있을 때에만 스타일이 적용되도록 코드를 작성했습니다.

여기에서 value 값의 유무와 isFocused 값의 상태에 따른 스타일 적용 순서에 대해 주의해야 합니다. 만약 value에 따른 스타일 적용 코드가 isFocused보다 뒤쪽에 있다면, 값을 입력하는 동안은 borderColor와 color가 BLACK으로 적용됩니다. 여러분도 스타일 적용의 순서를 변경하면서 테스트해보세요.

스타일 적용 순서에 대해 이해하기 어렵다면 조건이 많을수록 뒤쪽에 둔다고 생각하세요. 포커스가 있다는 조건에는 값을 입력 중일 때도 포함됩니다. 반면에 value에 값이 있다는 조건에는 포커스의 유무가 중요하지 않습니다. 따라서 isFocused 값에 따른 적용이 더 많은 조건을 갖고 있다고 볼 수 있습니다.

▶ value에 따른 스타일 적용

이제 값이 없을 때와 값을 입력 중일 때 그리고 값이 있을 때 모두 다른 스타일이 적용됩니다. 여러분도 상황에 따른 스타일이 잘 적용되는지 확인해보세요.

④ 벡터 아이콘 추가하기

이번에는 Input 컴포넌트에 아이콘을 추가해서 각 입력 칸에 어떤 값을 입력해야 하는지 좀 더 직관적으로 알아볼 수 있도록 만들겠습니다. 대표 이미지를 사용했을 때처럼 아이콘 이미지를 추가하고 Image 컴포넌트를 사용해도 되지만 여기에서는 벡터 아이콘을 사용하겠습니다.

벡터 아이콘은 크기를 변경해도 흐려지지 않고 다양한 해상도에서 선명하게 나타난다는 장점이 있습니다. 또한, 색상 변경이 쉬워서 스타일을 적용하는데 용이합니다. 일반적으로 많이 사용하는 라이브러리는 react-native-vector-icons입니다. 하지만, 일반적인 Expo 프로젝트에서는 사용할 수 없습니다. 대신 Expo에서 vector-icons를 제공하고 있습니다.

🔗 react-native-vector-icons – https://bit.ly/react-native-vector-icons
🔗 Expo vector-icons – https://docs.expo.dev/guides/icons/

Expo 프로젝트를 생성할 때 함께 설치되어서 따로 추가 설치는 필요하지 않습니다. react-native-vector-icons 라이브러리를 이용해 만들어진 것이라 제공하는 기능도 거의 같습니다. 다음 링크를 클릭하면 Expo vector-icons에서 제공하는 아이콘을 볼 수 있습니다. 필요로 하는 아이콘을 검색할 수 있으며 각 아이콘을 클릭하면 사용 방법도 친절하게 알려줍니다.

🔗 Expo vector-icons 검색 – https://icons.expo.fyi/

▶ Expo vector-icons – 검색과 사용 방법

이제 사용할 아이콘을 props로 전달받고 Expo vector-icons를 사용해서 아이콘을 Text Input 컴포넌트의 왼쪽 중앙에 위치하도록 만들어보겠습니다. 어떻게 하면 TextInput 컴포넌트 왼쪽 중앙에 위치시킬 수 있을까요? TextInput 컴포넌트 위에 아이콘이 나타나야 하니 position을 absolute로 하고, 왼쪽 배치를 위해 left 값을 설정하면 됩니다.

그런데 TextInput 컴포넌트 높이의 중앙에 배치하는 것이 애매합니다. bottom 값을 계산해서 설정하는 방법도 있지만, TextInput 컴포넌트의 높이와 아이콘의 크기까지 고려해야 해서 복잡하게 느껴집니다. 이런 상황에서는 범위를 지정하고 싶은 컴포넌트를 View 컴포넌트로 감싸서 처리하면 조금 더 편하게 작업할 수 있습니다.

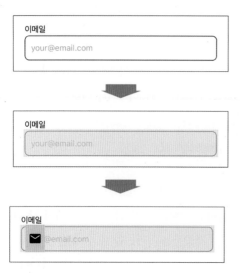

▶ 아이콘 중앙에 배치하기

앞의 그림은 다음과 같은 과정으로 만들어집니다.

- TextInput 컴포넌트를 감싸는 View 컴포넌트(A)를 만듭니다.
- A 컴포넌트의 자식 컴포넌트로 View 컴포넌트(B)를 만들고 높이를 100%로 합니다.
- B 컴포넌트에서 중앙 정렬을 하고 자식 컴포넌트로 아이콘을 사용합니다.

이런 과정을 거치면 아이콘을 TextInput 컴포넌트의 중앙에 배치할 수 있습니다. 물론 이 방법이 아니더라도 아이콘을 중앙에 위치시킬 수 있습니다. 여러 가지 방법으로 시도해보고 가장 편하다고 생각하는 방법으로 중앙에 배치하세요.

이제 Input 컴포넌트에서 아이콘을 사용하도록 수정하겠습니다.

src/components/Input.js

```
...
import { useState } from 'react';
import { MaterialCommunityIcons } from '@expo/vector-icons';

...

export const IconNames = {
  EMAIL: 'email',
  PASSWORD: 'lock',
};

const Input = ({ title, placeholder, value, iconName, ...props }) => {
  const [isFocused, setIsFocused] = useState(false);

  return (
    <View style={styles.container}>
      <Text ...>{title}</Text>

      <View>
        <TextInput ... />

        <View style={styles.icon}>
          <MaterialCommunityIcons
            name={iconName}
            size={20}
            color={(() => {
              switch (true) {
                case isFocused:
                  return PRIMARY.DEFAULT;
                case !!value:
                  return BLACK;
                default:
                  return GRAY.DEFAULT;
              }
            })()}
          />
        </View>
      </Vicw>
    </View>
  );
};
```

```
Input.propTypes = {
  ...
  iconName: PropTypes.oneOf(Object.values(IconNames)),
};

const styles = StyleSheet.create({
  ...
  input: {
    ...
    paddingLeft: 30,
  },
  ...
  icon: {
    position: 'absolute',
    left: 8,
    height: '100%',
    justifyContent: 'center',
  },
});

export default Input;
```

View 컴포넌트로 TextInput 컴포넌트를 감싸고, 그 안에 아이콘을 자식 컴포넌트로 사용하는 View 컴포넌트를 만들었습니다. 아이콘을 감싼 View 컴포넌트의 position을 absolute로 해서 TextInput 컴포넌트 위에 나타나도록 하고, TextInput 컴포넌트에서는 입력하는 텍스트가 아이콘에 가려지지 않도록 paddingLeft를 설정했습니다.

아이콘 이름을 좀 더 쉽게 전달할 수 있도록 IconNames Enum을 만들고, props로 전달되는 iconName에 따라 MaterialCommunityIcons 컴포넌트에서 제공하는 아이콘이 나타나도록 코드를 작성했습니다. 참고로 이 책에서는 MaterialCommunityIcons 컴포넌트에서 제공하는 아이콘을 사용해서 진행합니다.

> **NOTE**
>
> MaterialCommunityIcons이 아니라 다른 종류를 사용해도 문제가 되지 않습니다. 단, 책과 다르게 진행한다면 아이콘 이름이 다를 수 있으니 꼭 해당 아이콘을 검색하고 제공하는 이름을 사용하세요.

아이콘 색을 결정하는 부분을 보면 소괄호 안에 함수가 작성되고, 마지막에 다시 소괄호가 있는 특이한 구조의 코드를 볼 수 있습니다.

```
(함수)()

(() => { ... })()
```

이런 형태를 즉시 실행 함수 표현Immediately Invoked Function Expression(IIFE)이라고 합니다.

🔗 즉시 실행 함수 표현(IIFE) – https://mzl.la/37u9cS2

일반적으로 함수는 호출해야 실행되지만 즉시 실행 함수 표현은 이름 그대로 정의된 즉시 실행된다는 특징이 있습니다. 그래서 아이콘 색을 결정하는 color에 작성된 함수가 즉시 실행되고 함수에서 반환하는 값으로 color가 설정됩니다.

color에 작성된 함수는 switch 문으로 작성되었는데, 이 코드도 어색하게 보일 수 있습니다. 일반적으로 switch 문의 사용법은 다음과 같이 배운 경우가 많을 것입니다.

```
switch (변수) {
  case 값1:
    //...
  case 값2:
    //...
}
```

그래서 if 조건문처럼 switch에 작성된 변수를 비교 대상으로 case에 있는 값과 같으면 case 이하 코드가 실행되고 아니면 그냥 지나갑니다. 즉, **변수(비교 대상) === 값**이면 해당 case 이하 코드가 실행된다고 볼 수 있습니다.

하지만 반드시 switch에 변수가 들어올 필요는 없습니다. Input 컴포넌트에 적용된 switch 코드를 if로 변경하면 다음과 같습니다.

```
if (true === isFocused) {
  return PRIMARY.DEFAULT;
} else if (true === !!value) {
  return BLACK;
} else {
  return GRAY.DEFAULT;
}
```

코드를 보면 비교 대상이 **true**이기 때문에 값도 불(**bool**) 타입이어야 합니다. **isFocused** 상태 변수는 불(**bool**) 타입이기 때문에 따로 변환하지 않습니다. **value**는 문자열이기 때문에 NOT 논리 연산을 사용해서 값이 있으면 **true**가 되고 없으면 **false**가 되게 해서 **true**와 비교합니다.

이렇게 **if** 문에서 비교하는 변수가 여러 개인 경우에는 앞에서 설명한 **switch** 문 사용 방법으로 표현하기 어렵습니다. 일반적인 방법으로 **switch** 문의 비교 대상에 변수를 넣으면 그 변수의 값에 따라 코드가 실행됩니다. 하지만 **switch** 문의 비교 대상을 값으로 설정하면 어떤 변수가 그 값과 같은지에 따라 실행되는 코드를 결정할 수 있게 만들 수 있습니다.

```
switch (값) {
  case 변수1:
    //...
  case 변수2:
    //...
}
```

이렇게 사용하는 방법은 **value**와 **isFocused**의 값에 따라 결과가 달라지듯이 서로 다른 변수가 그 값에 따라 결과에 영향을 줄 때 사용하면 좋습니다. 물론 꼭 이렇게 사용할 필요는 없습니다. **if** 문을 사용해서 작성해도 결과는 같습니다.

이제 **SignInScreen** 컴포넌트에서 **Input** 컴포넌트에 **iconName**을 전달하도록 수정하겠습니다.

src/screens/SignInScreen.js

```js
import { Image, StyleSheet, View } from 'react-native';
import Input, {
  IconNames,
  KeyboardTypes,
  ReturnKeyTypes,
} from '../components/Input';
import SafeInputView from '../components/SafeInputView';
import { useState } from 'react';

const SignInScreen = () => {
  const [email, setEmail] = useState('');
  const [password, setPassword] = useState('');

  return (
    <SafeInputView>
      <View style={styles.container}>
        <Image ... />

        <Input
          ...
          iconName={IconNames.EMAIL}
        />
        <Input
          ...
          iconName={IconNames.PASSWORD}
        />
      </View>
    </SafeInputView>
  );
};

...
```

결과를 확인하면 아이콘이 왼쪽에 잘 나타나고 상태에 따라 색도 잘 적용되고 있습니다.

▶ 아이콘 적용

4.8 useRef Hook으로 입력 칸 이동하기

이메일을 입력할 때 나타나는 키보드의 완료 버튼에는 next가 나타나고 있습니다. 하지만 버튼을 클릭하면 다음으로 넘어가는 것이 아니라 키보드가 사라지기만 합니다. 이번에는 next 버튼을 눌렀을 때 포커스가 비밀번호를 입력하는 컴포넌트로 이동하게 만들어보겠습니다.

웹 프로그래밍에서는 id나 다른 값을 기준으로 특정 엘리먼트element를 지정해서 해당 엘리먼트로 포커스를 이동시키는 등 다양한 행동을 적용할 수 있습니다. 리액트 네이티브에서도 특정 컴포넌트를 지정해서 포커스를 이동시키거나 다른 행동 등을 적용할 수 있습니다.

리액트 네이티브에서 특정 컴포넌트를 지정할 때에는 **ref**라는 props를 사용합니다. 그리고 **ref**에 전달해서 해당 컴포넌트를 지정할 때 사용하는 변수를 **useRef**라는 리액트 Hook을 사용해서 만듭니다.

⊖ useRef Hook – https://bit.ly/react-useRef

useRef Hook의 사용 방법은 굉장히 간단합니다. 그냥 **useRef** 함수를 실행하면 **ref**에 전달할 수 있는 변수를 반환합니다.

```
const 변수 = useRef(초깃값);

<View ref={변수}></View>
```

사용 방법은 간단하지만 두 가지 특징을 잘 기억해야 합니다. 첫 번째는 **useRef**로 생성된 변수는 값이 변해도 리렌더링되지 않는다는 것입니다. **useState**로 생성된 상태 변수와 다르게 **useRef**로 생성된 변수의 변화는 리렌더링에 영향을 주지 않습니다. 두 번째는 변수에 접근해서 사용할 때에는 **변수.current**로 사용해야 한다는 것입니다.

```
const testRef = useRef('ref');
console.log(testRef);          // { "current": "ref" }
console.log(testRef.current);  // ref
```

이제 SignInScreen 컴포넌트에서 useRef를 사용해 비밀번호 Input 컴포넌트를 지정할 변수를 만들겠습니다.

JS src/screens/SinginScreen.js

```
...
import { useRef, useState } from 'react';

const SignInScreen = () => {
  const [email, setEmail] = useState('');
  const [password, setPassword] = useState('');
  const passwordRef = useRef(null);

  return (
    <SafeInputView>
      <View style={styles.container}>
        ...
        <Input
          ref={passwordRef}
          title={'비밀번호'}
          ...
        />
      </View>
    </SafeInputView>
  );
};

...
```

비밀번호를 입력하는 Input 컴포넌트에 useRef를 사용해서 생성한 변수를 전달하면 다음과 같이 함수 컴포넌트에 ref를 전달할 수 없다는 경고 메시지가 나타납니다.

▶ ref 경고

계산기 프로젝트를 할 때 key라는 props에 대해 배웠던 내용을 기억하나요? key는 리액트에서 특별히 관리하는 props로 자식 컴포넌트에서 받아서 사용할 수 없다고 했었습니다. ref도 key처럼 리액트에서 특별하게 관리하는 props로 자식 컴포넌트에서 받아서 사용할 수 없습니다.

자식 컴포넌트에서 ref를 전달받아 사용해야 할 때는 리액트에서 제공하는 forwardRef라는 함수를 사용해야 합니다. 경고 메시지에도 친절하게 React.forwardRef를 언급해주고 있습니다.

👁 React.forwardRef( ) – https://bit.ly/react-forwardRef

forwardRef의 사용 방법은 조금 복잡합니다. forwardRef를 사용해서 ref를 전달 받고 싶은 함수 컴포넌트를 감싸면, 함수의 첫 번째 파라미터로 props가 전달되고 두 번째 파라미터로 ref가 전달됩니다.

```
const Component = forwardRef((props, ref) => {
  // ...
});
```

forwardRef를 사용해서 Input 컴포넌트에서 ref를 전달받을 수 있도록 만들겠습니다.

JS **src/components/Input.js**

```
...
import { forwardRef, useState } from 'react';
import { MaterialCommunityIcons } from '@expo/vector-icons';

...

const Input = forwardRef(
  ({ title, placeholder, value, iconName, ...props }, ref) => {
    const [isFocused, setIsFocused] = useState(false);

    return (
      <View style={styles.container}>
        ...

        <View>
          <TextInput
            {...props}
            ref={ref}
            value={value}
            ...
          />

          <View style={styles.icon}> ... </View>
        </View>
      </View>
    );
  }
);

...
```

forwardRef를 사용해서 Input 함수를 감싸고 두 번째 파라미터로 들어오는 ref를 TextInput 컴포넌트의 ref로 전달했습니다.

코드를 다 작성하면 react/display-name이라는 ESLint 에러 메시지가 나타납니다. 디버깅에 사용되는 displayName과 관련된 에러로 이 책에서 다루는 내용은 아닙니다. .eslintrc.json 파일의 rules에 "react/display-name": "off"를 추가해도 되고 다음과 같이 displayName을 지정해주는 방법으로 해결할 수 있습니다.

⬛ src/components/Input.js

```
...

const Input = forwardRef( ... );

Input.displayName = 'Input';

...
```

ref 전달을 완료했으니 next 버튼을 클릭했을 때 비밀번호 Input 컴포넌트로 포커스가 이동하도록 만들겠습니다. 키보드의 완료 버튼을 클릭하면 TextInput 컴포넌트의 onSubmitEditing props가 호출됩니다. 그리고 포커스를 얻는 방법은 TextInput 컴포넌트에서 호출할 수 있는 focus라는 함수를 사용하는 것입니다. 참고로 focus와 반대로 포커스를 잃게 할 때에는 blur라는 함수를 사용합니다.

onSubmitEditing과 focus()를 사용해서 다음과 같이 SignInScreen 컴포넌트를 수정하세요.

⬛ src/screens/SignInScreen.js

```
...

const SignInScreen = () => {
  const [email, setEmail] = useState('');
  const [password, setPassword] = useState('');
```

```
    const passwordRef = useRef(null);

    return (
      <SafeInputView>
        <View style={styles.container}>
          <Image ... />

          <Input
            ...
            iconName={IconNames.EMAIL}
            onSubmitEditing={() => passwordRef.current.focus()}
          />
          <Input ... />
        </View>
      </SafeInputView>
    );
  };

  ...
```

앞에서 설명한 useRef의 특징 때문에 passwordRef.focus()가 아니라 passwordRef.current.focus()로 작성해야 한다는 것을 주의하세요. 코드가 적용되면 이메일 Input 컴포넌트에서 next 버튼을 클릭해보세요. 포커스가 비밀번호를 입력하는 칸으로 이동하면 정상적으로 작동하고 있는 것입니다.

4.9 로그인 버튼 만들기

계산기 프로젝트에서 버튼을 만들었던 것처럼 Pressable 컴포넌트를 사용해서 로그인 버튼을 만들어보겠습니다.

1 Button 컴포넌트 만들기

먼저 버튼이 클릭되었을 때 사용할 색을 colors.js에 추가하겠습니다.

JS src/colors.js

```
...

export const PRIMARY = {
  DEFAULT: '#2563eb',
  DARK: '#1e3a8a',
};

...
```

다음으로 components 폴더 밑에 Button.js 파일을 만들고 다음과 같이 작성하세요.

JS src/components/Button.js

```
import { Pressable, StyleSheet, Text } from 'react-native';
import PropTypes from 'prop-types';
import { PRIMARY, WHITE } from '../colors';

const Button = ({ title, onPress }) => {
  return (
```

```
    <Pressable
      onPress={onPress}
      style={({ pressed }) => [
        styles.container,
        pressed && { backgroundColor: PRIMARY.DARK },
      ]}
    >
      <Text style={styles.title}>{title}</Text>
    </Pressable>
  );
};

Button.propTypes = {
  title: PropTypes.string.isRequired,
  onPress: PropTypes.func.isRequired,
};

const styles = StyleSheet.create({
  container: {
    borderRadius: 8,
    paddingVertical: 20,
    justifyContent: 'center',
    alignItems: 'center',
    backgroundColor: PRIMARY.DEFAULT,
  },
  title: {
    color: WHITE,
    fontSize: 16,
    fontWeight: '700',
  },
});

export default Button;
```

props로 **title**과 **onPress**를 전달받아서 각각 버튼의 타이틀과 클릭 시 호출하는 함수로 사용했습니다. 버튼의 색은 프라이머리 컬러를 적용하고 클릭 여부에 따라 진한 색이 적용되도록 했습니다.

이제 **SignInScreen** 컴포넌트에서 **Button** 컴포넌트를 사용하겠습니다.

src/screens/SignInScreen.js

```js
import { Image, StyleSheet, View, Keyboard } from 'react-native';
...
import { useRef, useState } from 'react';
import Button from '../components/Button';

const SignInScreen = () => {
  const [email, setEmail] = useState('');
  const [password, setPassword] = useState('');
  const passwordRef = useRef(null);

  const onSubmit = () => {
    Keyboard.dismiss();
    console.log(email, password);
  };

  return (
    <SafeInputView>
      <View style={styles.container}>
        <Image ... />

        <Input ... />
        <Input
          ...
          iconName={IconNames.PASSWORD}
          onSubmitEditing={onSubmit}
        />

        <View style={styles.buttonContainer}>
          <Button title="로그인" onPress={onSubmit} />
        </View>
      </View>
    </SafeInputView>
  );
};

const styles = StyleSheet.create({
  container: { ... },
  image: { ... },
  buttonContainer: {
    width: '100%',
    marginTop: 30,
```

```
        paddingHorizontal: 20,
    },
});

export default SignInScreen;
```

비밀번호 Input 컴포넌트에서 완료 버튼을 눌렀을 때와 로그인 버튼을 클릭했을 때 수행해야 하는 내용은 같습니다. 따라서 onSubmit 함수를 만들어 양쪽에서 같은 함수가 호출하도록 했습니다. 그리고 onSubmit 함수에서는 키보드가 있는 상태에서 로그인 버튼을 클릭했을 때 키보드가 사라지도록 Keyboard.dismiss()를 호출했습니다. 추가로 console.log를 사용해서 입력된 이메일과 비밀번호를 확인할 수 있도록 했습니다. Button 컴포넌트는 View 컴포넌트로 감싸서 Input 컴포넌트의 너비와 같게 나타나도록 스타일을 적용했습니다.

▶ 로그인 버튼 추가

여러분도 이메일과 비밀번호가 터미널에 잘 나타나는지, 키보드가 잘 사라지는지, 버튼을 클릭하면 작성한 색으로 잘 변경되는지를 확인해보세요.

② disabled로 버튼 비활성화하기

로그인을 하기 위해서는 이메일과 비밀번호가 필수로 필요합니다. email 상태 변수와 password 상태 변수의 값 중 하나만이라도 비어 있다면 버튼이 클릭될 필요가 없습니다. 물론 버튼이 클릭되어 onSubmit 함수가 실행되어도 로그인이 실패할 테니 문제 되지는 않습니다. 하지만 실제 서버를 사용하는 경우에 서버에 불필요한 요청을 보내게 되고 이는 서버에 불필요한 부하를 가하게 되니 되도록 피하는 것이 좋습니다.

disabled props를 사용하면 Pressable 컴포넌트의 클릭을 막을 수 있습니다. Button 컴포넌트에 다음과 같이 disabled를 추가해보세요.

 src/components/Button.js

```
...

const Button = ({ title, onPress }) => {
  return (
    <Pressable
      onPress={onPress}
      style={({ pressed }) => [
        styles.container,
        pressed && { backgroundColor: PRIMARY.DARK },
      ]}
      disabled={true}
    >
      <Text style={styles.title}>{title}</Text>
    </Pressable>
  );
};

...
```

disabled가 true로 적용되면 버튼을 클릭해도 onSubmit 함수가 호출되지 않고, false로 변경하면 다시 호출됩니다.

이제 Button 컴포넌트에 disabled props를 추가하고 전달되는 disabled 값에 따라 활성화 여부가 결정되도록 만들겠습니다. 먼저 colors.js에 비활성화 상태에서 사용할 색을 추가하세요.

```
...

export const PRIMARY = {
  LIGHT: '#93c5fd',
  DEFAULT: '#2563eb',
  DARK: '#1e3a8a',
};

...
```

그리고 다음과 같이 Button 컴포넌트를 수정하세요.

```
...

const Button = ({ title, onPress, disabled }) => {
  return (
    <Pressable
      onPress={onPress}
      style={({ pressed }) => [
        styles.container,
        pressed && { backgroundColor: PRIMARY.DARK },
        disabled && { backgroundColor: PRIMARY.LIGHT, opacity: 0.6 },
      ]}
      disabled={disabled}
    >
      <Text style={styles.title}>{title}</Text>
    </Pressable>
  );
};

Button.propTypes = {
  title: PropTypes.string.isRequired,
  onPress: PropTypes.func.isRequired,
  disabled: PropTypes.bool,
};

...
```

disabled가 true일 때 배경색을 옅은 색으로 변경해서 비활성화 상태임을 표시하도록 했습니다. disabled가 전달되지 않으면 undefined가 되고, undefined는 false로 처리되기 때문에 따로 defaultProps를 설정하지 않았습니다.

이제 SignInScreen 컴포넌트에서 버튼의 활성화 여부를 관리하는 상태 변수를 만들고 Button 컴포넌트에 전달하겠습니다.

 src/screens/SignInScreen.js

```
...

const SignInScreen = () => {
  const [email, setEmail] = useState('');
  const [password, setPassword] = useState('');
  const passwordRef = useRef(null);
  const [disabled, setDisabled] = useState(true);

  const onSubmit = () => { ... };

  return (
    <SafeInputView>
      <View style={styles.container}>
        ...

        <View style={styles.buttonContainer}>
          <Button title="로그인" onPress={onSubmit} disabled={disabled} />
        </View>
      </View>
    </SafeInputView>
  );
};

...
```

처음 렌더링될 때는 email과 password의 값이 없으니 버튼이 비활성화되도록 disabled 상태 변수의 초깃값을 true로 만들었습니다.

▶ 버튼 비활성화

3 useEffect Hook으로 원하는 작업 실행하기

이제 email과 password의 값에 따라 disabled의 값을 변경하면 됩니다. 이렇게 특정 상황에서 원하는 작업을 하고 싶을 때 useEffect Hook을 사용합니다. useEffect는 리액트에서 제공하는 Hook으로 렌더링될 때마다 원하는 작업을 실행할 수 있도록 하는 Hook입니다.

🔗 useEffect Hook – https://bit.ly/react-useEffect

useEffect는 첫 번째 파라미터에 실행하고 싶은 함수를 전달하고, 두 번째 파라미터에 조건을 배열 형태로 전달하는 방법으로 사용합니다. 두 번째 파라미터에는 props로 전달된 값이나 상태 변수를 가진 배열을 전달하며, 빈 배열을 전달하거나 생략할 수도 있습니다. 두 번째 파라미터에 전달하는 배열은 일반적으로 deps라고 하는데 이것은 dependencies의 줄임말입니다.

```
useEffect(함수);                  // 1: 렌더링 마다
useEffect(함수, []);              // 2: 첫 렌더링에만
useEffect(함수, [state1, ...]);   // 3: 첫 렌더링과 배열에 전달된 값이 변경 되었을 때
```

- 1 – 두 번째 파라미터를 전달하지 않으면 useEffect는 렌더링할 때마다 함수를 호출합니다.
- 2 – 두 번째 파라미터에 빈 배열을 전달하면 처음 렌더링할 때만 함수를 호출합니다.
- 3 – 배열에 변수를 담아서 두 번째 파라미터에 전달한 경우에는 처음 렌더링할 때와 배열에 전달된 변수의 값이 변했을 때만 함수를 호출합니다.

SignInScreen 컴포넌트에 다음과 같이 3개의 useEffect를 작성해보세요.

 src/screens/SignInScreen.js

```
...
import { useEffect, useRef, useState } from 'react';
import Button from '../components/Button';

const SignInScreen = () => {
  const [email, setEmail] = useState('');
  const [password, setPassword] = useState('');
  const passwordRef = useRef(null);
  const [disabled, setDisabled] = useState(true);

  useEffect(() => {
    console.log('always: ', email, password);
  });
  useEffect(() => {
    console.log('first rendering: ', email, password);
  }, []);
  useEffect(() => {
    console.log('only email: ', email, password);
  }, [email]);

  const onSubmit = () => { ... }

...
```

새로고침하면 터미널에 아래와 같은 메시지가 나타납니다. useEffect는 처음 렌더링할 때 항상 호출되기 때문에 모든 useEffect가 호출된 결과입니다.

```
always:
first rendering:
only email:
```

이번에는 이메일을 입력해보세요. 이메일을 입력하면 렌더링할 때마다 호출되는 첫 번째 useEffect와 email이 변경되었을 때 호출되는 세 번째 useEffect만 호출되는 것을 볼 수 있습니다. 두 번째 useEffect는 처음 렌더링할 때만 호출되도록 deps에 [ ] (빈 배열)을 전달했기 때문에 리렌더링 상황에서는 호출되지 않습니다.

```
always:  m
only email:  m
always:  my
only email:  my
```

마지막으로 비밀번호를 입력하면, 렌더링할 때마다 첫 번째 useEffect만 호출되는 것을 볼 수 있습니다. 세 번째 useEffect는 email이 변경될 때만 호출되기 때문에 password 상태 변수가 변경될 때는 호출되지 않습니다.

```
always:  my p
always:  my pw
```

NOTE

위의 결과는 이메일에 my라고 입력하고 비밀번호에 pw를 입력했을 때의 결과입니다.

추가로 useEffect 함수가 호출되는 순서는 항상 useEffect를 정의한 순서와 같은 것을 볼 수 있습니다. 2장에서 Hook의 규칙에 대해 설명했던 내용을 기억하나요? 리액트는 Hook을 호출하는 순서대로 저장해놓고 리렌더링될 때마다 저장해둔 순서대로 Hook을 다시 호출한다고 했었습니다. useEffect도 Hook이기 때문에 순서대로 호출합니다. 따라서 위쪽에 정의한 useEffect가 먼저 호출됩니다. 이런 특징 때문에 여러 개의 useEffect에서 같은 상태 변수를 변경하게 되면 그 순서에 따라 결과가 달라질 수 있으니 주의하세요. useEffect는 많이 사용되는 중요한 Hook이니 사용 방법과 특징에 대해 잘 기억하기 바랍니다.

이제 `SignInScreen` 컴포넌트에서 `email`과 `password`가 변할 때마다 그 값을 확인해서 `disabled` 상태 변수의 값을 변경하는 코드를 작성하겠습니다.

📄 src/screens/SignInScreen.js

```
...

const SignInScreen = () => {
  const [email, setEmail] = useState('');
  const [password, setPassword] = useState('');
  const passwordRef = useRef(null);
  const [disabled, setDisabled] = useState(true);

  useEffect(() => {
    setDisabled(!email || !password);
  }, [email, password]);

  const onSubmit = () => { ... }

...
```

email과 password의 값이 변경될 때마다 확인해야 하니 deps는 `[email, password]`로 설정했습니다. 실행하는 함수는 email과 password 중 하나라도 `''`(빈 스트링)이면 `disabled`의 값이 `true`가 되고, 두 상태 변수 모두 값이 있으면 `false`가 되도록 작성했습니다.

`setDisabled` 안에 사용된 `||`는 OR 연산자로 AND 연산자와 반대되는 논리 연산자입니다. AND 연산자는 왼쪽에 있는 대상이 `true`일 때 오른쪽에 있는 대상을 반환하지만, OR 연산자는 반대로 왼쪽에 있는 대상이 `false`일 때 오른쪽에 있는 대상을 반환합니다.

```
console.log(true || 'React Native');          // true
console.log(false || 'React Native');         // React Native
console.log('Beomjun' || 'React Native');     // Beomjun
console.log('' || 'React Native');            // React Native
console.log(null || 'React Native');          // React Native
console.log(0 || 'React Native');             // React Native
console.log({} || 'React Native');            // {}
```

이러한 특징 때문에 AND 연산은 양쪽 모두 true일 때 결과가 true가 되고, 하나라도 false일 때는 결과가 false가 됩니다. 반면에 OR 연산은 하나라도 true면 결과가 true가 되고, 둘 모두 false일 때 결과가 false가 됩니다.

이메일과 비밀번호를 입력해보세요. 둘 중 하나라도 값이 없으면 disabled가 true가 되면서 버튼이 비활성화되고, 두 값 모두 입력되어 있을 때에만 disabled가 false가 되어 버튼이 활성화되고 있습니다.

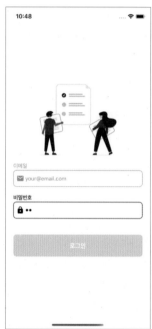

▶ 값 입력에 따른 버튼 활성화

❹ 로그인 기능 만들기

이번에는 로그인 버튼을 클릭했을 때 호출할 로그인 기능을 만들겠습니다. 우리는 이 프로젝트에서 서버를 사용하지 않기 때문에 실제 사용자 인증 과정을 구현할 수 없습니다. 대신 마치 서버를 통해 로그인을 진행하는 것처럼 보이게 만들어보겠습니다.

Promise 살펴보기

자바스크립트에서는 서버와 통신할 때 비동기 처리를 위해 Promise를 많이 사용합니다. Promise는 자바스크립트에서 비동기 처리에 사용되는 객체입니다. 로그인 기능도 마치 서버와 통신하는 것처럼 Promise를 사용해서 비동기로 만들겠습니다.

∞ Promise – https://mzl.la/3P7giEZ

Promise를 사용해서 서버와 통신할 때에는 다음과 같은 과정을 거칩니다. 서버에 데이터를 요청하고 데이터가 오기 전까지 다른 작업을 하다가 요청이 성공해서 데이터가 도착하면 화면에 보여주고, 실패하면 실패 메시지를 보여줍니다. 이 과정이 Promise가 갖는 모든 상태입니다.

- 대기(pending) – 아직 성공 혹은 실패가 결정되기 전
- 이행(fulfilled) – 요청이 성공적으로 완료됨
- 거부(rejected) – 어떤 이유 혹은 오류로 요청이 실패함

Promise는 다음과 같이 객체를 생성하는데 이 상태가 대기(pending) 상태입니다.

```
new Promise((resolve, reject) => {});
```

Promise를 생성할 때 함수를 전달하는데 이 함수의 파라미터로 resolve와 reject라는 함수가 전달됩니다. resolve는 요청이 성공적으로 완료되었을 때 호출하며 Promise가 이행(fulfilled) 상태가 됩니다. reject는 요청이 실패했을 때 호출하며 Peomise가 거부(rejected) 상태가 됩니다. 참고로 콜백callback이란 함수가 끝나고 난 뒤에 실행되는 함수입니다. 그리고 앞의 코드처럼 파라미터로 전달된 함수를 콜백 함수라고 부릅니다.

이행(fulfilled) 상태가 되면 .then()이 호출됩니다. .then()에는 실행될 함수를 작성하며 파라미터로 데이터가 전달됩니다. .then()에 전달되는 데이터는 resolve를 호출하면서 전달한 데이터입니다. 다음 코드는 터미널에 resolve로 전달된 '[async] Beomjun'이라는 텍스트를 출력합니다.

```
const getNameAsync = () => {
  return new Promise((resolve, reject) => {
    setTimeout(() => {
      resolve('[async] Beomjun');
    }, 1000);
  });
};

getNameAsync().then((name) => {
  console.log(name);
});
```

거부(rejected) 상태가 되면 .catch()가 호출됩니다. .then()과 마찬가지로 reject를 호출할 때 입력한 데이터가 .catch()에 작성된 함수의 파라미터로 전달됩니다. 다음 코드에서 getNameAsync에 전달하는 값을 변경하면서 터미널에 나타나는 메시지를 확인해보세요.

```
const getNameAsync = (error) => {
  return new Promise((resolve, reject) => {
    setTimeout(() => {
      if (error) {
        reject('error');
      } else {
        resolve('[async] Beomjun');
      }
    }, 1000);
  });
};

getNameAsync(true)
  .then((name) => {
    console.log(name);
  })
  .catch((error) => {
    console.log(error);
  });
```

Promise는 굉장히 중요한 기능이니 책에서 설명한 내용 외에도 앞에 언급한 링크를 참조하여 다양한 자료를 통해 자세히 알아보기 바랍니다.

로그인 함수 만들기

Promise를 사용해서 로그인 기능을 만들어보겠습니다. 먼저 서버와 통신하는 함수들을 관리하는 폴더를 만들겠습니다. src 폴더 밑에 api 폴더를 만드세요. 그리고 api 폴더 안에 auth.js 파일을 생성해서 다음과 같이 작성하세요.

 src/api/auth.js

```js
const USER_EMAIL = 'my@email.com';
const USER_PASSWORD = '1234';

export const signIn = (email, password) => {
  return new Promise((resolve, reject) => {
    setTimeout(() => {
      if (email === USER_EMAIL && password === USER_PASSWORD) {
        resolve(email);
      } else {
        reject('이메일 혹은 비밀번호가 올바르지 않습니다.');
      }
    }, 1000);
  });
};
```

서버와 통신하는 느낌을 주기 위해 1초 후에 resolve 혹은 reject를 호출하도록 작성했습니다. Promise는 이메일과 비밀번호가 USER_EMAIL, USER_PASSWORD와 같을 때 성공으로 처리하고 그렇지 않으면 실패하도록 만들었습니다. 그리고 로그인에 성공하면 사용자의 이메일을 전달하고 실패하면 에러 메시지를 전달하도록 했습니다.

SignInScreen 컴포넌트에서 signIn 함수를 호출하겠습니다.

 src/screens/SignInScreen.js

```js
...
import { signIn } from '../api/auth';

const SignInScreen = () => {
```

```
...

const onSubmit = () => {
  Keyboard.dismiss();
  signIn(email, password)
    .then((data) => console.log(data))
    .catch((error) => console.log(error));
};

...
```

코드가 반영되면 이메일과 비밀번호를 입력하고 로그인해보세요. `auth.js` 파일에 작성한 이메일, 비밀번호와 같은 값을 입력하면 성공, 그렇지 않으면 실패 메시지가 터미널에 표시됩니다.

async-await 사용하기

Promise의 결과를 좀 더 가독성이 좋게 처리하기 위해 자바스크립트 비동기 처리 방법인 async-await에 대해 알아보겠습니다.

🔗 async-await – https://mzl.la/38lWblQ

async-await 문법의 사용 방법은 간단합니다. 비동기 처리를 하는 함수에 async를 붙이고 비동기를 호출하는 곳에 await를 사용하면 됩니다.

```
const someFunction = async () => {
  const data = await promiseFunc();
};
```

async-await 문법을 사용하면 Promise보다 읽기 좋은 코드를 작성할 수 있습니다. 특히 비동기 작업을 중첩해서 실행할 때 그 차이가 확연하게 나타납니다. 아래는 같은 코드를 기존 방법과 async-await를 사용한 방법으로 작성한 코드입니다.

```
const someFunction = () => {
  promiseFunc().then((data1) => {
    console.log(data1);
```

```
    promiseFunc2().then((data2) => {
      console.log(data2);

      promiseFunc3().then((data3) => {
        console.log(data3);
      });
    });
  });
};

const someFunction = async () => {
  const data1 = await promiseFunc();
  console.log(data1);

  const data2 = await promiseFunc();
  console.log(data2);

  const data3 = await promiseFunc();
  console.log(data3);
};
```

어떤가요? async-await를 사용한 코드가 좀 더 깔끔하지 않나요? 만약에 앞의 코드에서 Promise 코드의 모습처럼 비동기 처리를 중첩해서 사용하면 복잡도가 증가합니다. 이런 모습을 콜백 지옥callback hell이라고 합니다.

async-await에서 비동기 작업에 실패하면 reject 함수를 통해 전달하는 데이터와 함께 throw가 발생합니다. 그래서 async-await를 사용할 땐 try-catch로 await를 감싸주고 에러를 처리해야 합니다. try-catch에서 catch가 Promise의 .catch() 역할을 한다고 생각하면 됩니다.

```
const someFunction = async () => {
  try {
    const data = await promiseFunc();
    console.log(data);
  } catch (error) {
    console.log(error);
  }
};
```

이제 `SignInScreen` 컴포넌트의 `onSubmit` 함수를 `async-await`를 사용한 코드로 변경하겠습니다.

📄 src/screens/SignInScreen.js

```
...

const SignInScreen = () => {
  ...

  const onSubmit = async () => {
    try {
      Keyboard.dismiss();
      const data = await signIn(email, password);
      console.log(data);
    } catch (error) {
      console.log(error);
    }
  };

  ...
```

`async-await`는 기존 Promise 방법의 단점을 보완하고 가독성이 좋은 코드를 작성할 수 있어 많은 개발자가 사용하고 있습니다. 이 책에서도 `async-await`를 사용해서 비동기 처리 코드를 작성합니다.

5 로그인 중복 요청 해결하기

`signIn` 함수의 결과가 나오기까지 1초의 시간이 걸립니다. 1초 안에 로그인 버튼을 여러 번 눌러보세요. 터미널에 나타나는 메시지를 통해 로그인 버튼을 여러 번 눌렀을 때 `onSubmit` 함수가 중복되어 호출되는 것을 알 수 있습니다.

요청 진행 상태로 중복 요청 막기

로그인 성공 여부가 아직 결정되지 않았다면 그 결과가 나오기 전에 추가로 로그인 요청을 할 필요가 없습니다. 또한, 중복된 요청은 서버의 부하를 가중시키고 잘못된 작동을 유발할 수도 있으므로 막는 것이 좋습니다. 이번에는 로그인 요청 도중 중복된 요청을 막기 위한 코드를 작성하겠습니다.

SignInScreen 컴포넌트에 요청 진행 상태를 관리하는 상태 변수를 만들겠습니다.

📄 src/screens/SignInScreen.js

```js
...

const SignInScreen = () => {
  const [email, setEmail] = useState('');
  const [password, setPassword] = useState('');
  const passwordRef = useRef(null);
  const [disabled, setDisabled] = useState(true);
  const [isLoading, setIsLoading] = useState(false);

  useEffect(() => {
    setDisabled(!email || !password);
  }, [email, password]);

  const onSubmit = async () => {
    if (!isLoading && !disabled) {
      try {
        setIsLoading(true);
        Keyboard.dismiss();
        const data = await signIn(email, password);
        console.log(data);
      } catch (error) {
        console.log(error);
      }
      setIsLoading(false);
    }
  };

  return (
    <SafeInputView>
      <View style={styles.container}>
        ...

        <View style={styles.buttonContainer}>
          <Button
            title="로그인"
```

```
            onPress={onSubmit}
            disabled={disabled}
            isLoading={isLoading}
          />
        </View>
      </View>
    </SafeInputView>
  );
);

...
```

요청 진행 여부를 관리하는 isLoading 상태 변수를 만들어서 요청이 진행 중이거나 사용자 정보가 입력되지 않은 상태에서는 진행되지 않도록 했습니다. 그리고 요청 진행 중인 상태가 아니고 정보가 입력되어 있으면 isLoading을 true로 변경해서 중복 호출을 막고, 요청이 모두 처리되면 다시 false로 변경해서 호출이 가능하도록 만들었습니다. 마지막으로 버튼에도 진행 상태를 알 수 있게 isLoading 상태 변수를 Button 컴포넌트로 전달했습니다.

이제 요청이 완료되기 전에 버튼을 여러 번 클릭해도 터미널에 메시지는 한 번만 나타나는 것을 볼 수 있습니다.

ActivityIndicator 컴포넌트로 버튼 디자인 변경하기

이번에는 isLoading 상태 변수에 따라 버튼 디자인을 변경해서 사용자가 진행 상태를 알 수 있게 만들겠습니다. 가장 먼저 isLoading에 따라 disabled 값을 변경해서 진행 중에 버튼을 비활성화하는 방법을 떠올릴 수 있을 것입니다. 하지만 이 방법으로는 버튼이 비활성화된 이유가 값이 입력되지 않아서인지 진행 중이어서인지 구분하기 어렵습니다.

진행 중인 상태를 표현할 때에는 리액트 네이티브에서 제공하는 **ActivityIndicator** 컴포넌트를 유용하게 사용할 수 있습니다.

🔗 ActivityIndicator 컴포넌트 – https://reactnative.dev/docs/0.68/activityindicator

요청 진행 중일 때 버튼의 타이틀 대신 **ActivityIndicator** 컴포넌트가 나타나도록 Button 컴포넌트를 수정하겠습니다.

src/components/Button.js

```js
import {
  ActivityIndicator,
  Pressable,
  StyleSheet,
  Text,
} from 'react-native';
import PropTypes from 'prop-types';
import { GRAY, PRIMARY, WHITE } from '../colors';

const Button = ({ title, onPress, disabled, isLoading }) => {
  return (
    <Pressable ... >
      {isLoading ? (
        <ActivityIndicator size="small" color={GRAY.DEFAULT} />
      ) : (
        <Text style={styles.title}>{title}</Text>
      )}
    </Pressable>
  );
};

Button.propTypes = {
  title: PropTypes.string.isRequired,
  onPress: PropTypes.func.isRequired,
  disabled: PropTypes.bool,
  isLoading: PropTypes.bool,
};

...
```

요청 진행 상태를 isLoading으로 전달받고 isLoading의 값에 따라 ActivityIndicator 컴포넌트 혹은 Text 컴포넌트가 나타나도록 작성했습니다. 사용자 정보를 입력하고 로그인 버튼을 클릭해보세요. 요청이 진행 중인 동안 Text 컴포넌트 대신 ActivityIndicator 컴포넌트가 나타나는 것을 볼 수 있습니다.

▶ ActivityIndicator 컴포넌트

그런데 자세히 보면 **ActivityIndicator** 컴포넌트가 나타났을 때와 **Text** 컴포넌트가 나타날 때 버튼 높이의 차이가 있다는 것을 알 수 있습니다. 잘 보이지 않는 독자는 아래 링크를 통해 확인해보세요.

▶ 버튼 크기 테스트 영상 – https://bit.ly/2022-rn-activity-indicator

ActivityIndicator 컴포넌트의 **size="small"** 높이는 20인데, **fontSize**가 16인 **Text** 컴포넌트의 높이는 20이 아니어서 발생하는 문제입니다. **Text** 컴포넌트의 **lineHeight**를 **ActivityIndicator** 컴포넌트 **size="small"** 높이와 같게 설정하면 문제를 해결할 수 있습니다.

다음과 같이 **Button** 컴포넌트를 수정하세요.

```
...

const styles = StyleSheet.create({
  container: { ... },
  title: {
    color: WHITE,
    fontSize: 16,
    fontWeight: '700',
    lineHeight: 20,
  },
});

export default Button;
```

코드를 적용하고 버튼을 클릭하면 크기가 일정하게 유지되는 것을 확인할 수 있습니다.

6 Alert으로 결과 알려주기

마지막으로 로그인에 실패했을 때 에러 메시지를 Alert으로 보여주는 기능을 추가하겠습니다.

∞ Alert – https://reactnative.dev/docs/0.68/alert

Alert은 사용자에게 경고나 특정 메시지를 전달하는 데 많이 사용합니다. 리액트 네이티브의 Alert을 사용하면 제목, 메시지뿐만 아니라 원하는 버튼까지 적용할 수 있습니다. 원하는 버튼의 정보를 객체로 만들어서 배열로 전달하면 해당 버튼이 Alert 창에 나타납니다.

```
Alert.alert(title);
Alert.alert(title, message);
Alert.alert(title, message, [
  { text: 'ok', style: 'default', onPress: () => {} },
  { text: 'delete', style: 'destructive', onPress: () => {} },
]);
```

버튼 객체의 **style**은 버튼 타이틀의 스타일을 결정하며 iOS에서만 적용됩니다.

- default – 파란색 (기본값)
- cancel – 두꺼운 파란색
- destructive – 빨간색

SignInScreen 컴포넌트의 onSubmit 함수 내용을 주석 처리하고 다음과 같이 수정해보세요.

 src/screens/SignInScreen.js

```js
import { Alert, Image, Keyboard, StyleSheet, View } from 'react-native';
...

const SignInScreen = () => {
  ...

  const onSubmit = async () => {
    Alert.alert('title', 'message', [
      {
        text: 'default',
        style: 'default',
        onPress: () => console.log('default'),
      },
      {
        text: 'cancel',
        style: 'cancel',
        onPress: () => console.log('cancel'),
      },
      {
        text: 'destructive',
        style: 'destructive',
        onPress: () => console.log('destructive'),
      },
      {
        text: 'last cancel',
        style: 'cancel',
        onPress: () => console.log('last cancel'),
      },
      {
        text: 'last index',
        onPress: () => console.log('last index'),
      },
    ]);
```

```
    /*
    if (!isLoading && !disabled) { ... }
    */
  };

...
```

로그인 버튼을 클릭하면 다음 그림처럼 화면에 **Alert** 창이 나타납니다.

▶ 플랫폼 별 Alert – iOS / 안드로이드

앞의 그림에서 유추할 수 있듯이 **Alert**은 몇 가지 특징을 가지고 있습니다.

- 안드로이드는 버튼이 3개까지만 나타납니다.
- iOS에서 버튼이 3개 이상이고 style이 cancel인 버튼이 여러 개면 style이 cancel인 버튼 중 마지막 버튼만 스타일이 적용되고 항상 가장 밑에 나타납니다.
- iOS에서 버튼이 2개이고 style이 cancel인 버튼이 있다면 마지막 cancel style 버튼에만 스타일이 적용되고 항상 왼쪽에 나타납니다.

iOS에서 style이 cancel인 버튼이 작동하는 방식이 헷갈릴 수 있으니 값을 다양하게 변경하며 여러 가지 상황을 테스트해보기 바랍니다.

테스트가 완료되면 작성한 코드를 삭제하고 onSubmit에서 원래 코드의 주석을 푸세요. 그리고 로그인에 실패했을 때 전달되는 에러 메시지를 Alert을 사용해서 보여주도록 코드를 작성하세요.

`JS` src/screens/SignInScreen.js

```
...

const SignInScreen = () => {
  ...

  const onSubmit = async () => {
    if (!isLoading && !disabled) {
      try {
        setIsLoading(true);
        Keyboard.dismiss();
        const data = await signIn(email, password);
        console.log(data);
        setIsLoading(false);
      } catch (error) {
        Alert.alert('로그인 실패', error, [
          { text: '확인', onPress: () => setIsLoading(false) },
        ]);
      }
    }
  };

...
```

로그인에 실패하면 전달된 메시지를 Alert으로 보여주고 **확인** 버튼을 클릭하면 요청 진행 상태를 false로 변경하도록 했습니다. setIsLoading의 위치가 변경되었기 때문에 로그인에 성공했을 때에도 요청 진행 상태가 변경되도록 try 안에 setIsLoading을 추가했습니다.

이제 잘못된 사용자 정보를 사용해서 로그인을 시도해보세요. 다음 그림처럼 전달된 에러 메시지가 나타납니다. 버튼은 계속 ActivityIndicator 컴포넌트를 보여주고, **확인** 버튼을 클릭하면 onPress에 작성된 setIsLoading(false)가 호출되면서 버튼에 타이틀이 나타납니다.

▶ 로그인 실패

Alert은 플랫폼에 따라 나타나는 모습의 차이가 있습니다. 만약 같은 모습으로 Alert을 사용하고 싶다면 직접 만들거나 같은 모습으로 나타나게 하는 라이브러리를 사용해야 합니다.

4.10 마치며

이 장에서는 ToDo 리스트의 로그인 화면을 만들었습니다. 그 과정에서 **Image** 컴포넌트와 **TextInput** 컴포넌트를 포함한 다양한 컴포넌트와 기능에 대해 알아봤습니다.

사용자 정보를 입력받는 기능은 필수라고 해도 될 정도로 자주 사용되는 기능이니 잘 기억해두기 바랍니다. 자동 수정 기능이나 자동 대문자 적용 같은 기능은 사소해보일 수 있지만 사용자 편의를 위해 필요한 기능입니다. 또한, 비밀번호처럼 민감한 데이터를 감추는 설정도 중요합니다. 특히 iOS에서는 키보드가 입력 칸을 가리는 문제가 발생하니 항상 **KeyboardAvoidingView** 컴포넌트의 사용을 고려해야 합니다.

이 장에서 새로운 Hook으로 **useRef**와 **useEffect**를 경험했습니다. 특히 **useEffect**는 가장 기본이 되는 Hook으로 굉장히 많이 사용되니 그 특징과 사용 방법에 대해 꼭 기억하세요.

다음 장에서는 로그인 후 화면을 이동하는 방법에 대해 알아보겠습니다.

CHAPTER

5

Todo리스트 만들기 II

4장에서 로그인 화면을 만들면서 Image 컴포넌트, TextInput 컴포넌트, useEfect 등을 포함한 다양한 기능들의 특징과 사용 방법에 대해 알아봤습니다. 이 장에서는 로그인 후 화면을 이동하는 방법에 대해 알아봅니다.

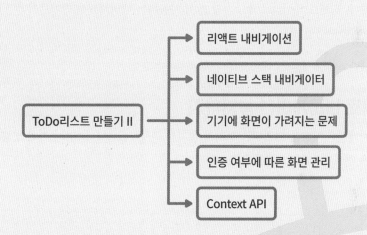

5.1 리액트 내비게이션으로 화면 전환하기

내비게이션navigation은 가장 중요한 기능 중 하나입니다. 여러분이 사용하는 애플리케이션이나 다른 서비스를 떠올려 보세요. 화면 이동 없이 단일 페이지로 된 서비스가 얼마나 있나요? 어떤 프로젝트든 하나의 화면으로 구성된 경우는 거의 없습니다. 일반적으로 다양한 상황에 맞춰 사용자가 어떤 요청을 하면 그에 맞는 적절한 화면으로 이동하는 형태가 많을 것입니다.

리액트 네이티브에서는 내비게이션 기능을 제공하지 않기 때문에 라이브러리를 추가적으로 사용해야 합니다. 리액트 네이티브에서 가장 많이 사용하는 내비게이션 라이브러리는 리액트 내비게이션React Navigation입니다.

🔗 리액트 내비게이션 공식 문서 – https://reactnavigation.org/

1 리액트 내비게이션 설치하기

리액트 내비게이션 사용을 위해 라이브러리 설치를 진행하겠습니다. 먼저 아래 명령어를 사용해서 리액트 내비게이션을 설치하세요.

> **NOTE**
>
> 이 책을 집필하는 시기의 리액트 내비게이션 최신 버전은 6버전입니다. 이후 버전이 변경되면 사용방법이 조금 달라질 수 있습니다.

```
$ npm install @react-navigation/native
```

그다음 리액트 내비게이션에서 사용하는 react-native-screens 라이브러리와 react-native-safe-area-context 라이브러리도 추가로 설치해야 합니다. 아래 명령어를 사용해서 설치하세요.

```
$ expo install react-native-screens react-native-safe-area-context
```

react—native—screens 라이브러리는 리액트 네이티브의 화면 전환을 위한 라이브러리로 처음부터 독립적으로 사용할 목적으로 만들어진 것은 아닙니다. react—native—safe—area—context 라이브러리는 리액트 네이티브에서 노치 문제를 해결할 수 있는 라이브러리로 잠시 후에 좀 더 자세하게 알아보도록 하겠습니다.

⊖ react—native—screens – https://bit.ly/react—native—screens
⊖ react—native—safe—area—context – https://blt.ly/react—native—safe—area—context

expo install을 사용한 설치

추가로 필요한 라이브러리를 설치할 때 사용한 명령어를 살펴보면 평소와 다르다는 것을 알 수 있습니다. 우리는 평소에 npm install 명령어를 사용해서 필요한 패키지를 설치하지만 이번에는 expo install이라는 명령어를 통해 설치했습니다. expo install 명령어는 npm install 명령어와 하는 역할이 거의 같습니다. 단지 현재 사용 중인 Expo 프로젝트 버전과 호환되는 버전이 있는지 확인해서 가장 적절한 버전의 라이브러리를 설치한다는 차이가 있을 뿐입니다.

package.json 파일에서 자동 완성을 위해 설치한 @types/react 버전과 프로젝트 생성 시에 함께 설치된 리액트 버전을 확인해보세요.

📋 package.json

```json
{
  ...
  "dependencies": {
    ...
    "react": "17.0.2",
    ...
  },
  "devDependencies": {
    "@babel/core": "^7.12.9",
    "@types/react": "^18.0.9",
    ...
  },
  "private": true
}
```

이 책에서 사용하는 Expo SDK 45버전은 리액트 17을 사용하지만, @types/react은 최신 버전인 18버전이 설치된 것을 볼 수 있습니다. expo install를 사용해서 @types/react를 다시 설치해보세요.

```
$ expo install @types/react
```

설치가 완료된 후에 `package.json` 파일을 살펴보면 다음과 같이 @types/react가 사용 중인 리액트 버전과 같은 17버전이 설치되어 있는 것을 볼 수 있습니다.

📄 **package.json**

```
{
  ...
  "dependencies": {
    ...
    "react": "17.0.2",
    ...
    "@types/react": "~17.0.21"
  },
  "devDependencies": {
    "@babel/core": "^7.12.9",
    "@types/react": "^18.0.9",
    ...
  },
  "private": true
}
```

타입은 개발 단계에서만 필요하니 dependencies에 있는 @types/react를 삭제하고 dev Dependencies에 있는 @types/react의 버전을 변경하세요.

json package.json

```
{
  ...
  "dependencies": {
    ...
    "react": "17.0.2",
    ...
  },
  "devDependencies": {
    "@babel/core": "^7.12.9",
    "@types/react": "^17.0.21",
    ...
  },
  "private": true
}
```

물론 대부분의 라이브러리를 npm install을 사용해서 설치해도 문제없이 사용할 수 있습니다. 하지만 그렇지 않은 라이브러리도 있습니다. 다행히 expo install로 설치해야 하는 라이브러리들은 대부분 문서를 통해 안내하고 있습니다. 따라서 특정 라이브러리를 사용할 때에는 꼭 먼저 문서를 확인해보기 바랍니다.

NavigationContainer 컴포넌트로 전체 감싸기

리액트 네이티브에서 리액트 내비게이션을 사용하기 위해서는 `NavigationContainer` 컴포넌트로 전체를 감싸줘야 합니다. 프로젝트 시작 파일에서 `NavigationContainer` 컴포넌트를 사용하면 전체를 감싸게 되니 App 컴포넌트를 다음과 같이 수정하세요.

JS src/App.js

```
import { StatusBar } from 'expo-status-bar';
import SignInScreen from './screens/SignInScreen';
import { NavigationContainer } from '@react-navigation/native';

const App = () => {
  return (
```

```
  <NavigationContainer>
    <StatusBar style="dark" />
    <SignInScreen />
  </NavigationContainer>
  );
};


export default App;
```

View 컴포넌트 대신 **NavigationContianer** 컴포넌트로 전체를 감싸도록 수정했습니다. 그리고 사용하지 않는 코드는 모두 삭제했습니다. 이제 ToDo리스트 프로젝트에서 리액트 내비게이션 설정이 완료되었습니다.

❷ 리액트 내비게이션 사용하기

리액트 내비게이션에서는 스택stack, 탭tab, 드로어drawer 내비게이터를 제공합니다. 이번에는 스택 내비게이터 중 하나인 네이티브 스택 내비게이터Native Stack Navigator를 사용해서 화면을 전환하는 방법에 대해 알아보겠습니다.

∞ 네이티브 스택 내비게이터 – https://reactnavigation.org/docs/native-stack-navigator

네이티브 스택 내비게이터 작동 방식

다음 그림처럼 아랫부분이 막혀있는 상자를 떠올리면 스택의 개념을 좀 더 쉽게 이해할 수 있습니다. 비어있는 상자에 물건을 넣으면 아래부터 차곡차곡 쌓이게 되고 물건을 꺼낼 때에는 위에 있는 물건부터 꺼내게 됩니다.

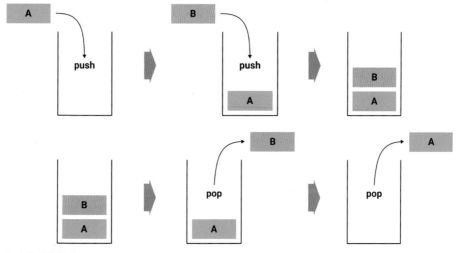

▶ 스택 작동 방식

네이티브 스택 내비게이터도 현재 화면 위에 이동하는 화면을 쌓습니다. 화면 위에 화면을 쌓는 형태이기 때문에 우리 눈에는 제일 위에 있는 화면만 보이게 됩니다.

▶ 네이티브 스택 내비게이터 작동 방식

리액트 내비게이션에는 네이티브 스택 내비게이터 외에도 스택 내비게이터Stack Navigator를 제공하고 있습니다. 역할이나 작동 방식은 같지만 네이티브 스택 내비게이터는 각 플랫폼의 네이티브 API를 활용하여 구현한 것이라 성능에서 우위를 보입니다. 반면에 스택 내비게이터는 자바스크립트로 구현되어 있으며 네이티브 스택 내비게이터보다 더 많은 커스텀 옵션을 제공한다는 장점이 있습니다.

이 책에서는 네이티브 스택 내비게이터를 사용해서 진행합니다. 스택 내비게이터가 궁금하신 독자는 다음 링크를 통해 관련 문서를 확인해보세요.

∞ 스택 내비게이터 – https://reactnavigation.org/docs/stack-navigator

네이티브 스택 내비게이터 사용하기

네이티브 스택 내비게이터를 사용하기 위해서는 추가로 패키지 설치가 필요합니다. 아래 명령어를 사용해서 네이티브 스택 내비게이터를 설치하세요.

```
$ npm install @react-navigation/native-stack
```

먼저 리액트 내비게이션 파일을 관리할 폴더를 만들겠습니다. src 폴더 밑에 navigations 폴더를 생성하세요. 파일 이름은 그 역할과 내비게이터의 종류를 파악할 수 있도록 짓는 것이 좋습니다. 우리는 사용자 인증을 처리하는 화면들을 관리하는 내비게이터를 만들어야 하고 네이티브 스택 내비게이터를 사용할 것입니다. 이에 맞춰 AuthStack.js 파일을 navigations 폴더 아래에 생성하세요.

리액트 내비게이션을 사용하기 위해서는 사용하고자 하는 내비게이터를 생성하고 사용하는 화면을 전달해야 합니다. 네이티브 스택 내비게이터는 createNativeStackNavigator 함수를 호출해서 생성할 수 있습니다.

createNativeStackNavigator 함수는 Navigator 컴포넌트와 Screen 컴포넌트가 포함된 객체를 반환합니다. Screen 컴포넌트는 화면을 담당하는 역할을 하고 Navigator 컴포넌트는 자식 컴포넌트로 Screen 컴포넌트를 받아서 이를 관리하는 역할을 합니다.

Screen 컴포넌트에는 화면으로 사용할 컴포넌트를 전달하는 component props와 화면의 이름을 설정하는 name props가 있습니다. 특히 name으로 설정한 값은 화면을 이동할 때 사용되니 명확하게 해당 화면을 표현할 수 있는 이름으로 하는 것이 좋습니다.

이제 네이티브 스택 내비게이션 코드를 작성해보겠습니다. AuthStack.js 파일에 다음과 같이 작성하세요.

 src/navigations/AuthStack.js

```
import { createNativeStackNavigator } from '@react-navigation/native-stack';
import SignInScreen from '../screens/SignInScreen';

const Stack = createNativeStackNavigator();
```

```
const AuthStack = () => {
  return (
    <Stack.Navigator>
      <Stack.Screen name="SignIn" component={SignInScreen} />
    </Stack.Navigator>
  );
};


export default AuthStack;
```

createNativeStackNavigator 함수를 사용해서 네이티브 스택 내비게이터를 생성하고, Navigator 컴포넌트와 Screen 컴포넌트를 사용해서 AuthStack 컴포넌트를 만들었습니다. Screen 컴포넌트에는 SignInScreen 컴포넌트를 화면으로 사용하도록 하고 이름을 SignIn 으로 설정했습니다.

Screen 컴포넌트의 이름(name props)은 반드시 대문자로 시작할 필요는 없습니다. 화면을 이동할 때 사용하는 값이기 때문에 다른 화면의 이름과 겹치지 않도록 하면서 일관성 있게 설정하면 됩니다. 참고로 리액트 내비게이션 제작팀은 이름을 대문자로 작성하는 것을 선호합니다. 따라서 이 책에서도 name을 항상 대문자로 사용하겠습니다.

The casing of the route name doesn't matter -- you can use lowercase `home` or capitalized `Home`, it's up to you. We prefer capitalizing our route names.

▶ Screen 컴포넌트 name props

SignInScreen 컴포넌트 대신 로그인 화면이 포함된 AuthStack 컴포넌트를 사용해보세요.

JS src/App.js

```
●●●

import { StatusBar } from 'expo-status-bar';
import { NavigationContainer } from '@react-navigation/native';
import AuthStack from './navigations/AuthStack';

const App = () => {
  return (
    <NavigationContainer>
```

```
      <StatusBar style="dark" />
      <AuthStack />
    </NavigationContainer>
  );
};

export default App;
```

결과를 확인해보면 화면으로 사용된 **SignInScreen** 컴포넌트가 렌더링되고 화면 위쪽에 헤더가 나타나는 것을 볼 수 있습니다.

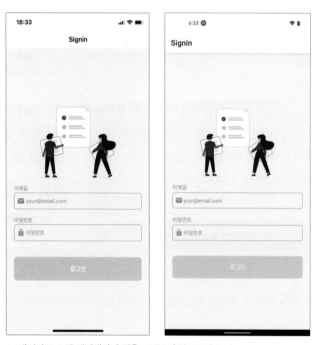

▶ 네이티브 스택 내비게이터 적용 – iOS / 안드로이드

🛭 화면 이동하기

이번에는 화면을 추가해서 로그인 성공 후 화면이 이동하도록 만들어보겠습니다.

이동할 화면 준비하기

로그인을 성공했을 때에 이동할 화면을 만들겠습니다. 로그인 성공 후에는 ToDo리스트 화면이 나와야 하니 screens 폴더 안에 ListScreen.js 파일을 생성해서 다음과 같이 작성하세요.

`JS` src/screens/ListScreen.js

```
import { StyleSheet, Text, View } from 'react-native';

const ListScreen = () => {
  return (
    <View style={styles.container}>
      <Text style={{ fontSize: 30 }}>List Screen</Text>
    </View>
  );
};

const styles = StyleSheet.create({
  container: {
    flex: 1,
    justifyContent: 'center',
    alignItems: 'center',
  },
});

export default ListScreen;
```

ListScreen 컴포넌트 작성이 완료되면 AuthStack 컴포넌트에서 Screen 컴포넌트를 사용하여 화면을 추가해야 합니다. 다음과 같이 AuthStack 컴포넌트를 수정하세요.

`JS` src/navigations/AuthStack.js

```
import { createNativeStackNavigator } from '@react-navigation/native-stack';
import SignInScreen from '../screens/SignInScreen';
import ListScreen from '../screens/ListScreen';

const Stack = createNativeStackNavigator();
```

```
const AuthStack = () => {
  return (
    <Stack.Navigator>
      <Stack.Screen name="SignIn" component={SignInScreen} />
      <Stack.Screen name="List" component={ListScreen} />
    </Stack.Navigator>
  );
};

export default AuthStack;
```

이제 AuthStack 컴포넌트는 SignInScreen 컴포넌트를 화면으로 사용하는 로그인(SignIn)
화면과 ListScreen 컴포넌트를 화면으로 사용하는 목록(List) 화면을 관리하는 네이티브
스택 내비게이터가 되었습니다.

push 함수와 navigate 함수로 화면 이동하기

Screen 컴포넌트의 component로 지정된 컴포넌트에는 props로 navigation과 route가 전
달됩니다. SignInScreen 컴포넌트에서 console.log를 사용하여 확인해보세요.

<kbd>JS</kbd> src/screens/SignInScreen.js

```
●●●

...

const SignInScreen = (props) => {
  console.log(props);

...
```

터미널에 출력되는 결과를 보면 다음과 같이 navigation과 route가 전달되는 것을 확인할
수 있습니다.

```
{
  "navigation": {
    "goBack": [Function anonymous],
```

```
    "navigate": [Function anonymous],
    "pop": [Function anonymous],
    "push": [Function anonymous],
    ...
  },
  "route": {...}
};
```

navigation에서 제공하는 함수는 화면을 이동하거나 이전 화면으로 되돌아가는 등 다양한 기능을 제공합니다. 그중 push 함수와 navigate 함수를 사용해서 화면을 이동하는 방법에 대해 알아보겠습니다. 사용 방법은 다음과 같습니다.

```
navigation.push('name');
navigation.push('name', params);

navigation.navigate('name');
navigation.navigate('name', params);
```

함수의 첫 번째 파라미터에 이동하고 싶은 화면의 이름을 전달하면 됩니다. 이때 전달하는 이름은 Screen 컴포넌트의 name으로 설정된 값 중 하나여야 합니다. 두 번째 파라미터에는 이동하는 화면에 전달하고 싶은 데이터를 입력합니다. 두 번째 파라미터로 전달된 값은 화면의 route props를 통해 확인할 수 있습니다.

로그인이 성공했을 때 화면이 목록 화면으로 이동하도록 다음과 같이 SignInScreen 컴포넌트를 수정하세요.

📄 src/screens/SignInScreen.js

```
● ● ●

...
import PropTypes from 'prop-types';

const SignInScreen = ({ navigation }) => {
  ...

  const onSubmit = async () => {
```

```
    if (!isLoading && !disabled) {
      try {
        setIsLoading(true);
        Keyboard.dismiss();
        const data = await signIn(email, password);
        setIsLoading(false);
        navigation.navigate('List');
      } catch (error) {
        Alert.alert('로그인 실패', error, [
          { text: '확인', onPress: () => setIsLoading(false) },
        ]);
      }
    }
  };

  return (...);
};

SignInScreen.propTypes = {
  navigation: PropTypes.object,
};

...
```

로그인이 성공하면 navigation의 navigate 함수를 사용해서 목록 화면으로 이동하도록 작성했습니다. push와 navigate 중 어떤 함수를 사용해도 목록 화면으로 이동합니다. navigate 대신 push 함수로도 테스트해보세요.

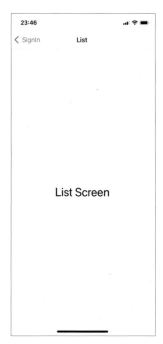 

▶ 목록 화면으로 이동

push와 navigate는 모두 화면을 이동하는 데 사용하는 함수이지만 다른 점이 있습니다. navigate는 다른 종류의 내비게이터에서도 사용 가능한 함수이지만, push 함수는 네이티브 스택 내비게이터나 스택 내비게이터에서만 사용할 수 있습니다. 예를 들어 탭 내비게이터에서도 화면을 이동할 때 사용하는 함수는 navigate 함수입니다. 하지만 탭 내비게이터에서는 push 함수를 사용할 수 없습니다.

또한 같은 화면으로 이동할 때 스택에 화면이 추가되는지 아닌지에 따른 차이도 있습니다. push 함수는 같은 화면으로 이동할 때 스택에 화면을 추가합니다. 하지만 navigate 함수는 같은 화면으로 이동한다면 스택에 화면을 추가하지 않습니다.

ListScreen 컴포넌트에 다음과 같이 push 함수와 navigate 함수를 사용하는 버튼을 추가해 보세요.

```js
/* eslint-disable react/prop-types */
import { Button, StyleSheet, Text, View } from 'react-native';

const ListScreen = ({ navigation }) => {
  console.log('rendering ListScreen');

  return (
    <View style={styles.container}>
      <Text style={{ fontSize: 30 }}>List Screen</Text>
      <Button title="push" onPress={() => navigation.push('List')} />
      <Button
        title="navigate"
        onPress={() => navigation.navigate('List')}
      />
    </View>
  );
};

...
```

react-native 모듈에서 Button을 가져와 2개의 버튼을 만들었습니다. 하나는 **push** 함수를 사용해서 목록 화면으로 이동하는 버튼이고, 다른 하나는 **navigate** 함수를 사용해서 목록 화면으로 이동하는 버튼입니다. 그리고 **console.log**를 추가해서 스택에 화면이 새로 추가되면 렌더링되면서 터미널에 메시지가 출력되도록 만들었습니다.

파일 제일 위에 작성한 주석은 ESLint의 react/prop-types 규칙을 비활성화해서 에러 메시지를 나타나지 않게 하는 코드입니다. 테스트를 위해 잠시 작성한 코드이니 ESLint 기능을 잠시 끄고 진행하겠습니다.

이제 push 버튼과 navigate 버튼을 눌러보며 테스트해보세요. push 버튼을 클릭하면 계속 화면이 쌓이고 터미널에도 메시지가 나타납니다. 하지만 navigate 버튼을 클릭하면 화면이 쌓이지 않고 터미널에도 메시지가 나타나지 않습니다.

navigate 함수는 화면을 이동할 때 같은 화면이라면 특별한 작업을 하지 않습니다. 하지만 두 번째 파라미터에 데이터를 전달하면 조금 다르게 작동합니다. 같은 화면이라도 전달하는 데이터에 변화가 있다면 화면이 추가되지는 않지만 변경된 데이터는 전달합니다.

다음과 같이 **ListScreen** 컴포넌트를 변경해보세요.

 src/screens/ListScreen.js

```
...

const ListScreen = ({ navigation, route }) => {
  console.log('rendering ListScreen: ', route.params);

  return (
    <View style={styles.container}>
      <Text style={{ fontSize: 30 }}>List Screen</Text>
      <Button title="push" onPress={() => navigation.push('List')} />
      <Button
        title="navigate"
        onPress={() => navigation.navigate('List', { ts: Date.now() })}
      />
    </View>
  );
};

...
```

navigate 함수의 두 번째 파라미터로 **Date.now()**를 사용해서 타임스탬프^{timestamp} 값을 전달하도록 했습니다. **navigate** 함수와 **push** 함수의 두 번째 파라미터로 전달된 데이터는 화면의 **route**로 전달되고, **route**의 **params** 프로퍼티에서 해당 데이터를 확인할 수 있습니다.

now 함수는 **Date**에 내장된 함수로 1970년 1월 1일 0시 0분 0초부터 현재까지 경과된 밀리 초(ms)를 반환하는 함수입니다. 따라서 1/1000초 안에 두 번 호출하지 않는 이상 **Date.now()**는 항상 새로운 값을 반환합니다.

🔗 Date.now() – https://mzl.la/3woEZV2

이제 다시 **navigate** 버튼을 클릭해보세요. 새로운 화면이 쌓이지는 않지만 터미널에는 메시지가 나타나며 **route.params**가 변경되는 것을 확인할 수 있습니다.

▶ navigate 테스트 – https://bit.ly/2022-rn-navigate

테스트가 완료되면 테스트를 위해 작성한 코드를 삭제하세요.

4 시작 화면 설정하기

우리는 두 개의 화면을 사용하고 있지만 새로고침할 때마다 항상 로그인 화면이 시작 화면으로 나타납니다. 다른 화면을 시작 화면으로 사용하고 싶다면 어떻게 해야 할까요? 이번에는 시작 화면을 설정하는 방법에 대해 알아보겠습니다.

지금처럼 Screen 컴포넌트가 여러 개일 때에는 첫 번째 Screen 컴포넌트가 첫 번째 화면으로 사용됩니다. 다음과 같이 Screen 컴포넌트의 순서를 변경해보세요.

📄 src/navigations/AuthStack.js

```
...

const AuthStack = () => {
  return (
    <Stack.Navigator>
      <Stack.Screen name="List" component={ListScreen} />
      <Stack.Screen name="SignIn" component={SignInScreen} />
    </Stack.Navigator>
  );
};

...
```

이제 화면을 새로고침하면 첫 번째 화면으로 목록 화면이 나타나게 됩니다. 두 번째 화면부터는 navigate 함수나 push 함수를 사용해서 상황에 맞게 이동하게 되므로 Screen 컴포넌트의 순서가 크게 중요하지 않지만, 시작 화면은 첫 번째 Screen 컴포넌트를 사용하니 순서에 주의해야 합니다.

Screen 컴포넌트의 순서를 변경하지 않아도 Navigator 컴포넌트에 initialRouteName props를 전달하면 시작 화면을 원하는 화면으로 설정할 수 있습니다. AuthStack 컴포넌트를 다음과 같이 수정해보세요.

```
...

const AuthStack = () => {
  return (
    <Stack.Navigator initialRouteName="SignIn">
      <Stack.Screen name="List" component={ListScreen} />
      <Stack.Screen name="SignIn" component={SignInScreen} />
    </Stack.Navigator>
  );
};

...
```

코드를 적용하고 화면을 새로고침해보세요. **Screen** 컴포넌트의 순서는 목록 화면이 첫 번째이
지만 로그인 화면이 시작 화면으로 나타나게 됩니다.

5.2 화면 옵션 설정하기

리액트 내비게이션에서는 화면 스타일을 변경하거나 헤더의 모습을 변경하는 등 원하는 모습으로 화면을 변경할 수 있는 다양한 옵션을 제공합니다.

화면 옵션을 사용하는 방법은 3가지가 있습니다. Navigator 컴포넌트의 screenOptions props를 사용하는 방법, Screen 컴포넌트의 options props를 사용하는 방법 그리고 화면으로 사용되는 컴포넌트에 props로 전달되는 navigation의 setOptions를 사용하는 방법입니다. 3가지 방법 모두 원하는 옵션을 설정하기 위해서 옵션이 설정된 객체를 전달해야 합니다.

```
<Stack.Navigator screenOptions={{...}}>

<Stack.Screen options={{...}} />

const Component = ({ navigation }) => {
  navigation.setOptions({...});
};
```

이 3가지 방식은 같은 역할을 수행하지만 약간 다른 점이 있습니다. Screen 컴포넌트의 options와 navigation의 setOptions는 해당 화면에만 옵션이 적용됩니다. 하지만 Navigator 컴포넌트의 screenOptions는 자식 컴포넌트로 사용된 모든 Screen 컴포넌트에 옵션이 적용됩니다.

3가지 방법 중 적용 우선순위를 살펴보면 navigation.setOptions가 가장 높고 그다음 Screen 컴포넌트 options, 마지막으로 Navigator 컴포넌트의 screenOptions 순입니다. 만약 3가지 방법을 모두 사용해서 같은 옵션을 설정한다면 우선순위가 높은 설정이 낮은 설정을 덮어쓰게 되니 주의해야 합니다.

우선순위가 헷갈리는 독자는 '가장 직접적으로 설정한 옵션'이 무엇인지 생각해보세요. Navigator 컴포넌트의 screenOptions는 자식 컴포넌트로 사용된 모든 Screen 컴포넌트의 옵션을 설정합니다. Screen 컴포넌트의 options는 화면 옵션을 설정합니다. navigation.
setOptions를 사용한 옵션은 화면으로 사용된 컴포넌트에 직접 옵션을 설정합니다. 가장 마
지막에 설정되는 것이 어떤 옵션인지, 어떤 옵션이 가장 직접적으로 화면에 설정한 옵션인지를
생각하면 좀 더 쉽게 우선순위를 기억할 수 있을 것입니다.

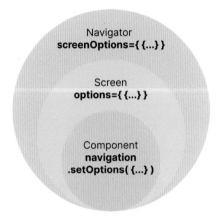

▶ 화면 옵션의 우선순위

이번에는 화면 옵션을 사용해서 우리가 원하는 모습으로 변경해보겠습니다.

1 contentStyle로 배경 스타일 변경하기

리액트 내비게이션을 적용하기 전에는 화면의 배경이 흰색이었지만 지금은 회색 배경이 나타
나고 있습니다. 이번에는 화면 스타일을 설정하는 contentStyle 옵션을 사용해서 화면 스타
일을 수정하면서 옵션 설정의 우선순위에 대해 테스트해보겠습니다.

먼저 Navigator 컴포넌트에 screenOptions를 사용해 배경색을 변경하겠습니다. 다음과 같
이 AuthStack 컴포넌트를 수정하세요.

<!-- JS --> src/navigations/AuthStack.js

```
...
import { WHITE } from '../colors';

const Stack = createNativeStackNavigator();
```

```
const AuthStack = () => {
  return (
    <Stack.Navigator
      initialRouteName="SignIn"
      screenOptions={{
        contentStyle: { backgroundColor: WHITE },
      }}
    >
      ...
    </Stack.Navigator>
  );
};

...
```

이제 배경색이 흰색으로 나타납니다. **Navigator** 컴포넌트의 **screenOptions** props를 사용해서 설정했기 때문에 자식 컴포넌트로 있는 로그인 화면과 목록 화면의 배경색이 모두 흰색으로 변경되었습니다. 여러분도 두 화면의 배경색이 모두 변경되었는지 확인해보세요.

▶ screenOptions와 contentStyle

이번에는 Screen 컴포넌트의 options를 사용해서 contentStyle을 적용해보세요.

JS src/navigations/AuthStack.js

```
...

const AuthStack = () => {
  return (
    <Stack.Navigator ... >
      <Stack.Screen name="List" component={ListScreen} />
      <Stack.Screen
        name="SignIn"
        component={SignInScreen}
        options={{
          contentStyle: {
            backgroundColor: 'lavender',
            borderRadius: 50,
          },
        }}
      />
    </Stack.Navigator>
  );
};

...
```

로그인 화면에 options를 사용해서 contentStyle을 적용했습니다. 결과를 보면 목록 화면은 Navigator 컴포넌트의 screenOptions에서 적용한 흰색 배경이 나타나고, 로그인 화면은 options로 지정한 스타일이 적용된 것을 확인할 수 있습니다.

▶ options를 사용한 설정

마지막으로 로그인 화면으로 사용되고 있는 **SignInScreen** 컴포넌트에서 **navigation.setOptions**를 사용해 화면의 스타일을 변경해보겠습니다.

다음과 같이 **SignInScreen** 컴포넌트를 수정하세요.

JS **src/screens/SignInScreen.js**

```
● ● ●

...

const SignInScreen = ({ navigation }) => {
  const [email, setEmail] = useState('');
  const [password, setPassword] = useState('');
  const passwordRef = useRef(null);
  const [disabled, setDisabled] = useState(true);
  const [isLoading, setIsLoading] = useState(false);

  useEffect(() => {
    navigation.setOptions({
      contentStyle: {
```

```
      backgroundColor: 'gainsboro',
    },
  })
}, [navigation]);

...
```

navigation이 변하지는 않지만 ESLint가 경고 메시지를 표시해서 navigation을 추가했습니다. 그리고 navigation.setOptions를 사용해서 배경색을 설정했습니다.

코드를 적용하면 navigation.setOptions에 설정된 contentStyle이 Screen 컴포넌트의 options에 설정된 contentStyle을 덮어쓰면서 배경색이 navigation.setOptions에 적용한 회색으로 나타나게 됩니다. 그런데 Screen 컴포넌트의 options에 적용된 borderRadius도 적용되지 않고 있습니다.

컴포넌트를 사용할 때 style props에 여러 개의 스타일을 적용하면 중복된 스타일만 덮어쓰지만, 화면 옵션은 옵션 키를 기준으로 덮어쓰기 때문에 contentStyle 전체를 덮어쓰게 됩니다. 3가지 옵션 설정 방법을 함께 사용할 때에 중복 옵션은 우선순위가 높은 설정만 적용된다는 점을 기억하세요.

navigation.setOptions는 Screen 컴포넌트나 Navigator 컴포넌트에서 설정하는 옵션과 다르게 컴포넌트 내부에서 옵션을 설정하다 보니 컴포넌트의 상태 변화에 대응할 수 있다는 장점이 있습니다. 예를 들어 email의 입력 상태에 따라 배경색을 변경하고 싶다면 다음과 같이 작성하면 됩니다.

JS src/screens/SignInScreen.js

```
...

const SignInScreen = ({ navigation }) => {
  ...
  const [isLoading, setIsLoading] = useState(false);

  useEffect(() => {
    navigation.setOptions({
```

```
      contentStyle: {
        backgroundColor: email ? 'lightskyblue': 'gainsboro',
      },
    });
  }, [email, navigation]);

...
```

useEffect의 deps에 email을 추가해서 email 값에 따라 배경색이 변경되도록 만들었습니다. 코드를 적용하고 화면에 이메일을 입력해보세요. 다음 그림처럼 배경색이 변경되는 것을 확인할 수 있습니다.

▶ 상태 변화에 따른 setOptions 호출

화면 옵션을 설정하는 3가지 방법의 특징과 적용 우선순위를 염두에 두고 상황에 알맞은 옵션 설정 방법을 사용하는 것이 좋습니다. 이 프로젝트에서는 배경색이 항상 흰색이니 Navigator 컴포넌트의 screenOptions를 사용해서 전체 화면의 배경색을 흰색으로 설정합니다.

- Navigator 컴포넌트의 screenOptions − 자식 컴포넌트로 사용하는 모든 Screen 컴포넌트에 적용됩니다.
- Screen 컴포넌트의 options − 해당 화면에 적용됩니다.
- navigation.setOptions − 해당 화면에 적용됩니다. 컴포넌트에 있는 상태 변수의 값에 따라 다른 옵션이 적용되도록 할 수 있습니다.

이제 테스트를 위해 작성한 코드를 삭제하겠습니다. SignInScreen 컴포넌트에서 navigation.setOptions 코드를 삭제하고 AuthStack 컴포넌트에서 Screen 컴포넌트의 options 코드를 삭제하세요.

JS src/screens/SignInScreen.js

```
...

const SignInScreen = ({ navigation }) => {
  ...
  const [isLoading, setIsLoading] = useState(false);

  useEffect(() => {
    setDisabled(!email || !password);
  }, [email, password]);

  const onSubmit = async () => {...};

  return (...);
};

...
```

JS src/navigations/AuthStack.js

```
...

const AuthStack = () => {
  return (
    <Stack.Navigator
```

```
      initialRouteName="SignIn"
      screenOptions={{
        contentStyle: { backgroundColor: WHITE },
      }}
    >
      <Stack.Screen name="List" component={ListScreen} />
      <Stack.Screen name="SignIn" component={SignInScreen} />
    </Stack.Navigator>
  );
};

...
```

② 헤더 타이틀

네이티브 스택 내비게이터를 적용하면서 화면 위쪽에 헤더가 자동으로 추가되었습니다. 이번에는 헤더를 수정할 수 있는 옵션을 사용해서 헤더를 원하는 모습으로 변경해보겠습니다.

title로 헤더 타이틀 변경

헤더에 있는 타이틀은 Screen 컴포넌트의 name에 설정한 값이 나타납니다. 다음과 같이 AuthStack 컴포넌트를 수정해보세요.

 src/navigations/AuthStack.js

```
...

const AuthStack = () => {
  return (
    <Stack.Navigator
      initialRouteName="Home"
      screenOptions={{
        contentStyle: { backgroundColor: WHITE },
      }}
    >
      <Stack.Screen name="List" component={ListScreen} />
      <Stack.Screen name="Home" component={SignInScreen} />
    </Stack.Navigator>
```

```
  );
};

...
```

로그인 화면의 이름(name)을 Home으로 변경하고 initialRouteName의 값도 변경된 이름으로 수정했습니다. 코드를 적용하면 첫 번째 Screen 컴포넌트인 목록 화면이 나타나니 새로고침하세요. SignIn으로 나타나던 헤더 타이틀이 Home으로 변경된 것을 확인할 수 있습니다.

▶ Screen 컴포넌트의 name 변경

Screen 컴포넌트의 name을 변경하면 헤더 타이틀이 변경되지만, initialRouteName처럼 SignIn이 사용된 곳을 찾아다니며 수정해야 한다는 불편함이 있습니다. 또한 Screen 컴포넌트의 name은 중복될 수 없으므로, 서로 다른 화면에서 같은 헤더 타이틀을 사용해야 하는 상황이라면 문제가 생깁니다.

title 옵션을 사용하면 Screen 컴포넌트의 name을 변경하지 않아도 원하는 값으로 헤더 타이틀을 변경할 수 있습니다. 다음과 같이 AuthStack 컴포넌트를 수정해보세요.

JS src/navigations/AuthStack.js

```
...

const AuthStack = () => {
  return (
    <Stack.Navigator
      initialRouteName="SignIn"
      screenOptions={{
        contentStyle: { backgroundColor: WHITE },
      }}
    >
      <Stack.Screen
        name="List"
        component={ListScreen}
        options={{
          title: 'TODO List',
        }}
      />
      <Stack.Screen
        name="SignIn"
        component={SignInScreen}
        options={{
          title: '로그인',
        }}
      />
    </Stack.Navigator>
  );
};

...
```

앞에서 Home으로 변경했던 initialRouteName과 name을 다시 SignIn으로 변경하고, options를 사용해서 각 화면의 타이틀을 설정했습니다. 결과를 확인해보면 title에 적용한 값이 헤더 타이틀로 잘 나타나게 됩니다.

▶ title을 사용한 헤더 타이틀 변경

headerTitleAlign으로 헤더 타이틀 정렬하기

헤더 타이틀의 정렬 위치가 iOS에서는 중앙이지만 안드로이드는 왼쪽에 위치하고 있는 것을 볼 수 있습니다. 이번에는 두 플랫폼에서의 헤더 타이틀 위치가 같아지도록 수정하겠습니다.

▶ 안드로이드 헤더 타이틀 위치

headerTitleAlign을 사용하면 헤더 타이틀 정렬 방법을 설정할 수 있습니다. 단, 이 옵션은 안드로이드에만 적용됩니다. 헤더 타이틀 정렬 방법은 모든 화면에서 같아야 하니 Navigator 컴포넌트의 screenOptions를 사용해서 headerTitleAlign을 설정하겠습니다.

🗎 src/navigations/AuthStack.js

```
...

const AuthStack = () => {
  return (
    <Stack.Navigator
      initialRouteName="SignIn"
      screenOptions={{
        contentStyle: { backgroundColor: WHITE },
        headerTitleAlign: 'center',
      }}
    >
      ...
    </Stack.Navigator>
  );
};

...
```

결과를 확인해보면 안드로이드의 헤더 타이틀이 중앙으로 정렬되어 있는 것을 볼 수 있습니다.

▶ 안드로이드 헤더 타이틀 중앙 정렬

headerTintColor와 headerTitleStyle로 헤더 타이틀 스타일 변경하기

headerTitleStyle이나 headerTintColor를 사용하면 헤더 타이틀의 스타일을 수정할 수 있습니다. headerTitleStyle에는 헤더 타이틀에 적용할 스타일 코드를 전달하면 되고, headerTintColor에는 적용하고 싶은 색상 코드를 전달하면 됩니다.

headerTintColor는 이름에서 유추할 수 있듯이 헤더 타이틀 만이 아닌 헤더 전체에 적용되는 옵션입니다. 그래서 headerTintColor에 전달한 색은 헤더 타이틀은 물론 왼쪽에 나타나는 버튼 아이콘과 버튼 타이틀에도 적용됩니다.

다음과 같이 AuthStack 컴포넌트를 수정해보세요.

📄 src/navigations/AuthStack.js

```
...
import { PRIMARY, WHITE } from '../colors';

const Stack = createNativeStackNavigator();

const AuthStack = () => {
  return (
    <Stack.Navigator ... >
      <Stack.Screen
        name="List"
        component={ListScreen}
        options={{
          title: 'TODO List',
          headerTintColor: PRIMARY.DEFAULT,
        }}
      />
      <Stack.Screen ... />
    </Stack.Navigator>
```

```
  );
};

...
```

headerTintColor 옵션을 설정하기 전에 안드로이드는 헤더 타이틀과 버튼 아이콘이 검은색으로 나타나고 iOS에서는 헤더 타이틀은 검은색, 버튼 아이콘과 버튼 타이틀은 밝은 파란색으로 나타났었습니다. headerTintColor를 적용하면 안드로이드와 iOS에서 헤더 타이틀, 버튼 아이콘 그리고 버튼 타이틀까지 적용한 색으로 변경된 것을 확인할 수 있습니다.

▶ headerTintColor 적용 변화 – iOS / 안드로이드

headerTintColor와 headerTitleStyle은 모두 헤더 타이틀 스타일에 영향을 줍니다. 두 옵션이 모두 설정되어 있다면 헤더 타이틀에는 headerTintColor와 headerTitleStyle에 설정한 스타일이 모두 적용되어 나타납니다. 단, headerTitleStyle에 color 스타일이 적용되어 있다면 headerTintColor에 설정된 값이 아닌 headerTitleStyle의 color 값이 적용됩니다.

다음과 같이 AuthStack 컴포넌트를 수정해보세요.

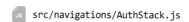
src/navigations/AuthStack.js

```
...

<Stack.Screen
```

```
  name="List"
  component={ListScreen}
  options={{
    title: 'TODO List',
    headerTintColor: PRIMARY.DEFAULT,
    headerTitleStyle: {
      fontWeight: '700',
      color: 'lightcoral',
    },
  }}
/>

...
```

headerTitleStyle에 fontWeight와 color를 설정했습니다. 결과를 보면 headerTint
Color에 설정한 색 대신 headerTitleStyle의 color에 설정한 색으로 헤더 타이틀이 나타
납니다.

▶ headerTitleStyle 적용 – iOS / 안드로이드

이번에는 headerTitleStyle에서 color를 삭제해보세요.

🟨 src/navigations/AuthStack.js

```
●●●

...

<Stack.Screen
  name="List"
  component={ListScreen}
  options={{
    title: 'TODO List',
    headerTintColor: PRIMARY.DEFAULT,
    headerTitleStyle: {
      fontWeight: '700',
```

```
    },
  }}
/>

...
```

`headerTitleStyle`에서 `color`를 삭제하면 헤더의 타이틀이 `headerTintColor`에 적용된 색으로 나타납니다.

▶ headerTitleStyle과 headerTintColor – iOS / 안드로이드

headerTitle로 헤더 타이틀 컴포넌트 변경하기

지금까지 헤더 타이틀의 텍스트를 변경하거나 스타일을 수정하는 방법에 대해 알아봤습니다. 이런 방법 외에도 헤더 타이틀 컴포넌트 전체를 변경하는 식으로 원하는 헤더 타이틀이 나타나게 하는 방법이 있습니다.

`headerTitle`에 컴포넌트를 반환하는 함수를 전달하면 해당 컴포넌트를 헤더 타이틀로 사용합니다. 다음과 같이 `AuthStack` 컴포넌트를 수정해보세요.

📄 src/navigations/AuthStack.js

```
...
import { Pressable, Text } from 'react-native';

const Stack = createNativeStackNavigator();

const AuthStack = () => {
  return (
    <Stack.Navigator ... >
      <Stack.Screen
        name="List"
```

```
        component={ListScreen}
        options={{
          title: 'TODO List',
          headerTintColor: PRIMARY.DEFAULT,
          headerTitleStyle: {
            fontWeight: '700',
          },
          headerTitle: (props) => {
            console.log(props);
            return (
              <Pressable onPress={() => console.log('test')}>
                <Text>TEST</Text>
              </Pressable>
            );
          },
        }}
      />
      <Stack.Screen ... />
    </Stack.Navigator>
  );
};

...
```

목록 화면의 headerTitle에 Pressable 컴포넌트와 Text 컴포넌트를 사용해서 새로운 헤더 타이틀을 반환하는 함수를 전달했습니다. 또한 함수 파라미터로 전달되는 값을 확인하기 위해 console.log를 사용했습니다. 결과를 보면 headerTitle에 전달한 컴포넌트가 나타나는 것을 볼 수 있습니다. 그리고 헤더 타이틀을 클릭할 때마다 터미널에 'test'가 잘 나타나는 것을 확인할 수 있습니다.

▶ headerTitle을 적용한 헤더 타이틀

추가로 터미널에는 함수의 파라미터로 전달된 값이 다음과 같이 나타납니다.

```
{"children": "TODO List", "tintColor": "#2563eb"}
```

children으로 title 옵션에 설정된 값이 들어오고 tintColor에는 headerTintColor에 설정한 값이 들어오고 있습니다. 이제 이 값을 사용하도록 코드를 수정하겠습니다.

src/navigations/AuthStack.js

```
...

<Stack.Screen
  name="List"
  component={ListScreen}
  options={{
    ...
    headerTitle: ({ children, tintColor }) => {
      return (
        <Pressable onPress={() => console.log('test')}>
          <Text style={{ color: tintColor }}>{children}</Text>
        </Pressable>
      );
    },
  }}
/>

...
```

결과를 보면 title 옵션에 설정한 값과 headerTintColor로 설정한 값이 적용된 것을 확인할 수 있습니다.

▶ 전달된 값을 사용한 headerTitle

헤더 타이틀을 이미지로 나타내고 싶거나 터치 이벤트를 넣는 등 좀 더 자유롭게 헤더 타이틀을 수정하고 싶을 때에 headerTitle을 사용하면 됩니다. 이 프로젝트에서는 헤더 타이틀을 기본으로 유지하고 있으니 테스트를 위해 작성한 headerTitle 옵션은 삭제하세요.

❸ 헤더 왼쪽 버튼 변경하기

로그인 후 목록 화면으로 이동하면 헤더 왼쪽에 뒤로가기 버튼이 나타납니다. 이 버튼은 네이티브 스택 내비게이터에서 이전 화면이 있을 때 자동으로 나타나는 버튼으로 헤더 타이틀과 마찬가지로 우리가 원하는 모습으로 수정할 수 있습니다.

먼저 두 플랫폼에서의 버튼 차이를 살펴보겠습니다.

- iOS에는 버튼 타이틀이 있고 안드로이드에는 버튼 타이틀이 없습니다.
- iOS와 안드로이드의 버튼 아이콘 모양이 다릅니다.

두 플랫폼에서 다르게 나타나는 버튼을 어떻게 동일하게 할 수 있을까요? iOS에서는 버튼 타이틀을 감출 수 있는 **headerBackTitleVisible** 옵션과 **headerBackImageSource**(두 플랫폼에 모두 적용되는)를 사용해서 왼쪽 버튼 아이콘으로 사용할 이미지 소스를 전달하는 방법으로 문제를 해결할 수 있습니다. 또는 **headerTitle**처럼 **headerLeft** 옵션에 왼쪽 버튼으로 사용하고 싶은 컴포넌트를 직접 전달하는 방법도 있습니다. 이번에는 **headerLeft** 옵션을 사용해서 헤더 왼쪽 버튼을 변경해보겠습니다.

headerLeft로 헤더 왼쪽 버튼 변경하기

먼저 **headerLeft** 옵션에 전달하는 함수로 어떤 값이 전달되는지 확인해보겠습니다. 다음과 같이 **AuthStack** 컴포넌트를 수정하세요.

 src/navigations/AuthStack.js

```
...

const AuthStack = () => {
  return (
    <Stack.Navigator
      initialRouteName="SignIn"
      screenOptions={{
        contentStyle: { backgroundColor: WHITE },
        headerTitleAlign: 'center',
        headerLeft: (props) => {
          console.log(props);
```

```
        },
      }}
    >
      ...
    </Stack.Navigator>
  );
};

...
```

코드를 적용하고 새로고침해서 로그인 화면으로 이동하세요. 그리고 `console.log`를 통해 `headerLeft`로 전달되는 값은 어떤 것들이 있는지 확인해보면 다음과 같이 `canGoback`, `label`, `tintColor`가 전달되는 것을 볼 수 있습니다.

```
{"canGoBack": false, "label": undefined, "tintColor": "rgb(0, 122, 255)"}
```

- `canGoBack` — 이전 화면으로 이동하는 기능의 사용 가능 여부를 알려줍니다. 이전 화면이 있다면 `true`, 없으면 `false`가 됩니다.
- `label` — 왼쪽 버튼 타이틀로 사용할 이전 화면 이름이 전달됩니다.
- `tintColor` — headerTintColor에 설정한 값이 전달됩니다.

로그인 화면은 첫 번째 화면이기 때문에 이전 화면이 없습니다. 따라서 `canGoBack`은 `false`가 되고 `label`은 `undefined`가 됩니다. 로그인 화면에서는 `headerTintColor`를 설정하지 않아서 `tintColor`에 기본값이 전달되고 있습니다. 로그인을 해서 목록 화면으로 이동하면 `canGoBack`과 `tintColor`에 다른 값이 전달되는 것을 볼 수 있습니다.

목록 화면은 로그인 화면(이전 화면)이 있기 때문에 이전 화면으로 돌아가는 함수를 호출할 수 있습니다. 따라서 `canGoBack`은 `true`가 되고 `tintColor`는 `headerTintColor`에 설정된 값이 전달됩니다.

이제 `canGoBack`과 `tintColor`를 사용해서 왼쪽 버튼에 벡터 아이콘을 추가하겠습니다.

src/navigations/AuthStack.js

```
...
import { MaterialCommunityIcons } from '@expo/vector-icons';

const Stack = createNativeStackNavigator();

const AuthStack = () => {
  return (
    <Stack.Navigator
      initialRouteName="SignIn"
      screenOptions={{
        contentStyle: { backgroundColor: WHITE },
        headerTitleAlign: 'center',
        headerTintColor: PRIMARY.DEFAULT,
        headerTitleStyle: {
          fontWeight: '700',
        },
        headerLeft: ({ canGoBack, tintColor }) => {
          if (!canGoBack) {
            return null;
          }

          return (
            <MaterialCommunityIcons
              name="chevron-left"
              size={30}
              color={tintColor}
            />
          );
        },
      }}
    >
      <Stack.Screen
        name="List"
        component={ListScreen}
        options={{
          title: 'TODO List',
        }}
      />
      <Stack.Screen ... />
    </Stack.Navigator>
  );
};

...
```

headerTintColor와 headerTitleStyle은 헤더에 대한 설정이니 모든 화면에 적용되도록 Navigator 컴포넌트의 screenOptions로 옮겼습니다. headerLeft에는 canGoBack이 false면 어떤 버튼도 나타나지 않도록 null을 반환하고, true인 경우에는 headerTintColor에 설정된 색을 사용해서 아이콘을 렌더링했습니다.

아직 뒤로가기 기능을 구현하지 않았으니 목록 화면에서 로그인 화면으로 이동하기 위해서는 새로고침해야 합니다. 목록 화면에 있다면 새로고침해서 로그인 화면으로 이동해보세요. 이전 화면이 없는 로그인 화면에서는 왼쪽 버튼이 나타나지 않고, 목록 화면에서는 iOS와 안드로이드에서 같은 모양의 버튼이 나타나게 됩니다.

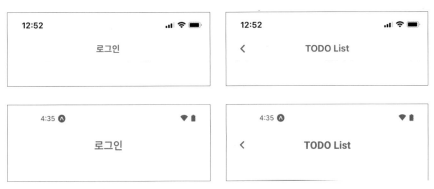

▶ headerLeft를 사용한 왼쪽 버튼

useNavigation Hook으로 navigation 사용하기

이번에는 왼쪽 버튼에 이전 화면으로 이동하는 기능을 추가하겠습니다. 이전 화면으로 이동은 navigation에 있는 pop 함수 혹은 goBack 함수를 사용합니다. 두 함수 간의 차이는 push 함수와 navigate 함수의 차이처럼 pop 함수는 네이티브 스택 내비게이터와 스택 내비게이터에서만 사용할 수 있고 goBack은 다른 종류의 내비게이터에서도 사용할 수 있다는 것입니다. ToDo리스트 프로젝트에서는 네이티브 스택 내비게이터를 사용하고 있으니 어떤 함수를 사용하든 작동은 같습니다.

앞에서 화면으로 사용된 컴포넌트의 props로 navigation이 전달된다는 것을 배웠습니다. pop 함수와 goBack 함수는 모두 navigation에 있는 함수이기 때문에 화면으로 사용된 컴포넌트에서만 사용할 수 있습니다. 따라서 headerLeft를 컴포넌트 내부로 옮겨 navigation. setOptions에서 설정해야 합니다.

하지만 코드를 컴포넌트 내부로 옮기면 화면으로 사용된 모든 파일에서 headerLeft를 작성해야 하는 불편함이 생깁니다. 중복된 코드를 줄이기 위해 headerLeft를 컴포넌트로 분리한다면 navigation을 분리된 컴포넌트로 전달해야 하는 번거로움도 발생합니다.

리액트 내비게이션에서는 이러한 단점을 해결하기 위해 navigation을 반환하는 useNavigation Hook을 제공하고 있습니다. useNavigation을 사용하면 코드를 컴포넌트 내부로 이동시키지 않아도 되고 컴포넌트로 분리된 파일에 props로 전달하던 번거로움도 해결할 수 있습니다.

🔗 useNavigation Hook – https://reactnavigation.org/docs/use-navigation

다음과 같이 headerLeft에서 useNavigation을 사용해서 뒤로가기 기능을 추가하세요.

JS src/navigations/AuthStack.js

```
...
import { MaterialCommunityIcons } from '@expo/vector-icons';
import { Pressable } from 'react-native';
import { useNavigation } from '@react-navigation/native';

const Stack = createNativeStackNavigator();

const AuthStack = () => {
  return (
    <Stack.Navigator
      initialRouteName="SignIn"
      screenOptions={{
        ...
        headerLeft: ({ canGoBack, tintColor }) => {
          const navigation = useNavigation();

          if (!canGoBack) {
            return null;
          }

          return (
            <Pressable onPress={navigation.goBack}>
              <MaterialCommunityIcons
                name="chevron-left"
```

```
            size={30}
            color={tintColor}
          />
        </Pressable>
      );
    },
  }}
>
  ...
</Stack.Navigator>
  );
};

export default AuthStack;
```

headerLeft에서 useNavigation을 사용해 navigation을 받아왔습니다. 그리고 아이콘을 Pressable 컴포넌트로 감싸서, 클릭했을 때 navigation의 goBack 함수가 호출되도록 작성했습니다. 코드를 작성하면 나타나는 ESLint 에러 메시지는 잠시 후에 해결하겠습니다. 지금은 무시하고 진행하세요.

참고로 onPress에 작성된 코드는 다음과 같습니다.

```
onPress={() => navigation.goBack()}
```

Pressable 컴포넌트가 클릭되면 onPress에 설정된 함수를 호출합니다. onPress에 () => {...}으로 함수를 전달해도 그 안에서 하는 일은 navigation.goBack 함수를 호출하는 일입니다. 따라서 () => {...}로 onPress를 설정하는 것과 onPress에 navigation.goBack 함수를 설정하는 것은 같은 행동을 하게 하는 것입니다.

이제 목록 화면에서 왼쪽 버튼을 클릭하면 로그인 화면으로 이동하는 것을 확인할 수 있습니다.

headerLeft를 컴포넌트로 분리하기

코드는 잘 작동하지만 useNavigation을 사용한 곳에서 Hook의 규칙을 어겼다는 ESLint 에러 메시지가 나타납니다. Hook의 규칙에는 컴포넌트 혹은 Hook에서만 사용할 수 있다는 내용이 있습니다. 그리고 컴포넌트의 이름은 대문자로 시작해야 한다는 규칙이 있습니다. 하지만

headerLeft는 소문자로 시작하므로 ESLint가 이것을 컴포넌트가 아니라고 판단하고 Hook
의 규칙을 어겼다는 에러 메시지를 보여주는 것입니다. 이번에는 headerLeft에 적용한 코드
를 컴포넌트로 분리해서 Hook의 규칙 위반 문제를 해결하겠습니다.

components 폴더에 HeaderLeftButton.js 파일을 만들고 다음과 같이 작성하세요. header
Left에 작성한 함수를 사용한 코드이니 해당 코드를 복사해서 사용하면 좀 더 편하게 작성할
수 있습니다.

 src/components/HeaderLeftButton.js

```js
import { MaterialCommunityIcons } from '@expo/vector-icons';
import { Pressable } from 'react-native';
import { useNavigation } from '@react-navigation/native';
import PropTypes from 'prop-types';

const HeaderLeftButton = ({ canGoBack, tintColor }) => {
  const navigation = useNavigation();

  if (!canGoBack) {
    return null;
  }

  return (
    <Pressable onPress={navigation.goBack}>
      <MaterialCommunityIcons
        name="chevron-left"
        size={30}
        color={tintColor}
      />
    </Pressable>
  );
};

HeaderLeftButton.propTypes = {
  canGoBack: PropTypes.bool,
  tintColor: PropTypes.string,
};

export default HeaderLeftButton;
```

컴포넌트를 분리하면 Hook의 규칙 때문에 나타나는 ESLint 메시지가 더 이상 보이지 않습니다.

이제 AuthStack 컴포넌트에서 HeaderLeftButton 컴포넌트를 사용하세요.

📄 src/navigations/AuthStack.js

```
...
import { PRIMARY, WHITE } from '../colors';
import HeaderLeftButton from '../components/HeaderLeftButton';

const Stack = createNativeStackNavigator();

const AuthStack = () => {
  return (
    <Stack.Navigator
      initialRouteName="SignIn"
      screenOptions={{
        ...
        headerLeft: HeaderLeftButton,
      }}
    >
      ...
    </Stack.Navigator>
  );
};

export default AuthStack;
```

headerLeft를 설정하면서 사용했던 코드는 필요하지 않으니 삭제하세요. 참고로 headerLeft에 작성된 코드는 다음과 같이 작성할 수 있습니다.

```
headerLeft: (props) => HeaderLeftButton(props)
```

HeaderLeftButton 컴포넌트는 <Pressable>...</Pressable>을 반환하는 함수입니다. 따라서 위와 같이 함수로 표현할 수 있습니다. 물론 다음처럼 HeaderLeftButton 컴포넌트를 반환하는 함수로 표현할 수도 있습니다.

```
headerLeft: (props) => <HeaderLeftButton {...props} />
```

이제 ESLint 에러 메시지도 사라지고 버튼도 잘 작동하는 것을 확인할 수 있습니다.

hitSlop props로 터치 영역 설정하기

우리가 원하는 모습으로 버튼을 만들었지만 버튼의 크기가 작아서 사용하는 기기나 사용자에
따라 클릭이 어려울 수도 있습니다. 헤더의 왼쪽 버튼처럼 작은 아이콘 하나를 버튼으로 사용
하는 경우 이러한 불편함이 발생할 수 있습니다.

이러한 사용자 경험을 해결하기 위해 버튼이 클릭되는 영역을 넓게 설정하는 방법이 있습니다.
Pressable 컴포넌트의 hitSlop props를 사용하면 터치를 인식하는 영역을 쉽게 설정할 수
있습니다.

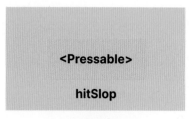

▶ Pressable 컴포넌트의 hitSlop

다음과 같이 HeaderLeftButton 컴포넌트를 수정해보세요.

 src/components/HeaderLeftButton.js

```
...

const HeaderLeftButton = ({ canGoBack, tintColor }) => {
  ...

  return (
    <Pressable onPress={navigation.goBack} hitSlop={100}>
      ...
    </Pressable>
  );
```

```
  };

  ...
```

코드를 작성하면 새로고침해야 적용됩니다. 새로고침 후 목록 화면으로 이동해서 왼쪽 버튼과 조금 떨어진 곳을 클릭해보세요. 왼쪽 버튼보다 헤더 타이틀에 더 가까운 곳을 클릭해도 navigation.goBack이 호출되는 것을 확인할 수 있습니다. hitSlop을 100으로 설정했기 때문에 버튼의 영역에서 100만큼 떨어진 곳까지 클릭을 인식하고 이벤트를 발생시키는 것입니다.

하지만 아래쪽으로는 옆쪽만큼 먼 범위까지 인식되지 않고 있습니다. hitSlop은 Pressable 컴포넌트가 속한 컴포넌트의 경계를 넘어서까지 확장되지는 않습니다. 따라서 Pressable 컴포넌트가 속해있는 헤더의 범위를 벗어난 곳에서는 터치가 인식되지 않습니다.

또한 여러 개의 Pressable 컴포넌트가 사용되고 hitSlop이 겹쳐진다면 위쪽에 겹쳐지는 Pressable 컴포넌트가 호출됩니다. 예를 들어 Pressable 컴포넌트를 사용해 A, B, C 컴포넌트를 만들어서 순서대로 사용한다고 가정하겠습니다. 컴포넌트에 hitSlop을 서로 겹칠 수 있는 크기로 설정한다면 다음 그림의 두 번째 그림처럼 겹쳐진 부분은 위쪽에 올라온 컴포넌트가 클릭된 것으로 처리됩니다. 만약 zIndex가 설정되어 있다면 zIndex 값에 따라 위쪽에 있는 컴포넌트의 클릭 이벤트가 호출됩니다. 여러분도 직접 여러 개의 Pressable 컴포넌트를 사용해서 다양한 조건으로 테스트해보세요.

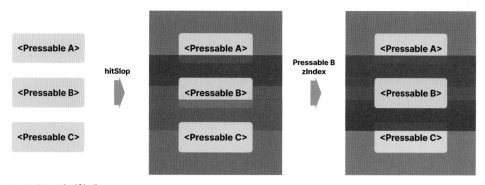

▶ hitSlop이 겹칠 때

hitSlop을 겹치게 사용하면 버튼까지 겹쳐지는 경우도 있고, 클릭 범위가 명확하지 않으니 되도록 겹치지 않는 범위에서 hitSlop을 사용하세요.

HeaderLeftButton 컴포넌트는 아이콘의 약간 옆쪽을 클릭해도 이벤트가 호출되도록 hit Slop을 10으로 설정하겠습니다.

 src/components/HeaderLeftButton.js

```
...

const HeaderLeftButton = ({ canGoBack, tintColor }) => {
  ...

  return (
    <Pressable onPress={navigation.goBack} hitSlop={10}>
      ...
    </Pressable>
  );
};

...
```

❹ 헤더 오른쪽 버튼 추가하기

헤더의 왼쪽은 뒤로가기 버튼으로 많이 사용되고 헤더 오른쪽은 설정, 메뉴 등 특정 기능이나 화면 이동 버튼으로 사용되는 경우가 많습니다. 이번에는 헤더의 오른쪽 버튼을 설정하는 방법에 대해 알아보겠습니다.

headerRight로 헤더 오른쪽 버튼 추가하기

headerRight 옵션을 사용하면 헤더의 오른쪽에 버튼을 추가할 수 있습니다. headerLeft와 마찬가지로 headerRight에 오른쪽 버튼으로 사용할 컴포넌트를 전달하거나 컴포넌트를 반환하는 함수를 전달하면 됩니다.

headerRight를 사용하여 설정 화면으로 이동하는 버튼을 헤더에 추가해보겠습니다. 먼저 오른쪽 버튼으로 사용할 컴포넌트를 만들겠습니다. components 폴더에 HeaderRightButton.js 파일을 만들고 다음과 같이 작성하세요.

```
import { MaterialCommunityIcons } from '@expo/vector-icons';
import { Pressable } from 'react-native';
import PropTypes from 'prop-types';

const HeaderRightButton = ({ tintColor }) => {
  return (
    <Pressable hitSlop={10}>
      <MaterialCommunityIcons name="cog" size={20} color={tintColor} />
    </Pressable>
  );
};

HeaderRightButton.propTypes = {
  tintColor: PropTypes.string,
};

export default HeaderRightButton;
```

headerRight에도 canGoBack과 tintColor가 전달됩니다. 이전 화면의 유무가 설정 화면으로 이동하는 데 필요한 값은 아니니 canGoBack은 사용하지 않고, 헤더 타이틀 및 헤더 왼쪽 아이콘과 색을 맞추기 위해 tintColor를 사용해서 아이콘 색을 설정했습니다.

이제 HeaderRightButton 컴포넌트를 목록 화면의 오른쪽 버튼으로 사용하겠습니다. 다음과 같이 AuthStack 컴포넌트를 수정하세요.

src/navigations/AuthStack.js

```
...
import HeaderRightButton from '../components/HeaderRightButton';

const Stack = createNativeStackNavigator();

const AuthStack = () => {
  return (
    <Stack.Navigator ... >
      <Stack.Screen
```

```
        name="List"
        component={ListScreen}
        options={{
          title: 'TODO List',
          headerRight: HeaderRightButton,
        }}
      />
      <Stack.Screen ... />
    </Stack.Navigator>
  );
};

export default AuthStack;
```

헤더 오른쪽 버튼은 목록 화면에서만 나타나야 하니 **screenOptions**가 아닌 목록 화면의
options로 설정했습니다. 코드를 적용하고 목록 화면으로 이동하면 헤더 오른쪽에 설정 버튼
이 나타납니다.

▶ 헤더 오른쪽 버튼

설정 화면 추가하고 이동하기

이번에는 버튼을 클릭하면 이동할 화면을 만들겠습니다. **screens** 폴더에 **SettingsScreen.
js** 파일을 생성하고 다음과 같이 작성하세요.

📄 src/screens/SettingsScreen.js

```
●●●

import { StyleSheet, Text, View } from 'react-native';

const SettingsScreen = () => {
  return (
    <View style={styles.container}>
      <Text style={{ fontSize: 30 }}>Settings Screen</Text>
```

```
      </View>
  );
};

const styles = StyleSheet.create({
  container: {
    flex: 1,
    justifyContent: 'center',
    alignItems: 'center',
  },
});

export default SettingsScreen;
```

현재 화면의 위치를 확인할 수 있는 간단한 화면을 만들었습니다. SettingsScreen 컴포넌트를 화면으로 추가하겠습니다. 다음과 같이 AuthStack 컴포넌트를 수정하세요.

src/navigations/AuthStack.js

```
● ● ●

...
import SettingsScreen from '../screens/SettingsScreen';

const Stack = createNativeStackNavigator();

const AuthStack = () => {
  return (
    <Stack.Navigator ... >
      ...
      <Stack.Screen name="Settings" component={SettingsScreen} />
    </Stack.Navigator>
  );
};

export default AuthStack;
```

Screen 컴포넌트를 통해 SettingsScreen 컴포넌트를 화면으로 사용하는 설정(Settings) 화면을 추가했습니다. 화면 추가가 되었으니 헤더 오른쪽 버튼을 클릭하면 설정 화면으로 이동하도록 HeaderRightButton 컴포넌트를 수정하세요.

src/components/HeaderRightButton.js

```
...
import { useNavigation } from '@react-navigation/native';

const HeaderRightButton = ({ tintColor }) => {
  const navigation = useNavigation();

  return (
    <Pressable
      onPress={() => navigation.navigate('Settings')}
      hitSlop={10}
    >
      <MaterialCommunityIcons name="cog" size={20} color={tintColor} />
    </Pressable>
  );
};

...
```

useNavigation Hook을 사용해서 navigation을 받아오고 버튼이 클릭되면 navigate 함수를 사용해서 설정 화면으로 이동하도록 작성했습니다. 새로고침해야 코드가 적용되니 새로고침한 다음 목록 화면으로 이동해서 헤더 오른쪽 버튼을 클릭해보세요.

화면 전체에 적용되는 screenOptions에서 headerLeft를 설정했기 때문에 설정 화면에도 헤더 왼쪽의 목록 화면과 같은 버튼이 나타납니다. 헤더 오른쪽 버튼은 목록 화면에만 적용했으므로 설정 화면에서는 나타나지 않습니다.

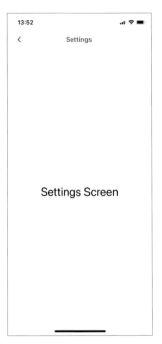

▶ 설정 화면으로 이동

headerShown으로 헤더 감추기

헤더를 사용하면 헤더 타이틀을 통해 어떤 화면인지 알려줄 수 있고, 왼쪽과 오른쪽 버튼을 활용해서 다양한 기능을 제공할 수 있다는 장점이 있습니다. 하지만 화면 구성이나 디자인에 따라 오히려 헤더가 방해가 되는 상황도 있습니다.

우리가 만든 로그인 화면의 헤더에는 버튼이 없습니다. 그리고 첫 번째 화면이기 때문에 굳이 로그인 화면이라는 것을 헤더 타이틀을 사용해 알려줄 필요가 없습니다. 이렇게 헤더가 필요하지 않은 화면에서는 headerShown 옵션을 사용해서 감출 수 있습니다.

AuthStack 컴포넌트에서 headerShown을 사용해 로그인 화면의 헤더를 감추겠습니다.

JS src/navigations/AuthStack.js

```
●●●

...
```

```
const AuthStack = () => {
  return (
    <Stack.Navigator ... >
      ...
      <Stack.Screen
        name="SignIn"
        component={SignInScreen}
        options={{
          title: '로그인',
          headerShown: false,
        }}
      />
      ...
    </Stack.Navigator>
  );
};

...
```

이제 로그인 화면에 헤더가 나타나지 않습니다.

▶ 헤더 감추기

5.3 화면 일부가 가려지는 문제 해결하기

4장에서 화면에 보이는 텍스트가 상태 바와 겹치는 문제가 생겼던 것을 기억하나요? 3장에서도 노치 때문에 화면 일부가 가려지는 현상이 발생했었습니다. 이 절에서는 기기에 따라 화면 일부가 가려지는 문제를 해결해보겠습니다.

SignInScreen 컴포넌트의 container 스타일에서 justifyContent와 alignItems를 주석 처리해보세요.

src/screens/SignInScreen.js

```
...

const styles = StyleSheet.create({
  container: {
    flex: 1,
    // justifyContent: 'center',
    // alignItems: 'center',
  },

...
```

스타일이 적용되면 다음 그림처럼 컴포넌트들이 상단의 왼쪽으로 정렬되면서 화면이 가려지는 문제가 발생합니다. 아이폰 11 pro에서는 상태 바와 노치 때문에 화면이 가려집니다. Pixel 5는 상태 바와 펀치홀^{punch hole} 때문에 카메라가 있는 부분에서 화면이 가려지는 문제가 발생합니다.

▶ 화면이 가려지는 문제 – iOS / 안드로이드

❶ 리액트 네이티브의 SafeAreaView 컴포넌트 사용하기

앞의 그림처럼 기기에 따라 화면 일부가 보이지 않는 문제는 리액트 네이티브의 SafeAreaView 컴포넌트를 사용해서 해결할 수 있습니다. SafeAreaView 컴포넌트는 콘텐츠가 가려지지 않는 안전한 영역에만 렌더링되도록 패딩을 자동으로 적용합니다.

🔗 SafeAreaView 컴포넌트 – https://reactnative.dev/docs/0.68/safeareaview

SignInScreen 컴포넌트에서 다음과 같이 View 컴포넌트 대신 SafeAreaView 컴포넌트를 사용해보세요.

src/screens/SignInScreen.js

```
import {
  ...
  SafeAreaView,
} from 'react-native';

...

const SignInScreen = () => {
  ...

  return (
    <SafeInputView>
      <SafeAreaView style={styles.container}>
        <Image ... />

        ...

      </SafeAreaView>
    </SafeInputView>
  );
};

...
```

react-native 모듈에서 SafeAreaView를 가져오고 로그인 화면을 감싸고 있는 View 컴포넌트 대신에 SafeAreaView 컴포넌트를 사용했습니다. 결과를 보면 iOS에서는 문제가 해결되었지만 안드로이드에서는 계속 화면이 겹치는 문제가 발생합니다. 아쉽게도 SafeAreaView 컴포넌트는 iOS에만 적용됩니다.

▶ 리액트 네이티브 SafeAreaView 컴포넌트 적용 – iOS / 안드로이드

2 react-native-safe-area-context의 SafeAreaView 컴포넌트 사용하기

리액트 내비게이션을 설치할 때 함께 설치한 react-native-safe-area-context를 사용하면 이 문제를 해결할 수 있습니다. react-native-safe-area-context는 리액트 네이티브의 SafeAreaView 컴포넌트를 보완하는 라이브러리로 안드로이드에서도 적용되는 SafeAreaView 컴포넌트를 제공합니다.

react-native 모듈에서 SafeAreaView를 가져오는 코드를 삭제하고 react-native-safe-area-context 모듈에서 제공하는 SafeAreaView로 변경해보세요.

src/screens/SignInScreen.js

```
import { Alert, Image, Keyboard, StyleSheet, View } from 'react-native';
import { SafeAreaView } from 'react-native-safe-area-context';

...
```

결과를 보면 안드로이드에서도 화면 일부가 가려지는 문제가 해결된 것을 확인할 수 있습니다. 기기 종류가 다양해지는 만큼 안드로이드에서도 펀치홀처럼 화면 일부가 기기에 가려지는 문제가 발생합니다. 리액트 네이티브에서 제공하는 **SafeAreaView** 컴포넌트로는 모든 문제에 대처하기 어려우니 react-native-safe-area-context에서 제공하는 **SafeAreaView** 컴포넌트의 사용을 권장합니다.

▶ react-native-safe-area-context의 SafeAreaView 컴포넌트 적용 – iOS / 안드로이드

3 useSafeAreaInsets Hook 사용하기

SafeAreaView 컴포넌트로 화면을 감싸서 패딩이 자동으로 적용되게 하는 방법도 있지만 패딩의 크기를 전달받아 직접 원하는 만큼만 적용하는 방법도 있습니다. react-native-safe-area-contenxt에서 제공하는 useSafeAreaInsets Hook을 사용하면 현재 실행 중인 기기에서 화면을 안전한 영역으로 제한하기 위한 패딩 값을 얻을 수 있습니다.

다음과 같이 SignInScreen 컴포넌트를 수정해보세요.

 src/screens/SignInScreen.js

```js
import { Alert, Image, Keyboard, StyleSheet, View } from 'react-native';
import {
  SafeAreaView,
  useSafeAreaInsets,
} from 'react-native-safe-area-context';

...

const SignInScreen = ({ navigation }) => {
  const insets = useSafeAreaInsets();
  console.log(insets);

  ...
};

...
```

이 책에서 테스트하고 있는 아이폰 11 pro에서는 다음과 같은 값이 터미널에 출력됩니다.

```
{"bottom": 34, "left": 0, "right": 0, "top": 44}
```

그리고 Pixel 5에서는 다음과 같이 출력됩니다.

```
{"bottom": 0, "left": 0, "right": 0, "top": 49.45454406738281}
```

출력되는 값은 여러분이 테스트하는 기기에 따라 다를 수 있습니다. 터미널에 출력된 값을 보면 아이폰 11 pro에서는 paddingTop을 44로 설정해야 화면 위쪽에서 노치를 피해 모든 콘텐츠를 보여줄 수 있다는 것을 알 수 있습니다. Pixel 5에서는 아이폰 11 pro와 다르게 paddingTop을 50 정도로 설정해야 한다는 것을 알 수 있습니다. 기기에 따라 설정해야 하는 값이 다르므로 직접 값을 입력하는 것이 아니라 useSafeAreaInsets가 반환한 값을 통해 paddingTop을 설정해야 합니다.

SignInScreen 컴포넌트에서 SafeAreaView 컴포넌트를 다시 View 컴포넌트로 변경하고 useSafeAreaInsets에서 알려준 값을 사용해 패딩을 적용해보세요.

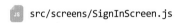 src/screens/SignInScreen.js

```
...

const SignInScreen = ({ navigation }) => {
  ...

  return (
    <SafeInputView>
      <View style={[styles.container, { paddingTop: insets.top }]}>
        <Image ... />

        ...
      </View>
    </SafeInputView>
  );
};

...
```

결과를 보면 SafeAreaView 컴포넌트를 적용했을 때와 같이 화면이 가려지지 않고 잘 보이는 것을 확인할 수 있습니다.

▶ useSafeAreaInsets를 사용한 패딩 적용 – iOS / 안드로이드

터미널을 보면 useSafeAreaInsets는 아이폰 11 pro에서 paddingBottom도 34로 설정해야 한다고 알려주고 있습니다. 하지만 Pixel 5에서는 paddingBottom을 설정할 필요가 없다고 0 으로 알려주고 있습니다. 패딩을 설정하지 않으면 어떻게 될까요? SignInScreen 컴포넌트의 container 스타일을 다음과 같이 수정해보세요.

`JS` src/screens/SignInScreen.js

```
...

const styles = StyleSheet.create({
  container: {
    flex: 1,
    justifyContent: 'space-between',
    // alignItems: 'center',
  },
  ...
});

export default SignInScreen;
```

결과를 보면 아이폰 11 pro에서는 아래쪽에 있는 막대 선과 겹치는 부분이 생기지만 Pixel 5 에서는 아래쪽에 겹치는 부분이 없습니다. 기기마다 화면이 적용되는 범위의 차이가 있어서 발 생하는 문제로 여러분이 테스트하는 기기에 따라 겹치는 문제가 생기기도 하고 그렇지 않은 경 우도 있습니다.

▶ 기기별 화면의 아래쪽 영역 차이 - iOS / 안드로이드

useSafeAreaInsets에서 알려준 bottom 값 34는 앞의 그림에서 보이는 막대 선을 피하기 위한 패딩 값입니다. View 컴포넌트 스타일에 paddingBottom을 추가하면 문제를 해결할 수 있습니다.

 src/screens/SignInScreen.js

```
...

const SignInScreen = ({ navigation }) => {
  ...

  return (
    <SafeInputView>
      <View
        style={[
          styles.container,
          { paddingTop: insets.top, paddingBottom: insets.bottom },
```

```
            ]}
        >
            ...
        </View>
    </SafeInputView>
  );
};

...
```

결과를 확인하면 Pixel 5는 useSafeAreaInsets에서 bottom을 0으로 전달하기 때문에 화면에 변화가 없고, 아이폰 11 pro에서만 아래에 패딩이 적용되어 이전보다 위쪽으로 옮겨진 것을 볼 수 있습니다.

▶ paddingBottom 설정 – iOS / 안드로이드

SafeAreaView 컴포넌트를 사용하면 간단하게 화면이 가려지는 문제를 해결할 수 있습니다. 하지만 디자인이나 상황에 따라 원하는 곳에만 패딩이 적용되어야 할 때에는 useSafeArea Insets를 통해 원하는 모습으로 화면을 구성할 수 있습니다.

이제 SignInScreen 컴포넌트의 container 스타일을 원래대로 변경하세요. 그리고 console
.log와 그 외 불필요한 코드는 삭제하세요.

📄 src/screens/SignInScreen.js

```
...

const styles = StyleSheet.create({
  container: {
    flex: 1,
    justifyContent: 'center',
    alignItems: 'center',
  },
  ...
});

export default SignInScreen;
```

5.4 로그인 여부에 따른 화면 관리하기

지금은 로그인하고 목록 화면으로 이동해도 뒤로가기를 하면 다시 로그인 화면으로 이동됩니다. `navigation.goBack` 함수뿐만 아니라 안드로이드 기기에 있는 뒤로가기 버튼을 클릭해도 이전 화면으로 돌아갑니다. 앞에서 설명한 대로 로그인 화면 위에 목록 화면이 쌓여 있어서 가능한 화면 이동입니다. 이렇게 로그인 화면 위에 목록 화면을 쌓고, 목록 화면에서 뒤로가기를 통해 로그인 화면으로 이동하는 것이 올바른 화면 이동일까요?

일반적으로 사용자가 접근할 수 있는 화면은 크게 두 종류로 구분할 수 있습니다. 먼저 로그인을 하기 전 접근 가능한 화면입니다. 예를 들면 이용약관, 서비스 소개 같은 정보 전달을 위한 화면과 로그인 및 회원가입 화면이 있습니다. 그다음 로그인 성공 후 접근할 수 있는 화면이 있습니다. 주로 회원정보, 친구 목록 등 로그인된 사용자와 연관된 콘텐츠를 예로 들 수 있습니다.

로그인된 사용자가 접근할 수 있는 화면과 로그인하기 전에 접근할 수 있는 화면을 함께 관리하면 의도치 않은 문제가 발생할 수 있습니다. 예를 들어 로그인하기 전의 사용자가 로그인해야 접근할 수 있는 화면으로 이동한다거나 이미 로그인을 한 사용자에게 다시 로그인 화면을 보여주는 문제가 생길 수 있습니다.

이 절에서는 이런 종류의 문제를 해결하기 위해 로그인 여부에 따른 화면 관리 방법에 대해 알아보겠습니다.

1 내비게이터 분리로 문제 해결하기

위와 같은 문제는 사용할 수 있는 화면을 구분 지어 해결할 수 있습니다. 이를 위해 사용하는 내비게이터를 구분하고 로그인 여부에 따라 사용하는 내비게이터를 변경하면 됩니다. 로그인 전에 사용하는 내비게이터는 로그인, 회원가입 등의 화면을 갖고 로그인 후에 사용하는 내비게이터에는 회원정보, 사용자 정보를 이용해 조회된 콘텐츠 등을 보여주는 화면을 갖고 있으면 됩니다. ToDo리스트 프로젝트에서 로그인 전에 접근할 수 있는 화면은 로그인 화면뿐이고, 로그인 후에 접근할 수 있는 화면에는 목록 화면과 설정 화면이 있습니다.

로그인 후에 사용할 수 있는 내비게이터를 새로 만들겠습니다. navigations 폴더에 Main Stack.js 파일을 만들고 다음과 같이 작성하세요. MainStack.js 파일 내용은 AuthStack. js 파일 내용과 거의 같으니 복사해서 사용하면 좀 더 쉽게 작성할 수 있습니다.

📄 src/navigations/MainStack.js

```
import { createNativeStackNavigator } from '@react-navigation/native-stack';
import ListScreen from '../screens/ListScreen';
import { PRIMARY, WHITE } from '../colors';
import HeaderLeftButton from '../components/HeaderLeftButton';
import HeaderRightButton from '../components/HeaderRightButton';
import SettingsScreen from '../screens/SettingsScreen';

const Stack = createNativeStackNavigator();

const MainStack = () => {
  return (
    <Stack.Navigator
      screenOptions={{
        contentStyle: { backgroundColor: WHITE },
        headerTitleAlign: 'center',
        headerTintColor: PRIMARY.DEFAULT,
        headerTitleStyle: {
          fontWeight: '700',
        },
        headerLeft: HeaderLeftButton,
      }}
    >
      <Stack.Screen
        name="List"
        component={ListScreen}
        options={{
          title: 'TODO List',
          headerRight: HeaderRightButton,
        }}
      />
      <Stack.Screen name="Settings" component={SettingsScreen} />
    </Stack.Navigator>
  );
};

export default MainStack;
```

로그인 화면과 **initialRouteName**을 제외하면 AuthStack 컴포넌트 내용을 그대로 사용했습니다. 이제 로그인 후에 사용할 내비게이터가 완성되었습니다. 그다음 AuthStack 컴포넌트를 수정하겠습니다.

 src/navigations/AuthStack.js

```js
import { createNativeStackNavigator } from '@react-navigation/native-stack';
import SignInScreen from '../screens/SignInScreen';
import { WHITE } from '../colors';

const Stack = createNativeStackNavigator();

const AuthStack = () => {
  return (
    <Stack.Navigator
      screenOptions={{
        contentStyle: { backgroundColor: WHITE },
        headerShown: false,
      }}
    >
      <Stack.Screen name="SignIn" component={SignInScreen} />
    </Stack.Navigator>
  );
};

export default AuthStack;
```

목록 화면과 설정 화면은 로그인 후에 접근하는 화면이니 삭제했습니다. 또한 헤더를 사용하지 않으므로 헤더와 관련된 옵션도 모두 삭제했습니다. 그 외에 사용하지 않는 코드도 모두 삭제해서 AuthStack 컴포넌트를 정리했습니다.

이제 로그인 전에 사용하는 AuthStack 컴포넌트와 로그인 후에 사용하는 MainStack 컴포넌트로 내비게이터를 분리했습니다. 현재 화면에서 아이디와 비밀번호를 입력하고 로그인 버튼을 클릭해보세요. 다음 그림과 같은 에러 메시지가 나타납니다.

▶ 존재하지 않는 화면으로 이동

로그인 성공 후에 SignInScreen 컴포넌트에서 navigation.navigate('List')를 호출하지만, AuthStack 컴포넌트에는 목록 화면이 없어서 나타나는 에러입니다. 이렇게 내비게이터를 분리하면 로그인 전에는 AuthStack 컴포넌트에서 사용하는 화면으로만 이동할 수 있습니다.

로그인에 성공하고 목록 화면으로 이동하기 위해서는 사용하는 컴포넌트를 AuthStack 컴포넌트에서 MainStack 컴포넌트로 변경해야 합니다. 이를 위해 로그인 여부를 관리하는 상태 변수를 만들고 그 값에 따라 사용하는 내비게이터를 변경하겠습니다.

다음과 같이 App 컴포넌트를 수정하세요.

 src/App.js

```
• • •

...
import MainStack from './navigations/MainStack';
import { useState } from 'react';
```

```
const App = () => {
  const [user, setUser] = useState(null);

  return (
    <NavigationContainer>
      <StatusBar style="dark" />
      {user ? (
        <MainStack user={user} setUser={setUser} />
      ) : (
        <AuthStack user={user} setUser={setUser} />
      )}
    </NavigationContainer>
  );
};

export default App;
```

로그인한 사용자 정보를 담고 있는 user 상태 변수를 만들고, user 값에 따라 MainStack 컴포넌트 혹은 AuthStack 컴포넌트를 사용하도록 했습니다. 그리고 사용자 정보를 담고 있는 user 상태 변수와 상태 변수를 수정할 수 있는 setUser 함수를 props로 전달했습니다.

이제 AuthStack 컴포넌트에서 props로 전달된 user와 setUser를 SignInScreen 컴포넌트로 전달하겠습니다.

JS src/navigations/AuthStack.js

```
...

const AuthStack = (props) => {
  return (
    <Stack.Navigator
      screenOptions={{
        contentStyle: { backgroundColor: WHITE },
        headerShown: false,
      }}
    >
      <Stack.Screen name="SignIn" >
        {(screenProps) => <SignInScreen {...screenProps} {...props} />}
```

```
      </Stack.Screen>
    </Stack.Navigator>
  );
};

export default AuthStack;
```

SignInScreen은 Screen 컴포넌트의 component로 전달하고 있기 때문에 기존 모습으로는 props를 전달할 수 없습니다. 그래서 스스로 닫는 태그로 사용하던 Screen 컴포넌트를 여는 태그와 닫는 태그로 변경하고, 자식 컴포닛트로 SignInScreen 컴포넌트를 반환하는 함수를 작성했습니다.

4장에서 컴포넌트의 여는 태그와 닫는 태그 사이에 있는 컴포넌트들은 children으로 전달된 다고 설명했던 것을 기억하나요? 앞의 코드처럼 children에 컴포넌트가 아닌 함수를 전달하 는 것을 render props 패턴이라고 합니다.

∞ 리액트 render props – https://bit.ly/react-docs-render-props

> **NOTE**
>
> render props 패턴을 사용할 일은 그렇게 많지는 않으니 이러한 사용 방법도 있다는 정도로만 이해하 고 넘어가도 괜찮습니다.

render props를 사용하면 자식 컴포넌트로 전달하는 props가 함수의 파라미터로 전달됩 니다. Screen 컴포넌트는 navigation과 route를 전달하고 있으니 함수의 파라미터에는 navigation과 route가 전달됩니다. 앞의 코드에서는 이 값을 screenProps라는 이름으로 한 번에 받아서 SignInScreen 컴포넌트로 전달했습니다. 그리고 AuthStack 컴포넌트로 전달된 user와 setUser도 props라는 이름으로 받아서 SignInScreen 컴포넌트로 전달했습니다.

이제 SignInScreen 컴포넌트에서 전달된 props를 사용하도록 코드를 수정하세요.

```
●●●

  ...

  const SignInScreen = ({ setUser }) => {
    ...

    const onSubmit = async () => {
      if (!isLoading && !disabled) {
        try {
          setIsLoading(true);
          Keyboard.dismiss();
          const data = await signIn(email, password);
          setIsLoading(false);
          setUser(data);
        } catch (error) {
          Alert.alert('로그인 실패', error, [
            { text: '확인', onPress: () => setIsLoading(false) },
          ]);
        }
      }
    };

  ...
```

기존의 navigation.navigate 함수로 화면을 이동하던 코드는 더 이상 필요하지 않으니 관련된 코드는 모두 삭제했습니다. 그리고 로그인에 성공하면 전달된 setUser 함수를 사용해서 user 상태 변수를 signIn 함수에서 반환한 사용자 이메일로 변경했습니다. 코드를 적용하고 로그인 화면에서 로그인해보세요.

▶ 내비게이터 분리 후 로그인

로그인하면 user 상태 변수가 사용자 이메일을 값으로 갖게 되고, AuthStack 컴포넌트 대신 MainStack 컴포넌트가 사용되면서 목록 화면이 나타납니다. AuthStack 컴포넌트에서 모든 화면을 관리할 때와 다르게 이전 화면이 없으므로 목록 화면 헤더에 뒤로가기 버튼이 보이지 않습니다.

추가로 사용하는 기기가 뒤로가기 버튼이 있는 안드로이드 기기라면 뒤로가기 버튼을 클릭해 보세요. AuthStack 컴포넌트 하나에서 모든 화면을 관리하던 이전과 다르게 로그인 화면으로 이동하지 않는 것을 볼 수 있습니다.

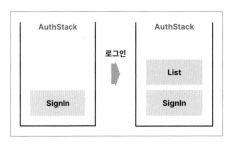
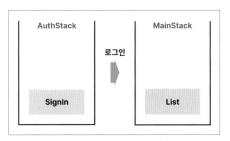

▶ 내비게이터 분리 전후 화면 비교

이렇게 로그인 전후에 사용하는 내비게이터를 구분해서 상황에 맞는 화면을 사용하면 로그인 여부에 따라 접근할 수 있는 화면을 제어할 수 있습니다.

물론 내비게이터를 구분하지 않고 사용하는 **Screen** 컴포넌트를 구분하는 방법으로 로그인 여부에 따른 화면을 구분할 수도 있습니다. 예를 들어 아래와 같은 방법으로 코드를 작성하면 내비게이터를 분리하지 않고도 user의 값에 따라 사용하는 화면을 구분할 수 있습니다.

```
const AuthStack = ({ user }) => {
  return (
    <Stack.Navigator>
      {user ? (
        <>
          <Stack.Screen name="List" component={ListScreen} />
          <Stack.Screen name="Settings" component={SettingsScreen} />
        </>
      ) : (
        <Stack.Screen name="SignIn" component={SignInScreen} />
      )}
    </Stack.Navigator>
  );
};
```

어떤 방법을 사용하든 문제가 되지 않지만 내비게이터 파일을 분리해서 관리하는 것을 추천합니다. 내비게이터 파일을 분리하면 파일 이름으로 관리하는 화면의 종류나 역할을 명확하게 지정할 수 있기 때문에 화면의 개수가 많아졌을 때 관리하기 더 편합니다.

② 글로벌 상태 관리의 문제점 해결하기

지금까지 내비게이터를 분리하고 상태 변수를 만들어서 로그인 여부에 따른 화면을 관리하도록 만들었습니다. 상태 변수는 여러 컴포넌트에서 사용할 수 있도록 **App** 컴포넌트에 만들고 props로 하위 컴포넌트에 전달했습니다. 이렇게 최상위 컴포넌트에서 상태를 선언하고 관리하는 것을 글로벌 상태 관리 혹은 전역 상태 관리라고 합니다.

App 컴포넌트에서 상태를 관리하면 여러 컴포넌트에서 모두 사용할 수 있다는 장점이 있지만 글로벌 상태를 사용해야 하는 컴포넌트로 전달하기 위해 props로 전달해야 한다는 번거로움도 있습니다. 현재 진행하고 있는 프로젝트에서의 데이터 전달은 App 컴포넌트 > AuthStack 컴포넌트 > SignInScreen 컴포넌트의 경로로 2번에 거쳐 진행되는 구조입니다.

리액트에서는 props를 통해 부모 컴포넌트에서 자식 컴포넌트로 데이터를 전달합니다. 그러다 보니 부모 컴포넌트가 가진 데이터를 멀리 있는 자식 컴포넌트에게 전달하기 위해서 props를 계속 전달해야 합니다. 목적지까지 props를 전달하는 과정에서 해당 props를 사용하지 않는 컴포넌트도 단순히 전달만을 위해 props를 받아야 합니다. 이렇게 자식 컴포넌트에 props를 전달하는 모습을 드릴로 땅을 파는 모습에 비유하여 prop drilling이라고 부릅니다.

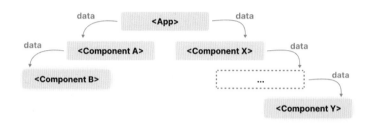

▶ prop drilling

prop drilling에는 아무 문제가 없습니다. 하지만 목적지까지 거쳐야 하는 컴포넌트 수가 많아진다면, 전달하는 데이터를 추적하고 관리하기 어려워진다는 단점이 생기기도 합니다.

예를 들어 처음에는 A라는 문자열을 전달했는데 최종 목적지에서는 그 값이 B가 되어 있었다고 가정하겠습니다. 분명 전달 과정 중 어디에선가 다른 데이터가 전달됐거나 데이터 변경이 이뤄질만한 무언가가 일어났다고 추측할 수 있습니다. 그런데 막상 전달 과정을 자세히 살펴보려 하니 10번의 컴포넌트를 거쳐 진행되었고, 이런 상황에서는 컴포넌트 10개 모두 확인해야만 합니다. 만약에 여러 컴포넌트에서 데이터를 사용한다면 전달 과정의 구조는 더욱 복잡해질 것입니다.

리액트가 제공하는 Context API를 사용하면 prop drilling의 단점을 해결하고 props를 직접 전달하지 않아도 해당 컴포넌트에서 데이터를 받아서 사용할 수 있습니다.

🔗 Context API – https://reactjs.org/docs/context.html

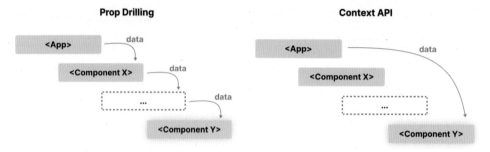

▶ prop drilling과 Context API 비교

3 Context API로 글로벌 상태 관리하기

이 절에서는 Context API의 사용 방법에 대해 알아보고 ToDo 리스트 프로젝트에 적용해보겠습니다.

Context API 사용 방법 알아보기

Context API 파일을 관리할 폴더를 만들겠습니다. `src` 폴더 밑에 `contexts` 폴더를 생성하세요. 그리고 `contexts` 폴더 안에 `UserContext.js` 파일을 만들어서 다음과 같이 작성하세요.

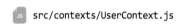 src/contexts/UserContext.js

```
import { createContext } from 'react';

const UserContext = createContext();

export default UserContext;
```

Context API를 사용하기 위해서는 먼저 `createContext` 함수를 사용해 `Context`를 생성해야 합니다. 여기에서는 사용자 정보를 관리하는 `Context`를 만들고 있으니 `UserContext`라는 이름으로 만들었습니다.

생성된 `Context` 객체 안에는 `Provider` 컴포넌트와 `Consumer` 컴포넌트가 있습니다. `Provider` 컴포넌트는 이름 그대로 `Context`에서 관리하는 데이터를 전달해주는 역할을 합니다. 그래서 Context에서 관리하는 데이터를 사용하고 싶은 컴포넌트들을 Provider 컴포넌트를 통해 감싸면 됩니다. 우리는 모든 컴포넌트에서 사용할 수 있기를 원하니 Provider 컴포넌트를 사용해 App 컴포넌트를 감싸줘야 합니다.

다음과 같이 App 컴포넌트를 수정하세요.

 src/App.js

```js
...
import UserContext from './contexts/UserContext';

const App = () => {
  const [user, setUser] = useState(null);

  return (
    <UserContext.Provider value={'beomjun'}>
      <NavigationContainer>
        <StatusBar style="dark" />
        {user ? (
          <MainStack user={user} setUser={setUser} />
        ) : (
          <AuthStack user={user} setUser={setUser} />
        )}
      </NavigationContainer>
    </UserContext.Provider>
  );
};

...
```

Provider 컴포넌트에는 value props가 있는데 value에 설정된 값이 Context를 통해 관리되는 데이터가 됩니다. Provider 컴포넌트로 앱 전체를 감쌌으니 이제 프로젝트 전체에서 Provider 컴포넌트의 value에 설정한 beomjun이라는 값을 사용할 수 있습니다.

데이터를 받아서 사용할 때에는 Context 객체에 있는 Consumer 컴포넌트를 사용합니다. 이번에는 SignInScreen 컴포넌트에서 Consumer 컴포넌트를 사용해 Context에서 관리하는 데이터를 받아오겠습니다. SignInScreen 컴포넌트를 다음과 같이 수정하세요.

```
...
import UserContext from '../contexts/UserContext';

const SignInScreen = ({ setUser }) => {
  ...

  return (
    <UserContext.Consumer>
      {(value) => {
        console.log(value);

        return (
          <SafeInputView>
            ...
          </SafeInputView>
        );
      }}
    </UserContext.Consumer>
  );
};

...
```

UserContext에 있는 Consumer 컴포넌트를 사용해서 SignInScreen 컴포넌트 전체를 감쌌습니다. Consumer 컴포넌트를 사용할 때에는 함수를 전달하는 render props 패턴을 적용해야 합니다. 그리고 전달된 함수의 파라미터로 Provider 컴포넌트에서 전달하는 데이터가 들어옵니다. 터미널을 확인해보면 Provider 컴포넌트에서 전달한 beomjun이 나타나게 됩니다.

Context API 사용하기

사용 방법을 익혔으니 로그인 여부를 변경하는 코드를 Context API를 사용해 수정하겠습니다.

App 컴포넌트를 다음과 같이 수정하세요.

```
...

const App = () => {
  const [user, setUser] = useState(null);

  return (
    <UserContext.Provider value={{ user, setUser }}>
      <NavigationContainer>
        <StatusBar style="dark" />
        {user ? <MainStack /> : <AuthStack />}
      </NavigationContainer>
    </UserContext.Provider>
  );
};

...
```

Provider 컴포넌트의 value에 user와 setUser를 전달했습니다. 더 이상 props를 전달할 필요가 없어서 MainStack 컴포넌트와 AuthStack 컴포넌트에서 전달하고 있던 props는 삭제했습니다.

이제 props가 전달되지 않으니 AuthStack 컴포넌트도 다음과 같이 수정하세요.

src/navigations/AuthStack.js

```
...

const AuthStack = () => {
  return (
    <Stack.Navigator
      screenOptions={{
        contentStyle: { backgroundColor: WHITE },
        headerShown: false,
      }}
    >
      <Stack.Screen name="SignIn" component={SignInScreen} />
```

```
    </Stack.Navigator>
  );
};

export default AuthStack;
```

Screen 컴포넌트를 props가 전달되기 이전 모습으로 변경했습니다.

마지막으로 다음과 같이 **SignInScreen** 컴포넌트를 수정하세요.

📄 src/screens/SignInScreen.js

```
...

const SignInScreen = () => {
  ...

  const onSubmit = async (setUser) => {
    if (!isLoading && !disabled) {
      try {
        setIsLoading(true);
        Keyboard.dismiss();
        const data = await signIn(email, password);
        setIsLoading(false);
        setUser(data);
      } catch (error) {
        ...
      }
    }
  };

  return (
    <UserContext.Consumer>
      {(({ setUser }) => (
        <SafeInputView>
          <View ... >
            ...
            <Input
              ref={passwordRef}
              title={'비밀번호'}
              ...
```

```
                onSubmitEditing={() => onSubmit(setUser)}
              />

              <View style={styles.buttonContainer}>
                <Button
                  title="로그인"
                  onPress={() => onSubmit(setUser)}
                  disabled={disabled}
                  isLoading={isLoading}
                />
              </View>
            </View>
          </SafeInputView>
        )}
      </UserContext.Consumer>
    );
};

...
```

props로 데이터가 전달되지 않으니 setUser 파라미터는 삭제했습니다.

```
const SignInScreen = () => {...}
```

그리고 Consumer 컴포넌트로 전달되는 객체에서 setUser만 받아오도록 수정했습니다. 추가로 Consumer 컴포넌트에 전달된 함수에서 return을 삭제하고 단축형으로 변경했습니다.

```
<UserContext.Consumer>
  {({ setUser }) => (
    <SafeInputView> ... </SafeInputView>
  )}
</UserContext.Consumer>
```

Consumer 컴포넌트 밖에 있는 onSubmit 함수는 Consumer 컴포넌트로 전달된 setUser에 접근할 수 없습니다. 그래서 onSubmit를 호출하는 곳에서 파라미터로 setUser를 전달하도록 수정했습니다.

```
<Input
  ...
  onSubmitEditing={() => onSubmit(setUser)}
/>

<Button
  title="로그인"
  onPress={() => onSubmit(setUser)}
  ...
/>

const onSubmit = async (setUser) => { ... };
```

코드를 적용하고 로그인해보세요. props로 전달했을 때와 마찬가지로 로그인 여부에 따라 사용하는 내비게이터가 잘 변경되는 것을 확인할 수 있습니다.

useContext Hook 사용하기

Context API는 글로벌 상태 관리에 매우 유용한 기능이지만 데이터를 받을 때마다 Consumer 컴포넌트를 사용해야 하는 불편함이 있습니다. 리액트에서 제공하는 useContext Hook을 통해 좀 더 편하게 Context API를 사용할 수 있습니다.

🔗 useContext Hook - https://bit.ly/react-useContext

useContext의 사용법은 굉장히 간단합니다. useContext를 호출하면서 파라미터로 Context를 전달하면 Provider 컴포넌트를 통해 전달되는 데이터를 반환합니다.

SignInScreen 컴포넌트에서 useContext Hook을 사용해보겠습니다.

 src/screens/SignInScreen.js

```
●●●

...
import { useContext, useEffect, useRef, useState } from 'react';
import Button from '../components/Button';
import { signIn } from '../api/auth';
import UserContext from '../contexts/UserContext';
```

```
const SignInScreen = () => {
  const insets = useSafeAreaInsets();

  const { setUser } = useContext(UserContext);

  ...

  const onSubmit = async () => { ... };

  return (
    <SafeInputView>
      <View ... >
        ...
        <Input
          ref={passwordRef}
          title={'비밀번호'}
          ...
          onSubmitEditing={onSubmit}
        />

        <View style={styles.buttonContainer}>
          <Button
            title="로그인"
            onPress={onSubmit}
            disabled={disabled}
            isLoading={isLoading}
          />
        </View>
      </View>
    </SafeInputView>
  );
};

...
```

SignInScreen 컴포넌트에서 useContext를 사용해 우리에게 필요한 setUser 함수만 받아왔습니다. useContext를 사용해서 setUser를 받아왔기 때문에 Consumer 컴포넌트가 더 이상 필요하지 않습니다. 그리고 onSubmit 함수에서도 useContext를 통해 받아온 setUser를 사용할 수 있기 때문에 onSubmitEditing과 onPress에서 setUser를 넘겨줄 필요가 없습니다.

Consumer 컴포넌트를 사용했을 때보다 사용 방법도 더 간단하고 코드도 깔끔해졌습니다. 특히 Consumer 컴포넌트를 사용하면 전달된 데이터가 컴포넌트 내부로 한정되기 때문에 사용하는 데 불편함이 있었습니다. 하지만 useContext를 사용하면 컴포넌트 함수의 최상단에서 데이터를 받아오기 때문에 편합니다.

App 컴포넌트 정리하기 – Provider 컴포넌트

Provider 컴포넌트와 Provider 컴포넌트가 전달하는 상태 변수는 Context와 연관된 코드입니다. 코드 성격에 맞게 Provider 컴포넌트와 관련된 코드를 분리해보겠습니다.

UserContext.js 파일을 다음과 같이 수정하세요.

 src/contexts/UserContext.js

```js
import { createContext, useState } from 'react';
import PropTypes from 'prop-types';

const UserContext = createContext();

export const UserProvider = ({ children }) => {
  const [user, setUser] = useState(null);

  return (
    <UserContext.Provider value={{ user, setUser }}>
      {children}
    </UserContext.Provider>
  );
};

UserProvider.propTypes = {
  children: PropTypes.node,
};

export default UserContext;
```

로그인 여부를 관리하는 상태 변수를 갖고 있고 Provider 컴포넌트를 반환하는 UserProvider 컴포넌트를 만들었습니다. 이렇게 하면 Provider 컴포넌트와 해당 Provider 컴포넌트가 전달하는 데이터를 한곳에서 관리할 수 있기 때문에 가독성이 좋아지고 유지보수하는 데에 도움을 줍니다.

App 컴포넌트에서 UserProvider 컴포넌트를 사용하도록 수정하겠습니다.

 src/App.js

```
...
import UserContext, { UserProvider } from './contexts/UserContext';


const App = () => {
  return (
    <UserProvider>
      <NavigationContainer>
        <StatusBar style="dark" />
        <UserContext.Consumer>
          {({ user }) => (user ? <MainStack /> : <AuthStack />)}
        </UserContext.Consumer>
      </NavigationContainer>
    </UserProvider>
  );
};


export default App;
```

UserProvider 컴포넌트를 사용하면 App 컴포넌트에서 상태 변수를 만들 필요가 없습니다. 그리고 사용할 컴포넌트를 결정하는 user 상태 변수는 Consumer 컴포넌트를 통해 User Context로부터 값을 받아와 사용했습니다.

useContext는 데이터를 전달하는 Provider 컴포넌트의 하위 컴포넌트에서 사용할 수 있습니다. 따라서 App 컴포넌트에서는 useContext를 통해 값을 받아올 수 없으니 Consumer 컴포넌트를 사용해 데이터를 전달받아야 합니다.

App 컴포넌트 정리하기 - 내비게이션

App 컴포넌트에서 user 상태 변숫값에 따라 사용하는 컴포넌트를 다르게 하는 코드는 App 컴포넌트의 역할이라기보다 내비게이션의 역할로 보는 것이 타당합니다. 더구나 Provider 컴포넌트와 같은 파일에 있어서 useContext Hook를 사용해서 데이터를 받아올 수 없는 불편함도 있습니다. 이번에는 App 컴포넌트에서 내비게이션 관련 코드를 정리해보겠습니다.

navigations 폴더에 Navigation.js 파일을 생성하고 다음과 같이 작성하세요.

📄 src/navigations/Navigation.js

```
import { useContext } from 'react';
import UserContext from '../contexts/UserContext';
import { NavigationContainer } from '@react-navigation/native';
import MainStack from './MainStack';
import AuthStack from './AuthStack';

const Navigation = () => {
  const { user } = useContext(UserContext);

  return (
    <NavigationContainer>
      {user ? <MainStack /> : <AuthStack />}
    </NavigationContainer>
  );
};

export default Navigation;
```

Navigation 컴포넌트를 만들고 App 컴포넌트에 있던 내비게이션 관련 코드를 모두 가져왔습니다. 그리고 컴포넌트가 분리되면서 useContext Hook을 사용할 수 있으니 Consumer 컴포넌트를 삭제하고 useContext를 사용하는 방법으로 변경했습니다.

이제 Navigation 컴포넌트를 사용해서 다음과 같이 App 컴포넌트를 수정하세요.

📄 src/App.js

```
import { StatusBar } from 'expo-status-bar';
import { UserProvider } from './contexts/UserContext';
import Navigation from './navigations/Navigation';

const App = () => {
  return (
```

```
    <UserProvider>
      <StatusBar style="dark" />
      <Navigation />
    </UserProvider>
  );
};

export default App;
```

App 컴포넌트의 코드가 굉장히 깔끔해졌습니다. 이렇게 App 컴포넌트에는 앱 전체에 적용되어야 하는 Provider 컴포넌트 같은 코드만 작성하고, 역할에 맞게 파일을 분리하면 가독성이 좋아지고 파일 관리가 수월해집니다. 하지만 반드시 이런 방법으로 파일을 분리하고 관리할 필요는 없습니다. 개인 취향에 따라 방법을 달리할 수도 있고, 팀 단위 작업에서는 팀에서 약속한 방법으로 파일을 관리하면 됩니다.

useUserContext Hook 만들기

지금도 충분히 코드가 깔끔하고 사용하기 편하지만 매번 useContext와 UserContext를 import해서 사용하는 것이 번거롭게 느껴집니다. 마지막으로 이런 번거로움을 없애기 위해 UserContext로부터 데이터를 받아오는 커스텀 Hook을 만들어보겠습니다.

UserContext.js 파일을 다음과 같이 수정하세요.

Js src/contexts/UserContext.js

```
import { createContext, useState, useContext } from 'react';
import PropTypes from 'prop-types';

const UserContext = createContext();

export const useUserContext = () => useContext(UserContext);

export const UserProvider = ({ children }) => { ... }

...
```

useContext를 사용해서 UserContext 값을 받아와 반환하는 useUserContext 커스텀 Hook을 만들었습니다.

hooks 폴더를 생성하여 Hook을 관리하는 것도 좋은 방법이지만 여기에서는 UserContext. js 파일에 작성했습니다. 파일을 따로 분리하기에는 코드가 너무 짧기도 하고, UserContext 와 관련된 코드를 하나의 파일에서 관리할 수 있다는 장점도 있기 때문입니다. 각자 취향에 따라 hooks 폴더를 만들어서 관리해도 문제가 되지 않습니다.

이제 UserContext를 사용하는 코드를 useUserContext Hook을 사용하도록 수정하겠습니다. 먼저 Navigation 컴포넌트를 다음과 같이 수정하세요.

📄 src/navigations/Navigation.js

```
import { useUserContext } from '../contexts/UserContext';
import { NavigationContainer } from '@react-navigation/native';
import MainStack from './MainStack';
import AuthStack from './AuthStack';

const Navigation = () => {
  const { user } = useUserContext();

  return (
    <NavigationContainer>
      {user ? <MainStack /> : <AuthStack />}
    </NavigationContainer>
  );
};

export default Navigation;
```

그다음 SignInScreen 컴포넌트를 수정하세요.

📄 src/screens/SignInScreen.js

```
...
import { useEffect, useRef, useState } from 'react';
```

```
import Button from '../components/Button';
import { signIn } from '../api/auth';
import { useUserContext } from '../contexts/UserContext';

const SignInScreen = () => {
  const insets = useSafeAreaInsets();

  const { setUser } = useUserContext();

  ...
};

...
```

코드가 좀 더 깔끔해졌습니다. 이 책에서 작성한 방법대로 사용하면 Context와 관련된 내용을 한 파일에서 모두 관리할 수 있고 좀 더 사용하기 간단하다는 장점이 있습니다. 반드시 만들어 야 하는 Hook은 아니므로 여러분의 취향에 따라 사용 여부를 결정하면 됩니다.

④ 로그아웃 기능 만들기

지금까지 우리는 로그인하면 Context API를 사용해 글로벌 상태 변수를 변경하고, 그 값에 따라 MainStack 컴포넌트에 있는 목록 화면이 나오게 만들었습니다. 이 절에서는 로그아웃 기능을 만들어서 다시 로그인 화면으로 돌아가게 만들겠습니다.

로그아웃 버튼 만들기

설정 화면에 로그아웃 버튼을 추가하겠습니다. 다음과 같이 SettingsScreen 컴포넌트를 수정하세요.

📄 src/screens/SettingsScreen.js

```
import { StyleSheet, View } from 'react-native';
import Button from '../components/Button';
import { useUserContext } from '../contexts/UserContext';

const SettingsScreen = () => {
```

```
    const { setUser } = useUserContext();

    return (
      <View style={styles.container}>
        <Button title="로그아웃" onPress={() => setUser(null)} />
      </View>
    );
};

const styles = StyleSheet.create({
  container: {
    flex: 1,
    justifyContent: 'center',
    paddingHorizontal: 20,
  },
});

export default SettingsScreen;
```

useUserContext를 사용해서 setUser를 받아왔습니다. 그리고 우리가 만든 Button 컴포넌트를 사용해서 로그아웃 버튼을 만들고, 버튼을 클릭하면 setUser를 통해 user를 null로 변경되도록 작성했습니다.

로그아웃 버튼이 추가되면 버튼을 클릭해서 로그아웃해보세요. user가 null이 되면서 Auth Stack 컴포넌트가 사용되고 로그인 화면이 나타나는 것을 볼 수 있습니다.

▶ 로그아웃 버튼

버튼 색 변경하기

버튼이 잘 나타나고 잘 작동하지만 로그아웃 버튼에 프라이머리 컬러를 사용하는 것이 조금은 어색하게 보입니다. 프라이머리 컬러는 중요한 기능의 버튼에 사용하는 것이 일반적입니다. 부정적인 행동이나 삭제같이 되돌릴 수 없는 행동을 하는 경우에는 일반적으로 경고의 의미로 붉은색을 많이 사용합니다.

로그아웃 버튼을 사용자에게 경고의 의미를 담은 붉은색으로 변경해보겠습니다. 먼저 `colors.js` 파일에 색을 추가하겠습니다.

 src/colors.js

```
...

export const DANGER = {
  LIGHT: '#fca5a5',
```

```
  DEFAULT: '#dc2626',
  DARK: '#7f1d1d',
};
```

Button 컴포넌트에서는 기본색, 옅은 색, 짙은 색을 사용하고 있으니 경고를 표현하는 색 세 가지를 준비했습니다.

사용할 색이 준비되었으니 어떤 타입의 버튼인지 props로 전달받고, 타입에 따라 사용하는 색이 달라지게 만들겠습니다. 다음과 같이 Button 컴포넌트를 수정하세요.

📄 src/components/Button.js

```
...
import { DANGER, GRAY, PRIMARY, WHITE } from '../colors';

export const ButtonTypes = {
  PRIMARY: 'PRIMARY',
  DANGER: 'DANGER',
};

const Button = ({
  title,
  onPress,
  disabled,
  isLoading,
  buttonType,
}) => {
  const colors = { PRIMARY, DANGER };

  return (
    <Pressable
      onPress={onPress}
      style={(({ pressed }) => [
        styles.container,
        { backgroundColor: colors[buttonType].DEFAULT },
        pressed && { backgroundColor: colors[buttonType].DARK },
        disabled && {
          backgroundColor: colors[buttonType].LIGHT,
          opacity: 0.6,
        },
```

```
      ]}
      disabled={disabled}
    >
      ...
    </Pressable>
  );
};

Button.defaultProps = {
  buttonType: ButtonTypes.PRIMARY,
};

Button.propTypes = {
  ...
  buttonType: PropTypes.oneOf(Object.values(ButtonTypes)),
};

const styles = StyleSheet.create({
  container: {
    borderRadius: 8,
    paddingVertical: 20,
    justifyContent: 'center',
    alignItems: 'center',
  },
  ...
});

export default Button;
```

변경된 부분을 하나씩 살펴보겠습니다. Button 컴포넌트에 buttonType props를 추가하고 외부에서 사용하기 편하게 buttonType에서 허용하는 값으로 ButtonTypes Enum을 만들었습니다.

```
export const ButtonTypes = {
  PRIMARY: 'PRIMARY',
  DANGER: 'DANGER',
};

const Button = ({
  ...
  buttonType,
}) => {...}
```

props가 추가되었으니 propTypes에 추가하고 기존에 사용하던 버튼이 정상적으로 작동하도록 defaultProps를 추가했습니다.

```
Button.defaultProps = {
  buttonType: ButtonTypes.PRIMARY,
};

Button.propTypes = {
  ...
  buttonType: PropTypes.oneOf(Object.values(ButtonTypes)),
};
```

만약 defaultProps를 추가하지 않으면 기존 Button 컴포넌트를 사용하던 곳을 찾아다니며 props를 전달해줘야 합니다. 누락된 곳이 있다면 그곳에서는 Button 컴포넌트가 정상적으로 작동하지 않을 수 있습니다. 이미 사용하고 있는 컴포넌트에 props를 추가할 때에는 기존 사용하던 곳에서 문제가 발생하지 않도록 처리하는 것이 중요합니다.

그다음 키는 buttonType로 전달될 수 있는 PRIMARY와 DANGER로 하고, 값은 colors.js에서 가져온 PRIMARY와 DANGER를 갖는 객체를 단축형으로 만들었습니다.

```
const colors = { PRIMARY, DANGER };
```

마지막으로 버튼 배경색을 buttonType에 따라 colors에서 적절한 색을 사용하도록 변경했습니다. StyleSheet의 container에 있던 배경색도 buttonType에 따라 달라져야 하니 container에서 삭제하고 컴포넌트 내부에서 설정하는 것으로 변경했습니다.

```
{ backgroundColor: colors[buttonType].DEFAULT },
pressed && { backgroundColor: colors[buttonType].DARK },
disabled && {
  backgroundColor: colors[buttonType].LIGHT,
  opacity: 0.6,
},
```

이제 SettingsScreen 컴포넌트에서 buttonType을 Button 컴포넌트에 전달해보세요.

JS src/screens/SettingsScreen.js

```javascript
import { StyleSheet, View } from 'react-native';
import Button, { ButtonTypes } from '../components/Button';
import { useUserContext } from '../contexts/UserContext';

const SettingsScreen = () => {
  const { setUser } = useUserContext();

  return (
    <View style={styles.container}>
      <Button
        title="로그아웃"
        onPress={() => setUser(null)}
        buttonType={ButtonTypes.DANGER}
      />
    </View>
  );
};

...
```

화면을 보면 로그인 버튼은 어떤 추가 작업이 없이도 기존 모습으로 나타나고, 로그아웃 버튼은 빨간색으로 나타나게 됩니다. 여러분도 버튼이 buttonType에 따라 잘 나타나는지 확인해 보세요.

▶ 로그아웃 버튼 색상 변경

5.5 마치며

이 장에서는 리액트 내비게이션을 사용해 화면을 이동하고 관리하는 방법에 대해 알아봤습니다. 그리고 제공되는 옵션을 사용해 헤더를 우리가 원하는 모양으로 변경해봤습니다. 단일 화면 앱을 만드는 것이 아니라면 내비게이션은 필수 기능이니 잘 기억해두기 바랍니다.

최근 모바일 기기의 크기와 모양이 다양해지면서 노치 혹은 펀치홀이 적용된 기기를 많이 볼 수 있습니다. 이런 특정한 기기에서 화면이 가려지는 문제를 react-native-safe-area-context를 사용해서 해결하는 방법도 살펴봤습니다.

마지막으로 Context API를 통해 글로벌 상태를 관리하는 방법에 대해 알아봤습니다. 여러 컴포넌트에서 공유해야 하는 상태는 props로 전달하는 것보다 Context API를 사용하는 방법을 권장합니다.

다음 장에서는 목록을 보여주는 화면을 만들고 ToDo 리스트 프로젝트를 완성하겠습니다.

CHAPTER
6

ToDo리스트 만들기 III

5장에서 우리는 로그인 여부에 따라 각기 다른 화면을 사용하도록 만들었습니다. 이 과정에서 리액트 내비게이션을 활용하는 방법과 Context API에 대해 알아봤습니다. 이 장에서는 목록을 보여주는 화면을 만들고 기능을 추가해서 프로젝트를 완성해봅니다.

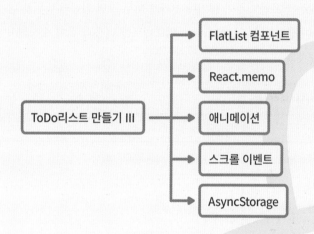

<table>
<tr><td>6.1</td><td># 목록 화면 만들기</td></tr>
</table>

6.1 목록 화면 만들기

사용자가 할 일을 계속 추가하다 보면 목록이 너무 길어져서 화면에 모두 보여줄 수 없는 상황이 발생할 수 있습니다. 이 절에서는 목록 화면을 만들면서 긴 목록은 어떻게 처리하는지 알아보겠습니다.

1 긴 목록을 모두 보여주는 방법

화면에 렌더링하는 컴포넌트 수가 많거나 크기가 너무 크면 화면의 범위를 넘어가기 때문에 보이지 않는 부분이 생깁니다. ListScreen 컴포넌트를 다음과 같이 수정해서 500개의 컴포넌트를 렌더링해보세요.

 src/screens/ListScreen.js

```js
import { StyleSheet, Text, View } from 'react-native';

const ListScreen = () => {
  const todos = [];
  for (let i = 1; i < 501; i++) {
    todos.push({ value: i });
  }

  return (
    <View style={styles.container}>
      {todos.map((item, index) => {
        return (
          <View
            key={index}
            style={{ paddingVertical: 10, paddingHorizontal: 20 }}
          >
            <Text style={{ fontSize: 20 }}>{item.value}</Text>
          </View>
        );
```

```
      })}
    </View>
  );
};

const styles = StyleSheet.create({
  container: {
    flex: 1,
  },
});

export default ListScreen;
```

value를 가진 객체 500개를 todos라는 이름의 배열로 만들었습니다. 그리고 이 배열을 사용해서 500개의 컴포넌트를 렌더링했습니다. 컴포넌트가 위쪽에서부터 순서대로 나타나도록 container 스타일도 수정했습니다. 결과를 확인하면 기기의 크기에 따라 약간의 차이는 있겠지만 다음 그림처럼 렌더링한 컴포넌트의 일부만 나타나고 가려지는 부분이 생기는 것을 확인할 수 있습니다.

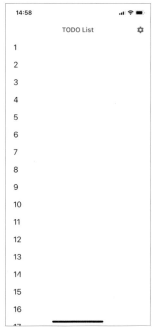

▶ 화면을 넘어가는 목록

이렇게 컴포넌트가 화면의 범위를 넘을 때 사용할 수 있는 컴포넌트로 ScrollView 컴포넌트와 FlatList 컴포넌트가 있습니다.

- ScrollView 컴포넌트 – https://reactnative.dev/docs/0.68/scrollview
- FlatList 컴포넌트 – https://reactnative.dev/docs/0.68/flatlist

두 컴포넌트 모두 화면의 범위를 넘어가는 많은 양의 컴포넌트를 렌더링할 때 한 화면에 보이지 않던 내용을 확인할 수 있도록 스크롤을 제공합니다.

다만 ScrollView 컴포넌트는 렌더링해야 하는 컴포넌트를 한 번에 모두 렌더링하고 FlatList 컴포넌트는 필요한 만큼만 렌더링한 뒤 스크롤의 이동에 따라 필요한 부분을 추가로 렌더링한다는 차이가 있습니다. 이러한 작동 방식 때문에 ScrollView 컴포넌트를 사용하는 경우에 데이터가 많다면 속도가 느려지고 메모리 사용량이 증가하는 등의 성능 저하 현상이 발생할 수 있습니다.

두 컴포넌트의 작동 차이를 확인하기 위해 간단한 테스트를 해보겠습니다. 먼저 ScrollView 컴포넌트를 사용해보겠습니다. ScrollView 컴포넌트는 이름에서 유추할 수 있듯이 View 컴포넌트처럼 원하는 컴포넌트를 감싸면 됩니다. ListScreen 컴포넌트에서 ScrollView 컴포넌트를 사용해 화면의 범위를 넘어선 목록을 감싸보세요.

 src/screens/ListScreen.js

```js
import { ScrollView, StyleSheet, Text, View } from 'react-native';

const ListScreen = () => {
  const todos = [];
  for (let i = 1; i < 501; i++) {
    todos.push({ value: i });
  }

  return (
    <View style={styles.container}>
      <ScrollView>
        {todos.map((item, index) => {
          console.log(item.value);
          return (
```

```
            <View
              key={index}
              style={{ paddingVertical: 10, paddingHorizontal: 20 }}
            >
              <Text style={{ fontSize: 20 }}>{item.value}</Text>
            </View>
          );
        })}
      </ScrollView>
    </View>
  );
};

...
```

ScrollView 컴포넌트를 사용해서 목록을 감싸고 console.log를 사용해 렌더링되는 컴포넌트 값을 출력했습니다. 화면을 보면 이전에는 가려져 볼 수 없던 아래쪽의 데이터를 스크롤을 통해 볼 수 있습니다. 그리고 데이터를 한 번에 모두 렌더링하는 ScrollView 컴포넌트의 작동 방식 때문에 터미널에는 1부터 500까지 출력되는 것을 확인할 수 있습니다.

이번에는 FlatList 컴포넌트를 사용하여 ListScreen 컴포넌트를 수정해보겠습니다. FlatList 컴포넌트에 대해서는 잠시 후에 자세히 다루겠습니다. 여기에서는 테스트를 위해 잠시 언급하는 것이니 자세한 사용 방법에 대해서는 신경 쓰지 마세요.

 src/screens/ListScreen.js

```
import { FlatList, StyleSheet, Text, View } from 'react-native';

const ListScreen = () => {
  const todos = [];
  for (let i = 1; i < 501; i++) {
    todos.push({ value: i });
  }

  return (
    <View style={styles.container}>
      <FlatList
        data={todos}
```

```
            renderItem={({ item }) => {
              console.log(item.value);
              return (
                <View style={{ paddingVertical: 10, paddingHorizontal: 20 }}>
                  <Text style={{ fontSize: 20 }}>{item.value}</Text>
                </View>
              );
            }}
          />
        </View>
      );
    };

    ...
```

결과를 보면 ScrollView 컴포넌트를 사용했을 때처럼 스크롤을 통해 화면의 범위를 넘어간 내용을 확인할 수 있습니다. 하지만 터미널에는 1부터 500까지 출력되는 것이 아니라 일부만 나타나는 것을 확인할 수 있습니다. 이 책에서 테스트하고 있는 아이폰 11 pro에서는 181까지만 출력됩니다. 여러분도 각자 사용하는 기기에서 500까지 모두 출력되는 것이 아닌 일부만 출력되는 것을 확인해보세요.

그렇다면 역할이 비슷한 FlatList 컴포넌트와 ScrollView 컴포넌트는 각각 어떤 상황에서 사용해야 할까요? FlatList 컴포넌트는 렌더링해야 하는 데이터의 양이 많거나 그 양을 예측할 수 없을 때 사용하는 것이 좋습니다. 예를 들어 글 목록이나 친구 목록 같은 것이 있습니다. ScrollView 컴포넌트는 반대로 데이터의 양이 많지 않거나 그 양이 정해져 있을 때 사용하면 됩니다. 입력할 정보가 많아서 화면의 범위를 넘어서는 회원가입 화면 등을 예로 들 수 있습니다.

우리가 만들고 있는 ToDo리스트 프로젝트는 목록의 양을 예측할 수 없습니다. 따라서 FlatList 컴포넌트를 사용해서 목록 화면을 만들겠습니다.

2 FlatList 컴포넌트 사용하기

이번에는 FlatList 컴포넌트의 사용 방법에 대해 알아보고 FlatList 컴포넌트를 사용해서 목록 화면을 만들어보겠습니다.

FlatList 컴포넌트 사용 방법 알아보기

FlatList 컴포넌트를 사용할 때에는 필수로 전달해야 하는 2개의 props가 있습니다. 바로 앞에서 사용한 data와 renderItem입니다.

data에는 FlatList 컴포넌트에서 렌더링할 데이터를 배열 형태로 전달해야 합니다. 그리고 renderItem에는 컴포넌트를 반환하는 함수를 전달합니다. 함수의 파라미터로 객체가 전달되는데 그 안에는 data props로 전달한 배열의 원소가 item 프로퍼티로 들어가 있습니다.

```
<FlatList
  data={ [item1, item2, item3, ...] }
  renderItem={({ item }) => {
    return (...);
  }}
/>
```

우리는 앞서 배열을 순환하며 컴포넌트를 렌더링할 때 key props를 전달해야 한다는 것을 배웠습니다. FlatList 컴포넌트에서 key를 지정할 때에는 keyExtractor props에 고유한 값을 문자열로 반환하는 함수를 전달하면 됩니다. 전달된 함수의 파라미터에는 data에 전달한 배열의 원소와 인덱스가 전달됩니다.

```
keyExtractor={(item, index) => {
  return '...';
}}
```

만약 **keyExtractor**를 설정하지 않으면 배열의 각 항목에서 key나 id 프로퍼티가 있는지 확인하고, 없다면 배열의 인덱스를 key로 사용합니다. 인덱스를 사용하면 배열이 변경될 때 비효율적인 업데이트가 발생하니 되도록이면 key나 id를 고유한 값으로 배열의 각 항목에 추가해서 사용하는 것을 권장합니다.

이제 ListScreen 컴포넌트에서 임의의 할 일 데이터 500개를 만들고 FlatList 컴포넌트를 사용해서 산난하게 데이터를 렌더링해보겠습니다. 다음과 같이 ListScreen 컴포넌트를 수정하세요.

```
...

const ListScreen = () => {
  const todos = [];
  for (let i = 1; i < 501; i++) {
    todos.push({ id: i, task: `task :: ${i}` });
  }

  return (
    <View style={styles.container}>
      <FlatList
        data={todos}
        keyExtractor={(item) => item.id.toString()}
        renderItem={({ item }) => {
          console.log(item.id);
          return (
            <View style={{ paddingVertical: 10, paddingHorizontal: 20 }}>
              <Text style={{ fontSize: 20 }}>{item.task}</Text>
            </View>
          );
        }}
      />
    </View>
  );
};

...
```

todos 배열의 항목을 FlatList 컴포넌트에서 key로 사용할 id와 할 일 내용으로 사용할
task를 갖는 객체로 변경했습니다. 그리고 keyExtractor를 설정했습니다. keyExtractor
는 문자열을 반환해야 하지만 id는 숫자이니 마지막에 toString()을 호출해서 문자열로 변
경했습니다.

▶ FlatList 컴포넌트 사용하기

앞의 코드에서 task에 값을 넣을 때 작은따옴표나 큰따옴표 대신 백틱(`)을 사용한 것을 볼 수 있습니다. 이렇게 백틱(`)을 사용한 문자열을 템플릿 리터럴^{template literals}이라고 합니다.

◉ 템플릿 리터럴 – https://mzl.la/3lmfxds

템플릿 리터럴은 문자열 내에서 자바스크립트를 사용할 수 있는 문자열 표현 방법입니다. 일반적으로 자바스크립트 변수와 문자열을 함께 사용하려면 다음과 같이 작성합니다.

```
const age = 10;
const name = '김범준';
const str = '제 이름은 ' + name + '이고, 나이는 ' + age + '살 입니다.';
console.log(str); // 제 이름은 김범준이고, 나이는 10살 입니다.
```

이 코드를 템플릿 리터럴을 사용하여 다음과 같이 작성할 수 있습니다.

```
const age = 10;
const name = '김범준';
const str = `제 이름은 ${name}이고, 나이는 ${age}살 입니다.`;
```

템플릿 리터럴은 자바스크립트 변수를 쉽게 사용할 수 있을 뿐만 아니라 자바스크립트 함수나 개행된 문자열을 사용할 때에도 편리하게 사용할 수 있습니다.

```
const age = 10;
const years = 20;
const str = `${years}년 후의 제 나이는 ${age + years}살 입니다.`;
console.log(str); // 20년 후의 제 나이는 30살 입니다.

const add = (a, b) => a + b;
const funcStr = `10더하기 20은 ${add(10, 20)}입니다. `;
console.log(funcStr); // 10더하기 20은 30입니다.

const multilineStr = `문자열을 개행할 때
사용하면 편합니다.`;
console.log(multilineStr);
// 문자열을 개행할 때
// 사용하면 편합니다.
```

${}를 사용해서 자바스크립트를 쓸 수 있다는 특징 때문에 가독성이 좋은 깔끔한 코드를 작성할 수 있습니다.

windowSize로 렌더링되는 양 조절하기

FlatList 컴포넌트는 필요한 양만 렌더링하고 나머지는 스크롤의 이동에 따라 추가로 렌더링하는 특징이 있습니다. renderItem에 전달한 함수에서 console.log를 통해 출력되는 결과를 보면, 전체가 아닌 일부만 렌더링되는 것을 알 수 있습니다. 이 책에서 테스트하고 있는 아이폰 11 pro에서는 터미널에 1부터 181까지 나타납니다. 왜 181까지만 나타날까요?

FlatList 컴포넌트에는 한 번에 얼마나 많은 양을 렌더링할지 결정하는 windowSize props가 있습니다. windowSize에 숫자로 양을 설정할 수 있는데 기본값은 21로 되어 있습니다. windowSize의 설정값 1은 화면의 높이와 같습니다. 따라서 기본값 21은 화면 21개의 높이에 해당합니다.

앞의 그림 [FlatList 컴포넌트 사용하기]를 보면 한 화면에 16개 정도 보입니다. 화면 21개의 높이라면 16 x 21을 해서 336개가 렌더링되어야 할 것 같지만 181개만 렌더링되고 있습니다. 이러한 이유는 windowSize의 21은 현재 화면 1개, 이전 화면 10개, 이후 화면 10개를 의미하기 때문입니다.

이전 화면이 없으니 현재 화면에 보이는 컴포넌트 개수와 이후 10개의 화면을 보여줄 수 있는 컴포넌트의 양을 합친 만큼 렌더링합니다. 그림을 다시 살펴보면 17번째 컴포넌트의 절반 정도가 화면에 보이고 있습니다. 따라서 1 windowSize에 들어가는 컴포넌트의 양은 16.4개 혹은 16.5개 정도로 판단할 수 있습니다. 이를 식으로 표현하면 다음과 같습니다.

16.4×0(이전 화면) $+ 16.4 \times 1$(현재 화면) $+ 16.4 \times 10$(이후 화면) $= 180.4$

16.5×0(이전 화면) $+ 16.5 \times 1$(현재 화면) $+ 16.5 \times 10$(이후 화면) $= 181.5$

한 화면에 보이는 양을 16.4개로 계산하면 180.4개, 16.5개로 계산하면 181.5개가 한 번에 렌더링되는 양이 됩니다. 따라서 181개가 렌더링되고 있었던 것입니다. 이 수치는 테스트하는 기기에 따라 달라질 수 있으니 여러분이 테스트하는 기기에 맞춰 직접 계산해보세요.

windowSize 값을 변경하면 어떻게 될까요? windowSize을 3으로 설정하면 현재 화면 1개, 이전 화면 1개, 이후 화면 1개 만큼 렌더링합니다. windowSize가 2라면 현재 화면 1개, 이전 화면 0.5개, 이후 화면 0.5개 만큼 렌더링합니다.

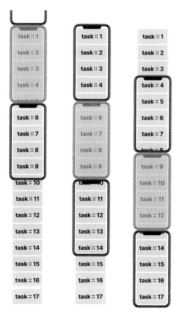

▶ windowSize와 FlatList 컴포넌트의 작동 방식

FlatList 컴포넌트의 windowSize를 5로 변경해보세요.

📄 src/screens/ListScreen.js

```
●●●
...

const ListScreen = () => {
  ...

  return (
    <View style={styles.container}>
      <FlatList
        ...
        windowSize={5}
      />
    </View>
  );
};

...
```

터미널을 통해 렌더링되는 양이 변경된 것을 확인할 수 있습니다. windowSize가 줄어들면 한 번에 렌더링하는 양이 줄어서 메모리를 아낄 수 있다는 장점이 있습니다.

하지만 windowSize를 작은 값으로 설정하면 스크롤을 이동했을 때에 데이터를 불러와 렌더링을 마치지 못한 상태라면 빈 영역이 보일 수 있다는 단점도 있습니다. 그래서 무작정 작은 값으로 설정하기보다는 프로젝트의 상황에 맞게 값을 조절해야 합니다.

3 React.memo로 컴포넌트 최적화하기

FlatList 컴포넌트는 스크롤의 위치에 따라 필요한 컴포넌트만 렌더링한다고 설명했습니다. 처음 렌더링된 컴포넌트의 id가 터미널에 출력되어 있고, 그 상태에서 스크롤을 이동하면 아래에 있던 컴포넌트가 렌더링되며 해당 컴포넌트의 id가 터미널에 나타날 것입니다. 천천히 스크롤을 내려서 터미널에 다음 id가 나타나면 멈춰서 출력되는 메시지를 확인해보세요.

여기에서 테스트하는 아이폰 11 pro는 windowSize가 5로 설정된 상태에서 처음에 50까지 렌더링되었습니다. 이 상태에서 스크롤을 이동하면 아래에 있던 컴포넌트가 렌더링되며 51이 터미널에 나타날 것입니다. 천천히 스크롤을 내려서 터미널에 51이 출력되었을 때 확인해보면 51만 출력된 것이 아니라 1부터 51까지 모두 출력됩니다. 즉, 추가로 필요한 컴포넌트만 렌더링하는 것이 아니라 첫 번째 항목부터 모두 다시 렌더링하는 것입니다.

다시 스크롤을 위로 올려보세요. 이미 1부터 51까지 렌더링했지만 다시 한번 1부터 50까지 터미널에 나타납니다. 1부터 50까지 다시 렌더링한 것입니다.

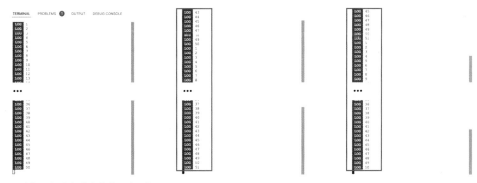

▶ 처음부터 다시 렌더링되는 컴포넌트

이미 렌더링했던 컴포넌트에 아무 변화도 없는데 다시 렌더링하는 것은 굉장히 비효율적입니다. 이러한 비효율적인 컴포넌트 리렌더링은 리액트에서 제공하는 **memo**를 사용해서 해결할 수 있습니다.

🔗 `React.memo` – https://bit.ly/react-memo-docs

memo는 컴포넌트 렌더링 결과를 기억하고 있다가 리렌더링을 해야 할 때, 컴포넌트의 props에 변경 사항이 없으면 기억하고 있던 렌더링 결과를 재사용해서 리렌더링을 방지합니다.

사용 방법은 굉장히 간단합니다. 리렌더링을 방지하고 싶은 컴포넌트를 **memo**를 사용해 감싸주기만 하면 됩니다.

다음과 같이 `ListScreen` 컴포넌트를 수정해보세요.

```
import { memo } from 'react';
import { FlatList, StyleSheet, Text, View } from 'react-native';

const ListItem = memo(({ item }) => {
  console.log(item.id);
  return (
    <View style={{ paddingVertical: 10, paddingHorizontal: 20 }}>
      <Text style={{ fontSize: 20 }}>{item.task}</Text>
    </View>
  );
});

const ListScreen = () => {
  ...

  return (
    <View style={styles.container}>
      <FlatList
        data={todos}
        keyExtractor={(item) => item.id.toString()}
        renderItem={({ item }) => <ListItem item={item} />}
        windowSize={5}
      />
    </View>
  );
};

...
```

renderItem에 작성한 함수를 사용해서 ListItem 컴포넌트를 만들고, react 모듈에서 가져
온 memo를 사용해 ListItem 컴포넌트를 감쌌습니다.

NOTE

ListItem 컴포넌트에 나타나는 ESLint 메시지는 잠시 뒤에 해결할 예정이니 일단 무시하세요.

코드가 적용되면 다시 스크롤을 움직여보세요. memo를 적용하기 전과 다르게 스크롤하면 추가
로 렌더링되는 컴포넌트의 id만 터미널에 나타납니다. 여러분도 직접 테스트해보세요.

▶ React.memo 테스트 영상 – https://bit.ly/2022-rn-react-memo

memo는 props의 변경 여부에 따라 리렌더링을 방지합니다. 하지만 다른 이유로 리렌더링되는 것에는 영향을 주지 않습니다. 예를 들어 컴포넌트 내부에 상태 변수가 있고 상태 변숫값이 변경되면 props가 변경되지 않았다 하더라도 컴포넌트는 리렌더링됩니다.

memo는 리렌더링 방지를 통해 성능 개선을 할 수 있는 좋은 도구입니다. 하지만 성능 개선이 공짜인 것은 아닙니다. 성능 개선을 위해 리액트가 컴포넌트의 결과를 기억하고 있어야 합니다. 그만큼 memo를 사용하기 전보다 어떤 작업을 추가로 처리하게 됩니다. 무분별한 또는 잘못된 사용은 오히려 성능을 악화시킬 수 있으므로 memo가 필요한 상황에서 적절히 사용하기 바랍니다.

④ FlatList 컴포넌트 디자인하기

이 절에서는 목록의 각 항목으로 사용될 컴포넌트를 만들어보겠습니다.

우리가 만드는 ToDo리스트 프로젝트에는 추가, 완료, 삭제 기능이 있습니다. 따라서 각 항목은 id, task뿐만 아니라 완료 여부를 알려줄 프로퍼티가 필요합니다.

다음과 같이 ListScreen 컴포넌트에서 todos를 수정하세요.

JS src/screens/ListScreen.js

```
...

const ListScreen = () => {
  const todos = [
    { id: 1, task: 'React Native', isDone: false },
    { id: 2, task: 'FlatList', isDone: false },
    { id: 3, task: 'React Navigation', isDone: true },
    { id: 4, task: 'TODO App', isDone: false },
    { id: 5, task: 'React.memo', isDone: true },
  ];

  return (...);
};

...
```

실제 데이터가 입력된 상태를 가정하고 컴포넌트를 만들기 위해 **todos**에 할 일 데이터 5개를 추가했습니다. 그리고 완료 처리된 데이터를 디자인하기 위해 **isDone**이 **true**인 데이터도 함께 추가했습니다.

컴포넌트 디자인에 영향을 주는 데이터를 다양하게 갖고 있도록 임의의 데이터를 만들고, 이 데이터를 이용하면 실제 눈으로 보면서 디자인을 할 수 있기 때문에 조금 더 편하게 작업할 수 있습니다.

ListItem 컴포넌트 만들기

목록의 각 항목으로 사용할 컴포넌트를 만들어보겠습니다. components 폴더에 ListItem.js 파일을 만들고 다음과 같이 작성하세요.

 src/components/ListItem.js

```js
import { memo } from 'react';
import { StyleSheet, Text, View } from 'react-native';
import PropTypes from 'prop-types';

const ListItem = memo(({ item }) => {
  return (
    <View style={styles.container}>
      <Text>{item.task}</Text>
    </View>
  );
});
ListItem.displayName = 'ListItem';

ListItem.propTypes = {
  item: PropTypes.object.isRequired,
};

const styles = StyleSheet.create({
  container: {
    marginHorizontal: 10,
    paddingVertical: 15,
    paddingHorizontal: 20,
    borderWidth: 1,
    borderRadius: 8,
```

```
    },
});

export default ListItem;
```

FlatList 컴포넌트의 renderItem에서 전달하는 item을 props로 받아서 사용하도록 만들었습니다. 그리고 전달된 props가 변경되지 않는다면 ListItem 컴포넌트도 리렌더링되지 않도록 memo를 사용했습니다.

이제 ListScreen 컴포넌트에서 ListItem 컴포넌트를 사용해보세요.

 src/screens/ListScreen.js

```
import { FlatList, StyleSheet, View } from 'react-native';
import ListItem from '../components/ListItem';

const ListScreen = () => {
  const todos = [ ... ];

  return ( ... );
};

...
```

앞에서 ListScreen.js 파일에 작성했던 ListItem은 삭제하고 components 폴더에 있는 ListItem 컴포넌트를 import했습니다. 그리고 더 이상 사용하지 않는 코드는 모두 삭제했습니다. 결과를 보면 우리가 만든 임시 데이터가 화면에 잘 나타나는 것을 확인할 수 있습니다.

▶ ListItem 컴포넌트 만들기

ItemSeparatorComponent로 항목 사이에 컴포넌트 추가하기

데이터가 화면에 잘 나타나지만 항목 간 거리가 너무 가깝습니다. FlatList 컴포넌트에서는 각 항목 사이에 렌더링할 컴포넌트를 설정할 수 있는 ItemSeparatorComponent props를 제공합니다.

이번에는 ItemSeparatorComponent를 사용해서 항목 사이의 공간을 띄우겠습니다. 먼저 구분선으로 사용할 색을 colors.js 파일에 추가하세요.

`JS` src/colors.js

```
...

export const GRAY = {
  LIGHT: '#e5e5e5',
  DEFAULT: '#a3a3a3',
};

...
```

색이 추가되면 다음과 같이 **ListScreen** 컴포넌트를 수정하세요.

📄 src/screens/ListScreen.js

```
...
import { GRAY } from '../colors';

const Separator = () => {
  return <View style={styles.separator}></View>;
};

const ListScreen = () => {
  ...

  return (
    <View style={styles.container}>
      <FlatList
        ...
        ItemSeparatorComponent={Separator}
      />
    </View>
  );
};

const styles = StyleSheet.create({
  container: {
    flex: 1,
  },
  separator: {
    height: 1,
    backgroundColor: GRAY.LIGHT,
    marginVertical: 10,
    marginHorizontal: 10,
  },
});

export default ListScreen;
```

Separator 컴포넌트를 만들고 ItemSeparatorComponent에 적용했습니다. 굉장히 간단한 컴포넌트로 FlatList 컴포넌트에서만 사용하기 때문에 따로 파일을 분리하지 않았습니다. 화면을 보면 각 항목 사이에 Separator 컴포넌트가 잘 렌더링되는 것을 확인할 수 있습니다.

▶ ItemSeparatorComponent 적용

ListHeaderComponent로 목록 위에 컴포넌트 추가하기

화면을 보면 헤더 아래쪽에 있는 구분선이 목록 가장 위에 있는 항목과 붙어있어 어색해보입니다. FlatList 컴포넌트의 ListHeaderComponent props를 사용하면 목록의 가장 상위 항목 위에 컴포넌트를 추가할 수 있습니다. FlatList 컴포넌트의 ListHeaderComponent props를 사용해서 헤더와 항목이 가깝게 붙는 상황을 해결하겠습니다.

다음과 같이 ListScreen 컴포넌트를 수정해보세요.

 src/screens/ListScreen.js

```
● ● ●

...

const ListScreen = () => {
  ...

  return (
```

```
    <View style={styles.container}>
      <FlatList
        ...
        ItemSeparatorComponent={Separator}
        ListHeaderComponent={() => <View style={{ height: 10 }}></View>}
      />
    </View>
  );
};

...
```

목록의 최상단에 높이가 **10**인 **View** 컴포넌트를 추가했습니다. 화면을 확인해보면 헤더와 목록 사이에 약간의 공간이 생긴 것을 볼 수 있습니다.

▶ ListHeaderComponent 적용 – iOS / 안드로이드

ListHeaderComponent와 관련된 props로 **ListHeaderComponentStyle**가 있습니다. **ListHeaderComponentStyle**은 목록의 가장 위에 렌더링되는 컴포넌트 스타일을 지정하는 props입니다.

위에서 **ListHeaderComponent**에 작성한 코드는 다음과 같이 작성할 수도 있습니다.

🟨 src/screens/ListScreen.js

```
...

const ListScreen = () => {
  ...

  return (
    <View style={styles.container}>
      <FlatList
```

```
        ...
        ListHeaderComponent={View}
        ListHeaderComponentStyle={{ height: 10 }}
      />
    </View>
  );
};

...
```

여러분도 ListHeaderComponent와 ListHeaderComponentStyle을 다양하게 변경하며 화면에 나타나는 모습을 확인해보세요.

참고로 목록의 가장 아래에 컴포넌트를 추가하고 싶다면 ListFooterComponent props를 사용하면 됩니다. 사용 방법은 ListHeaderComponent props와 같으니 테스트해보세요.

ListItem 컴포넌트에 삭제 버튼 추가하기

이번에는 벡터 아이콘을 사용해서 삭제 버튼을 추가하겠습니다. 다음과 같이 ListItem 컴포넌트를 수정하세요.

 src/components/ListItem.js

```
import { memo } from 'react';
import { Pressable, StyleSheet, Text, View } from 'react-native';
import PropTypes from 'prop-types';
import { MaterialCommunityIcons } from '@expo/vector-icons';
import { DANGER } from '../colors';

const ListItem = memo(({ item }) => {
  return (
    <View style={styles.container}>
      <View style={styles.task}>
        <Text>{item.task}</Text>
      </View>

      <Pressable onPress={() => {}} hitSlop={10}>
        <MaterialCommunityIcons
          name="trash-can"
```

```
                size={20}
                color={DANGER.DEFAULT}
              />
            </Pressable>
        </View>
    );
});

...

const styles = StyleSheet.create({
  container: {
    ...
    flexDirection: 'row',
    alignItems: 'center',
  },
  task: {
    flex: 1,
    marginHorizontal: 10,
  },
});

export default ListItem;
```

항목의 오른쪽에 휴지통 모양 아이콘을 추가했습니다. 아직 기능은 만들지 않았기 때문에
onPress에는 빈 함수를 전달했습니다. 항목의 내용과 아이콘이 가로로 나타나게 하기 위해
flexDirection을 row로 설정하고, Text 컴포넌트를 View 컴포넌트로 감싸서 아이콘이 차
지하는 공간을 제외한 모든 공간을 차지하도록 스타일을 설정했습니다.

▶ 삭제 버튼 추가하기

ListItem 컴포넌트에 완료 버튼 추가하기

그다음 완료 버튼을 추가하겠습니다. 완료 버튼은 항목의 **isDone** 값에 따라 체크박스의 체크 여부가 결정되도록 해야 합니다.

다음과 같이 **ListItem** 컴포넌트를 수정하세요.

JS src/components/ListItem.js

```
...
import { DANGER, BLACK, PRIMARY, GRAY } from '../colors';

const ListItem = memo(({ item }) => {
  const checkboxProps = {
    name: item.isDone ? 'checkbox-marked' : 'checkbox-blank-outline',
    color: item.isDone ? PRIMARY.DEFAULT : BLACK,
    size: 20,
  };
```

```
    return (
      <View style={styles.container}>
        <Pressable onPress={() => {}} hitSlop={10}>
          <MaterialCommunityIcons {...checkboxProps} />
        </Pressable>

        <View style={styles.task}>
          <Text style={item.isDone && { color: GRAY.DEFAULT }}>
            {item.task}
          </Text>
        </View>

        ...
      </View>
    );
});

...
```

props로 전달되는 item에서 isDone의 값에 따라 사용할 아이콘의 이름과 색을 가진 checkboxProps 변수를 만들었습니다. 그리고 항목의 왼쪽에 벡터 아이콘을 사용해 완료 버튼을 만들 때 checkboxProps의 값을 사용했습니다.

앞에 작성된 코드는 다음 코드와 완벽하게 똑같이 작동합니다.

```
<Pressable onPress={() => {}} hitSlop={10}>
  {item.isDone ? (
    <MaterialCommunityIcons
      name={'checkbox-marked'}
      color={PRIMARY.DEFAULT}
      size={20}
    />
  ) : (
    <MaterialCommunityIcons
      name={'checkbox-blank-outline'}
      color={BLACK}
      size={20}
    />
  )}
</Pressable>
```

이렇게 JSX에서 삼항 연산자를 사용해서 분기할 수도 있지만 `item.isDone` 값에 따라 사용하는 값을 `return` 밖으로 분리하면 JSX가 더 깔끔해져서 가독성이 좋아집니다.

완료된 항목의 글자색은 회색으로 변경해서 미완료된 항목과 좀 더 구분이 쉽도록 만들었습니다. 화면을 확인하면 `isDone`이 `true`로 설정된 항목과 `false`로 설정된 항목이 각기 다른 아이콘으로 나타나는 것을 볼 수 있습니다.

▶ 완료 버튼 추가하기

5 빈 화면 만들기

`FlatList` 컴포넌트에서 사용할 각 항목에 대한 디자인이 완료되었습니다. 지금까지는 목록에 항목이 있는 상황만을 가정하여 디자인했습니다. `ListScreen` 컴포넌트에서 `todos`를 빈 배열로 변경해보세요.

src/screens/ListScreen.js

```
...

const ListScreen = () => {
  const todos = [];

  return (...);
};

...
```

FlatList 컴포넌트의 data에 빈 배열이 전달되면 아무것도 없는 빈 화면이 나타납니다. 사용자 입장에서 텅 빈 화면을 보여주면 항목을 불러오는 중인지 혹은 다른 문제가 생긴 것인지 아니면 단지 화면에 아무것도 없는 것인지 판단이 어려울 수 있습니다. 진행되는 프로젝트의 디자인에 따라 빈 화면을 어떻게 보이게 할 것인지 고민하게 되는데 보통 빈 화면 자체를 보여주기보다 명확하게 빈 화면이라는 것을 알려주는 요소를 추가하는 것이 좋습니다.

EmptyList 컴포넌트 만들기

이번에는 보여줄 항목이 없을 때 사용할 컴포넌트를 만들겠습니다. components 폴더에 EmptyList.js 파일을 만들고 다음과 같이 작성하세요.

src/components/EmptyList.js

```
import { Image, StyleSheet, Text, View } from 'react-native';
import { PRIMARY } from '../colors';

const EmptyList = () => {
  return (
    <View style={styles.container}>
      <Image
        source={require('../../assets/main.png')}
        style={styles.image}
      />
      <Text style={styles.text}>할 일을 추가해주세요</Text>
```

```
      </View>
    );
  };

  const styles = StyleSheet.create({
    container: {
      flex: 1,
      justifyContent: 'center',
      alignItems: 'center',
    },
    image: {
      width: 200,
      height: 200,
    },
    text: {
      marginTop: 10,
      color: PRIMARY.DARK,
      fontSize: 18,
      fontWeight: '700',
    },
  });

  export default EmptyList;
```

로그인 화면에서 사용했던 이미지를 보여주고 **Text** 컴포넌트를 사용해서 메시지를 추가했습니다. 이제 **ListScreen** 컴포넌트에서 **EmptyList** 컴포넌트를 사용해보세요.

📄 src/screens/ListScreen.js

```
● ● ●

...
import EmptyList from '../components/EmptyList';

...

const ListScreen = () => {
  const todos = [];

  return todos.length ? (
    <View style={styles.container}>
      <FlatList ... />
    </View>
```

```
  ) : (
    <EmptyList />
  );
};

...
```

ListScreen 컴포넌트의 todos에 항목이 없다면 EmptyList 컴포넌트를 사용하도록 작성했습니다. 화면을 확인해보면 EmptyList 컴포넌트가 렌더링되는 것을 볼 수 있습니다.

▶ EmptyList 컴포넌트 만들기

List 컴포넌트 만들기

이번에는 FlatList 컴포넌트를 분리해서 List 컴포넌트를 만들겠습니다. 파일을 분리하더라도 딱히 재사용을 할 수 있는 이점이 없습니다. 하지만 점점 복잡해지는 FlatList 컴포넌트를 분리함으로써 ListScreen 컴포넌트를 깔끔하게 만들 수 있습니다. 또한, todos의 값에 따라 상황에 맞게 EmptyList 컴포넌트 혹은 List 컴포넌트만 확인하면 되도록 만들 수도 있습니다.

components 폴더에 List.js 파일을 만들고 ListScreen 컴포넌트에서 FlatList 컴포넌트와 관련된 코드를 옮겨오세요.

 src/components/List.js

```js
import { FlatList, StyleSheet, View } from 'react-native';
import { GRAY } from '../colors';
import PropTypes from 'prop-types';
import ListItem from './ListItem';

const Separator = () => {
  return <View style={styles.separator}></View>;
};

const List = ({ data }) => {
  return (
    <FlatList
      data={data}
      keyExtractor={(item) => item.id.toString()}
      renderItem={({ item }) => <ListItem item={item} />}
      windowSize={2}
      ItemSeparatorComponent={Separator}
      ListHeaderComponent={View}
      ListHeaderComponentStyle={{ height: 10 }}
    />
  );
};

List.propTypes = {
  data: PropTypes.array.isRequired,
};

const styles = StyleSheet.create({
  separator: {
    height: 1,
    backgroundColor: GRAY.LIGHT,
    marginVertical: 10,
    marginHorizontal: 10,
  },
});

export default List;
```

FlatList 컴포넌트의 ItemSeparatorComponent에서 사용하는 Separator 컴포넌트도 함께 옮겨왔습니다. FlatList 컴포넌트를 감싸고 있던 View 컴포넌트는 더 이상 필요하지 않아서 삭제했습니다. 그리고 FlatList 컴포넌트의 data에 설정하는 배열은 data props로 전달받게 만들었습니다.

ListScreen 컴포넌트에서 List 컴포넌트를 사용하겠습니다.

 src/screens/ListScreen.js

```
import { View } from 'react-native';
import { useSafeAreaInsets } from 'react-native-safe-area-context';
import EmptyList from '../components/EmptyList';
import List from '../components/List';

const ListScreen = () => {
  const { bottom } = useSafeAreaInsets();
  const todos = [];

  return (
    <View style={{ flex: 1, paddingBottom: bottom }}>
      {todos.length ? <List data={todos} /> : <EmptyList />}
    </View>
  );
};

export default ListScreen;
```

FlatList 컴포넌트와 관련된 코드는 삭제하고 List 컴포넌트를 사용했습니다. 그리고 화면 아래에 있는 막대 선과 겹치지 않도록 useSafeAreaInsets를 사용해서 paddingBottom을 설정했습니다. 화면 위쪽은 헤더가 있어서 paddingTop을 따로 설정하지 않았습니다. 이제 ListScreen 컴포넌트 코드가 굉장히 깔끔해진 것을 확인할 수 있습니다. 꼭 재사용 때문이 아니더라도 코드를 깔끔하게 만들어 가독성을 높일 수 있다면 이런 식으로 컴포넌트를 역할에 따라 분리하는 것을 권장합니다.

6.2 추가 기능 만들기

목록과 항목 디자인이 완료되었으니 할 일 추가 기능을 만들겠습니다. 지금 화면에는 버튼을 넣을 적당한 공간이 없으니 화면의 오른쪽 아래에 떠있는 듯한 버튼을 만들어서 추가 버튼으로 활용하겠습니다.

1 FAB 버튼 만들기

UI 위에 떠있는 버튼을 플로팅 액션 버튼floating action button(FAB)이라고 합니다. 안드로이드 앱에서 자주 볼 수 있으며 몇몇 iOS 앱에서 FAB를 사용하기도 합니다.

FAB를 사용하면 기존 UI에 버튼을 쉽게 추가할 수 있고 버튼 기능을 눈에 띄게 표현할 수 있습니다. 하지만 FAB의 특성상 화면의 일부를 가리게 되니 화면의 중요한 부분은 가리지 않도록 주의해서 사용해야 합니다.

지금부터 FAB를 사용해서 추가 버튼을 만들고 버튼을 클릭하면 입력 칸에 할 일을 입력할 수 있도록 만들어보겠습니다.

버튼 만들기

목록 위에 렌더링할 FAB 버튼을 만들겠습니다. components 폴더 안에 InputFAB.js 파일을 만들고 다음과 같이 작성하세요.

 src/components/InputFAB.js

```
import { Pressable, StyleSheet } from 'react-native';
import { PRIMARY, WHITE } from '../colors';
import { MaterialCommunityIcons } from '@expo/vector-icons';

const InputFAB = () => {
```

```
  return (
    <Pressable
      style={({ pressed }) => [
        styles.button,
        pressed && { backgroundColor: PRIMARY.DARK },
      ]}
    >
      <MaterialCommunityIcons name="plus" size={24} color={WHITE} />
    </Pressable>
  );
};

const styles = StyleSheet.create({
  button: {
    position: 'absolute',
    bottom: 30,
    right: 10,
    width: 60,
    height: 60,
    borderRadius: 30,
    justifyContent: 'center',
    alignItems: 'center',
    backgroundColor: PRIMARY.DEFAULT,
  },
});

export default InputFAB;
```

Pressable 컴포넌트를 사용해서 간단한 버튼을 만들었습니다. 그리고 position을 absolute로 설정해서 항상 오른쪽에서 10, 아래에서 30만큼 떨어진 곳에 버튼이 위치하도록 만들었습니다.

ListScreen 컴포넌트에서 InputFAB 컴포넌트를 사용해보세요.

 src/screens/ListScreen.js

```
●●●

...
import InputFAB from '../components/InputFAB';

const ListScreen = () => {
```

```
  const { bottom } = useSafeAreaInsets();
  const todos = [];

  return (
    <View style={{ flex: 1, paddingBottom: bottom }}>
      {todos.length ? <List data={todos} /> : <EmptyList />}
      <InputFAB />
    </View>
  );
};

export default ListScreen;
```

화면을 보면 오른쪽 아래에 버튼이 나타납니다.

▶ 버튼 만들기

입력 칸 만들기

이번에는 입력 칸을 만들어보겠습니다. 그리고 버튼을 클릭하면 입력 칸이 나타나고 다시 버튼을 클릭하면 입력창이 사라지게 만들겠습니다.

다음과 같이 InputFAB 컴포넌트를 수정하세요.

 src/components/InputFBA.js

```
import { Pressable, StyleSheet, TextInput, View } from 'react-native';
import { PRIMARY, WHITE } from '../colors';
import { MaterialCommunityIcons } from '@expo/vector-icons';
import { useState } from 'react';

const InputFAB = () => {
  const [text, setText] = useState('');

  return (
    <>
      <View
        style={[
          styles.position,
          styles.shape,
          { justifyContent: 'center' },
        ]}
      >
        <TextInput
          value={text}
          onChangeText={(text) => setText(text)}
          style={[styles.input]}
          autoCapitalize="none"
          autoCorrect={false}
          textContentType="none"
          keyboardAppearance="light"
          returnKeyType="done"
        />
      </View>

      <Pressable
        style={({ pressed }) => [
          styles.position,
          styles.shape,
          styles.button,
          pressed && { backgroundColor: PRIMARY.DARK },
        ]}
      >
        <MaterialCommunityIcons name="plus" size={24} color={WHITE} />
      </Pressable>
```

```
      </>
    );
  };

const styles = StyleSheet.create({
  position: {
    position: 'absolute',
    bottom: 30,
    right: 10,
  },
  shape: {
    height: 60,
    width: 60,
    borderRadius: 30,
    backgroundColor: PRIMARY.DEFAULT,
  },
  input: {
    color: WHITE,
    paddingLeft: 20,
    paddingRight: 70,
  },
  button: {
    justifyContent: 'center',
    alignItems: 'center',
  },
});

export default InputFAB;
```

InputFBA 컴포넌트에 TextInput 컴포넌트를 자식 컴포넌트로 가지는 View 컴포넌트를 추가하고 앞에서 만든 버튼과 같은 크기, 배경색으로 설정했습니다. 위치 관련 스타일과 모양 관련 스타일은 동일하니 position과 shape으로 나누어 양쪽에서 모두 사용하도록 수정했습니다. 그리고 TextInput 컴포넌트에 입력하는 텍스트가 버튼에 가려지지 않도록 paddingRight를 버튼의 크기보다 크게 설정했습니다. 마지막으로 View 컴포넌트와 Pressable 컴포넌트를 모두 반환하기 위해 Fragment 컴포넌트의 약식 표현인 <></>로 감쌌습니다.

지금은 View 컴포넌트의 크기와 Pressable 컴포넌트의 크기가 같고 Pressable 컴포넌트가 위에 겹쳐있어서 View 컴포넌트가 보이지 않습니다. 버튼을 클릭하면 View 컴포넌트 너비를 크게 만들어서 TextInput 컴포넌트가 보일 수 있도록 만들겠습니다.

다음과 같이 InputFBA 컴포넌트를 수정하세요.

 src/components/InputFBA.js

```
import {
  ...
  useWindowDimensions,
} from 'react-native';
import { PRIMARY, WHITE } from '../colors';
import { MaterialCommunityIcons } from '@expo/vector-icons';
import { useRef, useState } from 'react';

const InputFAB = () => {
  const [text, setText] = useState('');
  const [isOpened, setIsOpened] = useState(false);
  const inputRef = useRef();
  const windowWidth = useWindowDimensions().width;

  const open = () => {
    inputRef.current.focus();
    setIsOpened(true);
  };

  const close = () => {
    if (isOpened) {
      inputRef.current.blur();
      setText('');
      setIsOpened(false);
    }
  };

  const onPressButton = () => {
    isOpened ? close() : open();
  };

  return (
    <>
      <View
        style={[
          styles.position,
          styles.shape,
          { justifyContent: 'center' },
          isOpened && { width: windowWidth - 20 },
```

```
        ]}
      >
        <TextInput
          ref={inputRef}
          onBlur={close}
          ...
        />
      </View>

      <Pressable
        ...
        onPress={onPressButton}
      >
        <MaterialCommunityIcons name="plus" size={24} color={WHITE} />
      </Pressable>
    </>
  );
};

...
```

View 컴포넌트의 상태를 관리할 isOpened 상태 변수를 만들었습니다. 그리고 버튼을 클릭할 때마다 isOpened 값을 변경하고 TextInput 컴포넌트의 포커스를 관리하도록 open과 close 함수를 만들었습니다. 버튼을 클릭해서 close 함수를 호출하면 TextInput 컴포넌트의 onBlur가 호출되는데 onBlur에서도 close 함수를 호출하기 때문에 중복 호출이 발생합니다. 이를 막기 위해 close 함수는 isOpened 값이 true일 때만 작동하도록 만들었습니다. close 함수가 호출되면 View 컴포넌트가 보이지 않게 되니 입력했던 값도 초기화되도록 했습니다. View 컴포넌트는 useWindowDimensions를 통해 화면의 너비를 받아와 isOpened의 값이 true일 때 화면보다 20이 작은 크기가 되도록 설정했습니다.

화면의 버튼을 클릭해보세요. 버튼을 클릭하면 TextInput 컴포넌트가 보이면서 포커스를 얻고 키보드가 나타납니다. 안드로이드에서는 키보드가 나타나도 TextInput 컴포넌트가 가려지지 않지만 iOS에서는 키보드에 가려져 보이지 않습니다. iOS 시뮬레이터를 사용하고 있다면 키보드를 감춰보세요. View 컴포넌트의 크기가 커진 것을 확인할 수 있습니다.

▶ 입력 칸 만들기 – iOS / 안드로이드

키보드 높이 구하기

이번에는 iOS에서 TextInput 컴포넌트가 키보드에 가려지는 문제를 해결하겠습니다.

4장에서 Keyboard API를 사용하면 키보드 제어뿐만 아니라 키보드가 나타날 때 혹은 사라질 때 특정 이벤트를 호출할 수 있다고 설명했던 것을 기억하나요? Keyboard에서 제공하는 addListener라는 함수를 사용하면 키보드가 나타나거나 사라질 때 원하는 함수를 호출할 수 있는데 addListener 함수의 첫 번째 파라미터로 상황을 전달하고, 두 번째 파라미터로 특정 상황에서 호출할 함수를 전달하면 됩니다.

키보드가 나타날 때 혹은 사라질 때 특정 함수를 실행하고 싶다면 keyboardWillShow와 keyboardWillHide를 첫 번째 파라미터로 전달해줍니다. 단, keyboardWill~은 iOS에서만 작동합니다. 만약 키보드가 나타난 후에 혹은 사라진 후에 특정 함수를 실행하고 싶다면 keyboardDidShow와 keyboardDidHide를 첫 번째 파라미터로 전달합니다.

두 번째 파라미터로 전달하는 함수에는 여러 가지 값을 가진 객체가 파라미터로 전달됩니다. 그중 endCoordinates라는 프로퍼티는 키보드 높이와 너비 등을 가진 객체입니다.

```
Keyboard.addListener('keyboardWillShow', (e) => {...
  console.log(e.endCoordinates.height);
});
```

안드로이드는 특별한 설정이 없어도 키보드가 입력 칸을 가리지 않으니 iOS에서만 작동하도록 코드를 작성하겠습니다. 다음과 같이 **InputFAB** 컴포넌트를 수정해보세요.

<inline id="js" /> src/components/InputFAB.js

```
import {
  ...
  Keyboard,
  Platform,
} from 'react-native';
import { PRIMARY, WHITE } from '../colors';
import { MaterialCommunityIcons } from '@expo/vector-icons';
import { useEffect, useRef, useState } from 'react';

const BOTTOM = 30;

const InputFAB = () => {
  ...
  const windowWidth = useWindowDimensions().width;
  const [keyboardHeight, setKeyboardHeight] = useState(BOTTOM);

  ...

  useEffect(() => {
    if (Platform.OS === 'ios') {
      Keyboard.addListener('keyboardWillShow', (e) => {
        console.log('keyboardWillShow');
        setKeyboardHeight(e.endCoordinates.height + BOTTOM);
      });
      Keyboard.addListener('keyboardWillHide', () => {
        console.log('keyboardWillHide');
        setKeyboardHeight(BOTTOM);
      });
    }
  }, []);

  return (
```

```
    <>
      <View
        style={[
          styles.position,
          styles.shape,
          {
            justifyContent: 'center',
            bottom: keyboardHeight,
          },
          isOpened && { width: windowWidth - 20 },
        ]}
      >
        ...
      </View>

      <Pressable
        style={({ pressed }) => [
          ...
          { bottom: keyboardHeight },
        ]}
        onPress={onPressButton}
      >
        <MaterialCommunityIcons name="plus" size={24} color={WHITE} />
      </Pressable>
    </>
  );
};

const styles = StyleSheet.create({
  position: {
    position: 'absolute',
    bottom: BOTTOM,
    right: 10,
  },
  ...
});

export default InputFAB;
```

InputFAB 컴포넌트를 바닥에서 30만큼 띄우기 위해서 항상 키보드 높이에 30이 추가되도록
작성하고, 공통된 값을 한 번에 관리하기 위해 BOTTOM이라는 상수로 만들었습니다. 그리고
useEffect를 사용해 처음 렌더링될 때 addListener 함수를 호출해서 키보드가 나타날 때와
사라질 때의 키보드 높이에 따라 InputFAB 컴포넌트의 위치가 변경되도록 했습니다.

iOS에서 버튼을 클릭해보세요. InputFAB 컴포넌트의 bottom 값이 변경되면서 키보드 위쪽에 나타납니다.

▶ 키보드 addListener 추가

useEffect 정리 함수

Keyboard.addListener처럼 이벤트를 등록할 때에는 이벤트가 중복으로 등록되지 않도록 주의해야 합니다. 만약 이벤트가 중복으로 등록되면 이벤트 발생 시 함수가 여러 번 호출되기 때문에 문제가 발생할 수 있습니다.

앞의 코드에서도 이벤트를 한 번만 등록하기 위해 useEffect를 사용해서 처음 렌더링될 때만 addListener 함수가 호출되도록 했습니다. 처음 렌더링될 때 한 번만 호출하니 문제가 없을 것 같지만 완벽히 해결된 것은 아닙니다. 화면을 이동했다가 다시 목록 화면으로 돌아오면 useEffect가 다시 호출되어 addListener도 호출됩니다.

테스트해볼까요? 수동으로 새로고침하고 로그인하세요. 그다음 로그아웃을 한 뒤 다시 로그인해서 목록 화면으로 이동해보세요. 그리고 FAB 버튼을 클릭해서 등록된 이벤트를 호출해보세요. 터미널에 나타나는 keyboardWillShow와 keyboardWillHide가 두 번씩 중복되어 나타나는 것을 볼 수 있습니다. 새로고침 → 로그인 화면 → 로그인 → 목록 화면 → 로그아웃 → 로그인 화면 → 로그인 → 목록 화면으로 이동하는 과정을 거치면서 목록 화면이 두 번 렌더링되었습니다. 따라서 useEffect에 있는 addListener도 두 번 호출되어 두 개의 이벤트가 등록된 것입니다.

이런 문제를 방지하기 위해서 이벤트를 등록할 때에는 반드시 이벤트를 삭제하는 코드를 추가해야 합니다. 화면에 머무는 동안에는 이벤트가 작동해야 하니 화면이 언마운트될 때 이벤트를 삭제하면 됩니다.

useEffect에 전달한 함수에서 특정 함수를 반환할 수 있는데 이것을 정리cleanup 함수라고 합니다. 정리 함수는 컴포넌트가 언마운트될 때 호출되는 특징이 있으니 정리 함수를 사용해서 화면이 언마운트될 때 이벤트 삭제 코드가 작동하도록 할 수 있습니다.

useEffect의 정리 함수는 useEffect의 두 번째 파라미터로 전달된 조건에 따라 호출 시기가 약간 다릅니다. 만약 빈 배열을 전달하면 컴포넌트가 언마운트될 때 정리 함수가 호출됩니다. 하지만 변수를 가진 배열이 전달되면 언마운트될 때뿐만 아니라 배열을 통해 전달된 변숫값이 변하기 전에도 정리 함수가 호출됩니다.

다음과 같이 InputFAB 컴포넌트를 수정해보세요.

JS src/components/InputFAB.js

```
...

const InputFAB = () => {
  ...

  useEffect(() => {
    if (Platform.OS === 'ios') {
      ...
    }

    return () => {
      console.log('unmount');
    };
  }, []);
```

```
  useEffect(() => {
    console.log('text: ', text);

    return () => {
      console.log('return: ', text);
    };
  }, [text]);

  return (...);
};

...
```

이제 화면에서 FAB 버튼을 클릭하고 TextInput 컴포넌트에 값을 입력해보세요. 입력하는 값이 터미널에 출력되기 전에 return에 작성한 정리 함수가 먼저 호출되는 것을 볼 수 있습니다. 만약 my라고 입력했다면 터미널에 다음과 같이 나타납니다.

```
return:
text:  m
return:  m
text:  my
```

그다음 로그아웃해보세요. Keyboard.addListener 코드가 작성된 useEffect에 작성한 정리 함수가 호출되어 unmount가 터미널에 출력됩니다. 추가로 text 상태 변수를 확인하던 useEffect의 정리 함수도 함께 호출됩니다.

useEffect의 정리 함수는 언마운트될 때 호출되지만 deps에 값이 전달되면 useEffect에 전달된 함수가 호출되기 전에, 이전에 호출되었던 함수의 정리 함수가 먼저 호출된다는 점을 기억하기 바랍니다.

여기에서는 언마운트될 때 이벤트를 삭제해야 하니 다음과 같이 InputFAB 컴포넌트를 수정하세요.

```
...

const InputFAB = () => {
  ...

  useEffect(() => {
    if (Platform.OS === 'ios') {
      const show = Keyboard.addListener('keyboardWillShow', ...);
      const hide = Keyboard.addListener('keyboardWillHide', ...);

      return () => {
        show.remove();
        hide.remove();
      };
    }
  }, []);

  return (...);
};

...
```

addListener 함수는 객체를 반환하는데 객체에 있는 remove 함수를 사용하면 등록된 이벤트를 삭제할 수 있습니다. 이벤트 등록은 iOS에서만 작동하므로 정리 함수도 같은 조건에서 작동하도록 조건문 안으로 옮겼습니다.

이제 수동으로 새로고침해서 모두 초기화하세요. 로그인한 뒤 목록 화면에서 FAB 버튼을 클릭하고 터미널에 메시지가 하나만 나타나는 것을 확인하세요. 그다음 로그아웃하고 다시 로그인한 뒤 FAB 버튼을 클릭해보세요. 앞에서 테스트했을 때에는 두 번씩 중복되어 출력되던 메시지가 한 번만 나타납니다.

마지막으로 테스트를 위해 작성한 console.log 코드는 이제 필요 없으니 삭제하세요.

```
...

const InputFAB = () => {
  ...

  useEffect(() => {
    if (Platform.OS === 'ios') {
      const show = Keyboard.addListener('keyboardWillShow', (e) => {
        setKeyboardHeight(e.endCoordinates.height + BOTTOM);
      });
      const hide = Keyboard.addListener('keyboardWillHide', () => {
        setKeyboardHeight(BOTTOM);
      });

      return () => {
        show.remove();
        hide.remove();
      };
    }
  }, []);

  return (...);
};

...
```

지금은 단순히 키보드 높이를 사용해서 **InputFAB** 컴포넌트의 위치를 변경할 뿐이지만 이벤트가 중복으로 등록되는 것은 생각보다 심각한 문제를 발생시킬 수 있습니다. 예를 들어 화면에 보여줄 데이터를 받아오는 상황이라면 중복으로 데이터를 받아오는 문제가 생길 수 있습니다. 이벤트 중복은 예상치 못한 문제를 발생시킬 수 있으니 반드시 이 부분을 고려하며 **useEffect** 의 정리 함수를 사용하기 바랍니다.

▶ **Keyboard** 이벤트 테스트 영상 – https://bit.ly/2022-rn-keyboard-event

그림자 만들기

FAB 버튼이 잘 나타나지만 화면 위에 떠있는 듯한 느낌이 들지 않습니다. 컴포넌트에 그림자 효과를 주면 더 화면 위에 떠있는 듯한 느낌을 가미할 수 있습니다. 이번에는 FAB 버튼에 그림자를 추가해서 좀 더 공중에 떠있는 듯한 느낌이 나도록 수정하겠습니다.

그림자를 설정하는 스타일 속성은 4가지가 있습니다.

- shadowColor – 그림자의 색을 결정합니다.
- shadowOffset – 그림자의 크기를 결정합니다. (iOS 전용)
- shadowOpacity – 그림자의 투명도를 결정합니다. (iOS 전용)
- shadowRadius – 그림자가 흐려지는 반경을 결정합니다. (iOS 전용)

이 4가지 속성 중에서 shadowColor를 제외한 3개 속성은 iOS에만 적용됩니다. 안드로이드에서는 elevation이라는 속성을 사용해서 그림자를 만들어야 합니다. elevation은 컴포넌트를 z축 방향으로 이동시켜 아래에 그림자가 생기게 합니다.

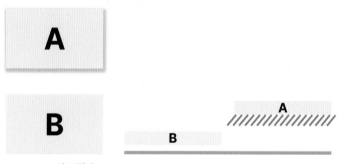

▶ elevation과 그림자

다음과 같이 InputFAB 컴포넌트에 그림자를 추가해보세요.

📄 src/components/InputFAB.js

```
...
import { BLACK, PRIMARY, WHITE } from '../colors';
...

const InputFAB = () => {
```

```
  ...

  return (
    <>
      <View
        style={[
          styles.position,
          styles.shape,
          styles.shadow,
          {
            justifyContent: 'center',
            bottom: keyboardHeight,
          },
          isOpened && { width: windowWidth - 20 },
        ]}
      >
        ...
      </View>

      ...

    </>
  );
};

const styles = StyleSheet.create({
  ...

  shadow: {
    shadowColor: BLACK,
    ...Platform.select({
      ios: {
        shadowOffset: { width: 2, height: 4 },
        shadowOpacity: 0.5,
        shadowRadius: 5,
      },
      android: { elevation: 5 },
    }),
  },
});

export default InputFAB;
```

`Platform.select`를 사용해서 iOS와 안드로이드에서 적용되는 스타일 코드를 분리했습니다. `Platform.select`는 작동하는 플랫폼에 맞춰 ios 혹은 android에 설정된 객체를 반환합니다. 즉, 안드로이드라면 `{ elevation: 5 }`를 반환합니다. 스타일 코드를 작성하는 객체 안에서 객체를 반환하는 코드를 작성하면 전개 구문을 사용해 객체를 펼쳐줘야 합니다. 만약 전개 구문을 사용하지 않으면 다음과 같은 결과가 되어 에러가 발생합니다.

```
shadow: {
  shadowColor: BLACK,
  { elevation: 5 },
},
```

코드가 적용되고 나면 iOS와 안드로이드에 그림자가 잘 나타나는지 확인해보세요. 약간의 차이는 있지만 두 플랫폼에서 모두 그림자가 나타나고 이전보다 좀 더 화면 위에 떠있는 듯한 느낌을 줍니다.

▶ 그림자 만들기 – iOS / 안드로이드

NOTE

안드로이드에서 + 아이콘이 보이지 않는다면 새로고침해보세요.

❷ Animated로 애니메이션 효과 추가하기

FAB 버튼이 잘 나타나고 작동도 잘 되지만 버튼을 클릭할 때마다 TextInput 컴포넌트가 갑자기 나타났다가 사라지는 아쉬움이 있습니다. 이번에는 애니메이션 효과를 추가해서 TextInput 컴포넌트가 부드럽게 나타났다 사라지도록 만들어보겠습니다.

리액트 네이티브에서 애니메이션을 효과를 적용하기 위해서는 **Animated**를 사용해야 합니다.

🔗 **Animated** – https://reactnative.dev/docs/0.68/animated

Animated 사용 방법 알아보기

Animated를 사용하기 위해서는 애니메이션 효과에 맞춰 값이 변경되는 Value가 필요합니다. 단, Value를 만들 때는 반드시 useRef를 사용해서 만들어야 합니다. 생성자 함수인 Value에는 초깃값을 전달할 수 있습니다.

```
const value = useRef(new Animated.Value(초깃값)).current;
```

지금까지 우리는 useRef를 통해 만든 변수를 컴포넌트의 ref로만 사용했었습니다. 하지만 지금처럼 일반 변수로도 사용할 수 있습니다. useRef를 통해 생성된 변수에 접근할 때에는 반드시 current로 접근해야 합니다. 그래서 마지막에 .current를 적용하여 실제 값을 생성한 변수인 value로 할당했습니다. 만약 .current를 마지막에 적용하지 않는다면, value를 사용할 때 항상 value.current로 작성해야 합니다.

생성된 Animated.Value는 애니메이션을 적용하고 싶은 컴포넌트 스타일에서 사용하면 됩니다. 다만 모든 컴포넌트에 사용할 수 있는 것은 아니며 Animated에서 제공하는 Image, ScrollView, Text, View, FlatList, SectionList 컴포넌트에서만 가능합니다.

```
<Animated.View style={{width: value}}>
  ...
</Animated.View>
```

Animated.Value를 만들고 애니메이션이 적용될 컴포넌트를 만들었으면 Animated.Value의 값을 변경해서 애니메이션을 적용합니다. 애니메이션을 적용할 때에는 timing, spring, decay 함수 중 하나를 사용하여 변경할 Animated.Value와 애니메이션 설정을 전달합니다. 예를 들어 timing 함수를 사용한 코드는 다음과 같습니다.

```
Animated.timing(value, {
  toValue: 100,
  useNativeDriver: false,
}).start()
```

toValue에는 변경할 값을 전달합니다. 앞과 같이 작성하면 value 값이 100까지 천천히 변경됩니다. useNativeDriver는 애니메이션 처리를 네이티브 레벨에서 진행할지를 결정하는 옵션입니다. 여기서 주의할 점은 레이아웃에 영향을 주는 스타일 변경에서는 useNativeDriver를 반드시 false로 설정해야 한다는 것입니다. 예를 들어 width를 변경하면 레이아웃이 변하므로 useNativeDriver를 false로 설정해야 합니다. 마지막 .start()는 Animated.timing에 설정된 애니메이션을 실행하는 함수입니다.

직접 프로젝트에 적용해보며 하나씩 알아볼 예정이지만 모든 옵션을 다 다루기에는 무리가 있습니다. 세 함수에 설정 가능한 옵션마다 조금씩 차이가 있으니 자세한 내용은 문서를 통해 확인하기 바랍니다.

timing 함수를 사용해 크기를 천천히 변경하기

TextInput 컴포넌트가 갑자기 나타나던 것을 부드럽고 천천히 나타나도록 만들어보겠습니다. Animated.timing은 설정된 시간에 걸쳐 값을 변경하는 애니메이션입니다. 따라서 부드럽게 변경되는 애니메이션을 적용하고 싶을 때 사용합니다.

다음과 같이 InputFAB 컴포넌트를 수정하세요.

📄 src/components/InputFAB.js

```
import {
  Pressable,
  StyleSheet,
  TextInput,
  useWindowDimensions,
```

```
  Keyboard,
  Platform,
  Animated,
} from 'react-native';
...

const BOTTOM = 30;
const BUTTON_WIDTH = 60;

const InputFAB = () => {
  ...

  const inputWidth = useRef(new Animated.Value(BUTTON_WIDTH)).current;

  const open = () => {...};

  ...

  return (
    <>
      <Animated.View
        style={[
          styles.position,
          styles.shape,
          styles.shadow,
          {
            justifyContent: 'center',
            bottom: keyboardHeight,
            width: inputWidth,
          },
        ]}
      >
        ...
      </Animated.View>

      ...

    </>
  );
};

const styles = StyleSheet.create({
  position: {...},
  shape: {
    height: BUTTON_WIDTH,
```

```
    width: BUTTON_WIDTH,
    borderRadius: BUTTON_WIDTH / 2,
    backgroundColor: PRIMARY.DEFAULT,
  },
  input: {
    color: WHITE,
    paddingLeft: 20,
    paddingRight: BUTTON_WIDTH + 10,
  },
  ...
});

export default InputFAB;
```

같은 값을 사용하는 버튼 너비를 BUTTON_WIDTH라는 상수로 만들어 관련된 코드에서 사용하도록 변경했습니다. 애니메이션을 사용하기 위해 Animated.Value로 inputWidth를 만들고, 초깃값은 BUTTON_WIDTH로 설정했습니다. View 컴포넌트는 애니메이션이 적용되어야 하니 Animated.View 컴포넌트로 변경했습니다. 그리고 isOpened 값에 따라 변경하던 width 스타일은 inputWidth를 사용하는 것으로 변경할 예정이라 삭제했습니다.

이제 Animated.timing 함수를 사용해 inputWidth 값이 변경되면서 애니메이션 효과가 나타나도록 만들겠습니다. 다음과 같이 InputFAB 컴포넌트를 수정하세요.

js src/components/InputFAB.js

```
...

const InputFAB = () => {
  ...

  const inputWidth = useRef(new Animated.Value(BUTTON_WIDTH)).current;

  const open = () => {
    setIsOpened(true);
    Animated.timing(inputWidth, {
      toValue: windowWidth - 20,
      useNativeDriver: false,
      duration: 300,
```

6장 ToDo리스트 만들기 III   473

```
    }).start(() => {
      inputRef.current.focus();
    });
  };

  const close = () => {
    if (isOpened) {
      setText('');
      setIsOpened(false);
      Animated.timing(inputWidth, {
        toValue: BUTTON_WIDTH,
        useNativeDriver: false,
        duration: 300,
      }).start(() => {
        inputRef.current.blur();
      });
    }
  };

...
```

open 함수와 close 함수에서 Animated.timing을 사용해 너비를 변경하도록 작성했습니다. timing 함수에서 사용한 duration은 애니메이션 효과가 완료되기까지의 시간을 설정할 수 있는 옵션으로 단위는 ms입니다. 기본값은 500으로 설정되어 있지만 좀 더 빨리 애니메이션이 완료되도록 300으로 설정했습니다.

작성된 코드를 보면 .start()에 함수를 전달하고 있습니다. start 함수의 파라미터로 함수를 전달하면 애니메이션이 종료된 후에 전달한 함수를 실행합니다. 예를 들어 앞의 코드에서는 TextInput 컴포넌트로 포커스를 이동시키는 코드가 start 함수 안에 있으니, 애니메이션이 종료되고 나서 포커스를 얻고 키보드가 나타나게 됩니다. 만약 애니메이션이 시작하면서 TextInput 컴포넌트에 포커스를 주고 싶다면 이전 코드처럼 start 함수 밖에 작성하면 됩니다.

FAB 버튼을 클릭해서 적용된 애니메이션을 테스트해보세요.

▶ Animated.timing 테스트 영상 – https://bit.ly/2022-rn-animated-timing

spring 함수로 아이콘 회전하게 만들기

FAB 버튼을 클릭할 때마다 TextInput 컴포넌트는 나타났다 사라졌다를 반복합니다. 하지만 버튼 아이콘은 계속 + 상태로 있기 때문에 TextInput 컴포넌트를 사라지게 하기 위한 버튼인지 한 번에 알아보기 어렵습니다. 이번에는 + 아이콘을 회전시켜서 x 아이콘이 되도록 만들어 보겠습니다.

Animated.spring 함수를 사용해서 + 아이콘을 회전시키는 애니메이션을 적용해보겠습니다. spring 함수는 이름처럼 스프링 효과를 주는 함수입니다. 스프링은 손으로 눌렀다가 떼면 탄성에 의해 통통 튀면서 원래 모습과 원래 크기로 돌아옵니다. Animated.spring도 특정 값으로 변경하면 그 크기에서 멈추는 것이 아니라 조금씩 움직이다가 설정된 값에서 멈춥니다. 예를 들어, 크기가 10인 네모를 100으로 수정한다면 크기가 100 근처에서 커졌다 작아졌다를 반복하다 100이 됩니다.

+ 아이콘을 회전시키기 전에 몇 가지 준비해야 하는 것이 있습니다. 먼저, 애니메이션을 적용할 수 있는 컴포넌트는 Animated에서 제공하는 컴포넌트뿐입니다. 하지만 아쉽게도 Animated는 Pressable 컴포넌트를 지원하지 않습니다. 그래서 Pressable 컴포넌트에 애니메이션을 적용하기 위해 Animated.View 컴포넌트로 감싸야 합니다.

JS src/components/InputFAB.js

```
...

const InputFAB = () => {
  ...

  return (
    <>
      <Animated.View ... > ... </Animated.View>

      <Animated.View
        style={[
          styles.position,
          styles.shape,
          {
            bottom: keyboardHeight,
          },
```

```
        ]}
      >
        <Pressable
          style={({ pressed }) => [
            styles.shape,
            styles.button,
            pressed && { backgroundColor: PRIMARY.DARK },
          ]}
          onPress={onPressButton}
        >
          <MaterialCommunityIcons name="plus" size={24} color={WHITE} />
        </Pressable>
      </Animated.View>
    </>
  );
};

...
```

Animated.View 컴포넌트를 사용해서 Pressable 컴포넌트를 감쌌습니다. Pressable 컴포넌트에 적용했던 position 스타일과 bottom을 설정하는 스타일 코드를 Animated.View 컴포넌트에 적용하고 Pressable 컴포넌트에서는 삭제했습니다. 이제 Animated.View 컴포넌트에 애니메이션을 적용하면 자식 컴포넌트인 Pressable 컴포넌트도 영향을 받게 됩니다.

그다음 + 아이콘을 x 모양이 되도록 돌려야 합니다. 컴포넌트를 회전시킬 때에는 transform 스타일을 적용합니다.

🔗 transform – https://reactnative.dev/docs/0.68/transforms

처음 시작할 때는 + 아이콘이 똑바로 보이도록 0deg로 설정하고, TextInput 컴포넌트가 보일 때는 x 모양이 되도록 315deg로 변경하겠습니다.

다음과 같이 InputFAB 컴포넌트를 수정해보세요.

src/components/InputFAB.js

```
...

const InputFAB = () => {
  const [text, setText] = useState('');
  const [isOpened, setIsOpened] = useState(false);
  const inputRef = useRef();
  const windowWidth = useWindowDimensions().width;
  const [keyboardHeight, setKeyboardHeight] = useState(BOTTOM);

  const inputWidth = useRef(new Animated.Value(BUTTON_WIDTH)).current;
  const buttonRotation = useRef(new Animated.Value('0deg')).current;

  ...

};

...
```

코드를 적용하면 다음 그림과 같은 에러 메시지가 나타납니다.

▶ Animated.Value 에러

Animated.Value에는 숫자만 설정할 수 있기 때문에 나타나는 에러 메시지입니다. 애니메이션을 설정하는 스타일에 문자열을 사용하고 싶다면 Animated.Value가 가진 interpolate 함수를 사용해야 합니다.

🔗 interpolate – https://reactnative.dev/docs/0.68/animatedvalue#interpolate

interpolate 함수에는 inputRange에 입력 범위를 배열로 전달하고, outputRange에 출력 범위를 배열로 전달해서 사용합니다. 예를 들어 다음과 같이 interpolate 함수를 사용할 수 있습니다.

```
value.interpolate({
  inputRange: [0, 1],
  outputRange: [0, 10],
});
```

앞의 코드는 value 값이 0일 때에는 0이 적용되고, 1일 때는 10이 적용됩니다. 만약 value를 0.1로 하면 1이 되고, 10으로 하면 100이 적용됩니다. inputRange와 outputRange에 전달한 배열은 범위이기 때문에 배열의 원소만 값으로 가질 수 있는 것은 아닙니다. 단, inputRange에는 숫자 배열만 전달되어야 하고 outputRange에는 숫자 혹은 문자열 배열을 전달할 수 있습니다.

interpolate 함수를 사용해서 Animated.View 컴포넌트를 회전시켜보겠습니다. 다음과 같이 InputFAB 컴포넌트를 수정하세요.

 src/components/InputFAB.js

```
● ● ●

...

const InputFAB = () => {
  ...
  const buttonRotation = useRef(new Animated.Value(0)).current;

  const open = () => {
    setIsOpened(true);
    Animated.timing(inputWidth, {
```

```
      toValue: windowWidth - 20,
      useNativeDriver: false,
      duration: 300,
    }).start(() => {
      inputRef.current.focus();
    });
    Animated.spring(buttonRotation, {
      toValue: 1,
      useNativeDriver: false,
      bounciness: 20,
    }).start();
};

const close = () => {
  if (isOpened) {
    setText('');
    setIsOpened(false);
    Animated.timing(inputWidth, {
      toValue: BUTTON_WIDTH,
      useNativeDriver: false,
      duration: 300,
    }).start(() => {
      inputRef.current.blur();
    });
    Animated.spring(buttonRotation, {
      toValue: 0,
      useNativeDriver: false,
      bounciness: 20,
    }).start();
  }
};

const spin = buttonRotation.interpolate({
  inputRange: [0, 1],
  outputRange: ['0deg', '315deg'],
});

...

return (
  <>
    <Animated.View ... > ... </Animated.View>

    <Animated.View
      style={[
```

```
          styles.position,
          styles.shape,
          {
            bottom: keyboardHeight,
            transform: [{ rotate: spin }],
          },
        ]}
      >
        ...
      </Animated.View>
    </>
  );
};

...
```

interpolate 함수를 사용해서 0부터 1을 0deg부터 315deg가 되도록 만들었습니다. 그리고 open 함수와 close 함수에서는 Animated.spring 함수를 사용해서 각각 1과 0이 되게 작성 했습니다.

Animated.spring 함수에 설정한 bounciness는 탄력입니다. 값이 클수록 더 많이 통통 튀고 값이 작을수록 적게 튑니다. 스프링의 탄력이 좋으면 더 잘 튕긴다고 생각하면 됩니다. spring 함수에는 bounciness뿐만 아니라 다양한 옵션 설정이 가능합니다. spring 함수의 설정 가능 한 옵션을 변경하면서 원하는 스프링 효과를 만들어보세요.

▶ spring 함수로 아이콘 회전하기

▶ Animated.spring 테스트 영상 – https://bit.ly/2022-rn-animated-spring

리액트 네이티브에서 제공하는 Animated를 사용하는 방법 외에도 react-native-reanimated 라이브러리(이하 Reanimated)를 사용해서 애니메이션 효과를 줄 수 있습니다. Reanimated 는 리액트 네이티브 Animated보다 효과적으로 애니메이션을 적용시키기 위해 만든 라이브러리입니다. 애니메이션 효과에 관심 있는 독자는 Reanimated도 사용해보세요.

🔗 Reanimated – https://bit.ly/reanimated-docs

❸ 추가 기능 만들기

할 일 추가를 위한 화면을 모두 만들었으니 이번에는 추가 기능을 만들겠습니다.

추가 함수 만들기

먼저 할 일을 관리하는 상태 변수를 만들고 추가 함수를 만들어서 InputFAB 컴포넌트로 전달하겠습니다.

다음과 같이 ListScreen 컴포넌트를 수정하세요.

 src/screens/ListScreen.js

```js
...
import { useState } from 'react';

const ListScreen = () => {
  const { bottom } = useSafeAreaInsets();
  const [todos, setTodos] = useState([]);

  const onInsert = (task) => {
    const id = Date.now().toString();
    setTodos((prev) => [{ id, task, isDone: false }, ...prev]);
  };

  return (
    <View style={{ flex: 1, paddingBottom: bottom }}>
      {todos.length ? <List data={todos} /> : <EmptyList />}
      <InputFAB onInsert={onInsert} />
    </View>
  );
};

export default ListScreen;
```

onInsert 함수를 만들어서 추가되는 내용이 기존 todos 배열 가장 앞에 추가되도록 만들었습니다. 새로 추가되는 항목이므로 isDone은 false로 고정하고 id에는 타임스탬프를 사용했습니다.

이제 InputFAB 컴포넌트에서 전달된 onInsert 함수를 받아서 사용하겠습니다. 다음과 같이 InputFAB 컴포넌트를 수정하세요.

 src/components/InputFAB.js

```
...
import PropTypes from 'prop-types';

...

const InputFAB = ({ onInsert }) => {
  ...

  const onPressInsert = () => {
    const task = text.trim();
    if (task) {
      onInsert(task);
    }
  };

  return (
    <>
      <Animated.View ... >
        <TextInput
          ...
          onSubmitEditing={onPressInsert}
        />
      </Animated.View>

      ...
    </>
  );
};

InputFAB.propTypes = {
  onInsert: PropTypes.func.isRequired,
};

...
```

입력된 텍스트에 내용이 있을 때에만 전달된 onInsert 함수를 호출하는 onPressInsert 함수를 만들었습니다. 그리고 TextInput 컴포넌트의 onSubmitEditing을 사용해서 키보드의 완료 버튼을 클릭하면 onPressInsert 함수가 호출되도록 만들었습니다.

화면에서 할 일을 추가해보며 새로 입력한 내용이 목록 위에 추가되는지 확인해보세요.

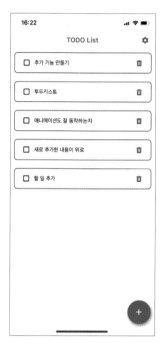

▶ 추가 기능

유니크 id 만들기

이번에는 id에 타임스탬프 대신 고유한 값을 만들어내는 라이브러리를 사용해보겠습니다. 일반적으로 고유한 id를 만드는데 많이 사용하는 라이브러리는 uuid입니다.

∞ uuid – https://github.com/uuidjs/uuid

UUID란 범용 고유 식별자universally unique identifier로 고유한 값을 만들기 위한 표준 규약을 말합니다. 55af1e37−0734−46d8−b070−a1e42e4fc392와 같이 숫자와 알파벳으로 구성된 문자열로 8, 4, 4, 4, 12글자마다 하이픈(−)으로 연결하여 5개 그룹으로 구분합니다. 길이는 36입니다.

uuid 라이브러리를 대체할 수 있는 것으로 nanoid 라이브러리가 있습니다. nanoid 라이브러리는 길이가 21이며 uuid 라이브러리보다 패키지 크기가 더 작고 속도도 더 빠르다는 장점이 있습니다.

🔗 nanoid – https://github.com/ai/nanoid

여기에서는 nanoid 라이브러리를 사용합니다. 이전에 uuid를 사용해봤던 독자는 이번 기회에 nanoid도 활용해보기 바랍니다. uuid를 사용한 적이 없는 경우에도 이 책에서는 nanoid를 경험해보고 나중에 uuid도 꼭 사용해보세요.

리액트 네이티브에는 랜덤 생성기가 내장되어 있지 않아서 react-native-get-random-values 라이브러리를 추가로 설치해야 nanoid를 사용할 수 있습니다.

🔗 react-native-get-random-values – https://bit.ly/lib-rn-random-values

아래 명령어를 사용해 nanoid 라이브러리와 react-native-get-random-values 라이브러리를 설치하세요.

```
npm install nanoid react-native-get-random-values
```

설치가 완료되면 App 컴포넌트에 다음과 같이 react-native-get-random-values를 import하세요.

 src/App.js

```
import 'react-native-get-random-values';
import { StatusBar } from 'expo-status-bar';
import { UserProvider } from './contexts/UserContext';
import Navigation from './navigations';

...
```

이제 항목을 추가하는 onInsert 함수에서 id가 nanoid를 활용하도록 변경하겠습니다. 다음과 같이 ListScreen 컴포넌트를 수정하세요.

```javascript
...
import { nanoid } from 'nanoid';

const ListScreen = () => {
  const { bottom } = useSafeAreaInsets();
  const [todos, setTodos] = useState([]);
  console.log(todos);

  const onInsert = (task) => {
    const id = nanoid();
    setTodos((prev) => [{ id, task, isDone: false }, ...prev]);
  };

  return (...);
};

export default ListScreen;
```

화면에서 할 일을 입력해 todos에 추가된 내용을 확인해보세요. id에 21자리 문자열이 생성된 것을 확인할 수 있습니다. nanoid가 생성한 값을 확인하고 나면 console.log 코드는 삭제하세요.

4 스크롤이 화면 바닥으로 이동했을 때 FAB 숨기기

화면에 스크롤이 생길 정도로 todos 상태 변수 초깃값에 항목을 추가해보세요. 기기에 따라 차이는 있겠지만 보통 10개~12개 정도 항목을 추가하면 스크롤이 생깁니다.

<span class="js-icon">JS</span> src/screens/ListScreen.js

```javascript
...

const ListScreen = () => {
  const { bottom } = useSafeAreaInsets();
  const [todos, setTodos] = useState([
```

```
    { id: '1', task: 'task 1', isDone: false },
    { id: '2', task: 'task 2', isDone: false },
    { id: '3', task: 'task 3', isDone: false },
    { id: '4', task: 'task 4', isDone: false },
    { id: '5', task: 'task 5', isDone: false },
    { id: '6', task: 'task 6', isDone: false },
    { id: '7', task: 'task 7', isDone: false },
    { id: '8', task: 'task 8', isDone: false },
    { id: '9', task: 'task 9', isDone: false },
    { id: '10', task: 'task 10', isDone: false },
    { id: '11', task: 'task 11', isDone: false },
  ]);

  ...
```

화면을 보면 다음 그림처럼 마지막 부분의 항목이 InputFAB 컴포넌트에 의해 가려지게 됩니다. 가려진 정도에 따라 삭제 버튼을 클릭하기 어렵거나 클릭할 수 없는 경우도 생깁니다.

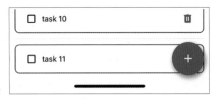 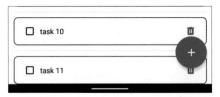

▶ FAB 버튼에 가려지는 화면 – iOS / 안드로이드

이번에는 스크롤이 바닥에 도착했을 때 InputFAB 컴포넌트의 위치를 조절해서 화면을 가리는 문제를 해결해보겠습니다.

onScroll을 통해 스크롤 움직임 확인하기

스크롤이 바닥에 도착했을 때뿐만 아니라 스크롤이 바닥에서 멀어질 때에도 InputFAB 컴포넌트의 위치를 조절해야 합니다. 그렇게 하기 위해서는 스크롤이 움직일 때마다 그 위치를 알 수 있어야 합니다.

FlatList 컴포넌트에 onEndReached라는 스크롤의 움직임과 관련된 props가 있습니다. onEndReached는 스크롤이 바닥에 도착할 때 호출되는 props지만 우리가 원하는 조건을 모두 충족시키지는 못합니다. 우리는 스크롤이 바닥과 가까워질 때뿐만 아니라 바닥과 멀어질 때의 정보도 알 수 있어야 합니다.

🔗 FlatList 컴포넌트 onEndReached – https://bit.ly/flatlist-onEndReached

onScroll은 스크롤을 움직일 때마다 그 정보를 전달하며 호출되는 props입니다. onScroll
은 ScrollView 컴포넌트의 props이지만 FlatList 컴포넌트가 ScrollView 컴포넌트의
props를 상속받고 있기 때문에 onScroll을 사용할 수 있습니다. 문서를 볼 때 상속받는 다른
컴포넌트의 props가 있는지 잘 확인해보세요.

🔗 ScrollView 컴포넌트 onScroll – https://bit.ly/scrollview-onScroll

Props

ScrollView Props

Inherits ScrollView Props, unless it is nested in another FlatList of same orientation.

▶ ScrollView 컴포넌트의 props를 상속

onScroll은 스크롤의 위치나 화면의 크기 등 다양한 정보를 알려줍니다. 다음과 같이 List
컴포넌트를 수정해보세요.

📄 src/components/List.js

```
...

const List = ({ data }) => {
  return (
    <FlatList
      ...
      ListHeaderComponentStyle={{ height: 10 }}
      onScroll={({ nativeEvent }) => console.log(nativeEvent)}
    />
  );
};

...
```

화면에서 스크롤하면 터미널에 다음과 같은 내용이 출력됩니다.

```
{
  "contentOffset": {"x": 0, "y": 102},
  "contentSize": {"height": 792, "width": 375},
  "layoutMeasurement": {"height": 690, "width": 375},
  ...
}
```

contentOffset 값은 스크롤의 위치를 의미합니다. 우리는 세로 방향으로 스크롤하고있어서
y 값만 변하는데, 스크롤 상단의 끝부분과 화면 상단의 가장자리까지의 거리라고 생각하면 됩
니다. 그래서 스크롤이 가장 위에 있을 때에는 0이 되고 아래로 내려갈수록 y 값이 커집니다.
contentSize는 화면을 넘어가는 범위까지 포함한 FlatList 컴포넌트 전체 크기를 의미하
고, layoutMeasurement는 화면에 보이는 FlatList 컴포넌트 크기를 의미합니다. 따라서 목
록의 길이가 변하지 않는다면 contentSize와 layoutMeasurement의 값은 변하지 않습니다.

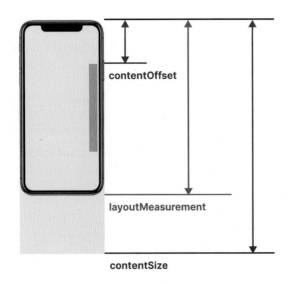

▶ onScroll에 전달된 값의 의미

결과적으로 contentOffset.y 값과 layoutMeasurement.height 값의 합이 contentSize.
height와 같다면 스크롤은 바닥에 닿게 됩니다.

다음과 같이 List 컴포넌트를 수정해보세요.

```
...

const List = ({ data }) => {
  return (
    <FlatList
      ...
      onScroll={({
        nativeEvent: { contentOffset, layoutMeasurement, contentSize },
      }) -> {
        console.log(
          'from bottom: ',
          contentSize.height - (contentOffset.y + layoutMeasurement.height)
        );
      }}
    />
  );
};

...
```

함수의 파라미터로 전달된 데이터는 구조 분해 할당을 활용해서 필요한 값만 받아왔습니다. onScroll에 전달되는 객체처럼 중복된 객체를 구조 분해할 때에는 앞의 코드처럼 사용할 수 있습니다.

이제 천천히 스크롤을 움직이며 터미널에 출력되는 메시지를 확인해보세요. 스크롤이 바닥과 붙어있을 때 0이 되고 바닥과 멀어지면 숫자가 점점 커지는 것을 확인할 수 있습니다.

스크롤이 움직일 때 FAB 버튼 감추기

이제 스크롤이 움직일 때 InputFAB 버튼 위치를 변경하겠습니다. List 컴포넌트에서 스크롤이 움직인다는 것을 확인하고 스크롤이 바닥에 닿으면 그 내용을 InputFAB에 전달해야 합니다. List 컴포넌트와 InputFAB 컴포넌트는 모두 ListScreen 컴포넌트의 자식 컴포넌트이므로 ListScreen 컴포넌트에 스크롤 위치를 관리하는 상태 변수를 만들어야 합니다.

다음과 같이 ListScreen 컴포넌트를 수정하세요.

```
●●●

...

const ListScreen = () => {
  ...
  const [isBottom, setIsBottom] = useState(false);

  const onInsert = (task) => {...};

  return (
    <View style={{ flex: 1, paddingBottom: bottom }}>
      {todos.length ? (
        <List data={todos} setIsBottom={setIsBottom} />
      ) : (
        <EmptyList />
      )}
      <InputFAB onInsert={onInsert} isBottom={isBottom} />
    </View>
  );
};

export default ListScreen;
```

스크롤의 위치가 바닥인지를 확인하는 상태 변수를 만들고 상태를 변경하는 함수는 List 컴포넌트에, 상태 변수는 InputFAB 컴포넌트로 전달했습니다.

이제 List 컴포넌트를 다음과 같이 수정하세요.

JS src/components/List.js

```
●●●

...

const List = ({ data, setIsBottom }) => {
  return (
    <FlatList
      ...
      onScroll={({
        nativeEvent: { contentOffset, layoutMeasurement, contentSize },
```

```
    }) => {
      const distance =
        contentSize.height - (contentOffset.y + layoutMeasurement.height);
      setIsBottom(!(distance > 20 || contentOffset.y === 0));
    }}
  />
  );
};

List.propTypes = {
  data: PropTypes.array.isRequired,
  setIsBottom: PropTypes.func.isRequired,
};

...
```

스크롤과 바닥 간의 거리가 20보다 크거나(distance > 20) 스크롤이 화면 가장 위에 있다면 (contentOffset.y === 0) 바닥에서 떨어져 있다고 판단할 수 있습니다. 여기에서는 스크롤이 바닥에 있는지 확인해야 하니 두 가지 조건을 반대로 해서 isBottom을 설정했습니다.

단순히 생각하면 distance < 20을 isBottom 조건으로 생각할 수 있지만 스크롤이 생기지 않았을 때에 문제가 됩니다. 스크롤이 생기지 않으면 contentOffset.y는 항상 0이 되고, distance는 항상 음수가 되어서 distance < 20라는 조건이 항상 true가 됩니다. console.log를 사용해서 distance 값의 변화를 확인해보세요.

이제 isBottom 값에 따라 스크롤이 바닥에 있으면 InputFAB 컴포넌트의 right를 변경해서 화면을 가리지 않게 만들겠습니다. 다음과 같이 InputFAB 컴포넌트를 수정하세요.

src/components/InputFAB.js

```
...

const RIGHT = 10;
const BOTTOM = 30;
const BUTTON_WIDTH = 60;

const InputFAB = ({ onInsert, isBottom }) => {
  ...
```

```
const inputWidth = useRef(new Animated.Value(BUTTON_WIDTH)).current;
const buttonRotation = useRef(new Animated.Value(0)).current;
const buttonRight = useRef(new Animated.Value(RIGHT)).current;

...

useEffect(() => {
  Animated.timing(buttonRight, {
    toValue: isBottom ? RIGHT - BUTTON_WIDTH : RIGHT,
    useNativeDriver: false,
  }).start();
}, [buttonRight, isBottom]);

return (
  <>
    <Animated.View
      style={[
        styles.shape,
        styles.shadow,
        {
          justifyContent: 'center',
          bottom: keyboardHeight,
          width: inputWidth,
          right: buttonRight,
          position: 'absolute',
        },
      ]}
    >
      ...
    </Animated.View>

    <Animated.View
      style={[
        styles.shape,
        {
          bottom: keyboardHeight,
          transform: [{ rotate: spin }],
          right: buttonRight,
          position: 'absolute',
        },
      ]}
    >
      ...
    </Animated.View>
```

```
    </>
  );
};

InputFAB.propTypes = {
  onInsert: PropTypes.func.isRequired,
  isBottom: PropTypes.bool.isRequired,
};

const styles = StyleSheet.create({
  shape: {...},
  input: {...},
  ...
});

export default InputFAB;
```

InputFAB 컴포넌트의 오른쪽 위치를 관리할 buttonRight 변수를 만들고, Animated.
View 컴포넌트의 스타일에 사용했습니다. 그리고 useEffect를 사용해서 isBottom 값에 따라 buttonRight 값이 변경되도록 코드를 작성했습니다. 스타일 코드는 styles.position에 작성한 내용 대부분을 중복 적용하고 있어서 styles.position을 삭제하고 position: 'absolute' 코드를 인라인 스타일로 적용했습니다.

이제 스크롤을 움직여보세요. 스크롤이 바닥과 가까워지면 InputFAB 컴포넌트가 오른쪽으로 이동해서 화면을 방해하지 않고, 스크롤이 바닥에서 멀어지면 다시 원래 위치로 이동하는지 확인해보세요.

▶ 스크롤 테스트 영상 – https://bit.ly/2022-rn-animated-scroll

6.3 데이터 저장하고 불러오기

추가 기능은 잘 작동하지만 앱을 새로고침하면 추가한 내용이 모두 사라집니다. 이 절에서는 추가된 내용을 로컬 저장소에 저장해서 새로고침해도 이전 데이터가 유지되도록 만들어보겠습니다. 리액트 네이티브에서 로컬 저장소를 활용하기 위해서 비동기로 작동하는 키-값 형식의 저장소인 **AsyncStorage**를 사용해야 합니다.

🔗 AsyncStorage – https://react-native-async-storage.github.io/async-storage/

아래 명령어를 사용해서 **AsyncStorage**를 설치하세요.

```
$ expo install @react-native-async-storage/async-storage
```

AsyncStorage는 비동기로 작동하며 제공하는 함수는 **Promise**를 반환합니다. 여기에서는 **async-await**를 사용하겠습니다.

사용 방법은 굉장히 간단합니다. **setItem** 함수로 키를 지정해서 원하는 데이터를 저장하고, 저장할 때 사용한 키를 통해 **getItem** 함수로 데이터를 불러올 수 있습니다.

```
const save = async (data) => {
  try {
    await AsyncStorage.setItem('key', data);
    // ...
  } catch (e) {
    // error
  }
};

const load = async () => {
  try {
    const data = await AsyncStorage.getItem('key');
```

```
    // ...
    return data;
  } catch (e) {
    // error
  }
};
```

한 가지 주의해야 할 점은 AsyncStorage에 저장할 수 있는 값의 타입은 문자열이라는 것입니다. 그래서 데이터를 저장하기 전에 문자열로 전환하고 데이터를 불러온 후에는 원하는 타입으로 다시 변경하는 작업을 해야 합니다.

AsyncStorage는 Hook도 지원합니다. 사용하고자 하는 키를 전달하며 useAsyncStorage 함수를 호출하면 getItem 함수와 setItem 함수 등을 가진 객체를 반환합니다.

```
const { getItem, setItem } = useAsyncStorage('key');

const save = async (data) => {
  try {
    await setItem(data);
    // ...
  } catch (e) {
    // error
  }
};

const load = async () => {
  try {
    const data = await getItem();
    // ...
    return data;
  } catch (e) {
    // error
  }
};
```

어떤 방법을 사용하더라도 똑같으니 여러분이 선호하는 방법을 선택하세요. 여기에서는 useAsyncStorage를 사용하겠습니다. 다음과 같이 ListScreen 컴포넌트를 수정하세요.

src/screens/ListScreen.js

```js
import { Alert, View } from 'react-native';
...
import { useEffect, useState } from 'react';
import { nanoid } from 'nanoid';
import { useAsyncStorage } from '@react-native-async-storage/async-storage';

const ListScreen = () => {
  ...
  const [isBottom, setIsBottom] = useState(false);

  const { getItem, setItem } = useAsyncStorage('todos');

  const save = async (data) => {
    try {
      await setItem(JSON.stringify(data));
      setTodos(data);
    } catch (e) {
      Alert.alert('저장하기 실패', '데이터 저장에 실패했습니다.');
    }
  };

  const load = async () => {
    try {
      const data = await getItem();
      const todos = JSON.parse(data || '[]');
      setTodos(todos);
    } catch (e) {
      Alert.alert('불러오기 실패', '데이터 불러오기에 실패했습니다.');
    }
  };

  useEffect(() => {
    load();
  }, []);

  const onInsert = (task) => {
    const id = nanoid();
    const newTodos = [{ id, task, isDone: false }, ...todos];
    save(newTodos);
  };
```

```
    return (...);
  };

  ...
```

useAsyncStorage를 사용해서 키를 'todos'로 하는 getItem 함수와 setItem 함수를 받아
왔습니다. save 함수에서는 setItem 함수를 사용해 데이터를 저장한 후 todos 상태 변수를
변경하고, load 함수에서는 getItem 함수를 사용해 저장된 데이터를 불러와서 todos 상태
변수를 업데이트하도록 만들었습니다. 처음 시작하는 경우에는 'todos' 키로 저장된 데이터
가 없어서 JSON.parse 코드에서 에러가 발생합니다. 따라서 data || '[]'로 작성해서 데이
터가 없을 때에는 빈 배열로 처리되도록 만들었습니다. load 함수는 화면이 처음 렌더링될 때
호출되어야 하므로 useEffect를 사용해서 호출하고, save 함수는 onInsert 함수에서 사용
했습니다.

그런데 load 함수를 호출하는 useEffect에 ESLint 경고 메시지가 나타납니다. 그 내용은
load 함수를 useEffect의 deps에 추가해야 한다는 것입니다. useEffect에 전달한 함수에
서 사용하는 값 중 상태 변수처럼 변경이 가능한 값은 deps에 추가해야 합니다.

load 함수는 ListScreen 컴포넌트 안에서 작성되었기 때문에 ListScreen 컴포넌트가 렌
더링될 때마다 다시 정의됩니다. 즉, 리렌더링될 때마다 이전의 load 함수와 리렌더링된 후의
load 함수는 다른 함수가 됩니다. 그래서 ESLint는 load 함수가 변경될 수 있으니 deps에 추
가하라고 안내하는 것입니다.

함수가 렌더링될 때마다 재정의되는 문제를 해결하는 방법은 다음 프로젝트에서 알아보도록
하겠습니다. 지금은 처음 렌더링될 때만 호출되어야 하니 현재 상태로 유지하고, 경고 메시지
가 나타나지 않도록 다음과 같이 작성하세요.

JS src/screens/ListScreen.js

```
● ● ●


...

const ListScreen = () => {
  ...
```

```
  useEffect(() => {
    load();
    // eslint-disable-next-line react-hooks/exhaustive-deps
  }, []);

...
```

앞의 코드와 같이 주석을 작성하면 eslint-disable-next-line 뒤에 작성한 ESLint 규칙을 다음 줄에서 비활성화할 수 있습니다.

이제 데이터를 추가하고 새로고침해도 입력했던 데이터가 사라지지 않습니다. 여러분도 데이터가 잘 저장되고 불러와지는지 확인해보세요.

6.4 삭제 기능 만들기

이 절에서는 삭제 기능을 만들어보겠습니다. 우리가 앞에서 만든 ListItem 컴포넌트의 오른쪽 휴지통 모양 아이콘을 클릭하면 삭제 함수가 호출되도록 구현하면 됩니다.

먼저 삭제 함수를 만들겠습니다. 삭제 버튼을 클릭하면 목록에서 해당 항목을 삭제해야 합니다. 즉, todos 상태 변수를 변경해야 하므로 ListScreen 컴포넌트에서 삭제 함수를 만들고 props로 전달하겠습니다.

다음과 같이 ListScreen 컴포넌트를 수정하세요.

 src/screens/ListScreen.js

```js
...

const ListScreen = () => {
  ...

  const onDelete = (id) => {
    const newTodos = todos.filter((item) => item.id !== id);
    save(newTodos);
  };

  return (
    <View style={{ flex: 1, paddingBottom: bottom }}>
      {todos.length ? (
        <List data={todos} setIsBottom={setIsBottom} onDelete={onDelete} />
      ) : (
        <EmptyList />
      )}
      <InputFAB onInsert={onInsert} isBottom={isBottom} />
    </View>
  );
};

export default ListScreen;
```

삭제하고 싶은 항목의 id를 전달받고 해당 id를 가진 항목을 제외한 새로운 배열을 만들어 save 함수에 전달하는 onDelete 함수를 만들었습니다. 그리고 List 컴포넌트의 props로 전달했습니다.

이제 List 컴포넌트에서 전달된 onDelete 함수를 받아서 ListItem 컴포넌트로 전달하겠습니다.

📄 src/components/List.js

```
...

const List = ({ data, setIsBottom, onDelete }) => {
  return (
    <FlatList
      data={data}
      keyExtractor={(item) => item.id.toString()}
      renderItem={({ item }) => (
        <ListItem item={item} onDelete={onDelete} />
      )}
      ...
    />
  );
};

List.propTypes = {
  data: PropTypes.array.isRequired,
  setIsBottom: PropTypes.func.isRequired,
  onDelete: PropTypes.func.isRequired,
};

...
```

그다음 삭제 버튼을 클릭하면 ListItem 컴포넌트에서 전달된 onDelete 함수를 호출하세요.

src/components/ListItem.js

```
...

const ListItem = memo(({ item, onDelete }) => {
  ...

  return (
    <View style={styles.container}>
      ...

      <Pressable onPress={() => onDelete(item.id)} hitSlop={10}>
        <MaterialCommunityIcons
          name="trash-can"
          size={20}
          color={DANGER.DEFAULT}
        />
      </Pressable>
    </View>
  );
});
ListItem.displayName = 'ListItem';

ListItem.propTypes = {
  item: PropTypes.object.isRequired,
  onDelete: PropTypes.func.isRequired,
};

...
```

onDelete 함수에는 삭제 항목의 id가 전달되어야 하므로 item.id를 전달하도록 작성했습니다.

이제 항목을 삭제해보세요. 삭제 후에 새로고침해서 삭제된 내용도 저장이 잘 되는지, 모든 항목을 삭제하면 EmptyList 컴포넌트가 잘 나타나는지 확인해보세요.

6.5 완료 기능 만들기

마지막으로 완료 기능을 만들어보겠습니다. 완료 기능은 **ListItem** 컴포넌트의 왼쪽 체크박스를 클릭하면 체크 표시가 되도록 만들겠습니다. 반대로 체크 표시된 체크박스를 클릭하면 체크 표시가 해제되도록 구현하겠습니다.

완료/미완료, 체크/체크 해제처럼 두 가지만 있는 상태에서 한 가지 값에서 다른 값으로 전환하는 것을 토글^{toggle}이라고 합니다. 이번에는 **onToggle**이라는 이름의 함수를 만들어 왼쪽 체크박스의 상태를 변경하겠습니다.

다음과 같이 **ListScreen** 컴포넌트에 **onToggle** 함수를 작성하세요.

 src/screens/ListScreen.js

```
● ● ●

...

const ListScreen = () => {
  ...

  const onToggle = (id) => {
    const newTodos = todos.map((item) =>
      item.id === id ? { ...item, isDone: !item.isDone } : item
    );
    save(newTodos);
  };

  return (
    <View style={{ flex: 1, paddingBottom: bottom }}>
      {todos.length ? (
        <List
          data={todos}
          setIsBottom={setIsBottom}
          onDelete={onDelete}
          onToggle={onToggle}
```

```
      />
    ) : (
      <EmptyList />
    )}
    <InputFAB onInsert={onInsert} isBottom={isBottom} />
  </View>
  );
};


export default ListScreen;
```

onToggle 함수가 전달된 id를 사용해서 todos에서 대상이 되는 항목을 찾아 isDone을 반대로 변경하고 나머지 항목은 그대로 유지하는 새로운 배열을 만들었습니다. 그리고 save 함수를 호출했습니다.

이제 List 컴포넌트를 다음과 같이 수정하세요.

📄 src/components/List.js

```
...

const List = ({ data, setIsBottom, onDelete, onToggle }) => {
  return (
    <FlatList
      data={data}
      keyExtractor={(item) => item.id.toString()}
      renderItem={({ item }) => (
        <ListItem item={item} onDelete={onDelete} onToggle={onToggle} />
      )}
      ...
    />
  );
};

List.propTypes = {
  ...
  onToggle: PropTypes.func.isRequired,
};

...
```

그다음 ListItem 컴포넌트에서 전달된 onToggle 함수를 호출하겠습니다.

src/components/ListItem.js

```
...

const ListItem = memo(({ item, onDelete, onToggle }) => {
  ...

  return (
    <View style={styles.container}>
      <Pressable onPress={() => onToggle(item.id)} hitSlop={10}>
        <MaterialCommunityIcons {...checkboxProps} />
      </Pressable>

      ...
    </View>
  );
});
ListItem.displayName = 'ListItem';

ListItem.propTypes = {
  item: PropTypes.object.isRequired,
  onDelete: PropTypes.func.isRequired,
  onToggle: PropTypes.func.isRequired,
};

...
```

ListItem 컴포넌트의 왼쪽 버튼을 클릭했을 때 onToggle 함수가 호출되도록 만들었습니다. 화면에 항목을 추가하고 완료/미완료 전환이 잘 되는지 확인해보세요.

6.6 마치며

축하합니다! ToDo리스트 프로젝트가 완성되었습니다!

비록 서버를 사용하지 않은 프로젝트지만 이 프로젝트를 통해 FlatList 컴포넌트, TextInput 컴포넌트, useEffect Hook 그리고 리액트 내비게이션 등 굉장히 많은 것을 사용하고 각 기능에 대해 배웠습니다. 4장부터 6장에 걸쳐 여러분이 경험한 내용은 절대 작은 분량이 아닙니다. 앞으로 리액트 네이티브 개발을 할 때 자주 사용하게 되는 중요한 내용이니 잘 기억하기 바랍니다.

CHAPTER

7

여행 사진 공유 앱 만들기

이 책에서 마지막으로 진행할 프로젝트는 사진 공유 앱 만들기입니다. 사진 공유 앱은 서버를 활용해서 여러 사용자가 함께 사용할 수 있도록 만들어봅니다. 서버에 대한 부분까지 설명하기에는 한계가 있기 때문에 이 책에서는 Firebase를 활용합니다.

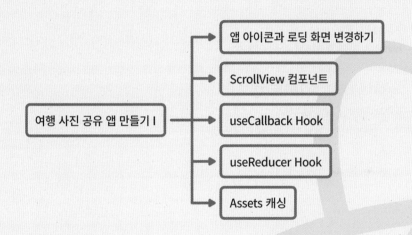

7.1 프로젝트 준비하기

사진 공유 앱은 사진 업로드와 사진 조회 기능이 반드시 필요합니다. 여기에서는 최대 4장까지 사진을 업로드할 수 있고 위치를 지정할 수 있도록 만들겠습니다. 사진 조회 화면은 최근에 등록된 순서로 볼 수 있는 목록 화면과 원하는 위치를 검색해서 사진을 확인하는 화면을 만들어 보겠습니다. 이를 통해 리액트 네이티브에 대해 조금 더 자세히 알아보고 Google Places API를 활용하는 방법 그리고 프로젝트를 진행하며 만나는 다양한 상황을 해결하는 방법에 대해 알아보겠습니다.

- 리액트 네이티브
  - Modal 컴포넌트로 커스텀 Alert 만들기
- Hook
  - useCallback으로 함수 재사용하기
  - useReducer로 상태 관리하기
- 리액트 내비게이션 – 바텀 탭 내비게이터 사용하기
- Firebase
  - Authentication, Storage, Firestore

▶ 여행 사진 공유 앱 프로젝트

먼저 프로젝트를 생성하고 프로젝트 진행에 필요한 설정과 라이브러리를 설치하겠습니다. 아래 명령어를 사용해서 새로운 프로젝트를 생성하세요.

```
$ expo init rn-photo
```

프로젝트 생성이 완료되면 생성한 프로젝트 폴더로 이동하세요.

```
$ cd rn-photo
```

이제 아래 명령어를 사용해서 ESLint를 설정하세요.

```
$ npx eslint --init
```

패키지 설치에 대한 질문에 y를 입력해서 설치하고 진행 과정에서 나오는 질문에 다음과 같이 선택하세요.

```
How would you like to use ESLint? To check syntax and find problems
What type of modules does your project use? JavaScript modules (import/export)
Which framework does your project use? React
Does your project use TypeScript? No
Where does your code run? Node
What format do you want your config file to be in? JSON
Would you like to install them now with npm? Yes
```

프로젝트를 진행하며 Hook을 사용하므로 Hook과 관련된 ESLint도 설정해야 합니다. 아래 명령어를 사용해서 플러그인을 설치하세요.

```
$ npm install -D eslint-plugin-react-hooks
```

설치가 완료되면 VS Code에서 프로젝트 폴더를 열고 .eslintrc.json 파일을 다음과 같이 수정하세요.

.eslintrc.json

```
...

  "extends": [
    "eslint:recommended",
    "plugin:react/recommended",
    "plugin:react/jsx-runtime",
    "plugin:react-hooks/recommended"
  ],

...

  "rules": {
    "no-console": "warn"
  }
}
```

plugin:react/jsx-runtime을 추가해서 React를 import하지 않아도 에러 메시지가 나타나지 않도록 하고, Hook의 규칙 검사를 위해 plugin:react-hooks/recommended를 추가했습니다. 또한 rules에 no-console을 추가했습니다.

다음으로 Prettier 설정을 하겠습니다. 프로젝트에 .prettierrc 파일을 생성하고 다음과 같이 작성하세요.

.prettierrc

```
{
  "arrowParens": "always",
  "printWidth": 80,
  "singleQuote": true,
  "tabWidth": 2
}
```

이제 필요한 라이브러리를 설치하고 필요 없는 라이브러리는 삭제하겠습니다. 아래 명령어를 사용해서 자동 완성 기능에 필요한 패키지를 설치하세요.

```
$ expo install @types/react @types/react-native
```

설치가 완료되고 package.json 파일을 확인하면 dependencies에 @types/react와 @types/react-native가 있는 것을 볼 수 있습니다. 두 패키지를 다음과 같이 devDependencies로 옮기세요. 반드시 필요한 과정은 아니지만 개발 단계에서만 필요한 패키지는 devDependencies에 두는 것을 권장합니다.

package.json

```
{
  ...
  "devDependencies": {
    "@types/react": "~17.0.21",
    "@types/react-native": "~0.67.6",
```

```
    ...
  },
  "private": true
}
```

다음은 사용하지 않는 react-native-web을 삭제합니다.

```
$ npm uninstall react-native-web
```

우리는 프로젝트를 진행하며 내비게이션도 사용하고 커스텀 컴포넌트도 만들어야 하니 react-navigation과 prop-types를 설치하세요.

```
$ npm install prop-types @react-navigation/native
```

그다음 아래 명령어를 사용해 react-navigation에 필요한 의존성 패키지를 설치하세요.

```
$ expo install react-native-screens react-native-safe-area-context
```

마지막으로 프로젝트 폴더 구조를 변경하겠습니다. 프로젝트에 src 폴더를 생성하세요. 그리고 src 폴더 안에 App.js 파일을 만들고 다음과 같이 작성하세요.

JS src/App.js

```
import { StatusBar } from 'expo-status-bar';
import { Text, View } from 'react-native';

const App = () => {
  return (
    <View style={{ marginTop: 50 }}>
      <StatusBar style="dark" />
      <Text style={{ fontSize: 30 }}>Photo App</Text>
    </View>
```

```
  );
};

export default App;
```

이제 프로젝트 루트 경로에 있는 **App.js** 파일을 다음과 같이 수정하세요.

App.js

```
import App from './src/App';

export default App;
```

프로젝트 준비가 완료되었습니다. 프로젝트를 실행하고 화면이 잘 나타나는지 확인해보세요.

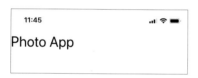

▶ 프로젝트 준비하기

7.2 앱 아이콘과 로딩 화면 변경하기

assets 폴더에는 splash.png, icon.png, adaptive-icon.png 파일이 있습니다. splash.png 파일은 로딩 화면에서 사용하고, icon.png 파일과 adaptive-icon.png 파일은 각각 iOS와 안드로이드에서 아이콘을 표시할 때 사용되는 이미지입니다.

앱 아이콘은 메뉴에서 확인할 수 있으며 로딩 화면은 앱이 처음 구동될 때나 메뉴에서 Reload 를 클릭해서 강제로 새로고침했을 때 볼 수 있습니다.

▶ 기본 아이콘과 로딩 화면 이미지

이 절에서는 앱 아이콘과 로딩 화면을 변경해보겠습니다. 이 책에서 사용하는 아이콘과 로딩 화면 이미지를 사용할 독자는 아래 링크에서 다운로드하세요.

∞ 7장 이미지 − https://bit.ly/2022−ch7−assets

직접 만들고 싶은 분은 assets 폴더에 있는 각 파일과 같은 크기로 이미지를 만드세요. 혹은 피그마Figma에서 Expo App Icon & Splash를 검색한 뒤 복사해서 사용하기 바랍니다. Expo App Icon & Splash에는 각 이미지의 크기를 포함한 가이드가 잘 되어있습니다. 덧붙여 아이콘 제작 영상이 유튜브에 업로드되어 있으니 참고하세요.

🔗 Figma Expo App Icon & Splash – https://bit.ly/figma-expo-guide
▶️ Expo 유튜브 영상 – https://www.youtube.com/watch?v=mVOFvLSiJ_s

각 이미지를 같은 이름으로 준비해서 assets 폴더의 이미지를 교체하세요. 각 이미지는 app.json 파일에서 각각 아이콘과 로딩 화면으로 사용됩니다. app.json 파일의 splash에는 로딩 화면 이미지를 지정합니다. icon에는 앱의 아이콘을 지정하고 android.adaptiveIcon의 foregroundImage에는 안드로이드의 아이콘을 지정합니다. 만약 다른 이름으로 이미지를 사용하거나 다른 경로에 이미지를 저장했다면 알맞게 app.json 파일을 수정해야 합니다.

android.adaptiveIcon의 backgroundColor에는 안드로이드 아이콘 배경색을 지정합니다. 안드로이드에서는 다양한 기기에 적용하기 위한 적응형 아이콘adaptive icons을 사용하기 때문에 설정해줘야 하는 내용의 차이가 있습니다. 좀 더 자세한 내용은 아래 링크를 통해 확인해보세요.

🔗 안드로이드 적응형 아이콘 – https://bit.ly/android-adaptive-icons

업로드한 파일을 사용하는 독자는 아래와 같이 app.json을 수정하고, 직접 아이콘을 제작한 독자는 적절한 배경색으로 코드를 수정하세요.

📄 app.json

```
{
  "expo": {
    ...
    "android": {
      "adaptiveIcon": {
        "foregroundImage": "./assets/adaptive-icon.png",
        "backgroundColor": "#F97316"
      }
```

```
        },
        ...
    }
}
```

앱을 새로고침하면 로딩 화면과 메뉴의 아이콘이 변경된 것을 확인할 수 있습니다.

▶ 아이콘 및 로딩 화면 이미지 변경

7.3 인증 화면 준비하기

이제 화면을 만들어보겠습니다. 앱을 시작하면 가장 먼저 보게 되는 화면은 로그인 또는 회원가입 화면입니다. 로그인 화면은 ToDo리스트 앱에서 만들어봤습니다. 회원가입 화면은 로그인 화면과 굉장히 비슷하니 만드는 게 어렵지 않을 것입니다.

1 내비게이션 설치 및 화면 구성하기

화면 간 이동을 위해 내비게이션을 만들겠습니다. 아래 명령어를 사용해서 네이티브 스택 내비게이터를 설치하세요.

```
$ npm install @react-navigation/native-stack
```

그다음 src 폴더 밑에 navigations 폴더를 만들고 routes.js 파일을 만들어서 다음과 같이 작성하세요.

📄 src/navigations/routes.js

```
export const AuthRoutes = {
  SIGN_IN: 'SignIn',
  SIGN_UP: 'SignUp',
};
```

routes.js 파일은 내비게이터에서 화면의 이름으로 사용될 값을 관리하는 파일입니다. 이렇게 화면의 이름을 관리하면 이름을 잘못 입력하는 실수를 줄일 수 있습니다. 또한, 화면 이름이 변경될 때 화면 이름이 사용된 코드를 일일이 찾아다니며 수정할 필요가 없습니다.

src 폴더 밑에 screens 폴더를 만들고 로그인 화면과 회원가입 화면으로 사용할 컴포넌트를 간단하게 만들겠습니다. `SignInScreen.js` 파일을 만들고 다음과 같이 작성하세요.

src/screens/SignInScreen.js

```js
import { useNavigation } from '@react-navigation/native';
import { Button, StyleSheet, Text, View } from 'react-native';
import { AuthRoutes } from '../navigations/routes';

const SignInScreen = () => {
  const navigation = useNavigation();

  return (
    <View style={styles.container}>
      <Text>Sign In</Text>
      <Button
        title="Sign Up"
        onPress={() => navigation.navigate(AuthRoutes.SIGN_UP)}
      />
    </View>
  );
};

const styles = StyleSheet.create({
  container: {
    flex: 1,
    justifyContent: 'center',
    alignItems: 'center',
  },
});

export default SignInScreen;
```

그리고 `SignUpScreen.js` 파일을 만들고 다음과 같이 작성하세요. 내용이 거의 비슷하니 `SignInScreen.js` 파일 내용을 복사해서 사용하세요.

src/screens/SignUpScreen.js

```javascript
import { StyleSheet, Text, View } from 'react-native';

const SignUpScreen = () => {
  return (
    <View style={styles.container}>
      <Text>Sign Up</Text>
    </View>
  );
};

const styles = StyleSheet.create({
  container: {
    flex: 1,
    justifyContent: 'center',
    alignItems: 'center',
  },
});

export default SignUpScreen;
```

다음으로 src 폴더 밑에 colors.js 파일을 만들고 프로젝트에서 사용할 색을 정의하겠습니다. 지금은 기본 색인 흰색과 검은색만 작성하면 됩니다.

 src/colors.js

```javascript
export const WHITE = '#ffffff';
export const BLACK = '#000000';
```

이제 navigations 폴더 밑에 AuthStack.js 파일을 만들어서 인증 화면을 관리하는 내비게이터를 만들겠습니다. AuthStack.js 파일을 생성하고 다음과 같이 작성하세요.

```js
import { createNativeStackNavigator } from '@react-navigation/native-stack';
import { WHITE } from '../colors';
import SignInScreen from '../screens/SignInScreen';
import SignUpScreen from '../screens/SignUpScreen';
import { AuthRoutes } from './routes';

const Stack = createNativeStackNavigator();

const AuthStack = () => {
  return (
    <Stack.Navigator
      screenOptions={{ contentStyle: { backgroundColor: WHITE } }}
    >
      <Stack.Screen name={AuthRoutes.SIGN_IN} component={SignInScreen} />
      <Stack.Screen name={AuthRoutes.SIGN_UP} component={SignUpScreen} />
    </Stack.Navigator>
  );
};

export default AuthStack;
```

SignInScreen 컴포넌트를 AuthRoutes.SIGN_IN 화면으로 사용하고 SignUpScreen 컴포넌트를 AuthRoutes.SIGN_UP 화면으로 사용하는 네이티브 스택 내비게이터를 만들었습니다.

navigations 폴더 밑에 Navigation.js 파일을 만들고 다음과 같이 작성하세요.

src/navigations/Navigation.js

```js
import { NavigationContainer } from '@react-navigation/native';
import AuthStack from './AuthStack';

const Navigation = () => {
  return (
    <NavigationContainer>
      <AuthStack />
    </NavigationContainer>
  );
```

```
};

export default Navigation;
```

내비게이션 관련 코드가 모두 작성되었으니 App 컴포넌트에서 내비게이션을 사용하겠습니다. 다음과 같이 App 컴포넌트를 수정하세요.

 src/App.js

```
import { StatusBar } from 'expo-status-bar';
import Navigation from './navigations/Navigation';

const App = () => {
  return (
    <>
      <StatusBar style="dark" />
      <Navigation />
    </>
  );
};

export default App;
```

App 컴포넌트까지 수정하면 화면에 로그인 화면이 나타나고 버튼을 누르면 회원가입 화면으로 이동하게 됩니다. 여러분도 화면이 잘 나타나고 화면 이동도 잘 되는지 확인해보세요.

▶ 내비게이션 설정

2 Input 컴포넌트 만들기

이번에는 화면에서 사용하는 컴포넌트를 만들어보겠습니다. 우리는 앞에서 ToDo리스트 앱을 만들며 로그인 화면에서 어떤 컴포넌트들이 필요한지 대략 알게 되었습니다. 그중 Input 컴포넌트를 만들겠습니다.

컴포넌트 만들기

커스텀 컴포넌트를 관리하기 위해 src 폴더 밑에 components 폴더를 만드세요. 그리고 그 안에 Input.js 파일을 생성하고 다음과 같이 작성하세요. 코드가 조금 길지만 ToDo리스트 앱을 만들면서 익혔던 내용이니 어렵지 않을 것입니다.

src/components/Input.js

```js
import { StyleSheet, Text, TextInput, View } from 'react-native';
import PropTypes from 'prop-types';
import { forwardRef } from 'react';
import { MaterialCommunityIcons } from '@expo/vector-icons';
import { BLACK } from '../colors';

export const KeyboardTypes = {
  DEFAULT: 'default',
  EMAIL: 'email-address',
};

export const ReturnKeyTypes = {
  DONE: 'done',
  NEXT: 'next',
};

const Input = forwardRef(({ title, iconName, ...props }, ref) => {
  return (
    <View style={defaultStyles.container}>
      <Text style={defaultStyles.title}>{title}</Text>
      <View>
        <TextInput
          ref={ref}
          {...props}
          style={[defaultStyles.input, iconName && { paddingLeft: 40 }]}
          textContentType="none"
          autoCapitalize="none"
          autoCorrect={false}
        />
        <View style={defaultStyles.icon}>
          <MaterialCommunityIcons
            name={iconName}
            size={24}
            color={BLACK}
          />
        </View>
      </View>
    </View>
  );
});

Input.displayName = 'Input';
```

```
Input.propTypes = {
  title: PropTypes.string,
  iconName: PropTypes.string,
};

const defaultStyles = StyleSheet.create({
  container: {
    width: '100%',
  },
  title: {
    marginBottom: 4,
    fontWeight: '700',
  },
  input: {
    borderBottomWidth: 1,
    borderRadius: 8,
    height: 42,
    paddingHorizontal: 10,
  },
  icon: {
    position: 'absolute',
    left: 8,
    height: '100%',
    justifyContent: 'center',
  },
});

export default Input;
```

위쪽에 타이틀이 나타나고 입력받는 TextInput 컴포넌트는 아래쪽에만 선을 만들었습니다. KeyboardTypes와 ReturnKeyTypes Enum을 export해서 사용자가 편하게 사용할 수 있게 하고, iconName이 전달되면 해당 이름의 아이콘을 렌더링했습니다. 그리고 ref를 사용하기 위해 forwardRef를 사용했습니다.

이제 Input 컴포넌트를 SignInScreen 컴포넌트에서 사용하겠습니다. 다음과 같이 SignInScreen 컴포넌트를 수정하세요.

```
...
import Input, { KeyboardTypes, ReturnKeyTypes } from '../components/Input';

const SignInScreen = () => {
  const navigation = useNavigation();

  return (
    <View style={styles.container}>
      <Text>Sign In</Text>
      <Input
        title="EMAIL"
        iconName="email"
        placeholder="your@email.com"
        keyboardType={KeyboardTypes.EMAIL}
        returnKeyType={ReturnKeyTypes.NEXT}
      />
      <Button ... />
    </View>
  );
};

...
```

화면을 보면 Input 컴포넌트의 props로 전달한 설정이 잘 적용되어 나타나는 것을 볼 수 있습니다.

▶ Input 컴포넌트 만들기

props 간소화하기

Input 컴포넌트는 title이나 iconName 등 전달받는 props가 매우 많습니다. 이번에는 너무 많은 props를 간소화하는 방법에 대해 알아보겠습니다.

이메일을 입력받는 Input 컴포넌트에 title을 EMAIL로 하면서 placeholder를 your@ email.com이 아닌 다른 값을 설정하는 상황이 있을까요? 혹은 iconName을 다른 값을 전달할까요? 만약 Input 컴포넌트를 라이브러리로 만들어서 배포한다면 다른 값을 사용하는 사용자가 있을 수 있습니다. 하지만 우리가 진행하는 프로젝트에서는 이메일을 입력받는 Input 컴포넌트에 title, iconName, placeholder 등은 항상 같은 값을 전달합니다.

이렇게 다양하게 사용되고 많이 사용될 것처럼 보이는 컴포넌트도 잘 살펴보면 생각보다 많이 사용되지 않거나 항상 같은 설정으로 사용하는 경우가 많습니다. 실제로 지금 진행하는 프로젝트에서도 로그인과 회원가입 화면을 제외하면 Input 컴포넌트를 사용할 곳이 없습니다.

그렇다면 꼭 컴포넌트로 분리해야 할 필요가 있을까요? 사실 분리하지 않아도 문제가 되지 않습니다만 분리했을 때와 달리 코드의 가독성에서 큰 차이를 보입니다. 단순히 재사용만을 위해서 컴포넌트를 분리하기보다는 코드의 가독성을 위해서 분리한다는 점을 기억하세요.

이 프로젝트에서 Input 컴포넌트는 이메일과 비밀번호를 받는 용도로만 사용됩니다. 그렇다면 전달되는 title, iconName 등은 두 가지 종류밖에 들어오지 않습니다. 이를 이용해서 다음과 같이 Input 컴포넌트에 inputType props를 추가하고 inputType의 값에 따라 설정이 변경되도록 수정하면 props를 간소화할 수 있습니다.

src/components/Input.js

```
...
import { forwardRef, useState } from 'react';
import { MaterialCommunityIcons } from '@expo/vector-icons';
import { BLACK } from '../colors';

export const ReturnKeyTypes = {
  DONE: 'done',
  NEXT: 'next',
};

export const InputTypes = {
  EMAIL: 'EMAIL',
  PASSWORD: 'PASSWORD',
};

const InputTypeProps = {
  EMAIL: {
    title: 'EMAIL',
    placeholder: 'your@email.com',
    keyboardType: 'email-address',
    secureTextEntry: false,
    iconName: { active: 'email', inactive: 'email-outline' },
  },
  PASSWORD: {
    title: 'PASSWORD',
    placeholder: 'PASSWORD',
    keyboardType: 'default',
    secureTextEntry: true,
    iconName: { active: 'lock', inactive: 'lock-outline' },
  },
};
```

```
const Input = forwardRef((({ inputType, ...props }, ref) => {
  const {
    title,
    placeholder,
    keyboardType,
    secureTextEntry,
    iconName: { active, inactive },
  } = InputTypeProps[inputType];

  const [isFocused, setIsFocused] = useState(false);

  return (
    <View style={defaultStyles.container}>
      <Text style={defaultStyles.title}>{title}</Text>
      <View>
        <TextInput
          ref={ref}
          {...props}
          placeholder={placeholder}
          keyboardType={keyboardType}
          secureTextEntry={secureTextEntry}
          onFocus={() => setIsFocused(true)}
          onBlur={() => setIsFocused(false)}
          style={defaultStyles.input}
          textContentType="none"
          autoCapitalize="none"
          autoCorrect={false}
        />
        <View style={defaultStyles.icon}>...
          <MaterialCommunityIcons
            name={isFocused ? active : inactive}
            size={24}
            color={BLACK}
          />
        </View>
      </View>
    </View>
  );
});

Input.displayName = 'Input';

Input.propTypes = {
  inputType: PropTypes.oneOf(Object.values(InputTypes)).isRequired,
};
```

```
const defaultStyles = StyleSheet.create({
  ...
  input: {
    borderBottomWidth: 1,
    borderRadius: 8,
    height: 42,
    paddingHorizontal: 10,
    paddingLeft: 40,
  },
  ...
});

export default Input;
```

변경된 코드가 많으니 하나씩 천천히 살펴보겠습니다. 먼저, EMAIL과 PASSWORD를 가진 InputTypes Enum을 만들어서 export 하고 Input 컴포넌트의 props로 inputType을 추가해서 InputTypes Enum의 값 중 하나를 받도록 수정했습니다.

```
export const InputTypes = {
  EMAIL: 'EMAIL',
  PASSWORD: 'PASSWORD',
};

const Input = forwardRef(({ inputType, ...props }, ref) => {...}
```

그리고 InputTypeProps에 값을 미리 정의했습니다. title, placeholder 값뿐만 아니라 포커스에 따라 사용할 아이콘도 지정했습니다. secureTextEntry는 비밀번호를 입력할 때만 true가 되게 만들었습니다.

```
const InputTypeProps = {
  EMAIL: {
    title: 'EMAIL',
    placeholder: 'your@email.com',
    keyboardType: 'email-address',
    secureTextEntry: false,
    iconName: { active: 'email', inactive: 'email-outline' },
  },
```

```
  PASSWORD: {
    title: 'PASSWORD',
    placeholder: 'PASSWORD',
    keyboardType: 'default',
    secureTextEntry: true,
    iconName: { active: 'lock', inactive: 'lock-outline' },
  },
};
```

Input 컴포넌트의 내부에서는 inputType의 값에 따라 InputTypeProps에서 값을 가져오게 만들었습니다.

```
const Input = forwardRef(({ inputType, ...props }, ref) => {
  const {
    title,
    placeholder,
    keyboardType,
    secureTextEntry,
    iconName: { active, inactive },
  } = InputTypeProps[inputType];
```

또한 포커스 상태에 따라 다른 아이콘을 사용하도록 포커스 상태를 관리하는 상태 변수를 만들었습니다.

```
const [isFocused, setIsFocused] = useState(false);
```

생성된 setIsFocused 함수를 사용해서 TextInput 컴포넌트의 onFocus와 onBlur가 호출될 때마다 isFocused 값을 변경하고, isFocused 값에 따라 다른 아이콘이 나타나도록 작성했습니다. 그리고 InputTypeProps에서 가져온 값은 TextInput 컴포넌트 props로 전달했습니다.

마지막으로 Input 컴포넌트의 props가 변경되었으니 propTypes도 변경된 props에 맞춰 변경하고, TextInput 컴포넌트에 항상 아이콘이 나타나므로 스타일 코드도 수정했습니다.

변경된 Input 컴포넌트를 사용해보겠습니다. 다음과 같이 SignInScreen 컴포넌트를 수정하세요.

```
...
import Input, { ReturnKeyTypes, InputTypes } from '../components/Input';

const SignInScreen = () => {
  const navigation = useNavigation();

  return (
    <View style={styles.container}>
      <Text>Sign In</Text>
      <Input
        inputType={InputTypes.EMAIL}
        returnKeyType={ReturnKeyTypes.NEXT}
      />
      <Input
        inputType={InputTypes.PASSWORD}
        returnKeyType={ReturnKeyTypes.DONE}
      />
      <Button ... />
    </View>
  );
};

...
```

이전보다 깔끔하고 간단하게 Input 컴포넌트를 사용할 수 있게 되었습니다. 화면에도 우리가 설정한 값이 잘 나타나는지 확인해보세요.

▶ props 간소화

활성화 상태 색 변경하기

이번에는 Input 컴포넌트 스타일을 변경하겠습니다. colors.js 파일에 사용할 색을 추가하세요.

 src/colors.js

```js
export const WHITE = '#ffffff';
export const BLACK = '#000000';

export const PRIMARY = {
  DEFAULT: '#F97316',
};

export const GRAY = {
  DARK: '#6B7280',
};
```

활성화 상태에서 사용할 프라이머리 컬러와 비활성화 상태에서 사용할 색을 정의했습니다.

이제 Input 컴포넌트에 활성화 상태에 따라 다른 색이 적용되도록 만들겠습니다. 다음과 같이 Input 컴포넌트를 수정하세요.

 src/components/Input.js

```
...
import { GRAY, PRIMARY } from '../colors';

...

const Input = forwardRef(({ inputType, ...props }, ref) => {
  const {...} = InputTypeProps[inputType];
  const { value } = props;

  const [isFocused, setIsFocused] = useState(false);

  return (
    <View style={defaultStyles.container}>
      <Text
        style={[
          defaultStyles.title,
          { color: value || isFocused ? PRIMARY.DEFAULT : GRAY.DARK },
        ]}
      >
        {title}
      </Text>
      <View>
        <TextInput
          ...
          style={[
            defaultStyles.input,
            {
              borderColor: value || isFocused ? PRIMARY.DEFAULT : GRAY.DARK,
              color: value || isFocused ? PRIMARY.DEFAULT : GRAY.DARK,
            },
          ]}
          textContentType="none"
          autoCapitalize="none"
          autoCorrect={false}
        />
        <View style={defaultStyles.icon}>
```

```
            <MaterialCommunityIcons
              name={isFocused ? active : inactive}
              size={24}
              color={value || isFocused ? PRIMARY.DEFAULT : GRAY.DARK}
            />
          </View>
        </View>
      </View>
    );
  });

Input.displayName = 'Input';

Input.propTypes = {
  inputType: PropTypes.oneOf(Object.values(InputTypes)).isRequired,
  value: PropTypes.string.isRequired,
};

...
```

isFocused 값이 true이거나 TextInput 컴포넌트에 전달되는 value에 값이 있다면 활성화 상태라고 판단하도록 작성했습니다. 그리고 준비한 색을 가지고 서로 다른 색이 사용되게 만들었습니다.

다음과 같이 SignInScreen 컴포넌트를 수정하세요.

JS src/screens/SignInScreen.js

```
...
import { useState } from 'react';

const SignInScreen = () => {
  const navigation = useNavigation();

  const [email, setEmail] = useState('');
  const [password, setPassword] = useState('');

  return (
    <View style={styles.container}>
      <Text>Sign In</Text>
```

```
      <Input
        value={email}
        onChangeText={(text) => setEmail(text.trim())}
        inputType={InputTypes.EMAIL}
        returnKeyType={ReturnKeyTypes.NEXT}
      />

      <Input
        value={password}
        onChangeText={(text) => setPassword(text.trim())}
        inputType={InputTypes.PASSWORD}
        returnKeyType={ReturnKeyTypes.DONE}
      />
      ...
    </View>
  );
};

...
```

이메일과 비밀번호를 관리하는 상태 변수를 만들고 Input 컴포넌트에 value와 onChange
Text를 전달했습니다.

화면을 확인하면 아무것도 입력되지 않은 비활성화 상태와, 포커스가 있는 상태 혹은 값이 있
는 상태인 활성화 상태에 따라 **Input** 컴포넌트 디자인이 달라지는 것을 확인할 수 있습니다.

▶ 활성화 상태에 따른 디자인 변화

style props 전달받기

컴포넌트를 사용하다 보면 사용하는 곳에서 컴포넌트 스타일 수정이 필요할 때가 있습니다. 그래서 컴포넌트를 만들 때 외부에서 스타일 코드를 전달받아 컴포넌트에 적용해야 하는 경우가 생깁니다. 이번에는 Input 컴포넌트에 style props를 추가해서 전달된 스타일이 적용되도록 만들어보겠습니다.

다음과 같이 Input 컴포넌트를 수정하세요.

<img> src/components/Input.js

```
...

const Input = forwardRef(({ inputType, styles, ...props }, ref) => {
  ...

  return (
```

```
      <View style={[defaultStyles.container, styles?.container]}>
        <Text
          style={[
            defaultStyles.title,
            { color: value || isFocused ? PRIMARY.DEFAULT : GRAY.DARK },
            styles?.title,
          ]}
        >
          {title}
        </Text>
        <View>
          <TextInput
            ...
            style={[
              defaultStyles.input,
              {
                borderColor: value || isFocused ? PRIMARY.DEFAULT : GRAY.DARK,
                color: value || isFocused ? PRIMARY.DEFAULT : GRAY.DARK,
              },
              styles?.input,
            ]}
            ...
          />
          <View style={[defaultStyles.icon, styles?.icon]}>
            ...
          </View>
        </View>
      </View>
  );
});

Input.displayName = 'Input';

Input.propTypes = {
  inputType: PropTypes.oneOf(Object.values(InputTypes)).isRequired,
  value: PropTypes.string.isRequired,
  styles: PropTypes.object,
};

...
```

Input 컴포넌트에 객체로 전달되는 styles props를 추가했습니다. 그리고 컴포넌트마다 styles의 특정 프로퍼티가 있으면 스타일로 적용되도록 작성했습니다. 예를 들어 styles 객체에 container라는 프로퍼티가 있으면 전체를 감싸고 있는 View 컴포넌트의 스타일로 적용됩니다.

이때 사용된 ?.를 옵셔널 체이닝^{optional chaining}이라고 합니다.

🔗 옵셔널 체이닝 – https://mzl.la/3u8qwML

옵셔널 체이닝을 사용하면 안전하게 값을 참조할 수 있습니다. 예를 들어, null이나 undefined에서 값을 참조하면 다음과 같은 에러가 발생합니다.

```
const obj = null;
console.log(obj.value);
// TypeError: null is not an object (evaluating 'obj.value')
```

만약 앞의 예제 코드에서 옵셔널 체이닝을 사용하면 obj의 값을 참조할 수 있을 때에만 작동하고 그렇지 않으면 undefined를 반환합니다.

```
const obj = null;
console.log(obj?.value); // undefined

const obj2 = { value: 'value' };
console.log(obj2?.value); // value
```

여기에서는 styles props가 필수가 아니므로 undefined가 전달되는 상황이 생길 수 있습니다. 옵셔널 체이닝을 사용하지 않는다면 styles에 해당 프로퍼티가 있는지 확인하고 스타일에 적용해야 하는 번거로움이 있습니다. 하지만 옵셔널 체이닝을 사용하면 좀 더 깔끔한 코드 작성이 가능합니다.

SignInScreen 컴포넌트에서 styles를 Input 컴포넌트에 전달해보겠습니다. 다음과 같이 SignInScreen 컴포넌트를 수정하세요.

```
...

const SignInScreen = () => {
  ...

  return (
    <View style={styles.container}>
      <Text>Sign In</Text>
      <Input
        styles={{
          container: { marginBottom: 20, paddingHorizontal: 20 },
          input: { borderWidth: 1 },
        }}
        value={email}
        ...
      />
      ...
    </View>
  );
};

...
```

styles에 container 스타일과 input 스타일을 가진 객체를 전달했습니다. 만약 스타일 코드를 인라인으로 전달하고 싶지 않다면 다음과 같이 작성해서 전달해도 됩니다.

```
...

const SignInScreen = () => {
  ...

  return (
    <View style={styles.container}>
      ...
```

```
      <Input
        styles={inputStyles}
        value={password}
        ...
      />
      <Button ... />
    </View>
  );
};

const inputStyles = StyleSheet.create({
  container: {
    marginBottom: 20,
    paddingHorizontal: 20,
  },
  input: {
    borderWidth: 1,
  },
});

...
```

이제 화면을 보면 전달된 스타일이 잘 적용된 것을 볼 수 있습니다.

▶ styles props 전달하기

❸ Button 컴포넌트 만들기

이번에는 Button 컴포넌트를 만들어보겠습니다. 먼저 버튼 상태에 따라 다른 색을 사용해서 사용자에게 버튼의 상태를 알려주기 위해 colors.js에 다음처럼 색을 추가하세요.

📄 src/colors.js

```
●●●
...

export const PRIMARY = {
  LIGHT: '#FDBA74',
  DEFAULT: '#F97316',
  DARK: '#C2410C',
};

...
```

그다음 components 폴더 아래에 Button.js 파일을 만들고 다음과 같이 작성하세요.

📄 src/components/Button.js

```
●●●
import {
  ActivityIndicator,
  Pressable,
  StyleSheet,
  Text,
  View,
} from 'react-native';
import PropTypes from 'prop-types';
import { WHITE, GRAY, PRIMARY } from '../colors';

const Button = ({ styles, title, onPress, disabled, isLoading }) => {
  return (
    <View style={[defaultStyles.container, styles?.container]}>
      <Pressable
        onPress={() => onPress()}
        disabled={disabled || isLoading}
        style={({ pressed }) => [
          defaultStyles.button,
```

```
          {
            backgroundColor: (() => {
              switch (true) {
                case disabled || isLoading:
                  return PRIMARY.LIGHT;
                case pressed:
                  return PRIMARY.DARK;
                default:
                  return PRIMARY.DEFAULT;
              }
            })(),
          },
          styles?.button,
        ]}
      >
        {isLoading ? (
          <ActivityIndicator size="small" color={GRAY.DARK} />
        ) : (
          <Text style={[defaultStyles.title, styles?.title]}>{title}</Text>
        )}
      </Pressable>
    </View>
  );
};

Button.propTypes = {
  styles: PropTypes.object,
  title: PropTypes.string.isRequired,
  onPress: PropTypes.func.isRequired,
  disabled: PropTypes.bool,
  isLoading: PropTypes.bool,
};

const defaultStyles = StyleSheet.create({
  container: {
    width: '100%',
  },
  button: {
    paddingVertical: 20,
    justifyContent: 'center',
    alignItems: 'center',
  },
  title: {
    color: WHITE,
    fontSize: 16,
```

```
      fontWeight: '700',
      lineHeight: 20,
    },
  });

export default Button;
```

Input 컴포넌트처럼 styles로 스타일 코드가 포함된 객체를 전달받아 사용하고, 터치 상태에 따라 배경색이 다르게 적용되는 Button 컴포넌트를 만들었습니다.

그다음 작성된 Button 컴포넌트를 SignInScreen 컴포넌트에서 사용해보겠습니다. 현재 SignInScreen 컴포넌트에서 회원가입 화면으로 이동하기 위해 사용하고 있는 Button 컴포 넌트만 react-native 모듈에서 가져오는 것이 아니라 우리가 만든 Button 컴포넌트를 사용 하도록 수정하면 됩니다.

src/screens/SignInScreen.js

```
import { useNavigation } from '@react-navigation/native';
import { StyleSheet, Text, View } from 'react-native';
...
import Button from '../components/Button';

const SignInScreen = () => {
  ...

  return (
    <View style={styles.container}>
      ...
      <Button
        title="Sign Up"
        onPress={() => navigation.navigate(AuthRoutes.SIGN_UP)}
        styles={{
          container: {
            paddingHorizontal: 20,
            marginTop: 20,
          },
        }}
      />
    </View>
```

```
  );
};

...
```

코드를 수정해서 우리가 만든 Button 컴포넌트를 사용하고, styles props에 container 스타일을 전달했습니다. 화면을 확인하면 스타일 코드가 적용된 Button 컴포넌트가 잘 나타납니다.

▶ Button 컴포넌트

④ SafeInputView 컴포넌트 만들기

안드로이드에서는 문제가 되지 않지만 iOS는 키보드가 TextInput 컴포넌트를 가리는 문제가 발생합니다. 앞에서 ToDo리스트 앱을 만들면서 KeyboardAvoidingView 컴포넌트를 사용해 이 문제를 해결했었습니다. 이번에는 KeyboardAvoidingView 컴포넌트를 사용해서 키보드가 컴포넌트를 가리는 문제를 해결하는 커스텀 컴포넌트를 만들겠습니다.

components 폴더에 `SafeInputView.js` 파일을 만들고 다음과 같이 작성하세요. ToDo리스트 프로젝트에서 작성했던 컴포넌트와 같은 코드이니 복사해서 사용해도 됩니다. 하지만 연습을 위해 되도록이면 직접 작성해보는 것을 추천합니다.

 src/components/SafeInputView.js

```js
import {
  Keyboard,
  KeyboardAvoidingView,
  Platform,
  Pressable,
} from 'react-native';
import PropTypes from 'prop-types';

const SafeInputView = ({ children }) => {
  return (
    <KeyboardAvoidingView
      style={{ flex: 1 }}
      behavior={Platform.select({ ios: 'padding' })}
    >
      <Pressable style={{ flex: 1 }} onPress={() => Keyboard.dismiss()}>
        {children}
      </Pressable>
    </KeyboardAvoidingView>
  );
};

SafeInputView.propTypes = {
  children: PropTypes.node,
};

export default SafeInputView;
```

7.4 화면 만들기

로그인 화면과 회원가입 화면을 구현할 때 필요한 Input 컴포넌트, Button 컴포넌트, Safe InputView 컴포넌트를 만들었으니 이제 본격적으로 화면을 만들어보겠습니다.

1 로그인 화면 만들기

먼저 로그인 화면을 완성하겠습니다.

헤더 감추기

로그인 화면과 회원가입 화면에서는 헤더가 필요하지 않으니 다음과 같이 AuthStack 컴포넌트를 수정하세요.

📄 src/navigations/AuthStack.js

```
...

const AuthStack = () => {
  return (
    <Stack.Navigator
      screenOptions={{
        contentStyle: { backgroundColor: WHITE },
        headerShown: false,
      }}
    >
      ...
    </Stack.Navigator>
  );
};

export default AuthStack;
```

헤더가 사라지고 나면 기기 상단의 노치 등이 화면을 가릴 수 있습니다. 이 문제는 useSafe AreaInsets를 사용해서 해결하겠습니다.

다음과 같이 **SignInScreen** 컴포넌트를 수정하세요.

 src/screens/SignInScreen.js

```
...
import Button from '../components/Button';
import { useSafeAreaInsets } from 'react-native-safe-area-context';
import SafeInputView from '../components/SafeInputView';

const SignInScreen = () => {
  const navigation = useNavigation();
  const { top } = useSafeAreaInsets();

  const [email, setEmail] = useState('');
  const [password, setPassword] = useState('');

  return (
    <SafeInputView>
      <View style={[styles.container, { paddingTop: top }]}>
        ...
      </View>
    </SafeInputView>
  );
};

...
```

View 컴포넌트에 paddingTop을 설정해서 기기 상단부분에 의해 가려지는 문제를 해결했습니다. 그리고 앞에서 만든 SafeInputView 컴포넌트를 사용해서 키보드가 Input 컴포넌트를 가리지 않게 만들었습니다.

상태 변수 만들기

이번에는 사용자가 입력하는 값에 따라 버튼 활성화 여부가 결정되도록 만들고, 키보드 **확인** 버튼을 클릭하면 이메일을 입력하는 Input 컴포넌트에서 비밀번호를 입력하는 Input 컴포넌트로 이동하게 만들겠습니다.

다음과 같이 **SignInScreen** 컴포넌트를 수정하세요.

📄 src/screens/SignInScreen.js

```
import { useNavigation } from '@react-navigation/native';
import { StyleSheet, View, Keyboard } from 'react-native';
import { AuthRoutes } from '../navigations/routes';
import Input, { ReturnKeyTypes, InputTypes } from '../components/Input';
import { useState, useRef, useEffect } from 'react';
...

const SignInScreen = () => {
  ...

  const passwordRef = useRef();

  const [email, setEmail] = useState('');
  const [password, setPassword] = useState('');
  const [isLoading, setIsLoading] = useState(false);
  const [disabled, setDisabled] = useState(true);

  useEffect(() => {
    setDisabled(!email || !password);
  }, [email, password]);

  const onSubmit = () => {
    Keyboard.dismiss();
    if (!disabled && !isLoading) {
      setIsLoading(true);
      console.log(email, password);
      setIsLoading(false);
    }
  };

  return (
    <SafeInputView>
      <View style={[styles.container, { paddingTop: top }]}>
        <Input
          value={email}
          ...
          onSubmitEditing={() => passwordRef.current.focus()}
          styles={{ container: { marginBottom: 20 } }}
        />
```

```
        <Input
          ref={passwordRef}
          value={password}
          ...
          onSubmitEditing={onSubmit}
          styles={{ container: { marginBottom: 20 } }}
        />

        <Button
          title="로그인"
          onPress={onSubmit}
          disabled={disabled}
          isLoading={isLoading}
          styles={{ container: { marginTop: 20 } }}
        />
      </View>
    </SafeInputView>
  );
};

const styles = StyleSheet.create({
  container: {
    flex: 1,
    justifyContent: 'center',
    alignItems: 'center',
    paddingHorizontal: 20,
  },
});

export default SignInScreen;
```

useRef를 사용해서 생성한 passwordRef를 비밀번호를 입력하는 Input 컴포넌트의 ref로 설정하고, 키보드의 **확인** 버튼을 눌렀을 때 포커스가 이동하도록 만들었습니다. 로그인을 위해서 서버와 통신하는 상태를 관리하는 isLoading 상태 변수와 이메일, 비밀번호 입력에 따라 버튼의 활성화 여부를 결정하는 disabled 상태 변수도 만들었습니다. **로그인** 버튼을 클릭했을 때 호출하는 onSubmit 함수에서는 키보드를 감추고 isLoading과 disabled 값에 따라 코드가 실행되게 만들었습니다.

화면을 보면 버튼이 비활성화되어 있고 값의 입력에 따라 버튼이 활성화되는 것을 볼 수 있습니다. 정보를 입력하고 버튼을 클릭하면 터미널에 입력한 정보가 잘 나타나는지 확인해보세요.

▶ 로그인 화면 상태 변수

TextButton 컴포넌트 만들기

회원가입 화면으로 이동하는 기능을 담당했던 버튼이 **로그인** 버튼으로 변경되었으므로 새로운 버튼을 만들어서 화면 이동 버튼으로 사용하겠습니다. **Button** 컴포넌트를 그대로 사용하면 **로그인** 버튼과 같은 모습으로 만들어지기 때문에 사용자에게 혼란을 줄 수 있으니 간단한 텍스트 버튼을 만들겠습니다.

components 폴더 밑에 TextButton.js 파일을 만들고 다음과 같이 작성하세요.

 src/components/TextButton.js

```js
import { Pressable, StyleSheet, Text } from 'react-native';
import PropTypes from 'prop-types';
import { PRIMARY } from '../colors';

const TextButton = ({ styles, title, onPress, hitSlop }) => {
  return (
```

```
      <Pressable
        style={styles?.button}
        hitSlop={hitSlop ? hitSlop : 10}
        onPress={onPress}
      >
        <Text style={[defaultStyles.title, styles?.title]}>{title}</Text>
      </Pressable>
    );
  };

  TextButton.propTypes = {
    styles: PropTypes.object,
    title: PropTypes.string.isRequired,
    onPress: PropTypes.func.isRequired,
    hitSlop: PropTypes.number,
  };

  const defaultStyles = StyleSheet.create({
    title: {
      color: PRIMARY.DEFAULT,
      fontWeight: '700',
      fontSize: 16,
    },
  });

  export default TextButton;
```

Pressable 컴포넌트와 Text 컴포넌트를 사용해서 간단한 버튼을 만들었습니다. 텍스트 버튼은 대부분 링크로 활용되기 때문에 비활성화 상태와 눌렸을 때의 상태를 따로 처리하지는 않았습니다.

이제 SignInScreen 컴포넌트에서 완성된 TextButton 컴포넌트를 사용하겠습니다. 다음과 같이 SignInScreen 컴포넌트를 수정하세요.

src/screens/SignInScreen.js

```
●●●

...
import TextButton from '../components/TextButton';

const SignInScreen = () => {
  ...
```

```
  return (
    <SafeInputView>
      <View style={[styles.container, { paddingTop: top }]}>
        ...

        <Button ... />

        <TextButton
          title={'회원가입'}
          onPress={() => navigation.navigate(AuthRoutes.SIGN_UP)}
        />
      </View>
    </SafeInputView>
  );
};

...
```

현재 헤더를 사용하고 있지 않아서 회원가입 화면에서 로그인 화면으로 돌아올 방법이 없으니, 회원가입 화면에도 **TextButton** 컴포넌트를 사용해서 로그인 화면으로 이동하는 버튼을 추가 해야 합니다. 다음과 같이 **SignUpScreen** 컴포넌트를 수정하세요.

📄 src/screens/SignUpScreen.js

```
● ● ●

import { useNavigation } from '@react-navigation/native';
import { StyleSheet, View } from 'react-native';
import TextButton from '../components/TextButton';

const SignUpScreen = () => {
  const navigation = useNavigation();

  return (
    <View style={styles.container}>
      <TextButton title={'로그인'} onPress={navigation.goBack} />
    </View>
  );
};

...
```

화면을 보면 로그인 화면에 회원가입 텍스트 버튼이 나타나고, 클릭하면 회원가입 화면으로 이동하는 것을 확인할 수 있습니다. 여러분도 텍스트 버튼이 잘 작동하는지 확인해보세요.

▶ TextButton 컴포넌트

HR 컴포넌트 만들기

로그인 화면을 보면 Button 컴포넌트와 TextButton 컴포넌트가 너무 가깝게 붙어있습니다. 이번에는 가로 선을 표현하는 컴포넌트를 만들어서 영역을 구분하는 용도로 사용하겠습니다.

components 폴더에 HR.js 파일을 만들고 다음과 같이 작성하세요.

 src/components/HR.js

```
import { StyleSheet, Text, View } from 'react-native';
import PropTypes from 'prop-types';
import { GRAY, WHITE } from '../colors';

const HR = ({ styles, text }) => {
```

```
    return (
      <View style={[defaultStyles.container, styles?.container]}>
        <View style={[defaultStyles.line, styles?.line]}></View>
        {!!text && (
          <Text style={[defaultStyles.text, styles?.text]}>{text}</Text>
        )}
      </View>
    );
};

HR.propTypes = {
  styles: PropTypes.object,
  text: PropTypes.string,
};

const defaultStyles = StyleSheet.create({
  container: {
    width: '100%',
    alignItems: 'center',
    justifyContent: 'center',
  },
  line: {
    ...StyleSheet.absoluteFill,
    height: '50%',
    borderBottomWidth: 1,
    borderBottomColor: GRAY.DARK,
  },
  text: {
    backgroundColor: WHITE,
    paddingHorizontal: 10,
    color: GRAY.DARK,
  },
});

export default HR;
```

text props가 전달되면 선 위에 전달된 텍스트가 나타나는 HR 컴포넌트를 만들었습니다.
line 스타일 코드에서 사용한 StyleSheet.absoluteFill은 아래 객체를 값으로 갖고 있습니다.

```
{
  position: 'absolute';
  left: 0;
  right: 0;
  top: 0;
  bottom: 0;
}
```

앞의 코드처럼 position을 absolute로 하고 left, right, top, bottom을 모두 0으로 하면 영역을 꽉 채우게 됩니다. 우리는 영역의 중앙에 가로 선이 나타나길 원하기 때문에 높이를 50%로 변경하고 아래에만 선이 생기게 만들었습니다.

이제 SignInScreen 컴포넌트에서 HR 컴포넌트를 사용하겠습니다. 다음과 같이 SignInScreen 컴포넌트를 수정하세요.

JS src/screens/SignInScreen.js

```
...
import HR from '../components/HR';

const SignInScreen = () => {
  ...

  return (
    <SafeInputView>
      <View style={[styles.container, { paddingTop: top }]}>
        ...

        <HR text={'OR'} styles={{ container: { marginVertical: 30 } }} />

        <TextButton ... />
      </View>
    </SafeInputView>
  );
};

...
```

화면을 확인하면 **text**로 전달한 글자와 가로선이 잘 나타납니다.

▶ HR 컴포넌트

배경 이미지 사용하기

로그인 화면에 필요한 내용이 모두 추가되었지만 어딘가 화면이 굉장히 허전해 보입니다. 이번에는 로그인 화면에 배경 이미지를 넣어 보겠습니다. 화면 배경으로 사용할 이미지는 직접 준비해도 되고, 이 책에서 사용한 이미지를 다운로드해서 사용해도 됩니다. 준비된 이미지는 `assets` 폴더에 `cover.png`라는 이름으로 추가하세요.

🔗 7장 이미지 – https://bit.ly/2022-ch7-assets

이제 `SignInScreen` 화면에 배경 이미지를 추가하겠습니다. 다음과 같이 `SignInScreen` 컴포넌트를 수정하세요.

src/screen/SignInScreen.js

```
import { useNavigation } from '@react-navigation/native';
import { Image, Keyboard, StyleSheet, View } from 'react-native';
...

const SignInScreen = () => {
  ...

  return (
    <SafeInputView>
      <View style={[styles.container, { paddingTop: top }]}>
        <View style={StyleSheet.absoluteFill}>
          <Image
            source={require('../../assets/cover.png')}
            style={{ width: '100%' }}
            resizeMode="cover"
          />
        </View>

        ...

      </View>
    </SafeInputView>
  );
};

...
```

화면을 확인하면 이미지는 잘 나타나지만, 배경에 흰색이 없어서 Input 컴포넌트를 포함한 로그인 폼form이 잘 보이지 않습니다. 상태 바도 이미지 때문에 내용이 잘 보이지 않습니다.

▶ 배경 이미지 추가

배경색을 추가해서 로그인 폼이 잘 보이도록 수정하고, **StatusBar** 컴포넌트를 사용해서 상태 바의 색도 변경하겠습니다. 다음과 같이 **SignInScreen** 컴포넌트를 수정하세요.

 src/screens/SignInScreen.js

```
...
import { StatusBar } from 'expo-status-bar';
import { WHITE } from '../colors';

const SignInScreen = () => {
  const navigation = useNavigation();
  const { top, bottom } = useSafeAreaInsets();

  ...

  return (
    <SafeInputView>
      <StatusBar style="light" />
      <View style={[styles.container, { paddingTop: top }]}>
```

```
          <View style={StyleSheet.absoluteFill}>
            <Image
              source={require('../../assets/cover.png')}
              style={{ width: '100%' }}
              resizeMode="cover"
            />
          </View>

          <View style={[styles.form, { paddingBottom: bottom }]}>
            <Input value={email} ... />

            ...

          </View>
        </View>
      </SafeInputView>
  );
};

const styles = StyleSheet.create({
  container: {
    flex: 1,
    justifyContent: 'flex-end',
  },
  form: {
    alignItems: 'center',
    backgroundColor: WHITE,
    paddingHorizontal: 20,
    paddingTop: 40,
    borderTopLeftRadius: 20,
    borderTopRightRadius: 20,
  },
});

export default SignInScreen;
```

StatusBar 컴포넌트를 사용해서 상태 바의 색을 밝은색으로 변경했습니다. 그리고 로그인 폼을 View 컴포넌트로 감싸서 배경색을 지정하고 기기 하단에 있는 영역과 화면이 겹치지 않도록 useSafeAreaInsets에서 반환하는 bottom 값을 paddingBottom으로 지정했습니다. 마지막으로 로그인 폼이 화면의 아래쪽에 있도록 container 스타일의 justifyContent를 flex-end로 변경했습니다.

코드를 적용하고 화면을 확인하면 상태 바와 로그인 폼이 잘 보이는 것을 확인할 수 있습니다.

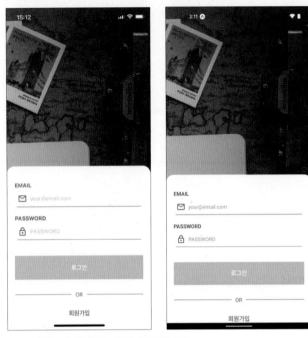

▶ 로그인 폼 배경색 설정 – iOS / 안드로이드

화면에서 로그인 폼이 잘 보이지만 안드로이드에서는 로그인 폼 아래에 여유 공간이 별로 없습니다. 이 문제는 useSafeAreaInsets에서 반환하는 bottom 값이 0이기 때문에 padding Bottom이 0이 되어 발생하는 현상입니다.

> **NOTE**
>
> 기기에 따라 bottom이 0이 아닐 수 있습니다. 이 책에서는 구글 Pixel 5를 기준으로 설명합니다.

다음과 같이 SignInScreen 컴포넌트를 수정하세요.

src/screens/SignInScreen.js

```
...
```

```
const SignInScreen = () => {
  ...

  return (
    <SafeInputView>
      <StatusBar style="light" />
      <View style={[styles.container, { paddingTop: top }]}>
        ...

        <View
          style={[
            styles.form,
            { paddingBottom: bottom ? bottom + 10 : 40 },
          ]}
        >
          ...
        </View>
      </View>
    </SafeInputView>
  );
};

...
```

useSafeAreaInsets가 전달하는 bottom 값에 따라 paddingBottom이 다르게 적용되도록 만들었습니다. 안드로이드에서도 로그인 폼 아래쪽에 여유 공간이 생긴 것을 볼 수 있습니다.

▶ 안드로이드 로그인 화면

이제 로그인 화면이 허전하지 않고 나름 그럴싸하게 보이도록 완성되었습니다. 여러분도 각자 생각하는 로그인 화면을 디자인해서 만들어보세요.

2 회원가입 화면 만들기

이번에는 회원가입 화면을 만들어보겠습니다.

화면 만들기

회원가입 화면은 로그인 화면과 거의 같습니다. 코드를 복사해서 필요한 부분만 수정하고 추가하는 방법도 괜찮지만, 코드 작성에 익숙해지기 위해 직접 작성하는 것을 추천합니다.

다음과 같이 **SignUpScreen** 컴포넌트를 수정하세요.

src/screens/SignUpScreen.js

```js
import { useNavigation } from '@react-navigation/native';
import { Image, Keyboard, StyleSheet, View } from 'react-native';
import TextButton from '../components/TextButton';
import Input, { ReturnKeyTypes, InputTypes } from '../components/Input';
import { useEffect, useRef, useState } from 'react';
import Button from '../components/Button';
import { useSafeAreaInsets } from 'react-native-safe-area-context';
import SafeInputView from '../components/SafeInputView';
import HR from '../components/HR';
import { StatusBar } from 'expo-status-bar';
import { WHITE } from '../colors';

const SignUpScreen = () => {
  const navigation = useNavigation();
  const { top, bottom } = useSafeAreaInsets();

  const passwordRef = useRef();

  const [email, setEmail] = useState('');
  const [password, setPassword] = useState('');
  const [isLoading, setIsLoading] = useState(false);
  const [disabled, setDisabled] = useState(true);

  useEffect(() => {
    setDisabled(!email || !password);
  }, [email, password]);

  const onSubmit = () => {
    Keyboard.dismiss();
    if (!disabled && !isLoading) {
      setIsLoading(true);
      console.log(email, password);
      setIsLoading(false);
    }
  };

  return (
    <SafeInputView>
      <StatusBar style="light" />
      <View style={[styles.container, { paddingTop: top }]}>
        <View style={StyleSheet.absoluteFill}>
          <Image
```

```
            source={require('../../assets/cover.png')}
            style={{ width: '100%' }}
            resizeMode="cover"
          />
        </View>

        <View
          style={[
            styles.form,
            { paddingBottom: bottom ? bottom + 10 : 40 },
          ]}
        >
          <Input
            value={email}
            onChangeText={(text) => setEmail(text.trim())}
            inputType={InputTypes.EMAIL}
            returnKeyType={ReturnKeyTypes.NEXT}
            onSubmitEditing={() => passwordRef.current.focus()}
            styles={{ container: { marginBottom: 20 } }}
          />
          <Input
            ref={passwordRef}
            value={password}
            onChangeText={(text) => setPassword(text.trim())}
            inputType={InputTypes.PASSWORD}
            returnKeyType={ReturnKeyTypes.DONE}
            onSubmitEditing={onSubmit}
            styles={{ container: { marginBottom: 20 } }}
          />

          <Button
            title="회원가입"
            onPress={onSubmit}
            disabled={disabled}
            isLoading={isLoading}
            styles={{ container: { marginTop: 20 } }}
          />

          <HR text={'OR'} styles={{ container: { marginVertical: 30 } }} />

          <TextButton title={'로그인'} onPress={navigation.goBack} />
        </View>
      </View>
    </SafeInputView>
  );
```

```
};

const styles = StyleSheet.create({
  container: {
    flex: 1,
    justifyContent: 'flex-end',
  },
  form: {
    alignItems: 'center',
    backgroundColor: WHITE,
    paddingHorizontal: 20,
    paddingTop: 40,
    borderTopLeftRadius: 20,
    borderTopRightRadius: 20,
  },
});

export default SignUpScreen;
```

버튼 타이틀과 텍스트 버튼 타이틀을 제외하고 **SignInScreen** 컴포넌트와 같은 코드입니다.

이제 회원가입에 필요한 비밀번호 확인 과정을 추가하겠습니다. 우리는 Input 컴포넌트에 타입을 이메일과 비밀번호만 전달할 수 있으니 비밀번호 확인을 위한 타입을 추가해야 합니다. 다음과 같이 Input 컴포넌트를 수정하세요.

src/components/Input.js

```
...

export const InputTypes = {
  EMAIL: 'EMAIL',
  PASSWORD: 'PASSWORD',
  PASSWORD_CONFIRM: 'PASSWORD_CONFIRM',
};

const PasswordProps = {
  keyboardType: 'default',
  secureTextEntry: true,
  iconName: { active: 'lock', inactive: 'lock-outline' },
};
```

```
const InputTypeProps = {
  EMAIL: {
    title: 'EMAIL',
    placeholder: 'your@email.com',
    keyboardType: 'email-address',
    secureTextEntry: false,
    iconName: { active: 'email', inactive: 'email-outline' },
  },
  PASSWORD: {
    title: 'PASSWORD',
    placeholder: 'PASSWORD',
    ...PasswordProps,
  },
  PASSWORD_CONFIRM: {
    title: 'PASSWORD CONFIRM',
    placeholder: 'PASSWORD CONFIRM',
    ...PasswordProps,
  },
};

...
```

InputTypes Enum에 PASSWORD_CONFIRM을 추가하고 inputType pops로 PASSWORD_
CONFIRM이 전달되었을 때 사용할 값을 InputTypeProps에 정의했습니다. PASSWORD와
PASSWORD_CONFIRM은 title과 placeholder만 다르므로 PasswordProps라는 객체에 중복
되는 코드를 작성하고 양쪽에서 모두 사용하도록 작성했습니다.

이제 SignUpScreen 컴포넌트에서 비밀번호 확인을 위한 Input 컴포넌트를 추가하겠습니다.
다음과 같이 SignUpScreen 컴포넌트를 수정하세요.

JS src/screens/SignUpScreen.js

```
...

const SignUpScreen = () => {
  ...

  const passwordRef = useRef();
  const passwordConfirmRef = useRef();
```

```
  const [email, setEmail] = useState('');
  const [password, setPassword] = useState('');
  const [passwordConfirm, setPasswordConfirm] = useState('');
  const [isLoading, setIsLoading] = useState(false);
  const [disabled, setDisabled] = useState(true);

  useEffect(() => {
    setDisabled(!email || !password || password !== passwordConfirm);
  }, [email, password, passwordConfirm]);

  ...

  return (
    <SafeInputView>
      <StatusBar style="light" />
      <View style={[styles.container, { paddingTop: top }]}>
        ...

          <Input
            ref={passwordRef}
            value={password}
            onChangeText={(text) => setPassword(text.trim())}
            inputType={InputTypes.PASSWORD}
            returnKeyType={ReturnKeyTypes.NEXT}
            onSubmitEditing={() => passwordConfirmRef.current.focus()}
            styles={{ container: { marginBottom: 20 } }}
          />
          <Input
            ref={passwordConfirmRef}
            value={passwordConfirm}
            onChangeText={(text) => setPasswordConfirm(text.trim())}
            inputType={InputTypes.PASSWORD_CONFIRM}
            returnKeyType={ReturnKeyTypes.DONE}
            onSubmitEditing={onSubmit}
            styles={{ container: { marginBottom: 20 } }}
          />

          ...
      </View>
    </View>
  </SafeInputView>
  );
};

...
```

비밀번호 확인을 위한 Input 컴포넌트를 추가하고, 비밀번호를 입력받는 Input 컴포넌트의 returnKeyType과 onSubmitEditing을 수정했습니다. 버튼의 활성화 여부를 결정하는 disabled 상태 변수도 passwordConfirm 값의 영향을 받도록 수정했습니다.

화면을 확인하면 회원가입 폼이 잘 나타납니다. 키보드 **확인** 버튼을 클릭하면 포커스가 잘 이동하는지, **회원가입** 버튼과 로그인 화면으로 이동하는 버튼은 잘 작동하는지 확인해보세요.

▶ 회원가입 화면

ScrollView 컴포넌트로 화면이 넘어가는 문제 해결하기

회원가입 화면이 잘 나타나지만 아직 약간의 문제가 남았습니다. 기기에 따라 차이는 있겠지만 키보드가 나타났을 때 회원가입 폼이 길어지면서 화면을 넘어가는 문제가 생깁니다. 다음과 같이 회원가입 폼 아래쪽 공간을 크게 만들면 더 확실하게 이 문제를 확인할 수 있습니다.

JS src/screens/SignUpScreen.js

```
...
```

```
const SignUpScreen = () => {
  ...

  return (
    <SafeInputView>
      <StatusBar style="light" />
      <View style={[styles.container, { paddingTop: top }]}>
        ...

        <View style={[styles.form, { paddingBottom: 120 }]}>
          ...
        </View>
      </View>
    </SafeInputView>
  );
};

...
```

▶ 화면을 넘어가는 회원가입 폼[1]

1 왼쪽 그림은 기존 코드에서 실행했을 때, 오른쪽 그림은 paddingBottom을 120으로 수정했을 때의 모습입니다.

이번에는 앞의 그림처럼 화면이 넘어가는 문제를 해결하겠습니다. 단순하게 생각하면 회원가입 폼의 높이를 조절해서 문제를 해결할 수 있을 것 같지만 기기의 종류가 다양한 만큼 기기의 크기를 예측할 수 없으므로 항상 문제가 발생하지 않게 하기에는 부족합니다.

6장에서 화면이 넘어가 스크롤을 만들어야 할 때 사용하는 컴포넌트로 FlatList 컴포넌트와 함께 ScrollView 컴포넌트에 대해 알아봤습니다. ScrollView 컴포넌트는 출력해야 하는 데이터의 양이 많지 않거나 그 양이 정해져 있을 때 사용하라고 했던 것을 기억하나요? 회원가입 화면에는 이메일, 비밀번호, 비밀번호 확인을 위한 Input 컴포넌트가 있고 2개의 버튼과 HR 컴포넌트만 사용됩니다. 화면에 사용되는 컴포넌트 개수가 정해져 있는 것입니다. 이렇게 양이 정해져 있다면 화면이 넘어갔을 때 ScrollView 컴포넌트를 사용하면 됩니다.

다음과 같이 SignUpScreen 컴포넌트를 수정하세요.

 src/screens/SignUpScreen.js

```js
import { useNavigation } from '@react-navigation/native';
import {
  Image,
  Keyboard,
  ScrollView,
  StyleSheet,
  View,
} from 'react-native';
...

const SignUpScreen = () => {
  ...

  return (
    <SafeInputView>
      <StatusBar style="light" />
      <View style={[styles.container, { paddingTop: top }]}>
        ...

        <ScrollView style={[styles.form, { paddingBottom: 120 }]}>
          ...
        </ScrollView>
      </View>
    </SafeInputView>
```

```
  );
};

...
```

회원가입 폼을 감싸고 있는 **View** 컴포넌트를 **ScrollView** 컴포넌트로 변경했습니다. 그런데 코드를 적용하면 에러가 발생합니다.

▶ ScrollView **컴포넌트 에러**

ScrollView 컴포넌트에서 자식 컴포넌트에 적용하는 스타일 코드는 **contentContainer Style** props를 사용해서 설정해야 합니다. 그런데 form에 작성된 **alignItems**는 자식 컴포넌트의 정렬 방식을 결정하는 스타일 속성이라 에러가 발생한 것입니다.

🔗 ScrollView 컴포넌트 contentContainerStyle – https://bit.ly/rn-contentContainerStyle

다음과 같이 **SignUpScreen** 컴포넌트를 수정하세요.

🟨 src/screens/SignUpScreen.js

```
● ● ●

...
```

```
const SignUpScreen = () => {
  ...

  return (
    <SafeInputView>
      <StatusBar style="light" />
      <View style={[styles.container, { paddingTop: top }]}>
        ...

        <ScrollView
          style={[styles.form, { paddingBottom: 120 }]}
          contentContainerStyle={{ alignItems: 'center' }}
        >
          ...
        </ScrollView>
      </View>
    </SafeInputView>
  );
};

const styles = StyleSheet.create({
  container: {...},
  form: {
    backgroundColor: WHITE,
    paddingHorizontal: 20,
    paddingTop: 40,
    borderTopLeftRadius: 20,
    borderTopRightRadius: 20,
  },
});

export default SignUpScreen;
```

ScrollView 컴포넌트에 contentContainerStyle props를 전달하고, form 스타일에서 alignItems를 삭제했습니다. 이제 더 이상 에러 메시지가 나타나지 않습니다.

flexGrow로 크기 변경하기

에러 메시지는 나타나지 않지만 회원가입 폼이 화면 전체를 차지하면서 회원가입 폼 아래 여백이 너무 크고 배경화면도 보이지 않게 됩니다.

▶ ScrollView 컴포넌트가 적용된 회원가입 화면

이 문제는 **flexGrow** 스타일 속성을 사용해서 해결해야 합니다. **flexGrow**는 어떤 비율로 분산되어야 하는지를 설정하는 값으로 설정된 **flexGrow** 값에 따라 나머지 공간을 분배해서 차지합니다.

예를 들어 **flexGrow**의 값이 1인 컴포넌트와 2인 컴포넌트가 있다면 1:2로 공간을 나눠서 차지합니다. 하나의 컴포넌트만 있을 때 **flexGrow**가 1이면 화면 전체를 차지하고 0이면 필요한 만큼만 차지합니다. 즉, **flexGrow**가 0이면 크기가 커지지 않고 원래 크기로 유지되고, **flexGrow**가 0보다 크면 원래 크기보다 커지면서 화면을 채우게 됩니다.

여기에서는 회원가입 폼이 차지하는 영역만큼만 공간을 차지하면 되므로 **flexGrow**를 0으로 설정합니다.

👄 **flexGrow** – https://bit.ly/rn-docs-flex-grow

앞에서 배운 **flex**와 비슷하죠? 네, 맞습니다. **flex**가 **flexGrow**를 포함한 설정이라고 생각하면 됩니다. 다만, **flex** 값이 0이거나 음수일 경우에는 **flexGrow**에 영향을 주지 못합니다. 따라서 **flex**를 설정하는 것이 아니라 **flexGrow**를 직접 설정해야 합니다.

🔗 flex – https://bit.ly/rn-docs-flex

다음과 같이 **SignUpScreen** 컴포넌트를 수정하세요.

📄 src/screens/SignUpScreen.js

```
...

const SignUpScreen = () => {
  ...

  return (
    <SafeInputView>
      <StatusBar style="light" />
      <View style={[styles.container, { paddingTop: top }]}>
        ...

        <ScrollView
          style={[
            styles.form,
            { paddingBottom: bottom ? bottom + 10 : 40 },
          ]}
          contentContainerStyle={{ alignItems: 'center' }}
        >
          ...
        </ScrollView>
      </View>
    </SafeInputView>
  );
};

const styles = StyleSheet.create({
  container: {...},
  form: {
    flexGrow: 0,
    backgroundColor: WHITE,
    ...
  },
});

export default SignUpScreen;
```

form 스타일에 flexGrow: 0을 추가하고, 테스트를 위해 수정했던 paddingBottom도 기존
코드로 변경했습니다. 이제 ScrollView 컴포넌트가 필요한 만큼만 공간을 차지하게 됩니다.

▶ flexGrow 적용

bounces로 튕기는 움직임 제어하기

iOS에서는 스크롤이 생길 필요가 없어도 아래로 당기거나 위로 당겼을 때 튕기는 움직임을 보
여줍니다.

▶ 스크롤 테스트 영상 – https://bit.ly/2022-rn-scroll-bounces

ScrollView 컴포넌트에 bounces props를 설정하면 이런 움직임이 나타나지 않도록 설정
할 수 있습니다. SignUpScreen 컴포넌트의 ScrollView 컴포넌트에 다음과 같이 bounces를
false로 설정해보세요.

```
...

const SignUpScreen = () => {
  ...

  return (
    <SafeInputView>
      <StatusBar style="light" />
      <View style={[styles.container, { paddingTop: top }]}>
        ...

        <ScrollView
          style={[
            styles.form,
            { paddingBottom: bottom ? bottom + 10 : 40 },
          ]}
          contentContainerStyle={{ alignItems: 'center' }}
          bounces={false}
        >
          ...
        </ScrollView>
      </View>
    </SafeInputView>
  );
};

...
```

bounces를 false로 설정하면 튕기는 움직임이 사라집니다.

keyboardShouldPersistTaps로 터치 인식하기

회원가입 폼에서 키보드가 있을 때 로그인 화면으로 이동하는 버튼을 클릭하면 화면이 이동하는 것이 아니라 키보드가 사라지기만 합니다. 키보드가 있는 상태에서 터치 이벤트가 발생하면, ScrollView 컴포넌트는 키보드만 사라지게 하고 자식 컴포넌트가 터치를 인식하지 못하게 처리합니다. 그래서 TextButton 컴포넌트가 클릭을 인식하지 못하고 키보드만 사라진 것입니다.

ScrollView 컴포넌트의 keyboardShouldPersistTaps props를 사용하면 이 문제를 해결할 수 있습니다. keyboardShouldPersistTaps를 always로 설정하면 ScrollView 컴포넌트의 자식 컴포넌트가 터치를 인식할 수 있습니다.

다음과 같이 SignUpScreen 컴포넌트를 수정하세요.

 src/screens/SignUpScreen.js

```
...

const SignUpScreen = () => {
  ...

  return (
    <SafeInputView>
      <StatusBar style="light" />
      <View style={[styles.container, { paddingTop: top }]}>
        ...


        <ScrollView
          style={[
            styles.form,
            { paddingBottom: bottom ? bottom + 10 : 40 },
          ]}
          contentContainerStyle={{ alignItems: 'center' }}
          bounces={false}
          keyboardShouldPersistTaps="always"
        >
          ...
        </ScrollView>
      </View>
    </SafeInputView>
  );
};

...
```

이제 키보드가 있더라도 TextButton 컴포넌트가 터치를 인식하고 로그인 화면으로 이동합니다. 여러분도 키보드가 있을 때 터치가 잘 인식되어 화면이 이동하는지 확인해보세요.

③ 로그인 화면 수정하기

로그인 폼은 회원가입 폼보다 크기가 작지만, 기기에 따라 회원가입 화면처럼 화면이 가려질 수 있습니다. 실제로 아이폰 8에서 테스트하면 위쪽이 아슬아슬하게 여유 공간이 거의 없는 것처럼 보입니다. 이번에는 다양한 기기에 대응하기 위해서 로그인 화면도 회원가입 화면처럼 ScrollView 컴포넌트를 사용하도록 변경하겠습니다.

다음과 같이 SignInScreen 컴포넌트를 수정하세요.

 src/screen/SignInScreen.js

```
import { useNavigation } from '@react-navigation/native';
import { ..., ScrollView } from 'react-native';
...

const SignInScreen = () => {
  ...

  return (
    <SafeInputView>
      <StatusBar style="light" />
      <View style={[styles.container, { paddingTop: top }]}>
        <View style={StyleSheet.absoluteFill}> ... </View>

        <ScrollView
          style={[
            styles.form,
            { paddingBottom: bottom ? bottom + 10 : 40 },
          ]}
          contentContainerStyle={{ alignItems: 'center' }}
          bounces={false}
          keyboardShouldPersistTaps="always"
        >
          ...
        </ScrollView>
      </View>
    </SafeInputView>
  );
};

const styles = StyleSheet.create({
```

```
    container: {
      flex: 1,
      justifyContent: 'flex-end',
    },
    form: {
      flexGrow: 0,
      backgroundColor: WHITE,
      paddingHorizontal: 20,
      paddingTop: 40,
      borderTopLeftRadius: 20,
      borderTopRightRadius: 20,
    },
});

export default SignInScreen;
```

회원가입 화면과 마찬가지로 로그인 폼을 ScrollView 컴포넌트로 감싸고 content ContainerStyle, bounces, keyboardShouldPersistTaps를 전달했습니다. 그리고 form 스타일에서 alignItems를 삭제하고 flexGrow를 적용했습니다.

4 화면 상태 변수 초기화하기

만약 로그인 화면이나 회원가입 화면에서 값을 입력하다가 다른 화면으로 이동하고 다시 원래 화면으로 돌아오면 어떻게 될까요? 로그인 화면에 값을 입력하고 회원가입 화면으로 이동했다가 다시 돌아오면 기존에 입력했던 내용이 그대로 유지되는 것을 볼 수 있습니다. 하지만 반대로 회원가입 화면에 입력한 내용은 로그인 화면으로 이동했다가 돌아오면 사라져 있습니다.

그 이유는 현재 사용하고 있는 내비게이터가 스택 구조로 되어있기 때문입니다. 네이티브 스택 내비게이터는 현재 화면 위에 새로운 화면을 쌓고 되돌아갈 때는 쌓은 화면을 내보냅니다. (5장 참고)

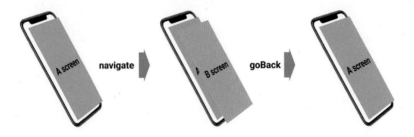

▶ 네이티브 스택 내비게이터 작동 방식

로그인 화면에서 회원가입 화면으로 이동할 때 로그인 화면은 앞의 그림의 A screen처럼 스택에 남아 있고, 그 위에 회원가입 화면이 쌓이게 됩니다. 그래서 입력한 데이터가 유지가 되는 것입니다. 회원가입 화면은 스택에 쌓여 있다가 로그인 화면으로 이동할 때 화면이 사라집니다. 따라서 입력했던 데이터도 사라집니다.

컴포넌트의 마운트 언마운트 확인하기

SignInScreen 컴포넌트와 SignUpScreen 컴포넌트에 useEffect를 사용해서 언마운트될 때 터미널에 메시지가 나타나게 해보세요.

 src/screens/SignInScreen.js

```
...

const SignInScreen = () => {
  ...
  const [disabled, setDisabled] = useState(true);

  useEffect(() => {
    console.log('SignIn Mount');
    return () => console.log('SignIn Unmount');
  }, []);

  ...
```

JS src/screens/SignUpScreen.js

```
...

const SignUpScreen = () => {
  useEffect(() => {
    console.log('SignUp Mount');
    return () => console.log('SignUp Unmount');
  }, []);

...
```

새로고침해서 로그인 화면이 나타나면 터미널에 다음과 같은 메시지가 나타납니다.

```
SignIn Mount
```

그다음 회원가입 화면으로 이동했다가 다시 로그인 화면으로 이동하면 터미널에 다음과 같이 메시지가 나타납니다.

```
SignUp Mount
SignUp Unmount
```

로그인 화면에서 회원가입 화면으로 이동할 때에는 화면을 추가로 쌓기만 하므로 'SignIn Unmount' 메시지는 나타나지 않습니다. 반대로 회원가입 화면에서 로그인 화면으로 이동할 때에는 회원가입 화면이 언마운트되기 때문에 'SignUp Unmount' 메시지가 나타납니다. 이를 통해 회원가입 화면은 나타날 때마다 새로 마운트되어서 상태가 초기화되지만, 로그인 화면은 언마운트되지 않기 때문에 상태 변수의 값이 유지되는 것을 알 수 있습니다.

useFocusEffect Hook으로 포커스에 따라 함수 실행하기

그렇다면 어떻게 해야 로그인 화면으로 다시 돌아왔을 때 상태 변수를 초기화할 수 있을까요? 가장 쉽게 생각할 수 있는 방법은 회원가입 화면으로 이동하기 전에 로그인 화면 상태를 모두 초기화하는 것입니다. 혹은 리액트 내비게이션에서 제공하는 **useFocusEffect** Hook을 사용하는 방법도 있습니다.

🔗 **useFocusEffect** Hook – https://reactnavigation.org/docs/use-focus-effect

useFocusEffect는 화면이 포커스를 얻었을 때 호출되는 Hook으로 사용 방법은 다음과 같습니다.

```
useFocusEffect(() => {
  ...
  return () => {...}
});
```

다음과 같이 **SignInScreen** 컴포넌트를 수정해보세요.

 src/screens/SignInScreen.js

```
import { useFocusEffect, useNavigation } from '@react-navigation/native';
...

const SignInScreen = () => {
  ...

  useEffect(() => {
    console.log('SignIn Mount');
    return () => console.log('SignIn Unmount');
  }, []);

  useFocusEffect(() => {
    console.log('Focus');
    return () => console.log('cleanup Focus');
  });

  ...
```

코드를 적용하고 화면을 새로고침하면 로그인 화면이 포커스를 얻으면서 터미널에 다음과 같은 메시지가 나타납니다.

```
SignIn Mount
Focus
```

그다음 회원가입 화면으로 이동하세요. 그러면 기존에 있던 useEffect에서 출력하는 'SignUp Mount'라는 메시지가 나타나고, 로그인 화면이 포커스를 잃으면서 useFocusEffect 정리 함수가 호출되어 'cleanup Focus'라는 메시지가 나타납니다.

```
SignUp Mount
cleanup Focus
```

다시 로그인 화면으로 돌아가면 회원가입 화면이 언마운트되면서 나타나는 메시지와 로그인 화면이 포커스를 얻으면서 useFocusEffect에 의해 'Focus'라는 메시지가 나타나게 됩니다.

```
SignUp Unmount
Focus
```

화면의 마운트/언마운트와 상관없이 포커스를 얻고 잃는 것으로 함수가 호출되는 useFocusEffect의 특성을 이용하면 지금처럼 화면이 언마운트되지 않더라도 상황에 따라 원하는 작업을 수행할 수 있습니다.

useCallback Hook으로 함수 기억하기

useFocusEffect를 사용할 때에 useCallback Hook을 함께 사용하는 것이 중요합니다.

🔗 useCallback Hook – https://bit.ly/react-useCallback

useCallback은 함수를 기억하고 있다가 재사용하는 Hook으로 사용 방법은 useEffect와 같습니다.

```
const func = useCallback(() => {...}, []);
const func = useCallback(() => {...}, [dep1, dep2, ...]);
```

두 번째 파라미터인 deps에 전달된 조건이 변경되었을 때만 함수를 다시 정의하고 그렇지 않으면 함수를 재정의하지 않습니다. 만약 deps에 빈 배열이 전달된다면 처음 렌더링할 때 함수를 정의하고, 그 이후로는 재정의하지 않습니다.

6장에서 경험했던 React.memo가 컴포넌트를 기억하고 있다가 재사용했던 것을 기억하나요? 비슷한 역할이지만 useCallback은 컴포넌트가 아니라 함수를 기억한다는 차이점이 있습니다. 이렇게 무언가 계산된 값을 기억하고 있다가 이후에 계산을 반복하지 않고 재사용하는 것을 메모이제이션memoization이라고 합니다.

그렇다면 왜 useFocusEffect는 useCallback을 함께 사용하는 것이 중요하다는 걸까요? 만약 useFocusEffect에 useCallback을 사용하지 않으면 컴포넌트가 리렌더링될 때마다 useFocusEffect에 정의한 함수가 호출되는 문제가 있기 때문입니다.

> The effect will run whenever the dependencies passed to `React.useCallback` change, i.e. it'll run on initial render (if the screen is focused) as well as on subsequent renders if the dependencies have changed. If you don't wrap your effect in `React.useCallback`, the effect will run every render if the screen is focused.

▶ useFocusEffect와 useCallback

로그인 화면에서 Input 컴포넌트에 텍스트를 입력해보세요. 텍스트를 입력할 때마다 컴포넌트가 리렌더링되고 useFocusEffect에 정의한 함수가 호출되는 것을 볼 수 있습니다.

이제 다음과 같이 SignInScreen 컴포넌트의 useFocusEffect에 useCallback을 사용해보세요.

JS src/screens/SignInScreen.js

```js
...
import { useCallback, useEffect, useRef, useState } from 'react';
...

const SignInScreen = () => {
  ...

  useEffect(() => {
    console.log('SignIn Mount');
```

```
    return () => console.log('SignIn Unmount');
  }, []);

  useFocusEffect(
    useCallback(() => {
      console.log('Focus');
      return () => console.log('cleanup Focus');
    }, [])
  );

...
```

텍스트를 입력해도 useFocusEffect에 정의한 함수가 호출되지 않는 것을 확인할 수 있습니다. useFocusEffect을 사용할 때는 useCallback을 함께 사용해야 한다는 것을 꼭 기억하세요.

이제 포커스에 따라 상태를 초기화하는 함수를 작성하겠습니다. 다음과 같이 SignInScreen 컴포넌트를 수정하세요.

📄 src/screens/SignInScreen.js

```
...

const SignInScreen = () => {
  ...
  const [disabled, setDisabled] = useState(true);

  useFocusEffect(
    useCallback(() => {
      return () => {
        setEmail('');
        setPassword('');
        setIsLoading(false);
        setDisabled(true);
      };
    }, [])
  );

...
```

```
  };

  ...
```

useFocusEffect를 사용해서 로그인 화면이 포커스를 잃을 때 상태 변수를 모두 초기화하도록 작성했습니다. 그리고 테스트를 위해 작성한 useEffect 코드를 삭제했습니다. 회원가입 화면에 테스트를 위해 작성한 useEffect 코드도 삭제하세요. 이제 로그인 화면에 값을 입력하고 회원가입 화면으로 이동했다가 돌아오면 값이 모두 초기화됩니다.

물론 지금처럼 버튼 클릭을 통해 화면을 이동할 때는 버튼 클릭 이벤트에 원하는 작업을 추가하는 것이 조금 더 쉬운 방법입니다. useFocusEffect를 사용하면 화면 포커스 상태에 따라 원하는 작업을 수행할 수 있다는 장점이 있으니 상황에 따라 원하는 방법으로 코드를 작성하세요.

5 useReducer 사용하기

지금까지 리액트에서 상태 관리를 위한 변수를 생성하는 방법으로 useState를 사용했습니다. useState 외에도 상태 변수를 생성하고 관리하는 방법으로 useReducer Hook을 활용할 수 있습니다.

🔗 useReducer Hook - https://bit.ly/react-useReducer

useReducer의 사용 방법과 특징 알아보기

useReducer는 useState와 같은 역할을 하는 함수로 useReducer로 할 수 있는 것은 모두 useState로도 할 수 있습니다. useReducer를 사용했을 때 얻을 수 있는 가장 큰 장점은 로직을 컴포넌트 밖으로 분리할 수 있다는 것입니다.

로직을 컴포넌트 밖으로 분리한다는 것이 대체 무슨 얘기일까요? 이 내용을 이해하기 위해서는 useReducer의 사용 방법과 작동에 대해 알아야 합니다. useReducer는 다음과 같이 사용합니다.

```
const [state, dispatch] = useReducer(reducer, initialState);
```

state는 상태 변수입니다. useState에서 반환하는 배열의 첫 번째 인자와 같은 역할이라고 생각하면 됩니다.

dispatch는 useState가 반환하는 배열의 두 번째 인자와 비슷한 역할을 합니다. 다만 같은 역할이 아니라 비슷한 역할이라는 것에 주의해야 합니다. useState가 반환하는 함수는 상태 변수를 변경하는 함수이지만, dispatch는 상태 변수를 변경하는 함수인 reducer를 호출하는 함수입니다. 좀 더 정확하게 말하면 action을 reducer로 전달하는 함수입니다.

그렇다면 action은 무엇일까요? action은 이름 그대로 행동을 나타내는 값입니다. 좀 더 자세하게 설명하면 현재 상태를 어떻게 변경해야 하는지에 대한 행동 지침을 나타낸다고 생각하면 됩니다.

reducer는 상태(state)와 action을 받아서 변경된 상태를 반환하는데 action에 따라 정해진 규칙대로 상태를 변경하는 함수입니다.

마지막으로 initialState는 상태의 초깃값입니다.

굉장히 복잡하죠? 하지만 직접 해보면 생각보다 복잡하지 않습니다. 테스트를 위해 src 폴더 밑에 ReducerTest.js 파일을 만들고 다음과 같이 작성하세요.

src/ReducerTest.js

```js
import { useState } from 'react';
import { Button, StyleSheet, Text, View } from 'react-native';

const ReducerTest = () => {
  const [result, setResult] = useState(0);

  return (
    <View style={styles.container}>
      <Text style={styles.text}>{result}</Text>

      <Button title="+" onPress={() => setResult((prev) => prev + 1)} />
      <Button title="-" onPress={() => setResult((prev) => prev - 1)} />
    </View>
  );
};

const styles = StyleSheet.create({
```

```
  container: {
    flex: 1,
    backgroundColor: '#fff',
    justifyContent: 'center',
    alignItems: 'center',
  },
  text: {
    fontSize: 20,
    fontWeight: '700',
    marginBottom: 30,
  },
});

export default ReducerTest;
```

useState를 사용해서 +, - 버튼이 있고 결과를 보여주는 텍스트를 가진 간단한 컴포넌트를 만들었습니다. 이 컴포넌트를 App 컴포넌트에서 사용하세요.

JS src/App.js

```
●●●

import { StatusBar } from 'expo-status-bar';
import ReducerTest from './ReducerTest';

const App = () => {
  return (
    <>
      <StatusBar style="dark" />
      <ReducerTest />
    </>
  );
};

export default App;
```

이제 ReducerTest 컴포넌트 코드를 useReducer를 사용한 방법으로 변경해보겠습니다. 다음 과 같이 ReducerTest 컴포넌트를 수정하세요.

src/ReducerTest.js

```js
import { useReducer } from 'react';
import { Button, StyleSheet, Text, View } from 'react-native';

const CountTypes = {
  INCREMENT: 'increment',
  DECREMENT: 'decrement',
};

const reducer = (state, action) => {
  switch (action.type) {
    case CountTypes.INCREMENT:
      return state + 1;
    case CountTypes.DECREMENT:
      return state - 1;
    default:
      return state;
  }
};

const initState = 0;

const ReducerTest = () => {
  const [result, dispatch] = useReducer(reducer, initState);

  return (
    <View style={styles.container}>
      <Text style={styles.text}>{result}</Text>

      <Button
        title="+"
        onPress={() => dispatch({ type: CountTypes.INCREMENT })}
      />
      <Button
        title="-"
        onPress={() => dispatch({ type: CountTypes.DECREMENT })}
      />
    </View>
  );
};

...
```

useReducer는 action을 사용한다고 했습니다. 앞의 코드에서 action은 { type: ... } 형태가 되고, type으로 사용할 수 있는 값은 CountTypes에 정의했습니다. reducer는 state 와 action을 받아서 전달된 action에 따라 state를 변경해서 반환하도록 작성했습니다. reducer 함수에서 반환된 값은 useReducer를 사용해 만든 상태에 적용됩니다. dispatch 함수에는 상황에 맞는 action을 전달하도록 작성했습니다. 이렇게 하면 버튼을 클릭할 때마다 dispatch가 reducer로 적절한 action을 전달하고, reducer는 전달된 action에 따라 변경된 상태 값을 반환해서 상태에 적용합니다.

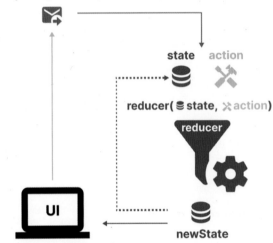

▶ useReducer 작동 방식

일반적으로 이렇게 상태가 하나면 useReducer를 사용하지는 않습니다. ReducerTest 컴포넌트처럼 오히려 코드 양만 많아지고 복잡해질 뿐입니다. 하지만 사용하는 상태가 많고 상태 변경이 복잡한 경우에 useReducer를 사용하면 깔끔하게 코드를 작성할 수 있습니다. 그래서 보통 useReducer를 사용할 때에는 상태가 객체 형태인 경우가 많습니다.

만약 ReducerTest 컴포넌트에서 상태가 객체 형태라면 다음과 같이 코드가 만들어집니다.

src/ReducerTest.js

```
const reducer = (state, action) => {
  switch (action.type) {
    case CountTypes.INCREMENT:
      return { count: state.count + 1 };
    case CountTypes.DECREMENT:
      return { count: state.count - 1 };
    default:
      return state;
  }
};

const initState = { count: 0 };

const ReducerTest = () => {
  const [result, dispatch] = useReducer(reducer, initState);

  return (
    <View style={styles.container}>
      <Text style={styles.text}>{result.count}</Text>

      ...
    </View>
  );
};

...
```

action의 특징 알아보기

useReducer에서 action에 꼭 type을 전달해야 하는 것은 아닙니다. 예를 들어 type 대신 key를 전달해도 상관없습니다. 대신 reducer 함수에서 action의 프로퍼티를 확인할 때 type 대신 key를 확인해야 합니다. 다만, 일반적으로 type을 많이 사용하는데 이는 리덕스^{Redux}의 영향을 받았기 때문입니다. 지금 배우고 있는 useReducer를 익히면 리덕스의 기초를 익힌 것과 같다고 생각해도 됩니다.

다시 한번 설명하면 action에는 다양한 값을 전달할 수 있습니다. 예를 들어 type에는 행동을 지정하고 value에는 해당 행동을 수행할 때 사용할 값을 전달할 수 있습니다. 앞의 예제를 다음처럼 사용할 수도 있습니다.

```
● ● ●
─────────────────────────────────────────────────

...

const reducer = (state, action) => {
  switch (action.type) {
    case CountTypes.INCREMENT:
      return { count: state.count + action.value };
    case CountTypes.DECREMENT:
      return { count: state.count - action.value };
    default:
      return state;
  }
};

const initState = { count: 0 };

const ReducerTest = () => {
  const [result, dispatch] = useReducer(reducer, initState);

  return (
    <View style={styles.container}>
      <Text style={styles.text}>{result.count}</Text>

      <Button
        title="+"
        onPress={() => dispatch({ type: CountTypes.INCREMENT, value: 2 })}
      />
      <Button
        title="-"
        onPress={() => dispatch({ type: CountTypes.DECREMENT, value: 3 })}
      />
    </View>
  );
};

...
```

앞의 코드는 + 버튼을 누르면 현재 상태의 count 프로퍼티에 2를 더하고, − 버튼을 누르면 3을 빼는 작동을 합니다. 이렇게 action에 다양한 값을 전달해서 같은 행동을 하지만 다른 결과가 나타나게 할 수도 있습니다.

reducer의 특징 알아보기

reducer는 상태를 변경하는 로직을 담당하는 함수입니다. 앞에서 useReducer의 장점을 설명할 때 로직을 컴포넌트에서 분리할 수 있다고 했었습니다. 실제로 ReducerTest.js 파일에서도 reducer는 컴포넌트 밖에 선언되어 있으며, reducer 함수를 다른 파일로 분리해서 사용할 수 있습니다. 이를 통해 컴포넌트의 코드를 간소화시켜 가독성을 향상시킬 수 있고 같은 로직을 사용하는 다른 컴포넌트에서 reducer 함수를 재사용할 수도 있습니다.

reducer는 반드시 순수 함수로 작성해야 하는 것에 주의해야 합니다. 순수 함수란 입력 데이터를 변경하지 않고 외부 상태(ex. 전역 변수)에 의존하지 않으며, 같은 입력 값에 대해서 항상 같은 출력값을 제공하는 함수를 의미합니다. 간단하게 말하면 입력 값의 변경이 없다면 항상 같은 결과가 나오는 함수를 말합니다.

그렇다면 왜 reducer는 순수 함수여야 할까요? ReducerTest 컴포넌트에 있는 reducer를 순수 함수가 아닌 상태로 변경해보겠습니다.

📄 src/ReducerTest.js

```
...

const reducer = (state, action) => {
  switch (action.type) {
    case CountTypes.INCREMENT:
      state.count = state.count + 1;
      return state;
    case CountTypes.DECREMENT:
      return { count: state.count - 1 };
    default:
      return state;
  }
};

const initState = { count: 0 };

const ReducerTest = () => {
  const [result, dispatch] = useReducer(reducer, initState);

  return (
```

```
    <View style={styles.container}>
      <Text style={styles.text}>{result.count}</Text>

      <Button
        title="+"
        onPress={() => dispatch({ type: CountTypes.INCREMENT })}
      />
      <Button
        title="-"
        onPress={() => dispatch({ type: CountTypes.DECREMENT })}
      />
    </View>
  );
};

...
```

+ 버튼과 − 버튼을 클릭하면 dispatch 함수를 사용해서 type을 전달하도록 수정하고, reducer 함수에서는 각각 1씩 더하고 빼게 만들었습니다. 수정된 reducer 함수는 type이 INCREMENT일 때 파라미터로 전달된 state를 직접 수정하도록 작성했기 때문에 더는 순수 함수가 아니게 되었습니다.

테스트해보면 + 버튼을 클릭했을 때에는 화면이 리렌더링되지 않습니다. 그리고 + 버튼을 몇 번 누르고 − 버튼을 누르면 + 버튼을 누른 횟수만큼 누적된 결과가 함께 계산되는 것을 볼 수 있습니다. 예를 들어, 결과가 0일 때 + 버튼을 2번 클릭하고 − 버튼을 클릭하면 −1이 되는 것이 아니라 0 + 1 + 1 − 1이 되어 결과가 1이 됩니다.

어째서 + 버튼을 클릭했을 때 리렌더링을 하지 않았을까요? 그 이유를 알기 위해서 리액트가 객체를 비교하는 방법에 대해 알아야 합니다. 리액트는 객체 상태를 비교할 때 주솟값을 사용합니다. 주솟값을 비교해서 같은 객체일 때에는 객체 내용의 변경이 생기더라도 같은 객체라고 판단합니다.

```
const arr1 = [0, 1, 2];
const arr2 = [0, 1, 2];
console.log(Object.is([], []));      // false
console.log(Object.is(arr1, arr2));  // false
console.log(Object.is(arr1, arr1));  // true
```

+ 버튼을 클릭한 결과는 전달된 **state**를 그대로 반환하기 때문에 같은 주소를 가진 객체입니다. 따라서 리액트에서는 같은 객체라고 판단하고 상태가 변경되지 않았다고 봅니다. 상태가 변경되지 않았으므로 리렌더링도 하지 않습니다. 우리는 리액트가 '상태가 변경되었다' 혹은 '이전 상태와 지금 상태는 다르다'라고 인식하게 해서 화면을 리렌더링하도록 만들어야만 합니다. 이것이 **reducer**가 순수 함수여야 하는 이유입니다.

useReducer 적용하기

SignInScreen 컴포넌트와 SignUpScreen 컴포넌트에서는 많은 상태 변수를 사용하고 있습니다. 그리고 SignInScreen 컴포넌트와 SignUpScreen 컴포넌트는 굉장히 비슷한 모습을 하고 있어서 사용하고 있는 상태 변수도 passwordConfirm을 제외하면 같습니다. 이번에는 SignInScreen 컴포넌트와 SignUpScreen 컴포넌트에 useReducer를 적용해보겠습니다.

먼저 다음과 같이 **App** 컴포넌트를 원래 모습으로 수정하세요.

 src/App.js

```js
import { StatusBar } from 'expo-status-bar';
import Navigation from './navigations/Navigation';

const App = () => {
  return (
    <>
      <StatusBar style="dark" />
      <Navigation />
    </>
  );
};

export default App;
```

이제 useReducer를 적용해보겠습니다. src 폴더 밑에 reducers 폴더를 생성하세요. reducers 폴더에서는 공동으로 사용할 리듀서 관련 코드를 관리합니다. 우리는 인증 관련 폼에서 사용할 리듀서를 작성하고 있으니 reducers 폴더 밑에 authFormReducer.js 파일을 만들고 다음과 같이 작성하세요.

```js
export const initAuthForm = {
  email: '',
  password: '',
  passwordConfirm: '',
  disabled: true,
  isLoading: false,
};

export const AuthFormTypes = {
  UPDATE_FORM: 'update_form',
  TOGGLE_LOADING: 'toggle_loading',
  RESET: 'reset',
};

export const authFormReducer = (state, action) => {
  switch (action.type) {
    case AuthFormTypes.UPDATE_FORM:
      return { ...state, ...action.payload };
    case AuthFormTypes.TOGGLE_LOADING:
      return { ...state, isLoading: !state.isLoading };
    case AuthFormTypes.RESET:
      return initAuthForm;
    default:
      return state;
  }
};
```

SignInScreen 컴포넌트와 SignUpScreen 컴포넌트에서 사용하는 상태 변수를 모두 initAuthForm 객체에 정의했습니다. 이메일이나 비밀번호를 입력하면 상태가 변경되어야 하니 UPDATE_FORM이라는 type을 만들고, 로딩 상태를 관리하는 상태 변수를 변경하기 위해 TOGGLE_LOADING을 만들었습니다. 그리고 상태를 초기화하기 위해 RESET도 만들었습니다. reducer에는 각 타입에 맞는 행동을 작성했습니다.

이제 컴포넌트에서 dispatch 함수를 통해 type을 전달하고, UPDATE_FORM을 전달할 때는 payload에 변경할 값을 전달하면 됩니다. 준비가 완료되었으니 SignInScreen 컴포넌트에서 useReducer를 사용해보겠습니다. 다음과 같이 SignInScreen 컴포넌트를 수정하세요.

```
...
import { useCallback, useReducer, useRef } from 'react';
import Button from '../components/Button';
...
import { WHITE } from '../colors';
import {
  authFormReducer,
  AuthFormTypes,
  initAuthForm,
} from '../reducers/authFormReducer';

const SignInScreen = () => {
  const navigation = useNavigation();
  const { top, bottom } = useSafeAreaInsets();

  const passwordRef = useRef();

  const [form, dispatch] = useReducer(authFormReducer, initAuthForm);

  useFocusEffect(
    useCallback(() => {
      return () => dispatch({ type: AuthFormTypes.RESET });
    }, [])
  );

  const updateForm = (payload) => {
    const newForm = { ...form, ...payload };
    const disabled = !newForm.email || !newForm.password;

    dispatch({
      type: AuthFormTypes.UPDATE_FORM,
      payload: { disabled, ...payload },
    });
  };

  const onSubmit = () => {
    Keyboard.dismiss();
    if (!form.disabled && !form.isLoading) {
      dispatch({ type: AuthFormTypes.TOGGLE_LOADING });
      console.log(form.email, form.password);
      dispatch({ type: AuthFormTypes.TOGGLE_LOADING });
    }
```

```
    };

    return (
      <SafeInputView>
        <StatusBar style="light" />
        <View style={[styles.container, { paddingTop: top }]}>
          ...

          <ScrollView ... >
            <Input
              value={form.email}
              onChangeText={(text) => updateForm({ email: text.trim() })}
              ...
            />
            <Input
              ref={passwordRef}
              value={form.password}
              onChangeText={(text) => updateForm({ password: text.trim() })}
              ...
            />

            <Button
              title="로그인"
              onPress={onSubmit}
              disabled={form.disabled}
              isLoading={form.isLoading}
              styles={{ container: { marginTop: 20 } }}
            />

            ...

          </ScrollView>
        </View>
      </SafeInputView>
    );
  };

  ...
```

기존에 사용하던 useState 코드를 모두 useReducer로 대체했습니다. 그리고 updateForm
함수를 만들어서 변경되는 값에 따라 disabled 값을 결정하고 dispatch 함수를 사용해서
reducer 함수에 전달하도록 만들었습니다. updateForm에서 disabled 값을 결정하기 때문
에 disabled 값을 변경하던 useEffect는 더 이상 필요하지 않아 삭제했습니다.

테스트해보면 문제없이 잘 되고 있는 것을 확인할 수 있습니다. 여러분도 코드를 적용하고 직접 테스트해보세요.

그다음 SignUpScreen 컴포넌트에 useReducer를 적용하겠습니다. 다음과 같이 SignUp Screen 컴포넌트를 수정하세요.

 src/screens/SignUpScreen.js

```js
...
import { useReducer, useRef } from 'react';
import Button from '../components/Button';
...
import { WHITE } from '../colors';
import {
  authFormReducer,
  AuthFormTypes,
  initAuthForm,
} from '../reducers/authFormReducer';

const SignUpScreen = () => {
  const navigation = useNavigation();
  const { top, bottom } = useSafeAreaInsets();

  const passwordRef = useRef();
  const passwordConfirmRef = useRef();

  const [form, dispatch] = useReducer(authFormReducer, initAuthForm);

  const updateForm = (payload) => {
    const newForm = { ...form, ...payload };
    const disabled =
      !newForm.email ||
      !newForm.password ||
      newForm.password !== newForm.passwordConfirm;

    dispatch({
      type: AuthFormTypes.UPDATE_FORM,
      payload: { disabled, ...payload },
    });
  };

  const onSubmit = () => {
```

```
    Keyboard.dismiss();
    if (!form.disabled && !form.isLoading) {
      dispatch({ type: AuthFormTypes.TOGGLE_LOADING });
      console.log(form.email, form.password);
      dispatch({ type: AuthFormTypes.TOGGLE_LOADING });
    }
  };

  return (
    <SafeInputView>
      <StatusBar style="light" />
      <View style={[styles.container, { paddingTop: top }]}>
        ...


        <ScrollView ... >
          <Input
            value={form.email}
            onChangeText={(text) => updateForm({ email: text.trim() })}
            ...
          />
          <Input
            ref={passwordRef}
            value={form.password}
            onChangeText={(text) => updateForm({ password: text.trim() })}
            ...
          />
          <Input
            ref={passwordConfirmRef}
            value={form.passwordConfirm}
            onChangeText={(text) =>
              updateForm({ passwordConfirm: text.trim() })
            }
            ...
          />

          <Button
            title="회원가입"
            onPress={onSubmit}
            disabled={form.disabled}
            isLoading={form.isLoading}
            styles={{ container: { marginTop: 20 } }}
          />
```

```
          ...

        </ScrollView>
      </View>
    </SafeInputView>
  );
};

...
```

SignInScreen 컴포넌트와 마찬가지로 useState를 사용하던 코드를 모두 대체했습니다. SignInScreen 컴포넌트와의 차이점은 passwordConfirm이 하나 더 있다는 것입니다. 회원 가입 화면도 잘 작동하는지 테스트해보세요.

useReducer를 적용하면서 reducer를 컴포넌트 밖으로 분리하고 같은 로직을 사용하는 두 개의 컴포넌트에서 함께 사용해봤습니다. 여러분은 어떤 방법이 더 좋은가요? 단순한 숫자나 문자를 관리해야 한다면 useState가 더 편합니다. 상태가 많지 않을 때에 useReducer를 사용하면 오히려 코드만 많아지고 복잡할 뿐입니다. 하지만 상태가 많고 복잡할 때 useReducer가 좋은 선택일 수 있습니다. 특히 지금처럼 공통된 로직이 있을 때는 reducer를 공유해서 사용할 수 있다는 장점이 있습니다. 물론 useState도 객체 상태를 관리할 수 있기 때문에 객체로 상태를 관리해야 할 때 반드시 useReducer를 사용할 필요는 없습니다. 선택의 문제일 뿐이니 여러분이 선호하는 편한 방법으로 상태를 관리해보세요.

7.5 Assets 캐싱하기

로그인 화면과 회원가입 화면이 모두 완성되었습니다. 그런데 약간의 아쉬움이 남습니다. 순식간에 지나가긴 하지만 앱이 처음 구동될 때 혹은 새로고침했을 때 배경 화면이 바로 보이지 않고 흰 바탕이 보이다가 나타납니다. 회원가입 화면으로 이동할 때도 마찬가지 현상이 발생합니다. 아주 짧은 시간에 지나가서 화면이 깜빡이는 것처럼 보이기도 합니다. 잘 보이지 않는다면 아래 링크를 확인해보세요. 흰색 배경이 나타나는 부분을 재생 시간을 조절해 보기 편하게 만들었습니다.

▶ 배경 이미지 테스트 영상 – https://bit.ly/2022-rn-background-cache

이 현상은 로컬에 있는 이미지 파일을 읽어오는 데 시간이 걸려서 발생하는 것입니다. 그렇다면 어떻게 해결해야 할까요? 원인이 이미지 파일을 읽어오는 데 걸리는 시간이니, 앱이 구동될 때 사용하는 이미지를 미리 읽어와서 기억하고 있도록 하면 됩니다. 이렇게 성능 향상을 위해 사용하는 메모리를 캐시^{cache}라고 하며, 캐시 영역에 데이터를 저장하여 사용하는 것을 캐싱^{caching}이라고 합니다.

그렇다면 앱의 첫 화면인 로그인 화면에서 사용하는 이미지는 언제 캐싱해야 할까요? 첫 화면에 사용된 이미지 또는 앱의 첫 화면이 나타나기 전에 읽어와야 하는 파일은 앱이 로딩될 때 캐싱하면 됩니다.

1 expo-splash-screen으로 시작 전 작업 설정하기

우리는 앞에서 앱이 로딩되는 동안 보여줄 이미지를 **splash.png**라는 이름으로 준비했습니다. 앱의 첫 화면이 보이기 전에 splash 이미지가 화면에 나타나게 하고, 작업이 완료되면 splash 이미지를 없애 첫 화면이 나타나게 할 수 있습니다. 이를 위해서는 expo-splash-screen 라이브러리가 필요합니다.

🔗 expo-splash-screen – https://bit.ly/expo-splash-screen

아래 명령어를 사용해서 expo-splash-screen을 설치하세요.

```
$ expo install expo-splash-screen
```

설치가 완료되면 Navigation 컴포넌트를 다음과 같이 수정하세요.

JS src/navigations/Navigation.js

```
import { NavigationContainer } from '@react-navigation/native';
import AuthStack from './AuthStack';
import * as SplashScreen from 'expo-splash-screen';
import { useEffect } from 'react';

const Navigation = () => {
  useEffect(() => {
    (async () => {
      try {
        await SplashScreen.preventAutoHideAsync();
      } catch (e) {
        console.log(e);
      }
    })();
  }, []);

  return (...);
};

export default Navigation;
```

SplashScreen의 preventAutoHideAsync 함수는 splash 이미지를 계속 화면에 보여주도록 하는 함수입니다. 그리고 함수 이름에서 알 수 있듯이 비동기로 작동하기 때문에 async-await를 사용해서 호출해야 합니다.

코드를 적용하고 앱을 새로고침해보세요. 로딩이 완료되어도 splash 이미지가 계속 화면에 나타납니다. 만약 수행해야 하는 작업이 있다면 이렇게 preventAutoHideAsync 함수를 호출해서 splash 이미지가 화면에 나타나게 하고 원하는 작업을 수행하면 됩니다.

그렇다면 언제 splash 이미지를 사라지게 해야 할까요? 우리는 화면을 보여주기 전에 이미지를 캐싱하고, 작업이 완료되면 화면을 보여줘야 합니다. 따라서 모든 작업이 완료되었고 화면을 보여줄 준비가 되었는지를 관리하는 상태 변수가 필요합니다.

다음과 같이 Navigation 컴포넌트를 수정하세요.

 src/navigations/Navigation.js

```
...
import { useEffect, useState } from 'react';

const Navigation = () => {
  const [isReady, setIsReady] = useState(false);

  useEffect(() => {
    (async () => {
      try {
        await SplashScreen.preventAutoHideAsync();
      } catch (e) {
        console.log(e);
      } finally {
        setIsReady(true);
      }
    })();
  }, []);

  if (!isReady) {
    return null;
  }

  return (...);
};

export default Navigation;
```

작업이 완료되어 준비되었는지를 관리하는 isReady 상태 변수를 만들었습니다. 그리고 isReady가 false일 때는 null을 반환해서 어떤 화면도 나타나지 않도록 작성했습니다.

이제 isReady가 true일 때 splash 이미지가 사라지게 해서 화면이 나타나도록 만들겠습니다. useEffect를 사용해서 isReady가 true가 되었을 때 splash 이미지를 사라지게 해도 됩니다. 우리가 수행하고자 하는 작업은 마무리되었지만 화면은 아직 준비되지 않았을 수도 있습니다. 그래서 isReady가 true일 때뿐만 아니라 화면이 준비되었을 때 splash 이미지를 사라지도록 하는 것이 좋습니다.

화면이 준비되었다는 것을 어떻게 알 수 있을까요? 레이아웃으로 많이 사용하는 View 컴포넌트의 onLayout props는 마운트되거나 레이아웃이 변경되었을 때 호출됩니다. 즉, 컴포넌트를 화면에 보여줄 준비가 완료되었다는 것을 onLayout을 통해 알 수 있습니다.

ꝏ View 컴포넌트 onLayout – https://bit.ly/rn-docs-view-on-layout

하지만 NavigationContainer 컴포넌트에는 onLayout props가 없습니다. 대신 비슷한 역할을 하는 onReady props가 있습니다.

ꝏ NavigationContainer 컴포넌트 onReady – https://bit.ly/navigation-on-ready

다음과 같이 Navigation 컴포넌트를 수정하세요.

📄 src/navigations/Navigation.js

```
...
const Navigation = () => {
  ...

  const onReady = () => {
    console.log('onReady');
  };

  if (!isReady) {
    return null;
  }

  return (
    <NavigationContainer onReady={onReady}>
      <AuthStack />
    </NavigationContainer>
  );
};

export default Navigation;
```

코드를 적용하고 새로고침하면 터미널에 **onReady** 텍스트가 나타납니다. 이제 **onReady** 함수 에서 **isReady** 상태 변숫값을 확인하고 **splash** 이미지를 사라지게 하면 됩니다. **splash** 이미 지를 사라지게 하는 함수는 **hideAsync**입니다.

다음과 같이 **Navigation** 컴포넌트를 수정하세요.

src/navigations/Navigation.js

```
...

const Navigation = () => {
  ...

  const onReady = async () => {
    if (isReady) {
      await SplashScreen.hideAsync();
    }
  };

  ...
};

export default Navigation;
```

앱을 새로고침하면 **splash** 이미지가 사라지고 로그인 화면이 나타납니다. 지금은 어떤 작업 도 하지 않기 때문에 **isReady** 상태 변수가 바로 **true**로 변경되어 특별히 로딩 화면에서 멈춰 있다는 느낌을 받지 않지만, **preventAutoHideAsync** 함수를 호출한 **try** 문에서 많은 작업을 하면 **splash** 이미지를 보여주는 시간이 길어집니다.

2 expo-asset으로 이미지 캐싱하기

이제 **splash** 이미지를 보여주는 동안 이미지를 캐싱하면 됩니다. 이미지나 폰트 등을 캐싱하 기 위해서는 expo-asset이라는 라이브러리가 필요합니다.

🔗 expo-asset – https://bit.ly/expo-asset

아래 명령어를 사용해서 expo-asset을 설치하세요.

```
$ expo install expo-asset
```

expo-asset을 사용해서 이미지를 캐싱하겠습니다. 다음과 같이 Navigation 컴포넌트를 수정하세요.

📄 src/navigations/Navigation.js

```
...
import { Asset } from 'expo-asset';

const Navigation = () => {
  const [isReady, setIsReady] = useState(false);

  useEffect(() => {
    (async () => {
      try {
        await SplashScreen.preventAutoHideAsync();
        await Asset.fromModule(
          require('../../assets/cover.png')
        ).downloadAsync();
      } catch (e) {
        // eslint-disable-next-line no-console
        console.log(e);
      } finally {
        setIsReady(true);
      }
    })();
  }, []);

...
```

Asset의 fromModule 함수에 캐싱할 이미지를 전달하고, downloadAsync 함수를 사용해서 원하는 이미지를 미리 다운로드할 수 있습니다. downloadAsync는 Promise를 반환하기 때문에 await를 사용해서 다운로드가 끝날 때까지 기다리도록 만들었습니다. 그리고 catch에 작성한 console.log에서 나타나는 경고 메시지를 없애기 위해 ESLint 규칙이 작동하지 않도록 주석을 작성했습니다.

코드를 적용하고 새로고침해보세요. 로그인 화면이 처음 나타날 때 잠깐 보이던 흰색 화면이 더 이상 보이지 않습니다. 회원가입 화면으로 이동할 때에도 처음부터 이미지가 잘 나타나게 됩니다. 여러분도 이미지가 잘 캐싱되었는지 확인해보세요.

7.6 마치며

이 장에서는 여행 사진 공유 앱의 인증 화면을 만들었습니다. 그 과정에서 그동안 공부했던 내용을 복습하면서 커스텀 컴포넌트를 만드는 다양한 방법에 대해 좀 더 알아봤습니다.

그리고 ScrollView 컴포넌트에 대해 자세히 알아보고, useReducer, useFocusEffect, useCallback Hook에 대해서도 공부했습니다. useReducer는 useState와 하는 역할은 같지만 특징과 사용 방법의 차이가 있습니다. 상황과 조건에 따라 여러분이 사용하고 싶은 함수를 사용하기 바랍니다. useFocusEffect를 사용할 때에는 useCallback을 꼭 함께 사용해야 한다는 것을 잊지 마세요.

다음 장에서는 Firebase를 사용해 로그인과 회원가입 기능을 완성하고 인증 이후 사용할 화면을 만들어보겠습니다.

CHAPTER

8

여행 사진 공유 앱 만들기 II

7장에서 우리는 로그인 화면과 회원가입 화면을 만들었습니다. 이 장에서는 Firebase를 사용해서 실제 서버를 통해 회원가입과 로그인 기능을 구현해봅니다. 그리고 로그인한 사용자의 정보를 보여주는 프로필 화면을 만들어봅니다.

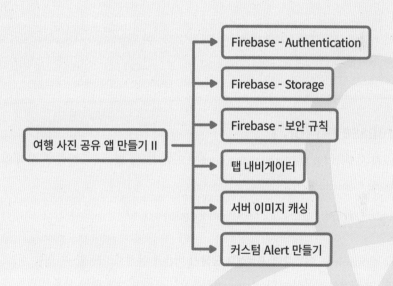

8.1 Firebase 사용하기

Firebase는 인증^{Authentication}, 데이터베이스^{Database} 등의 다양한 기능을 제공하는 개발 플랫폼으로 백엔드에 대한 지식이 조금 부족하더라도 어렵지 않게 서버를 활용할 수 있도록 다양한 기능을 제공합니다. 이 절에서는 Firebase를 사용해서 실제로 회원가입과 로그인 기능을 만들어보겠습니다.

> **NOTE**
>
> 이 책에서 Firebase에 대해 자세한 내용은 다루지는 않습니다. Firebase에 대해 좀 더 알고 싶다면 Firebase 공식 문서를 확인하기 바랍니다.

1 Firebase 설정하기

Firebase를 사용하려면 Firebase Console에서 프로젝트를 생성해야 합니다. 아래 링크를 통해 Firebase Console로 이동하세요.

🔗 Firebase Console – https://console.firebase.google.com/

Firebase Console로 이동하면 **프로젝트 만들기** 버튼과 문서로 이동할 수 있는 링크를 볼 수 있습니다. 이 책에서 사용하는 Firebase 버전은 9입니다. 버전에 따라 사용 방법의 차이가 있을 수 있으니 책을 접하는 시기에 따라 공식 문서를 참고하기 바랍니다.

프로젝트 생성하기

프로젝트 만들기 버튼을 클릭해서 프로젝트를 생성하세요.

▶ 프로젝트 만들기 버튼과 문서 링크

프로젝트 생성의 첫 번째 단계로 프로젝트의 이름을 정해야 합니다. 어떤 이름을 사용하든 상관없지만 되도록 어떤 프로젝트에 사용하는지 알아볼 수 있는 이름을 사용하는 것을 권장합니다. 이 책에서는 리액트 네이티브 프로젝트의 이름과 같은 rn-photo로 입력하고 진행하겠습니다.

✕   프로젝트 만들기(1/3단계)

프로젝트® 이름을 지정하여 시작
하기

프로젝트 이름
rn-photo

✏ rn-photo

계속

▶ 프로젝트 이름 입력하기

두 번째 단계에서는 Google 애널리틱스Analytics 사용에 대한 설정이 나타납니다. 우리는 애널리틱스를 사용하지 않을 예정이니 설정을 끄고 진행하면 됩니다.

▶ Google 애널리틱스 사용 설정

프로젝트 만들기 버튼을 클릭하면 Firebase에서 프로젝트 생성을 시작하고 약간의 시간이 지나면 프로젝트 생성이 완료됩니다.

프로젝트가 완성되고 이동된 화면을 보면 **앱에 Firebase를 추가하여 시작하기**라는 문구 아래에 각 플랫폼별 버튼이 있습니다. 여기에서 세 번째 버튼인 **</>**(웹)을 클릭하고 진행합니다.

▶ 앱에 Firebase 추가하기

웹 버튼을 클릭하면 나타나는 화면에서 앱 닉네임을 설정하고 **앱 등록** 버튼을 누르세요.

▶ 앱 닉네임

Firebase SDK 추가에서는 Firebase 사용을 위한 안내가 나타납니다. 이 화면에서 `firebase Config` 변수 코드를 복사해두세요.

▶ Firebase SDK 추가

Firebase 설치하기

Firebase 프로젝트 추가가 완료되었으니 리액트 네이티브에서 Firebase 사용을 위한 패키지
설치와 설정을 진행하겠습니다.

아래 명령어를 사용해서 프로젝트에 Firebase를 설치하세요.

```
$ expo install firebase
```

설치가 완료되면 프로젝트 루트 경로에 **env.js** 파일을 생성하고 앞에서 복사해둔 코드를 사용
해서 다음과 같이 작성하세요. 코드 확인이 필요한 분은 프로젝트 개요 옆의 **톱니바퀴** 버튼을
클릭하면 나타나는 메뉴에서 **프로젝트 설정**을 클릭하세요. 그리고 프로젝트 설정 일반 탭에서
스크롤을 아래로 내리면 앞에서 추가한 앱의 정보와 함께 코드를 확인할 수 있습니다.

> **NOTE**
>
> 아래 코드에는 ...으로 표시되어 있지만 여러분은 복사한 코드를 사용해서 작성해야 합니다.

JS env.js

```
export const firebaseConfig = {
  apiKey: '...',
  authDomain: '...',
  projectId: '...',
  storageBucket: '...',
  messagingSenderId: '...',
  appId: '...',
};
```

우리가 작성한 `firebaseConfig` 코드는 Firebase를 사용하기 위한 키입니다. 만약 다른 사람
이 이 키를 알게 되면 우리 프로젝트에 마음껏 접근해서 사용할 수 있습니다. 이런 문제를 방지
하기 위해 키가 포함된 코드는 항상 외부에 노출되지 않도록 조심해야 합니다.

프로젝트에 있는 .gitignore 파일 가장 아래에 다음과 작성해서 깃허브에 코드가 올라가지 않도록 하세요.

.gitignore

```
...

env.js
```

다음으로 src 폴더 밑에 api 폴더를 생성하세요. api 폴더에서는 외부 API를 사용하기 위한 코드를 관리하겠습니다. 지금 Firebase를 사용하고 있으니 Firebase를 사용하는 코드를 api 폴더 밑에서 관리하게 됩니다. 나중에 직접 API를 만들어서 사용하게 되면 api 폴더 밑에 있는 코드만 해당 API로 수정하면 됩니다.

api 폴더 밑에 firebase.js 파일을 만들고 다음과 같이 작성하세요.

JS src/api/firebase.js

```js
import { initializeApp } from 'firebase/app';
import { firebaseConfig } from '../../env';

export const initFirebase = () => {
  return initializeApp(firebaseConfig);
};
```

initializeApp은 Firebase를 사용하기 위한 준비 작업을 하는 함수로 Firebase를 사용하기 전에 꼭 호출해야 합니다.

우리는 Navigation 컴포넌트에서 앱이 처음 구동될 때 이미지를 캐싱하는 코드를 작성했습니다. 앱이 처음 구동될 때 호출되어야 하는 initFirebase 함수도 같은 곳에서 처리하겠습니다. 다음과 같이 Navigation 컴포넌트를 수정하세요.

JS src/navigations/Navigation.js

```
...
import { initFirebase } from '../api/firebase';

const Navigation = () => {
  const [isReady, setIsReady] = useState(false);

  useEffect(() => {
    (async () => {
      try {
        ...

        const app = initFirebase();
        console.log(app);
      } catch (e) {
        // eslint-disable-next-line no-console
        console.log(e);
      } finally {
        setIsReady(true);
      }
    })();
  }, []);

...
```

코드를 적용하면 다음과 같은 에러 메시지가 나타납니다.

```
While trying to resolve module `idb` from file `.../rn-photo/node_modules/@firebase/
app/dist/esm/index.esm2017.js`, the package `.../rn-photo/node_modules/idb/package.
json` was successfully found. However, this package itself specifies a `main` module
field that could not be resolved (`.../rn-photo/node_modules/idb/build/index.cjs`.
Indeed, none of these files exist:
...
```

지원하는 확장자 중에 cjs가 없어서 발생하는 문제로, metro 설정 파일을 수정해서 cjs 파일을 사용한다고 알려주면 됩니다.

🔗 Expo metro config – https://bit.ly/expo-metro-config

프로젝트 루트 경로에 **metro.config.js** 파일을 추가하고 다음과 같이 작성하세요.

 metro.config.js

```
const { getDefaultConfig } = require('@expo/metro-config');

const defaultConfig = getDefaultConfig(__dirname);

defaultConfig.resolver.assetExts.push('cjs');

module.exports = defaultConfig;
```

metro 설정이 변경되었으니 프로젝트를 다시 시작해야 합니다. metro가 실행 중인 터미널에서 키보드의 ⌘Command + C (윈도우 기준 Control + C)를 눌러서 종료하고 다시 실행하세요. 그리고 화면을 확인하면 에러 메시지 없이 잘 작동하는 것을 볼 수 있습니다. 터미널에는 **initFirebase** 함수가 반환한 값이 다음처럼 나타납니다.

```
{
  ...
  "_name": "[DEFAULT]",
  "_options": Object {
    "apiKey": "...",
    "appId": "...",
    ...
  },
}
```

initFirebase 함수가 잘 호출되는 것을 확인하면 Navigation 컴포넌트에 있는 **console.log** 코드는 삭제하세요. 이제 Firebase를 사용하기 위한 준비가 모두 완료되었습니다.

Authentication 설정하기

Firebase에서 제공하는 Authentication을 사용하면 회원가입과 로그인 기능을 굉장히 쉽게 만들 수 있습니다. Firebase Console에서 왼쪽에 있는 **Authentication** 메뉴를 클릭하고 나서 나타나는 화면에서 **시작하기** 버튼을 클릭하세요.

▶ Authentication 설정하기

Firebase에서는 Google, 페이스북, 깃허브 등 다양한 인증 방법을 제공합니다. 여기에서는 그중 이메일/비밀번호를 이용한 사용자 인증 방법을 선택해봅니다. **이메일/비밀번호**를 클릭하면 나타나는 화면에서 이메일/비밀번호의 **사용 설정**을 활성화하고 **저장** 버튼을 클릭하세요.

▶ 이메일 비밀번호 사용 설정하기

사용 설정이 완료되면 Users 탭에서 **사용자 추가** 버튼을 클릭하고 사용자를 추가해보세요. 추가된 사용자가 목록에 나타나는 것을 볼 수 있습니다. 우리가 앞으로 만들 회원가입 기능을 이용해서 등록한 사용자도 Users 탭에서 확인할 수 있습니다.

▶ 사용자 추가

목록에서 사용자의 이메일, 생성한 날짜 등을 확인할 수 있는데 추가적으로 **사용자 UID**라는 값을 볼 수 있습니다. UID는 Firebase에서 사용하는 사용자 ID로 사용자를 구분하는 키라고 생각하면 됩니다.

2 로그인 기능 만들기

로그인 기능을 만들어보겠습니다.

signInWithEmailAndPassword 함수로 로그인 기능 만들기

Firebase에서 이메일과 비밀번호를 사용해 로그인하는 함수는 signInWithEmailAndPassword 입니다.

🔗 signInWithEmailAndPassword – https://bit.ly/firebase-signin-email

signInWithEmailAndPassword에는 Auth와 email, password 문자열을 전달해야 합니다. email, password는 사용자가 입력한 값을 사용하고 Auth는 getAuth 함수를 사용해서 받을 수 있습니다.

∞ getAuth – https://bit.ly/firebase-get-auth

api 폴더 밑에 auth.js 파일을 만들고 다음과 같이 작성하세요.

🅙 src/api/auth.js

```
●●●
import { getAuth, signInWithEmailAndPassword } from 'firebase/auth';

export const signIn = async ({ email, password }) => {
  const { user } = await signInWithEmailAndPassword(
    getAuth(),
    email,
    password
  );
  return user;
};
```

signInWithEmailAndPassword 함수는 Promise를 반환하며 성공 시 결과로 User Credential이 전달됩니다. UserCredential에는 User를 값으로 가진 user 프로퍼티가 있으며, User에는 uid, email 등 사용자 정보가 포함되어 있습니다. 우리는 사용자 정보만 필요하므로 user 프로퍼티만 받아와서 반환하게 만들었습니다.

signIn 함수 사용하기

이제 준비된 signIn 함수를 로그인 화면에서 사용하겠습니다. 다음과 같이 SignInScreen 컴포넌트를 수정하세요.

🅙 src/screens/SignInScreen.js

```
●●●
...
import { signIn } from '../api/auth';

const SignInScreen = () => {
  ...
```

```
    const onSubmit = async () => {
      Keyboard.dismiss();
      if (!form.disabled && !form.isLoading) {
        dispatch({ type: AuthFormTypes.TOGGLE_LOADING });
        const user = await signIn(form);
        console.log(user);
        dispatch({ type: AuthFormTypes.TOGGLE_LOADING });
      }
    };

  ...
```

signIn 함수는 비동기 함수이기 때문에 onSubmit를 async 함수로 변경하고 signIn에 await를 사용했습니다. signIn 함수에서는 email과 password만 받아서 사용하기 때문에 파라미터로 form 상태 전체를 전달했습니다. 이 코드는 다음 코드와 똑같이 작동합니다.

```
const user = await signIn({ email: form.email, password: form.password });
```

우리가 Firebase Console에서 추가한 사용자 정보를 사용해서 로그인하면 터미널에 다음과 같이 사용자 정보가 나타납니다. email과 uid를 Firebase Console에 나타나는 값과 비교해서 같은지 확인해보세요.

```
{
  ...
  "displayName": undefined,
  "email": "test@email.com",
  "photoURL": undefined,
  "uid": "7arpq5uPGEVv4YaKagvkzFvZBCQ2",
}
```

LogBox로 경고 메시지 무시하기

로그인은 잘 되지만 리액트 네이티브에서 제공하는 AsyncStorage는 없어질 예정이니 @react-native-async-storage/async-storage를 사용하라는 경고 메시지가 나타납니다.

▶ 로그인 기능 경고 메시지

우리는 **AsyncStorage**를 사용하고 있지 않지만 Firebase에서 사용하고 있기 때문에 나타나는 경고 메시지입니다. 무시하고 진행해도 문제 되지 않지만 계속 경고 메시지가 나타나 화면을 가리게 되니 표시되지 않도록 설정하겠습니다.

LogBox를 사용하면 원하는 문구가 포함된 경고 메시지가 나타나지 않게 만들 수 있습니다. 다음과 같이 **App** 컴포넌트를 수정해보세요.

`JS` **src/App.js**

```
import { StatusBar } from 'expo-status-bar';
import { LogBox } from 'react-native';
import Navigation from './navigations/Navigation';

const App = () => {
  LogBox.ignoreLogs([
    'AsyncStorage has been extracted from react-native core',
  ]);
```

```
    return (...);
};

export default App;
```

LogBox.ignoreLogs 함수 안에 문자열 혹은 정규 표현식을 배열 형태로 전달하면, 해당 값에 매칭되는 메시지는 무시하고 출력하지 않습니다. 코드를 적용하고 테스트해보면 경고 메시지가 더 이상 나타나지 않습니다.

우리가 수정할 수 없는 혹은 수정할 필요가 없는 경고 메시지를 보고 싶지 않다면 **LogBox**를 사용해서 나타나지 않도록 처리할 수 있습니다. 단, **LogBox**를 남용해서 사용하지 마세요. 경고 메시지가 알려주는 문제는 해결해서 메시지가 나타나지 않도록 하는 것이 기본적인 원칙입니다.

로그인 에러 처리하기

이메일이나 비밀번호를 잘못 입력해서 로그인이 실패하는 상황이 발생할 수 있습니다. 이번에는 로그인에 실패하는 상황을 처리하겠습니다. Firebase에서 인증 과정이 실패했을 때 발생하는 에러의 종류는 아래 링크에서 확인할 수 있습니다.

∞ Firebase 인증 에러 코드 – https://bit.ly/firebase-auth-error

다양한 에러 코드 중 로그인 과정에서 발생할 수 있는 에러 코드는 세 가지입니다.

- INVALID_EMAIL – 유효하지 않은 이메일이 도착했을 때
- USER_DELETED – 사용자 등록이 되어있지 않은 이메일일 때
- INVALID_PASSWORD – 잘못된 비밀번호를 입력했을 때

Firebase가 전달하는 에러 코드에 따라 적절한 메시지를 반환하는 함수를 만들겠습니다. 다음과 같이 auth.js 파일을 수정하세요.

src/api/auth.js

```js
import {
  AuthErrorCodes,
  getAuth,
  signInWithEmailAndPassword,
} from 'firebase/auth';

export const getAuthErrorMessages = (errorCode) => {
  switch (errorCode) {
    case AuthErrorCodes.USER_DELETED:
      return '계정을 찾을 수 없습니다.';
    case AuthErrorCodes.INVALID_EMAIL:
      return '유효하지 않은 이메일 주소입니다.';
    case AuthErrorCodes.INVALID_PASSWORD:
      return '잘못된 비밀번호입니다.';
    default:
      return '로그인에 실패했습니다.';
  }
};

export const signIn = async ({ email, password }) => {...};
```

signIn 함수에서 에러가 발생했을 때 작성된 함수에 에러 코드를 전달해서 상황에 맞는 적절한 메시지가 나타나게 하겠습니다. 다음과 같이 SignInScreen 컴포넌트를 수정하세요.

src/screens/SignInScreen.js

```js
import { useFocusEffect, useNavigation } from '@react-navigation/native';
import {
  Alert,
  Image,
  ...
} from 'react-native';
...
import { getAuthErrorMessages, signIn } from '../api/auth';

const SignInScreen = () => {
```

```
...

const onSubmit = async () => {
  Keyboard.dismiss();
  if (!form.disabled && !form.isLoading) {
    dispatch({ type: AuthFormTypes.TOGGLE_LOADING });
    try {
      const user = await signIn(form);
      console.log(user);
    } catch (e) {
      const message = getAuthErrorMessages(e.code);
      Alert.alert('로그인 실패', message);
    }
    dispatch({ type: AuthFormTypes.TOGGLE_LOADING });
  }
};

...
```

try-catch로 SignIn 함수를 감싸서 signIn 함수가 실패하면 에러가 catch로 전달되도록 만들었습니다. catch에서 받은 에러 코드를 getAuthErrorMessage 함수에 전달해 에러 메시지를 받고 Alert을 사용해서 사용자에게 보이게 만들었습니다. 이제 이메일 입력 칸에 이메일이 아닌 값을 입력하거나, Firebase Console에서 등록한 이메일과 다른 이메일을 입력하거나, 틀린 비밀번호를 입력해보세요. 각 상황에 맞는 적절한 메시지가 나타나는 것을 볼 수 있습니다.

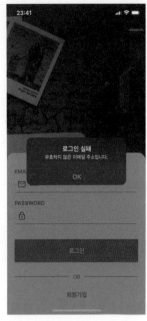

▶ 로그인 실패 메시지

❸ 로그인 후 화면이 이동하게 만들기

로그인 기능이 완성되었으니 로그인 후 화면이 이동하도록 만들겠습니다.

UserContext 만들기

먼저 로그인한 사용자 정보를 관리하는 UserContext를 만들겠습니다. src 폴더 밑에 contexts 폴더를 만드세요. 그리고 contexts 폴더 안에 UserContext.js 파일을 생성해서 다음과 같이 작성하세요.

ⓙ src/contexts/UserContext.js

```
import { createContext, useContext, useState } from 'react';
import PropTypes from 'prop-types';

const UserContext = createContext({});
```

```
const UserProvider = ({ children }) => {
  const [user, setUser] = useState({});
  return (
    <UserContext.Provider value={[user, setUser]}>
      {children}
    </UserContext.Provider>
  );
};
UserProvider.propTypes = {
  children: PropTypes.node.isRequired,
};

const useUserState = () => useContext(UserContext);

export { useUserState, UserProvider };
```

ToDo 리스트 프로젝트를 진행할 때 만들었던 **UserContext**와 비슷하지만 약간 차이가 있습니다. ToDo 리스트 프로젝트에서는 **Provider**의 value에 다음과 같이 전달했습니다.

```
<UserContext.Provider value={{ user, setUser }}>
```

이렇게 전달하면 **Context**를 사용하는 쪽에서도 객체로 받아야 해서 다음과 같이 사용합니다.

```
const { user } = useUserContext();
```

그런데 **UserContext.js** 파일처럼 **value**에 배열 형태로 전달하면 받는 쪽에서도 다음처럼 배열 형태로 받아야 합니다.

```
const [user, setUser] = useUserState();
```

상태를 생성하고 관리할 때 자주 사용하는 **useState**와 모양이 굉장히 비슷해서 이름도 비슷하게 **useUserState**라고 만들었습니다. ToDo 리스트에서처럼 이름을 **useUserContext**로 해도 상관없으니 여러분이 선호하는 이름으로 선택하세요.

이제 UserContext를 사용하기 위해 App 컴포넌트를 UserProvider로 감싸겠습니다. 다음과 같이 App 컴포넌트를 수정하세요.

JS src/App.js

```
...
import { UserProvider } from './contexts/UserContext';

const App = () => {
  ...

  return (
    <UserProvider>
      <StatusBar style="dark" />
      <Navigation />
    </UserProvider>
  );
};

export default App;
```

그다음 UserContext를 사용해서 로그인 성공 후의 사용자 정보를 저장하겠습니다. 다음과 같이 SignInScreen 컴포넌트를 수정하세요.

JS src/screens/SignInScreen.js

```
...
import { useUserState } from '../contexts/UserContext';

const SignInScreen = () => {
  ...

  const [, setUser] = useUserState();

  useFocusEffect(...);

  const updateForm = (payload) => {...};
```

```
  const onSubmit = async () => {
    Keyboard.dismiss();
    if (!form.disabled && !form.isLoading) {
      dispatch({ type: AuthFormTypes.TOGGLE_LOADING });
      try {
        const user = await signIn(form);
        setUser(user);
      } catch (e) {
        const message = getAuthErrorMessages(e.code);
        Alert.alert('로그인 실패', message);
      }
      dispatch({ type: AuthFormTypes.TOGGLE_LOADING });
    }
  };

...
```

signIn 함수가 반환하는 user 객체를 UserContext의 user에 저장했습니다. useUserState
를 보면 전달하는 배열을 받을 때 첫 번째 배열 원소를 어떤 변수로도 받지 않았습니다. 이렇게
사용하지 않는 배열 인덱스에는 어떤 변수도 설정하지 않는 방법으로 원하는 값만 받아서 사용
할 수 있습니다.

프로필 화면 만들기

로그인에 성공했을 때 이동할 화면을 만들겠습니다. screens 폴더 밑에 ProfileScreen.js
파일을 생성하고 다음과 같이 작성하세요.

 src/screens/ProfileScreen.js

```
import { Button, StyleSheet, Text, View } from 'react-native';
import { useUserState } from '../contexts/UserContext';

const ProfileScreen = () => {
  const [, setUser] = useUserState();

  return (
    <View style={styles.container}>
      <Text>Profile</Text>
```

```
      <Button title="로그아웃" onPress={() => setUser({})} />
    </View>
  );
};

const styles = StyleSheet.create({
  container: {
    flex: 1,
    justifyContent: 'center',
    alignItems: 'center',
  },
});

export default ProfileScreen;
```

화면의 위치를 확인할 수 있는 텍스트와 UserContext의 user 상태 변수를 빈 객체({})로 변경하는 로그아웃 버튼이 포함된 화면을 만들었습니다.

이제 ProfileScreen 컴포넌트를 화면으로 사용하는 내비게이터를 만들겠습니다. navigations 폴더의 routes.js 파일을 다음과 같이 수정하세요.

JS src/navigations/routes.js

```
● ● ●

export const AuthRoutes = {...};

export const MainRoutes = {
  PROFILE: 'Profile',
};
```

그다음 navigations 폴더 밑에 MainStack.js 파일을 만들고 다음과 같이 작성하세요.

JS src/navigations/MainStack.js

```
● ● ●

import { createNativeStackNavigator } from '@react-navigation/native-stack';
import { WHITE } from '../colors';
import { MainRoutes } from './routes';
```

```
import ProfileScreen from '../screens/ProfileScreen';

const Stack = createNativeStackNavigator();

const MainStack = () => {
  return (
    <Stack.Navigator
      screenOptions={{
        contentStyle: { backgroundColor: WHITE },
      }}
    >
      <Stack.Screen name={MainRoutes.PROFILE} component={ProfileScreen} />
    </Stack.Navigator>
  );
};

export default MainStack;
```

로그인 후 사용할 내비게이터가 완성되었으니 UserContext의 user 상태 변수에 따라 사용하는 내비게이터가 달라지게 만들겠습니다. 다음과 같이 Navigation 컴포넌트를 수정하세요.

_{JS} src/navigations/Navigation.js

```
...
import { useUserState } from '../contexts/UserContext';
import MainStack from './MainStack';

const Navigation = () => {
  const [user] = useUserState();
  ...

  return (
    <NavigationContainer onReady={onReady}>
      {user.uid ? <MainStack /> : <AuthStack />}
    </NavigationContainer>
  );
};

export default Navigation;
```

UserContext의 user 상태 변수에 uid가 있으면 로그인에 성공한 것으로 판단해서 MainStack 컴포넌트를 사용하도록 작성했습니다. 이제 로그인을 하면 프로필 화면이 나타나고 로그아웃 버튼을 누르면 다시 로그인 화면이 나타납니다. 여러분도 로그인과 로그아웃이 잘 작동하는지 테스트해보세요.

▶ 로그인과 로그아웃[1]

④ 회원가입 기능 만들기

다음으로 회원가입 기능을 만들어보겠습니다.

createUserWithEmailAndPassword 함수로 회원가입 기능 만들기

Firebase에서 이메일과 비밀번호를 사용해서 사용자를 추가하는 함수는 createUserWith EmailAndPassword입니다.

🔗 createUserWithEmailAndPassword – https://bit.ly/firebase-signup-email

---

1 아이폰 스크린숏에서는 비밀번호가 나타나지 않습니다. 왼쪽 그림을 보면 비밀번호 없이 Input 컴포넌트와 로그인 버튼이 활성화된 것으로 보이는데 실제로는 비밀번호가 입력된 상태입니다.

다음과 같이 auth.js 파일을 수정하세요.

 src/api/auth.js

```
import {
  AuthErrorCodes,
  createUserWithEmailAndPassword,
  getAuth,
  signInWithEmailAndPassword,
} from 'firebase/auth';

...

export const signUp = async ({ email, password }) => {
  const { user } = await createUserWithEmailAndPassword(
    getAuth(),
    email,
    password
  );
  return user;
};
```

signIn 함수를 만들었을 때와 같은 방법으로 signUp 함수를 만들었습니다.

회원가입 에러 처리하기

회원가입 과정에서 발생할 수 있는 에러도 추가하겠습니다.

- EMAIL_EXISTS – 이미 가입된 이메일로 사용자를 추가할 때
- WEAK_PASSWORD – 6자리 미만의 비밀번호로 사용자를 추가할 때

auth.js 파일의 getAuthErrorMessages 함수에 다음과 같은 두 가지 상황을 추가하세요.

 src/api/auth.js

```
...
```

```js
export const getAuthErrorMessages = (errorCode) => {
  switch (errorCode) {
    ...

    case AuthErrorCodes.EMAIL_EXISTS:
      return '이미 가입된 이메일입니다.';
    case AuthErrorCodes.WEAK_PASSWORD:
      return '비밀번호는 최소 6자리입니다.';
    default:
      return '로그인에 실패했습니다.';
  }
};

...
```

signUp 함수 사용하기

회원가입 화면에서 signUp 함수를 사용하겠습니다. 다음과 같이 SignUpScreen 컴포넌트를
수정하세요.

 src/screens/SignUpScreen.js

```js
import { useNavigation } from '@react-navigation/native';
import {
  Alert,
  Image,
  ...
} from 'react-native';
...
import { getAuthErrorMessages, signUp } from '../api/auth';
import { useUserState } from '../contexts/UserContext';

const SignUpScreen = () => {
  ...

  const [, setUser] = useUserState();

  const updateForm = (payload) => {...};

  const onSubmit = async () => {
```

```
      Keyboard.dismiss();
      if (!form.disabled && !form.isLoading) {
        dispatch({ type: AuthFormTypes.TOGGLE_LOADING });
        try {
          const user = await signUp(form);
          setUser(user);
        } catch (e) {
          const message = getAuthErrorMessages(e.code);
          Alert.alert('회원가입 실패', message);
        }
        dispatch({ type: AuthFormTypes.TOGGLE_LOADING });
      }
    };

...
```

로그인 화면과 같은 방법으로 **SignUpScreen** 컴포넌트를 수정했습니다. 사용자 정보를 입력해서 회원가입 기능을 테스트해보세요. 테스트할 때 이미 가입된 이메일로 입력도 해보고 비밀번호를 짧게 입력해보면서 회원가입 실패 메시지가 잘 나타나는지 확인해보세요.

▶ 회원가입 기능 실패 메시지

그리고 Firebase Console에서 가입한 사용자 정보가 잘 나타나는지 확인해보세요.

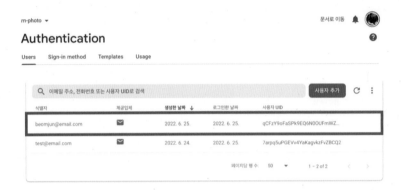

▶Firebase Console과 추가된 사용자

상태 업데이트와 컴포넌트 언마운트

회원가입 기능은 잘 작동하지만 다음과 같은 경고 메시지가 나타납니다.

▶ 상태 업데이트 경고 메시지

signUp 기능이 성공하고 UserContext가 업데이트되면서 SignUpScreen 컴포넌트는 언마운트되고 MainStack 컴포넌트가 화면에 나타납니다. 그런데 onSubmit에서는 signUp 함수의 성공 여부와 관계없이 항상 dispatch를 호출해서 상태를 변경하려고 합니다. 컴포넌트는 이미 언마운트되었는데 상태를 업데이트하려 하기 때문에 경고 메시지가 나타난 것입니다.

우리가 만든 회원가입 화면은 언마운트되므로 상태를 변경하는 코드가 실행되지 않지만 만약에 언마운트되기 전에 상태를 변경하려면 useEffect의 cleaup 함수를 사용하는 것이 좋습니다. 여기에서는 useEffect를 사용할 필요 없이 signUp 함수가 실패했을 때에만 dispatch 함수를 호출하면 문제를 해결할 수 있습니다.

다음과 같이 SignUpScreen 컴포넌트를 수정하세요.

JS src/screens/SignUpScreen.js

```
●●●

...

const SignUpScreen = () => {
  ...

  const onSubmit = async () => {
    Keyboard.dismiss();
    if (!form.disabled && !form.isLoading) {
      dispatch({ type: AuthFormTypes.TOGGLE_LOADING });
      try {
        const user = await signUp(form);
        setUser(user);
      } catch (e) {
        const message = getAuthErrorMessages(e.code);
        Alert.alert('회원가입 실패', message, [
          {
            text: '확인',
            onPress: () => dispatch({ type: AuthFormTypes.TOGGLE_LOADING }),
          }
        ]);
      }
    }
  };

  ...
```

signUp 함수가 실패했을 때 나타나는 **Alert**에서 **확인** 버튼을 클릭하면 dispatch 함수를 호출하도록 수정했습니다. **SignInScreen** 컴포넌트도 같은 방법으로 코드를 수정하세요.

⬛JS src/screens/SignInScreen.js

```
...

const SignInScreen = () => {
  ...

  const onSubmit = async () => {
    Keyboard.dismiss();
    if (!form.disabled && !form.isLoading) {
      dispatch({ type: AuthFormTypes.TOGGLE_LOADING });
      try {
        const user = await signIn(form);
        setUser(user);
      } catch (e) {
        const message = getAuthErrorMessages(e.code);
        Alert.alert('로그인 실패', message, [
          {
            text: '확인',
            onPress: () => dispatch({ type: AuthFormTypes.TOGGLE_LOADING }),
          }
        ]);
      }
    }
  };

  ...
```

다시 회원가입을 해보면 경고 메시지가 나타나지 않습니다.

5 로그인 상태 유지하기

로그인 혹은 회원가입 후 프로필 화면으로 이동하면 앱을 새로고침해보세요. 새로고침하면 로그인 화면으로 이동합니다. 이미 인증 과정을 거쳤지만 앱을 새로고침할 때마다 다시 로그인해야 하는 불편함이 남아 있습니다. 이번에는 인증 상태를 유지해서 새로고침하더라도 로그인 상태가 유지되도록 만들어보겠습니다.

Firebase에서는 인증 상태를 유지해주는 기능과 인증 상태가 변경되었을 때 알려주는 함수를 제공하고 있습니다.

🔗 onAuthStateChanged – https://bit.ly/firebase-auth-state

onAuthStateChanged 함수의 첫 번째 파라미터로 Auth를 전달하고, 두 번째 파라미터로 함수를 전달합니다. 전달된 함수의 파라미터로 인증된 사용자의 User가 전달됩니다. 이를 사용해서 사용자의 인증 상태를 확인할 수 있습니다.

다음과 같이 auth.js 파일을 수정하세요.

 src/api/auth.js

```
import {
  ...
  onAuthStateChanged as onAuthStateChangedFirebase,
} from 'firebase/auth';

...

export const onAuthStateChanged = (callback) => {
  return onAuthStateChangedFirebase(getAuth(), callback);
};
```

firebase/auth 모듈에서 제공하는 onAuthStateChanged 함수를 onAuthStateChangedFirebase라는 이름으로 import했습니다. 그리고 onAuthStateChanged라는 이름의 함수에서 사용했습니다. 이렇게 작성하고 싶은 함수 이름과 모듈에서 제공하는 함수 이름이 같을 때 as를 사용해서 import로 가져오는 함수 이름을 변경할 수 있습니다.

이제 앱이 처음 구동될 때 작성된 onAuthStateChanged 함수를 사용해서 로그인 상태를 유지하도록 만들겠습니다. 다음과 같이 Navigation 컴포넌트를 수정하세요.

src/navigations/Navigation.js

```js
...
import { onAuthStateChanged } from '../api/auth';

const Navigation = () => {
  const [user, setUser] = useUserState();
  const [isReady, setIsReady] = useState(false);

  useEffect(() => {
    (async () => {
      try {
        ...

        const unsubscribe = onAuthStateChanged((user) => {
          if (user) {
            setUser(user);
          }
          unsubscribe();
        });
      } catch (e) {
        // eslint-disable-next-line no-console
        console.log(e);
      } finally {
        setIsReady(true);
      }
    })();
  }, [setUser]);

  ...
```

onAuthStateChanged를 import할 때 firebase/auth 모듈이 아니라 auth.js에서 가져와
야 한다는 것에 주의하세요. 사용자의 인증 상태는 앱이 처음 구동될 때 한 번만 확인하면 되므
로 onAuthStateChanged 함수가 반환하는 Unsubscribe를 사용해서 전달된 함수가 다시 호
출되지 않도록 만들었습니다.

onAuthStateChanged 함수에는 전달된 User 정보를 사용해 UserContext를 업데이트하는
함수를 전달했습니다. 만약 인증된 사용자 정보가 있다면 UserContext의 user에 uid가 포함
된 사용자 정보가 저장되어 화면에 MainStack 컴포넌트가 나타나게 됩니다.

이제 로그인 후 새로고침하면 프로필 화면이 나타납니다. 그런데 프로필 화면이 나타나기 전에 로그인 화면이 잠시 깜빡이는 듯한(로그인 화면이 나타났다가 사라지는) 현상이 생깁니다.

 자동 로그인 테스트 – https://bit.ly/2022-rn-auto-login

setUser가 비동기로 작동하면서 UserContext는 아직 업데이트되지 않았는데, finally에서 isReady를 true로 변경해서 나타난 현상입니다. isReady를 true로 변경하는 위치를 사용자 정보를 확인한 후로 바꾸면 해결할 수 있습니다.

다음과 같이 Navigation 컴포넌트를 수정하세요.

 src/navigations/Navigation.js

```
...

const Navigation = () => {
  ...

  useEffect(() => {
    (async () => {
      try {
        ...

        const unsubscribe = onAuthStateChanged((user) => {
          if (user) {
            setUser(user);
          }
          setIsReady(true);
          unsubscribe();
        });
      } catch (e) {
        // eslint-disable-next-line no-console
        console.log(e);
        setIsReady(true);
      }
    })();
  }, [setUser]);

  ...
```

setIsReady(true)를 onAuthStateChanged 함수 안으로 옮겼습니다. 다시 확인하면 화면이 깜빡이지 않고 프로필 화면이 나타납니다. 여러분도 로그인 화면이 깜빡이는 현상이 사라졌는지 확인해보세요.

8.2 탭 내비게이터 사용하기

앱을 사용하다 보면 화면 아래쪽 혹은 위쪽에 탭 버튼이 있는 것을 자주 볼 수 있습니다. 우리가 자주 사용하는 유튜브, 인스타그램, 카카오톡, 넷플릭스에도 앱 아래쪽에 탭 버튼이 있습니다. 이 절에서는 프로젝트에 탭 내비게이터를 직용하는 방법에 대해 알아보겠습니다.

▶ 다양한 앱에 사용되는 탭 내비게이터

1 탭 내비게이터 사용하기

리액트 내비게이션에서 제공하는 탭 내비게이터는 총 3가지 종류가 있습니다.

- 바텀 탭 내비게이터 – 아래쪽에 탭 버튼이 있는 기본 탭 내비게이터
- 머티리얼 탑 탭 내비게이터 – 위쪽에 탭 버튼이 있는 탭 내비게이터
- 머티리얼 바텀 탭 내비게이터 – 아래쪽에 탭 버튼이 있고 물결 효과가 있는 탭 내비게이터

우리는 바텀 탭 내비게이터를 사용하겠습니다. 바텀 탭 내비게이터를 사용하기 위해서 라이브러리를 추가로 설치해야 합니다. 아래 명령어를 사용해서 바텀 탭 내비게이터를 설치하세요.

```
$ npm install @react-navigation/bottom-tabs
```

화면 준비하기

바텀 탭 내비게이터를 사용하기 전에 화면으로 사용할 컴포넌트를 먼저 만들겠습니다. 우리는 글 목록을 보여주는 화면, 위치를 검색하는 화면이 필요합니다. 여기에 추가로 프로필 화면과 홈 화면을 만들어서 총 4개의 화면을 만들겠습니다. 프로필 화면은 이미 만들었으니 홈 화면, 글 목록 화면, 맵 화면으로 사용할 컴포넌트를 만들어야 합니다.

screens 폴더 밑에 HomeScreen.js 파일을 만들고 다음과 같이 작성하세요.

 src/screens/HomeScreen.js

```js
import { StyleSheet, Text, View } from 'react-native';

const HomeScreen = () => {
  return (
    <View style={styles.container}>
      <Text>HOME</Text>
    </View>
  );
};

const styles = StyleSheet.create({
  container: {
    flex: 1,
    justifyContent: 'center',
    alignItems: 'center',
  },
});

export default HomeScreen;
```

그다음 screens 폴더 밑에 ListScreen.js 파일을 만들고 다음과 같이 작성하세요.

📄 src/screens/ListScreen.js

```
import { StyleSheet, Text, View } from 'react-native';

const ListScreen = () => {
  return (
    <View style={styles.container}>
      <Text>LIST</Text>
    </View>
  );
};

const styles = StyleSheet.create({
  container: {
    flex: 1,
    justifyContent: 'center',
    alignItems: 'center',
  },
});

export default ListScreen;
```

마지막으로 screens 폴더 아래에 MapScreen.js 파일을 만들고 다음과 같이 작성하세요.

📄 src/screens/MapScreen.js

```
import { StyleSheet, Text, View } from 'react-native';

const MapScreen = () => {
  return (
    <View style={styles.container}>
      <Text>MAP</Text>
    </View>
  );
};

const styles = StyleSheet.create({
```

```
  container: {
    flex: 1,
    justifyContent: 'center',
    alignItems: 'center',
  },
});

export default MapScreen;
```

바텀 탭 내비게이터 사용하기

화면이 준비되었으니 바텀 탭 내비게이터를 사용해보겠습니다. `routes.js` 파일에 다음과 같이 바텀 탭 내비게이터에서 사용할 화면 이름을 작성하세요.

<img> src/navigations/routes.js

```
● ● ●

...

export const ContentRoutes = {
  HOME: 'Home',
  LIST: 'List',
  MAP: 'Map',
  PROFILE: 'Profile',
};
```

다음으로 navigations 폴더 밑에 ContentTab.js 파일을 생성하고 다음과 같이 작성하세요.

<img> src/navigations/ContentTab.js

```
● ● ●

import { createBottomTabNavigator } from '@react-navigation/bottom-tabs';
import HomeScreen from '../screens/HomeScreen';
import ListScreen from '../screens/ListScreen';
import MapScreen from '../screens/MapScreen';
import ProfileScreen from '../screens/ProfileScreen';
import { ContentRoutes } from './routes';
```

```
const Tab = createBottomTabNavigator();

const ContentTab = () => {
  return (
    <Tab.Navigator>
      <Tab.Screen name={ContentRoutes.HOME} component={HomeScreen} />
      <Tab.Screen name={ContentRoutes.LIST} component={ListScreen} />
      <Tab.Screen name={ContentRoutes.MAP} component={MapScreen} />
      <Tab.Screen name={ContentRoutes.PROFILE} component={ProfileScreen} />
    </Tab.Navigator>
  );
};

export default ContentTab;
```

바텀 탭 내비게이터의 사용 방법은 네이티브 스택 내비게이터와 비슷합니다. createBottom TabNavigator 함수를 사용해서 바텀 탭 내비게이터를 만들고, 그 안에 있는 Navigator 컴포넌트와 Screen 컴포넌트를 사용해서 준비한 컴포넌트를 화면으로 사용하면 됩니다.

이제 로그인하면 ContentTab 컴포넌트가 화면에 보이게 만들어보겠습니다. 다음과 같이 Navigation 컴포넌트를 수정하세요.

JS src/navigations/Navigation.js

```
...
import ContentTab from './ContentTab';

const Navigation = () => {
  ...

  return (
    <NavigationContainer onReady={onReady}>
      {user.uid ? <ContentTab /> : <AuthStack />}
    </NavigationContainer>
  );
};

export default Navigation;
```

코드를 적용하면 바텀 탭 내비게이터가 화면에 나타납니다. 탭 버튼을 클릭하면서 화면이 잘 이동하는지 확인해보세요.

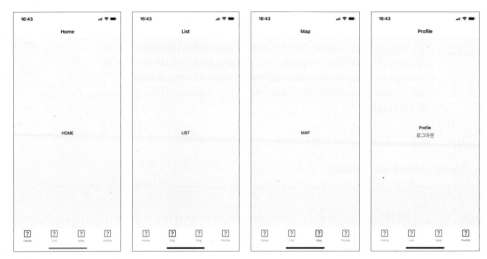

▶ 바텀 탭 내비게이터 사용하기

❷ 바텀 탭 내비게이터 옵션과 탭 바

네이티브 스택 내비게이터처럼 바텀 탭 내비게이터에서도 다양한 옵션을 설정할 수 있습니다.

헤더 감추기와 배경색 설정하기

바텀 탭 내비게이터에서도 헤더를 감출 수 있습니다. ContentTab 컴포넌트를 다음과 같이 수정해서 헤더를 감추세요.

📄 src/navigations/ContentTab.js

```
...

const ContentTab = () => {
  return (
    <Tab.Navigator
      screenOptions={{
        headerShown: false,
```

```
      }}
    >
      ...
    </Tab.Navigator>
  );
};

export default ContentTab;
```

네이티브 스택 내비게이터에서는 contentStyle 옵션을 사용해서 화면의 배경색을 설정할 수 있었지만, 바텀 탭 내비게이터에서는 contentStyle 옵션을 지원하지 않습니다. 그래서 화면으로 사용되는 컴포넌트마다 배경색을 설정해야 합니다.

다음과 같이 HomeScreen 컴포넌트를 수정하세요.

JS **src/screens/HomeScreen.js**

```
● ● ●
import { StyleSheet, Text, View } from 'react-native';
import { WHITE } from '../colors';

...

const styles = StyleSheet.create({
  container: {
    flex: 1,
    justifyContent: 'center',
    alignItems: 'center',
    backgroundColor: WHITE,
  },
});

export default HomeScreen;
```

화면을 확인하면 모든 화면에서 헤더는 사라지고, 배경색이 설정된 홈 화면만 배경이 흰색으로 나타납니다.

▶ 헤더 설정과 배경색 설정

initialRouteName으로 시작 화면 설정하기

이미 눈치채신 독자도 있겠지만 바텀 탭 내비게이터에서 사용된 **Screen** 컴포넌트의 순서가 탭 버튼의 순서가 됩니다. 그리고 특별한 설정을 하지 않으면 시작 화면은 항상 첫 번째 화면이 됩니다. 만약 시작 화면을 변경하고 싶다면 `initialRouteName`을 사용하면 됩니다.

다음과 같이 `ContentTab` 컴포넌트를 수정해보세요.

JS src/navigations/ContentTab.js

```
...

const ContentTab = () => {
  return (
    <Tab.Navigator
      initialRouteName={ContentRoutes.MAP}
      screenOptions={{
        headerShown: false,
```

```
      }}
    >
      ...
    </Tab.Navigator>
  );
};

export default ContentTab;
```

코드를 적용하고 새로고침하면 홈 화면이 나타나는 것이 아니라 맵 화면이 나타납니다. 이렇게 탭 버튼의 순서는 유지하면서 특정 탭을 시작 화면으로 변경하고 싶을 때에는 initialRoute Name을 사용하면 됩니다.

우리는 첫 화면을 홈 화면으로 사용할 예정이니 initialRouteName을 삭제하거나 Content Routes.HOME으로 변경하세요.

tabBarIcon으로 탭 아이콘 설정하기

탭 버튼의 아이콘을 보면 iOS에서는 ? 박스가 표시되고, 안드로이드에서는 X 박스가 나타납니다. 현재는 아이콘을 설정하지 않아 생기는 문제입니다.

▶ 탭 아이콘 – iOS / 안드로이드

tabBarIcon 옵션을 사용하면 아이콘을 설정할 수 있습니다.

🔗 tabBarIcon props – https://bit.ly/screen-tab-bar-icon

tabBarIcon에는 컴포넌트를 반환하는 함수를 전달하면 됩니다. 함수에는 포커스 여부를 알려주는 focused, 아이콘 색을 알려주는 color 그리고 크기를 알려주는 size가 파라미터로 전달됩니다. 이 값들을 통해 각 화면에 알맞은 아이콘 설정 함수를 만들어서 사용하면 됩니다.

다음과 같이 ContentTab 컴포넌트를 수정하세요.

```
...
import { MaterialCommunityIcons } from '@expo/vector-icons';

const Tab = createBottomTabNavigator();

const getTabBarIcon = ({ focused, color, size, name }) => {
  const iconName = focused ? name : `${name}-outline`;
  return (
    <MaterialCommunityIcons name={iconName} size={size} color={color} />
  );
};

const ContentTab = () => {
  return (
    <Tab.Navigator ... >
      <Tab.Screen
        name={ContentRoutes.HOME}
        component={HomeScreen}
        options={{
          tabBarIcon: (props) => getTabBarIcon({ ...props, name: 'home' }),
        }}
      />
      <Tab.Screen
        name={ContentRoutes.LIST}
        component={ListScreen}
        options={{
          tabBarIcon: (props) => getTabBarIcon({ ...props, name: 'post' }),
        }}
      />
      <Tab.Screen
        name={ContentRoutes.MAP}
        component={MapScreen}
        options={{
          tabBarIcon: (props) => getTabBarIcon({ ...props, name: 'map' }),
        }}
      />
      <Tab.Screen
        name={ContentRoutes.PROFILE}
        component={ProfileScreen}
        options={{
          tabBarIcon: (props) =>
            getTabBarIcon({ ...props, name: 'account' }),
```

```
        }}
      />
    </Tab.Navigator>
  );
};

export default ContentTab;
```

전달된 값에 따라 다른 아이콘을 사용하는 getTabBarIcon 함수를 만들고 각 Screen 컴포넌트에 알맞은 아이콘 이름을 name으로 전달했습니다. getTabBarIcon 함수에서는 focused의 값에 따라 전달된 name에 -oueline을 붙인 아이콘을 사용하도록 했습니다. 만약 책과 다른 아이콘을 사용한다면, 같은 이름의 아이콘 중 뒤에 -outline이 붙은 아이콘이 있는지 확인하고 사용하거나 focused 값에 따라 사용할 아이콘 이름을 직접 작성해야 합니다.

화면을 보면 버튼이 선택되어 focused의 값이 true일 때와 그렇지 않을 때의 아이콘 모양 차이를 확인할 수 있습니다.

▶ 탭 바 아이콘 수정

tabBarActiveTintColor와 tabBarInactiveTintColor로 탭 아이콘 색 설정하기

탭 아이콘은 기본으로 포커스가 있을 때 파란색, 포커스가 없을 때 회색으로 나타납니다. 프로젝트 디자인에 맞춰서 탭 아이콘 색을 변경하려 한다면 tabBarActiveTintColor와 tabBarInactiveTintColor를 사용하면 됩니다.

다음과 같이 ContentTab 컴포넌트를 수정하세요.

 src/navigations/ContentTab.js

```
...
import { GRAY, PRIMARY } from '../colors';
```

```
...

const ContentTab = () => {
  return (
    <Tab.Navigator
      screenOptions={{
        headerShown: false,
        tabBarActiveTintColor: PRIMARY.DARK,
        tabBarInactiveTintColor: GRAY.DARK,
      }}
    >
      ...
    </Tab.Navigator>
  );
};

export default ContentTab;
```

앞에서 `colors.js` 파일에 작성한 색을 사용해 아이콘 색을 지정했습니다. 화면을 확인하면
우리가 설정한 색으로 잘 나타납니다.

▶ 아이콘 색 변경

tabBarLabel로 탭 라벨 수정하기

이번에는 탭 버튼에 있는 라벨을 수정해보겠습니다. 탭 라벨은 `tabBarLabel` 옵션을 사용해서
원하는 값으로 수정할 수 있습니다.

다음과 같이 `ContentTab` 컴포넌트를 수정해보세요.

<kbd>JS</kbd> src/navigations/ContentTab.js

```
● ● ●

...

const ContentTab = () => {
```

```
  return (
    <Tab.Navigator ... >
      <Tab.Screen
        ...
        options={{
          tabBarIcon: (props) => getTabBarIcon({ ...props, name: 'home' }),
          tabBarLabel: '홈',
        }}
      />
      ...
    </Tab.Navigator>
  );
};


export default ContentTab;
```

화면을 확인하면 우리가 **tabBarLabel**에 설정한 값으로 탭 라벨이 나타납니다. 여러분도 원하는 값으로 라벨을 수정해보세요.

▶ 탭 라벨 수정하기

만약 라벨을 감추고 싶다면 `tabBarShowLabel`을 `false`로 설정하면 됩니다. 다음과 같이 ContentTab 컴포넌트를 수정하세요.

 src/navigations/ContentTab.js

```
● ● ●

...

const ContentTab = () => {
  return (
    <Tab.Navigator
      screenOptions={{
        headerShown: false,
        tabBarActiveTintColor: PRIMARY.DARK,
        tabBarInactiveTintColor: GRAY.DARK,
```

```
        tabBarShowLabel: false,
      }}
    >
      ...
    </Tab.Navigator>
  );
};

export default ContentTab;
```

모든 탭 버튼의 라벨을 감추기 위해 **Navigator** 컴포넌트의 **screenOptions**에 **tabBarShow Label**을 설정했습니다. 화면을 확인하면 탭 버튼에 라벨이 표시되지 않습니다.

▶ 탭 라벨 감추기

❸ 화면 이동 버튼 만들기

우리는 여행 사진 공유 앱을 만들고 있으니 글 작성 화면이 반드시 필요합니다. 이번에는 탭 내비게이터에 버튼을 추가해서 글 작성 화면으로 이동하는 기능을 만들어보겠습니다.

바텀 탭 내비게이터를 화면으로 사용하기

탭 내비게이터에 화면을 추가하면 탭 버튼이 추가되고 탭 버튼을 클릭해서 해당 화면으로 이동할 수 있습니다. 만약 어떤 탭 화면에서든 글 작성 화면으로 이동할 수는 있지만 글 작성 화면에서는 탭 버튼을 클릭할 수 없게 만들고 싶다면 어떻게 해야할까요? 이것을 구현하기 위해서는 글 작성 화면이 탭 내비게이터를 완전히 덮는 형태로 만들어야 합니다.

▶ 탭 내비게이터 화면과 글 작성 화면

앞의 그림 같은 모습으로 만들기 위해서는 탭 내비게이터 전체를 화면으로 사용하고, 그 위에 글 작성 화면이 쌓여야 합니다. 내비게이터라고 부르고 있지만 사실 탭 내비게이터도 컴포넌트입니다. 그래서 Screen 컴포넌트의 component에 전달해서 화면으로 사용할 수 있습니다.

우리가 앞에서 만든 MainStack 컴포넌트에 ContentTab 컴포넌트를 화면으로 사용해보겠습니다. 다음과 같이 routes.js 파일을 수정하세요.

![JS] src/navigations/routes.js

```
● ● ●

...

export const MainRoutes = {
  CONTENT_TAB: 'ContentTab',
};

...
```

기존에 작성했던 PROFILE은 ContentRoutes에서 사용하고 있으니 삭제하고, CONTENT_TAB을 추가했습니다. MainStack 컴포넌트를 다음과 같이 수정해서 ContentTab 컴포넌트를 화면으로 사용해보세요.

```
...
import ContentTab from './ContentTab';

const Stack = createNativeStackNavigator();

const MainStack = () => {
  return (
    <Stack.Navigator ... >
      <Stack.Screen name={MainRoutes.CONTENT_TAB} component={ContentTab} />
    </Stack.Navigator>
  );
};

export default MainStack;
```

프로필 화면을 삭제하고 ContentTab 컴포넌트를 화면으로 사용하도록 수정했습니다. 다음과 같이 Navigation 컴포넌트를 수정하세요.

```
...
const Navigation = () => {
  ...

  return (
    <NavigationContainer onReady={onReady}>
      {user.uid ? <MainStack /> : <AuthStack />}
    </NavigationContainer>
  );
};

export default Navigation;
```

코드를 적용하고 새로고침하면, MainStack 컴포넌트에서 화면으로 사용된 ContentTab 컴포넌트가 화면에 나타납니다. 우리는 ContentTab 컴포넌트에서 헤더를 감추도록 설정했고

MainStack 컴포넌트에서는 헤더에 대한 옵션 설정을 하지 않았습니다. 그래서 화면에 헤더가 보이고 헤더의 타이틀에 name으로 사용한 ContentTab이 보인다면 MainStack 컴포넌트가 화면에 잘 나타나는 것입니다.

▶ 탭 내비게이터를 화면으로 사용하기

현재 헤더를 사용하지 않으니 MainStack 컴포넌트를 수정해서 헤더를 감추세요.

📜 src/navigations/MainStack.js

```
...

const MainStack = () => {
  return (
    <Stack.Navigator
      screenOptions={{
        contentStyle: { backgroundColor: WHITE },
        headerShown: false,
      }}
    >
      <Stack.Screen name={MainRoutes.CONTENT_TAB} component={ContentTab} />
```

```
      </Stack.Navigator>
  );
};

export default MainStack;
```

화면 만들기

화면을 하나 추가하고 MainStack 컴포넌트 화면으로 등록해서 사용해보겠습니다. screens 폴더 밑에 SelectPhotosScreen.js 파일을 만들고 다음과 같이 작성하세요.

 src/screens/SelectPhotosScreen.js

```
import { useNavigation } from '@react-navigation/native';
import { Button, StyleSheet, Text, View } from 'react-native';
import { MainRoutes } from '../navigations/routes';

const SelectPhotosScreen = () => {
  const navigation = useNavigation();

  return (
    <View style={styles.container}>
      <Text>Select Photos</Text>
      <Button
        title="Tab"
        onPress={() => navigation.navigate(MainRoutes.CONTENT_TAB)}
      />
    </View>
  );
};

const styles = StyleSheet.create({
  container: {
    flex: 1,
    justifyContent: 'center',
    alignItems: 'center',
  },
});

export default SelectPhotosScreen;
```

탭 내비게이터 화면으로 이동하는 버튼을 가진 간단한 컴포넌트를 만들었습니다. 글 작성 화면은 사진 선택과 글 작성 기능으로 나누어 구현할 예정인데 SelectPhotosScreen 컴포넌트는 사진 선택 단계에서 사용할 컴포넌트입니다. SelectPhotosScreen 컴포넌트는 10장에서 완성할 예정이므로 여기에서는 화면 이동 구현 목적으로 간단하게 만들겠습니다.

MainStack 컴포넌트에 SelectPhotosScreen 컴포넌트를 화면으로 추가하겠습니다. 다음과 같이 routes.js 파일을 수정하세요.

🗎 src/navigations/routes.js

```
...

export const MainRoutes = {
  CONTENT_TAB: 'ContentTab',
  SELECT_PHOTOS: 'SelectPhotos',
};

...
```

그다음 MainStack 컴포넌트를 다음과 같이 수정하세요.

🗎 src/navigations/MainStack.js

```
...
import SelectPhotosScreen from '../screens/SelectPhotosScreen';

const Stack = createNativeStackNavigator();

const MainStack = () => {
  return (
    <Stack.Navigator ... >
      <Stack.Screen name={MainRoutes.CONTENT_TAB} component={ContentTab} />
      <Stack.Screen
        name={MainRoutes.SELECT_PHOTOS}
        component={SelectPhotosScreen}
      />
    </Stack.Navigator>
```

```
    );
  };

  export default MainStack;
```

마지막으로 사진 선택 화면으로 이동하는 버튼을 홈 화면에 추가하겠습니다. 다음과 같이
HomeScreen 컴포넌트를 수정하세요.

 src/screens/HomeScreen.js

```
import { useNavigation } from '@react-navigation/native';
import { Button, StyleSheet, Text, View } from 'react-native';
import { WHITE } from '../colors';
import { MainRoutes } from '../navigations/routes';

const HomeScreen = () => {
  const navigation = useNavigation();

  return (
    <View style={styles.container}>
      <Text>HOME</Text>
      <Button
        title="Select"
        onPress={() => navigation.navigate(MainRoutes.SELECT_PHOTOS)}
      />
    </View>
  );
};

...
```

이제 홈 화면에 나타난 Select 버튼을 클릭하면 사진 선택 화면으로 이동하고, 사진 선택 화면
에서 Tab 버튼을 클릭하면 다시 탭 내비게이터 화면으로 돌아옵니다. 여러분도 화면 이동이 잘
되는지, 사진 선택 화면이 나타났을 때 탭 바가 가려지는지 확인해보세요.

▶ 사진 선택 화면으로 이동

tabBarButtom으로 커스텀 탭 버튼 만들기

이번에는 탭 바에 버튼을 추가하고 버튼을 클릭하면 사진 선택 화면으로 이동하게 만들어보겠습니다. 앞에서 각 탭 버튼은 탭 내비게이터에 사용된 Screen 컴포넌트와 연결되어 있다고 설명했습니다. 하지만 우리는 탭 버튼을 클릭하면 탭 내비게이터의 화면이 아닌 MainStack 컴포넌트의 사진 선택 화면으로 이동하게 만들고 싶습니다.

버튼을 클릭했을 때 탭 버튼 작동과 다르게 작동하도록 만들고 싶을 때에는 직접 버튼을 만들어서 탭 버튼으로 사용해야 합니다. 바텀 탭 내비게이터의 tabBarButton을 사용하면 원하는 컴포넌트를 버튼으로 사용할 수 있습니다.

∞ tabBarButton – https://bit.ly/tab-bar-button

tabBarButton을 사용하기 전에 ContentTab 컴포넌트에 Screen 컴포넌트를 추가해서 탭 바에 버튼을 하나 추가하겠습니다. 다음과 같이 ContentTab 컴포넌트를 수정하세요.

JS src/navigations/ContentTab.js

```
...

const AddButtonScreen = () => null;

const ContentTab = () => {
  return (
    <Tab.Navigator ... >
      <Tab.Screen name={ContentRoutes.HOME} ... />
      <Tab.Screen name={ContentRoutes.LIST} ... />
      <Tab.Screen name={'AddButton'} component={AddButtonScreen} />
      <Tab.Screen name={ContentRoutes.MAP} ... />
      <Tab.Screen name={ContentRoutes.PROFILE} ... />
    </Tab.Navigator>
  );
};

export default ContentTab;
```

null을 반환하는 AddButtonScreen 컴포넌트를 만들고 바텀 탭 내비게이터에 AddButton 화면으로 사용했습니다. 실제 화면으로는 사용하지 않고 버튼을 만들기 위해 추가한 Screen 컴포넌트입니다.

다음으로 탭 버튼으로 사용할 컴포넌트를 만들어보겠습니다. components 폴더 밑에 TabBarAddButton.js 파일을 생성하고 다음과 같이 작성하세요.

JS src/components/TabBarAddButton.js

```
import { Pressable, StyleSheet, View } from 'react-native';
import { MaterialCommunityIcons } from '@expo/vector-icons';
import { useNavigation } from '@react-navigation/native';
import { PRIMARY, WHITE } from '../colors';
import { MainRoutes } from '../navigations/routes';

const TabBarAddButton = () => {
  const navigation = useNavigation();
```

```
    return (
      <View style={styles.container}>
        <Pressable
          style={styles.button}
          onPress={() => navigation.navigate(MainRoutes.SELECT_PHOTOS)}
        >
          <MaterialCommunityIcons name="plus" size={25} color={WHITE} />
        </Pressable>
      </View>
    );
};

const styles = StyleSheet.create({
  container: {
    flex: 1,
    justifyContent: 'center',
    alignItems: 'center',
  },
  button: {
    backgroundColor: PRIMARY.DEFAULT,
    borderRadius: 999,
    padding: 4,
  },
});

export default TabBarAddButton;
```

plus 아이콘을 보여주는 간단한 버튼을 만들었습니다. 그리고 버튼을 클릭하면 MainStack 컴포넌트의 사진 선택 화면으로 이동하도록 만들었습니다.

버튼이 준비되었으니 ContentTab 컴포넌트에서 tabBarButton 옵션을 설정하겠습니다. 다음과 같이 ContentTab 컴포넌트를 수정하세요.

src/navigations/ContentTab.js

```
...
import TabBarAddButton from '../components/TabBarAddButton';

...
```

```
const ContentTab = () => {
  return (
    <Tab.Navigator ... >
      ...
      <Tab.Screen
        name={'AddButton'}
        component={AddButtonScreen}
        options={{ tabBarButton: () => <TabBarAddButton /> }}
      />
      ...
    </Tab.Navigator>
  );
};

export default ContentTab;
```

ContentTab 컴포넌트의 세 번째 Screen 컴포넌트에 앞에서 만든 TabBarAddButton 컴포넌트를 사용해서 tabBarButton을 설정했습니다. 화면을 확인하면 탭 바 세 번째 버튼에 TabBarAddButton 컴포넌트가 나타나는 것을 볼 수 있습니다.

버튼을 클릭하면 Screen 컴포넌트의 component에 전달한 컴포넌트가 나타나지 않고, MainStack 컴포넌트의 사진 선택 화면으로 이동하는 것을 확인할 수 있습니다. 버튼이 잘 나타나고 화면 이동도 잘 되는지 확인해보세요.

▶ tabBarButton 적용하기

8.3 홈 화면 만들기

우리가 만든 바텀 탭 내비게이터의 첫 번째 화면은 홈 화면입니다. 이 절에서는 홈 화면을 수정해서 앱에 어떤 화면이 있는지 소개하고 해당 화면으로 이동할 수 있는 버튼을 만들겠습니다.

1 Promise.all로 여러 개의 비동기 작업 실행하기

홈 화면에 사용하는 버튼의 배경으로 이미지를 사용하겠습니다. 사용할 이미지를 직접 선택해도 되고 아래 링크에서 준비된 이미지를 사용해도 됩니다. 준비한 이미지는 프로젝트의 assets 폴더에 넣으세요.

🔗 8장 이미지 – https://bit.ly/2022-ch8-assets

우리는 앞에서 배경 화면으로 사용한 이미지를 캐싱해서 이미지 로딩 속도를 향상시켰습니다. 홈 화면에서 사용하는 이미지도 같은 방법으로 캐싱하겠습니다. 다음과 같이 Navigation 컴포넌트를 수정하세요.

 src/navigations/Navigation.js

```
...

const ImageAssets = [
  require('../../assets/cover.png'),
  require('../../assets/home-clock.png'),
  require('../../assets/home-map.png'),
  require('../../assets/icon.png'),
];

const Navigation = () => {
  ...
```

```
useEffect(() => {
  (async () => {
    try {
      await SplashScreen.preventAutoHideAsync();

      await Promise.all(
        ImageAssets.map((image) =>
          Asset.fromModule(image).downloadAsync()
        )
      );

      ...
    } catch (e) {
      ...
    }
  })();
}, [setUser]);

...
```

캐싱하는 파일을 한 번에 관리하기 위해 `ImageAssets`라는 이름의 배열로 관리하고, 다운로드한 이미지와 앱의 아이콘으로 사용했던 `icon.png` 파일을 배열에 추가했습니다.

`downloadAsync` 함수는 `Promise`를 반환하는 비동기 함수입니다. 우리는 여러 개의 이미지를 캐싱하기 위해 비동기 함수를 여러 번 호출하게 됩니다. 이렇게 여러 개의 비동기 함수를 동시에 실행시킬 때 `Promise.all`을 사용하면 편하게 비동기 작업을 관리할 수 있습니다.

◜ Promise.all - https://mzl.la/3xZO5tF

`Promise.all`은 전달된 모든 비동기 함수가 완료된 후에 전체 결과를 담은 배열을 반환합니다. 여러 개의 비동기 작업을 동시에 수행하고 모든 작업이 완료된 이후에 작업을 진행해야 할 때 유용하게 사용할 수 있는 함수이니 잘 기억해두기 바랍니다.

2 홈 화면 꾸미기

준비된 이미지를 사용해서 홈 화면을 꾸미겠습니다. `HomeScreen` 컴포넌트에 작성하는 코드가 조금 길지만 앞에서 다뤘던 내용들이라 어렵지 않을 것입니다. 다음과 같이 `HomeScreen` 컴포넌트를 수정하세요.

src/screens/HomeScreen.js

```
import { useNavigation } from '@react-navigation/native';
import {
  Image,
  Pressable,
  StyleSheet,
  Text,
  useWindowDimensions,
  View,
} from 'react-native';
import { WHITE } from '../colors';
import { useSafeAreaInsets } from 'react-native-safe-area-context';
import { ContentRoutes } from '../navigations/routes';

const HomeScreen = () => {
  const navigation = useNavigation();
  const { top } = useSafeAreaInsets();
  const height = useWindowDimensions().height / 4;

  return (
    <View style={[styles.container, { paddingTop: top }]}>
      <View style={styles.topContainer}>
        <Image
          source={require('../../assets/icon.png')}
          style={styles.icon}
        />
        <Text style={styles.title}>PlacePhotos</Text>
      </View>

      <View style={styles.buttonContainer}>
        <Pressable onPress={() => navigation.navigate(ContentRoutes.LIST)}>
          <Image
            source={require('../../assets/home-clock.png')}
            style={[styles.image, { height }]}
          />
          <Text style={styles.buttonTitle}>타임라인</Text>
        </Pressable>
      </View>

      <View style={styles.buttonContainer}>
        <Pressable onPress={() => navigation.navigate(ContentRoutes.MAP)}>
          <Image
            source={require('../../assets/home-map.png')}
```

```
              style={[styles.image, { height }]}
          />
          <Text style={styles.buttonTitle}>지도</Text>
        </Pressable>
      </View>
    </View>
  );
};

const styles = StyleSheet.create({
  container: {
    flex: 1,
    justifyContent: 'center',
    backgroundColor: WHITE,
    paddingHorizontal: 20,
  },
  topContainer: {
    flexDirection: 'row',
    alignItems: 'center',
    justifyContent: 'center',
    marginBottom: 20,
  },
  icon: {
    width: 60,
    height: 60,
    borderRadius: 30,
  },
  title: {
    fontSize: 30,
    fontWeight: '700',
    marginLeft: 10,
  },
  buttonContainer: {
    marginVertical: 20,
  },
  image: {
    borderRadius: 10,
    width: '100%',
  },
  buttonTitle: {
    position: 'absolute',
    color: WHITE,
    fontSize: 40,
    fontWeight: '700',
    bottom: 30,
```

```
    left: 30,
  },
});

export default HomeScreen;
```

어렵지 않죠? 헤더가 없으니 useSafeAreaInsets를 사용해 paddingTop을 설정했고, 앞에서 다운로드한 이미지는 버튼의 배경화면으로 사용했습니다. 버튼은 각각 글 목록 화면과 맵 화면으로 이동하도록 만들었습니다. 여러분도 화면이 잘 나타나는지 버튼을 클릭하면 화면이 잘 이동하는지 확인해보세요.

▶ 홈 화면

8.4 프로필 화면 만들기

이 절에서는 프로필 화면을 만들어보겠습니다. 프로필 화면에는 사용자의 프로필 정보와 사용자가 작성한 글을 확인할 수 있도록 만들겠습니다.

1 로그아웃 기능 만들기

먼저 프로필 화면의 로그아웃 버튼을 수정하겠습니다. 프로필 화면에서 로그아웃 버튼을 누르고 앱을 새로고침해보세요. 분명 로그아웃했지만 새로고침하면 다시 로그인되는 현상이 나타납니다.

우리가 만든 로그아웃 버튼은 UserContext만 변경하고 Firebase에서는 로그아웃되지 않습니다. 그래서 앱이 새로 구동될 때 onAuthStateChanged에 의해 인증된 사용자 정보로 UserContext를 수정하고 MainStack 컴포넌트가 나타나게 되는 것입니다. 이번에는 로그아웃 기능을 수정해서 Firebase에서도 로그아웃되도록 만들겠습니다.

다음과 같이 auth.js 파일을 수정하세요.

 src/api/auth.js

```js
import {
  ...
  signOut as signOutFirebase,
} from 'firebase/auth';

...

export const signOut = async () => {
  await signOutFirebase(getAuth());
};
```

우리가 만드는 signOut 함수와 Firebase에서 제공하는 로그아웃 함수인 signOut 함수 이름이 같아서 Firebase에서 제공하는 함수 이름을 signOutFirebase로 변경했습니다.

프로필 화면에서 **로그아웃** 버튼을 클릭하면, Firebase에서도 로그아웃하고 UserContext도 변경하도록 수정하겠습니다. 다음과 같이 ProfileScreen 컴포넌트를 수정하세요.

📄 src/screens/ProfileScreen.js

```
...
import { signOut } from '../api/auth';

const ProfileScreen = () => {
  const [, setUser] = useUserState();

  return (
    <View style={styles.container}>
      <Text>Profile</Text>
      <Button
        title="로그아웃"
        onPress={async () => {
          await signOut();
          setUser({});
        }}
      />
    </View>
  );
};

...
```

signOut 함수를 가져오는 경로가 firebase/auth가 아니라 api/auth라는 것에 주의하세요. 이제 로그아웃하고 새로고침해보세요. 이전과 다르게 계속 로그아웃 상태가 유지되는 것을 확인할 수 있습니다.

2 사용자 정보 기본값 입력하기

로그인할 때 Firebase가 반환한 User에 어떤 값이 있었는지 기억하나요? User에는 인증된 사용자의 uid와 email뿐만 아니라, displayName과 photoURL도 있습니다. 좀 더 자세한 내용이 궁금한 독자는 공식 문서를 확인해보세요. Firebase의 User는 UserInfo를 상속받고 있고, UserInfo에는 uid, displayName, photoURL 등이 있습니다.

ᗤ Firebase UserInfo – https://bit.ly/firebase-user-info

이 프로젝트에서는 displayName을 사용자 닉네임으로 photoURL을 사용자 프로필 사진으로 사용하겠습니다.

updateProfile 함수로 사용자 정보 수정하기

다음과 같이 ProfileScreen 컴포넌트를 수정해보세요.

JS **src/screens/ProfileScreen.js**

```
...

const ProfileScreen = () => {
  const [user, setUser] = useUserState();
  console.log(user.uid, user.email, user.displayName, user.photoURL);

  return (...);
};

...
```

현재는 displayName과 photoURL에 값을 입력한 적이 없으니 두 값 모두 null로 나타납니다. 두 값을 언제 입력받으면 될까요? 회원가입 단계에서 사용자에게 닉네임과 프로필 사진을 입력받는 방법이 있습니다. 혹은 자동으로 기본값이 설정되게 만들어서 사용자가 로그인 후에 선택에 따라 수정할 수 있도록 만들 수 있습니다. 여기에서는 두 번째 방법을 사용하겠습니다.

updateProfile 함수를 사용하면 displayName과 photoURL을 수정할 수 있습니다. 회원가입 함수를 호출할 때 updateProfile 함수를 사용해 displayName과 photoURL을 수정해서 기본값을 저장하게 만들겠습니다.

ᗤ Firebase updateProfile – https://bit.ly/firebase-update-profile

다음과 같이 **auth.js** 파일을 수정하세요.

📄 src/api/auth.js

```
import {
  ...
  updateProfile,
} from 'firebase/auth';

...

export const updateUserInfo = async (userInfo) => {
  try {
    await updateProfile(getAuth().currentUser, userInfo);
  } catch (e) {
    throw new Error('사용자 정보 수정에 실패했습니다.');
  }
};
```

수정 대상이 되는 User를 전달해야 하는 **updateProfile** 함수의 첫 번째 파라미터에 현재 인증된 사용자의 User를 갖고 있는 **currentUser**를 전달했습니다. 만약 로그아웃 상태라면 **currentUser**는 **null**이 됩니다.

🔗 Firebase **Auth.currentUser** – https://bit.ly/firebase-current-user

updateProfile 함수의 두 번째 파라미터에는 객체 형태로 수정하고 싶은 내용을 전달해야 합니다. 닉네임과 프로필 사진은 **updateUserInfo** 함수를 호출하는 곳에서 전달한 값을 사용 하면 됩니다. 따라서 우리는 **updateUserInfo** 함수를 호출할 때 **displayName**과 **photoURL** 을 다음과 같은 모양으로 전달하면 됩니다.

```
{ displayName: '...', photoURL: '...' };
```

Firebase Storage 사용하기

기본 프로필 사진으로 사용할 이미지를 준비하겠습니다. 직접 사용하고 싶은 이미지를 준비해도 되고 아래 링크에서 다운로드해서 사용해도 됩니다.

🔗 8장 이미지 – https://bit.ly/2022–ch8–assets

준비된 이미지는 프로젝트에 포함하는 것이 아니라 Firebase Storage에 업로드해서 사용합니다. Firebase Storage는 사용자의 사진이나 동영상 등 파일을 저장할 수 있는 기능을 제공합니다. Firebase Console에서 왼쪽에 있는 **Storage** 메뉴로 이동하고 시작하기 버튼을 클릭하세요. **Cloud Storage** 설정 첫 번째 단계인 보안 규칙에서는 **프로덕션 모드에서 시작**을 선택하세요. 두 번째 단계인 위치 설정은 중요합니다. 한 번 위치를 설정하고 나면 변경할 수 없으니 주의하세요. 위치는 여러분이 서비스하는 지역과 가장 가까운 지역을 선택하면 됩니다. 이 책을 보는 독자 대부분은 한국에 있을 테니 asis-northeast3을 선택하면 됩니다. 참고로 asis-northeast3은 서울입니다.

🔗 Firebase 위치 – https://firebase.google.com/docs/projects/locations

▶ Firebase Console Storage

완료 버튼을 누르고 잠시 기다리면 Storage를 사용할 수 있게 됩니다. Storage를 사용할 수 있게 되면 준비한 기본 이미지를 업로드하세요. 업로드 후 파일을 클릭하면 업로드한 이미지로 접근할 수 있는 링크를 확인할 수 있습니다.

▶ Storage 파일 링크

링크를 클릭하면 브라우저의 새 탭에서 업로드한 이미지를 확인할 수 있습니다. 여러분도 업로드한 이미지가 잘 나타나는지 확인해보세요.

보안 규칙 수정하기

업로드한 이미지 주소를 확인하면 뒷부분에 다음과 같은 쿼리스트링을 볼 수 있습니다.

```
.../profile.png?alt=media&token=dc1111a0-6c05-4823-8183-156035e4031e
```

주소에 포함된 token은 Firebase에서 발급해준 액세스 토큰으로 이 값이 없으면 이미지에 접근할 수 없습니다. 주소에서 &token부터 뒤쪽을 지우고 다시 접근해보세요. 이전과 다르게 403 에러가 발생하며 이미지가 보이지 않습니다.

```
{"error": {"code": 403,"message": "Permission denied."}}
```

token 없이도 이미지에 접근하기 위해서는 Storage 보안 규칙을 수정해야 합니다. Storage 메뉴에서 Rules 탭으로 이동하면 현재 적용된 보안 규칙을 확인할 수 있습니다.

```
rules_version = '2';
service firebase.storage {
  match /b/{bucket}/o {
    match /{allPaths=**} {
      allow read, write: if false;
    }
  }
}
```

이 보안 규칙은 모든 경로(allPaths=**)에 있는 파일에 대해 읽기(read)와 쓰기(write) 권한을 막고 있습니다. 그래서 액세스 토큰이 있어야만 이미지를 확인할 수 있는 것입니다.

우리가 업로드한 profile.png 파일은 누구나 볼 수 있어야 합니다. 특정 파일에 대한 보안 규칙은 match 뒤에 해당 파일의 주소를 입력해서 설정할 수 있습니다. 보안 규칙을 다음과 같이 수정하세요.

```
rules_version = '2';
service firebase.storage {
  match /b/{bucket}/o {
    match /profile.png {
      allow read;
    }
  }
}
```

경로가 .../o/profile.png인 파일은 읽기를 항상 허용하도록 보안 규칙을 수정했습니다. 이 제 다시 token을 제외한 상태로 이미지 경로에 접근하면 이미지가 잘 나타납니다.

Firebase Storage를 사용할 때는 파일에 따라 적절한 보안 규칙을 설정해서 사용해야 이미지를 읽고 쓰는데 문제가 발생하지 않습니다. 앞에서 작성한 profile.png처럼 파일 하나만 설정할 수도 있고, 특정 조건을 충족하는 파일 혹은 폴더에 규칙을 적용할 수도 있습니다.

회원가입 시 사용자 기본값 수정하기

회원가입 시 사용자 기본 정보를 수정하는 코드를 작성하겠습니다. photoURL은 Firebase Storage에 업로드한 이미지 주소를 사용하고, dispayName은 사용자의 email을 사용하겠습니다.

다음과 같이 auth.js 파일을 수정하세요.

JS src/api/auth.js

```
...

const PHOTO_URL = '.../o/profile.png?alt=media';

export const signUp = async ({ email, password }) => {
  const { user } = await createUserWithEmailAndPassword(
    getAuth(),
    email,
    password
  );

  await updateUserInfo({
    displayName: email.split('@')[0].slice(0, 10),
    photoURL: PHOTO_URL,
  });

  return user;
};

...
```

displayName은 이메일 주소의 @ 앞부분만 사용했습니다. 그리고 사용자에 따라 이메일 주소의 앞부분이 길 수도 있으니 최대 길이가 10을 넘지 않도록 설정했습니다. photoURL에는 앞에서 업로드한 이미지 주소를 전달했습니다. PHOTO_URL에 여러분이 업로드한 이미지의 주소를 작성하세요.

이제 앱에서 로그아웃하고 새로운 이메일을 사용해 회원가입해보세요. 터미널에 uid와 email, 그리고 displayName과 photoURL이 나타나는 것을 확인할 수 있습니다. 테스트할 때 긴 이메일 주소를 사용해서 displayName이 10자리로 만들어지는지 확인해보세요.

❸ 프로필 화면 꾸미기

사용자 닉네임과 프로필 사진 정보가 입력되었으니 프로필 화면에서 사용자 정보를 보여주도록 수정하겠습니다. 먼저 프로필 화면에서 사용할 색을 추가하겠습니다. 다음과 같이 color.js 파일을 수정하세요.

Js src/colors.js

```
...

export const GRAY = {
  DEFAULT: '#D1D5DB',
  DARK: '#6B7280',
};
```

그다음 프로필 화면을 수정하겠습니다. 홈 화면과 마찬가지로 코드는 길지만 이미 알고 있는 내용이라 어렵게 느껴지지 않을 것입니다.

Js src/screens/ProfileScreen.js

```
import { Image, Pressable, StyleSheet, Text, View } from 'react-native';
import { useUserState } from '../contexts/UserContext';
import { signOut } from '../api/auth';
import { useSafeAreaInsets } from 'react-native-safe-area-context';
import { MaterialCommunityIcons } from '@expo/vector-icons';
import { GRAY, WHITE } from '../colors';

const ProfileScreen = () => {
  const [user, setUser] = useUserState();
  const { top } = useSafeAreaInsets();

  return (
    <View style={[styles.container, { paddingTop: top }]}>
      <View style={styles.settingButton}>
        <Pressable
          onPress={async () => {
            await signOut();
            setUser({});
```

```
            }}
            hitSlop={10}
          >
            <MaterialCommunityIcons
              name="logout-variant"
              size={24}
              color={GRAY.DARK}
            />
          </Pressable>
        </View>

        <View style={styles.profile}>
          <View
            style={[
              styles.photo,
              user.photoURL || { backgroundColor: GRAY.DEFAULT },
            ]}
          >
            <Image source={{ uri: user.photoURL }} style={styles.photo} />
            <Pressable
              style={styles.editButton}
              onPress={() => console.log('UPDATE')}
            >
              <MaterialCommunityIcons
                name="pencil"
                size={20}
                color={WHITE}
              />
            </Pressable>
          </View>

          <Text style={styles.nickname}>
            {user.displayName || 'nickname'}
          </Text>
        </View>

        <View style={styles.listContainer}></View>
      </View>
    );
};

const styles = StyleSheet.create({
  container: {
    flex: 1,
    backgroundColor: WHITE,
```

```
    },
    settingButton: {
      paddingHorizontal: 20,
      alignItems: 'flex-end',
    },
    profile: {
      justifyContent: 'center',
      alignItems: 'center',
      borderBottomWidth: 0.5,
      borderBottomColor: GRAY.DEFAULT,
      paddingBottom: 20,
    },
    photo: {
      width: 100,
      height: 100,
      borderRadius: 50,
    },
    editButton: {
      position: 'absolute',
      bottom: 0,
      right: 0,
      width: 30,
      height: 30,
      borderRadius: 15,
      justifyContent: 'center',
      alignItems: 'center',
      backgroundColor: GRAY.DARK,
    },
    nickname: {
      marginTop: 10,
      fontSize: 24,
      fontWeight: '500',
    },
    listContainer: {
      flex: 1,
    },
});

export default ProfileScreen;
```

오른쪽 상단에 로그아웃 버튼을 만들고 프로필 사진과 닉네임은 중앙에 정렬했습니다. 화면을 보면 기본 이미지로 업로드한 사진과 이메일 주소의 @ 앞부분이 나타납니다. 여러분도 프로필 사진과 닉네임이 보이고 버튼도 잘 작동하는지 확인해보세요.

프로필 사진 오른쪽 아래에 있는 연필 모양 아이콘은 프로필 수정 화면으로 이동하는 버튼으로 사용할 예정이고, 사용자 정보 아래쪽 공간에 사용자가 작성한 글 목록을 보여줄 예정입니다. 프로필 수정 화면은 9장에서 만들고 글 목록은 10장에서 완성할 예정입니다.

▶ 프로필 화면 사용자 정보

④ 서버 이미지 캐싱하기

앱을 새로고침하고 프로필 화면으로 이동해보세요. 처음에는 프로필 사진 이미지가 보이지 않다가 몇 초 후에 이미지가 보이게 됩니다.

▶ 프로필 화면 이미지 테스트 영상 – https://bit.ly/2022-rn-remote-image

Firebase Storage에 있는 이미지 파일의 다운로드가 완료되지 않았는데 먼저 프로필 화면이 나타나면서 발생하는 현상입니다. 이번에는 이처럼 새로고침할 때마다 이미지를 보이게 하는 데 몇 초 걸리는 문제를 해결해보겠습니다.

프로필 사진같이 다운로드해야 하는 이미지 파일은 프로젝트에 있는 것이 아니어서 배경화면처럼 미리 캐싱하는 것이 불가능합니다. 이와 같은 상황에서는 이미지를 처음 다운로드했을 때 해당 이미지를 캐싱하는 것으로 성능을 향상시킬 수 있습니다. 이러한 기능을 제공하는 라이브러리로 react-native-fast-image가 있습니다.

🔗 react-native-fast-image – https://github.com/DylanVann/react-native-fast-image

안타깝게도 Expo 프로젝트에서는 react-native-fast-image를 사용할 수 없습니다. 그래서 Expo에서 제공하는 기능을 사용해서 react-native-fast-image와 비슷한 역할을 하는 컴포넌트를 만들어보겠습니다.

FastImage 컴포넌트 만들기

이미지를 다운로드하고 캐시에 저장하는 기능을 가진 **FastImage** 컴포넌트를 만들겠습니다. **components** 폴더 밑에 **FastImage.js** 파일을 만들고 다음과 같이 작성하세요.

 src/components/FastImage.js

```js
import { useState } from 'react';
import { Image } from 'react-native';
import PropTypes from 'prop-types';

const FastImage = ({ source, ...props }) => {
  const [uri, setUri] = useState(source.uri);

  return <Image source={{ uri }} {...props} />;
};

FastImage.propTypes = {
  source: PropTypes.object.isRequired,
};

export default FastImage;
```

FastImage 컴포넌트를 리액트 네이티브에서 제공하는 **Image** 컴포넌트와 사용법이 같게 만들었습니다. 이렇게 하면 기존의 **Image** 컴포넌트의 이름만 **FastImage** 컴포넌트로 변경하여 사용할 수 있습니다.

프로필 화면에서 사용하는 **Image** 컴포넌트를 **FastImage** 컴포넌트로 변경하겠습니다. 다음과 같이 **ProfileScreen** 컴포넌트를 수정하세요.

📄 src/screens/ProfileScreen.js

```
import { Pressable, StyleSheet, Text, View } from 'react-native';
import FastImage from '../components/FastImage';
...

const ProfileScreen = () => {
  ...

  return (
    <View style={[styles.container, { paddingTop: top }]}>
      ...

      <View style={styles.profile}>
        <View ... >
          <FastImage
            source={{ uri: user.photoURL }}
            style={styles.photo}
          />
          ...
        </View>

        ...
      </View>

      <View style={styles.listContainer}></View>
    </View>
  );
};

...
```

react-native 모듈에서 가져오는 **Image** 컴포넌트를 삭제하고 우리가 만든 **FastImage** 컴포넌트를 사용하도록 수정했습니다. **FastImage** 컴포넌트를 사용해도 화면에 이미지가 잘 나타나는지 확인해보세요.

expo-file-system과 expo-crypto 사용하기

서버에 있는 이미지를 다운로드해서 캐시에 저장하는 기능을 구현하기 위해 파일을 다운로드하는 기능과 파일 시스템에 접근하는 기능이 필요합니다. Expo에서 제공하는 expo-file-system을 사용하면 이런 기능을 구현할 수 있습니다.

🔗 expo-file-system – https://docs.expo.dev/versions/v45.0.0/sdk/filesystem/

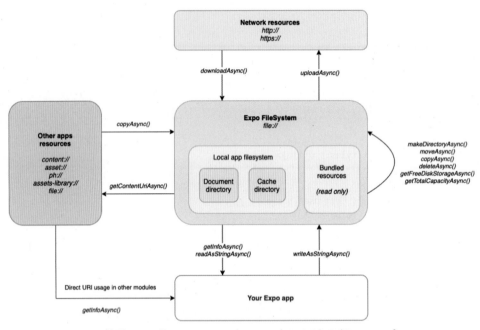

▶ expo-file-system(출처: https://docs.expo.dev/versions/v45.0.0/sdk/filesystem/)

expo-file-system을 사용해서 다음과 같이 작동하게 만들면 우리가 원하는 모습이 됩니다.

1 URL에 해당하는 이미지가 캐시에 있는지 확인합니다.
2 만약 캐시에 데이터가 있다면 캐시 데이터를 사용합니다.
3 만약 캐시에 데이터가 없다면 이미지를 다운로드하고 캐시에 저장합니다.

이미지가 캐싱되어 있는지 확인하는 방법은 **getInfoAsync** 함수를 사용해서 특정 주소에 데이터가 있는지 확인하는 것입니다.

🔗 Expo FileSystem **getInfoAsync** – https://bit.ly/expo-filesystem-getinfoasync

getInfoAsync를 호출하기 위해서 시스템 파일에 접근할 수 있는 fileUri가 필요합니다. 즉, URL이 저장된 로컬 캐시 주소가 필요합니다. 여기서 주의할 점은 같은 URL은 항상 같은 주소에 저장해야 다시 요청할 때 캐시에서 정보를 찾을 수 있다는 것입니다. 따라서 특정 URL에 대해서 항상 같은 fileUri를 만들어야 합니다.

이렇게 특정 값에 대해 항상 같은 결과를 반환할 때에는 해시 함수hash function를 사용하면 됩니다. 해시 함수란 입력 값의 길이가 달라도 항상 고정된 길이의 데이터를 반환하며, 같은 값에 대해서는 항상 같은 결과를 반환하는 함수입니다. 단, 결과를 사용해서 입력 값을 구할 수는 없습니다.

해시 함수가 사용되는 대표적인 예가 사용자 비밀번호입니다. 사용자의 비밀번호를 그대로 저장하면 안 되기 때문에 해시 함수를 통해 암호화해서 저장합니다. 그리고 로그인할 때는 입력한 비밀번호를 같은 해시 함수로 암호화하고, 암호화된 값과 DB에 저장된 값을 비교해서 일치하는지 확인합니다.

Expo에서 제공하는 expo-crypto를 사용하면 쉽게 해시 값을 얻을 수 있습니다.

👓 expo-crypto – https://docs.expo.dev/versions/v45.0.0/sdk/crypto/

아래 명령어를 사용해서 expo-file-system과 expo-crypto를 설치하세요.

```
$ expo install expo-file-system expo-crypto
```

FastImage 컴포넌트에서 전달된 이미지 URL을 사용해 캐시를 확인하고 데이터가 없다면 캐싱하는 코드를 작성하겠습니다. 다음과 같이 FastImage 컴포넌트를 수정하세요.

📄 src/components/FastImage.js

```
import { useEffect, useState } from 'react';
import { Image } from 'react-native';
import PropTypes from 'prop-types';
import * as FileSystem from 'expo-file-system';
import * as Crypto from 'expo-crypto';
```

```
const FastImage = ({ source, ...props }) => {
  const [uri, setUri] = useState(source.uri);

  useEffect(() => {
    (async () => {
      try {
        const hashed = await Crypto.digestStringAsync(
          Crypto.CryptoDigestAlgorithm.SHA256,
          source.uri
        );
        const fileSystemUri = `${FileSystem.cacheDirectory}${hashed}`;

        const metadata = await FileSystem.getInfoAsync(fileSystemUri);
        if (!metadata.exists) {
          await FileSystem.downloadAsync(source.uri, fileSystemUri);
        }
        setUri(fileSystemUri);
      } catch (e) {
        setUri(source.uri);
      }
    })();
  }, [source.uri]);

  return <Image source={{ uri }} {...props} />;
};

...
```

코드가 조금 어렵게 느껴질 수 있으니 하나씩 살펴보겠습니다. 먼저 source.uri로 전달된 이미지 URL의 해시 값을 얻고, 그 값을 사용해서 파일 시스템의 캐시 주소를 만들었습니다.

```
const hashed = await Crypto.digestStringAsync(
  Crypto.CryptoDigestAlgorithm.SHA256,
  source.uri
);
const fileSystemUri = `${FileSystem.cacheDirectory}${hashed}`;
```

완성된 캐시 주소를 사용해서 데이터가 있는지 확인하고, 데이터가 없다면 해당 주소에 이미지를 다운로드해서 저장하도록 작성했습니다.

```
const metadata = await FileSystem.getInfoAsync(fileSystemUri);
if (!metadata.exists) {
  await FileSystem.downloadAsync(source.uri, fileSystemUri);
}
```

마지막으로 uri 상태 변수에 캐시 주소를 저장해서 서버 이미지를 다운로드하지 않고 로컬 캐시 데이터를 사용하게 만들었습니다.

만약 source.uri가 네트워크 주소가 아니라면 downloadAsync 함수에서 문제가 발생하지만, try-catch를 사용해서 캐싱 중 문제가 생기더라도 source.uri를 그대로 사용하도록 만들었습니다.

새로고침하고 프로필 화면으로 이동해보세요. 아직 캐싱 전이라면 몇 초 걸리지만 그 후 다시 새로고침하고 확인하면 이전과 다르게 빠르게 이미지가 나타나게 됩니다.

앞으로 서버에서 이미지를 가져와 보여줄 때에는 **FastImage** 컴포넌트를 사용해서 이미지를 캐싱하겠습니다. 처음에는 이미지를 다운로드해야 해서 이미지를 보여주기까지 시간이 조금 걸리지만 두 번째부터 굉장히 빠르게 보여줄 수 있습니다.

5 Modal 컴포넌트로 커스텀 Alert 만들기

마지막으로 프로필 화면의 로그아웃 기능을 조금 변경하겠습니다. 지금의 로그아웃 버튼은 프로필 화면의 오른쪽 상단에 있습니다. 사용자의 손이 자주 가는 위치는 아니지만 실수로 터치한다면 바로 로그아웃됩니다.

로그아웃처럼 부정적인 행동이나 삭제처럼 되돌릴 수 없는 행동은 사용자가 실수로 클릭하는 것을 막기 위해 되도록 이면 터치가 어려운 곳에 두거나 메뉴를 한 단계 더 진입한 곳에 두는 것이 좋습니다. 그리고 버튼을 클릭했을 때 바로 작동하지 않고 사용자에게 확인하는 과정을 거쳐 실수로 클릭했을 때 취소할 수 있는 기능도 제공하는 것이 좋습니다.

리액트 네이티브에서 제공하는 **Alert**을 사용하면 쉽게 구현할 수 있지만 프로젝트에 따라 디자인 변경이 필요하거나 iOS와 안드로이드에서 같은 모습으로 나타나야 하는 경우도 생길 수 있습니다. 이럴 때에는 리액트 네이티브의 **Alert**은 디자인 변경이 불가능하므로 원하는 외형을 지닌 Alert을 직접 만들어서 사용해야 합니다. 리액트 네이티브에서 제공하는 `Modal` 컴포넌트를 사용하면 조금 쉽게 커스텀 Alert을 만들 수 있습니다.

🔗 리액트 네이티브 Modal 컴포넌트 – https://reactnative.dev/docs/0.68/modal

DangerAlert 컴포넌트 만들기

components 폴더 밑에 DangerAlert.js 파일을 만들고 다음과 같이 작성하세요.

 src/components/DangerAlert.js

```
import { Modal, Pressable, StyleSheet } from 'react-native';
import PropTypes from 'prop-types';
import { BLACK } from '../colors';

const DangerAlert = ({ visible, onClose }) => {
  return (
    <Modal
      visible={visible}
      transparent={true}
      animationType="fade"
      onRequestClose={onClose}
    >
      <Pressable style={styles.background} onPress={onClose} />
    </Modal>
  );
};

DangerAlert.propTypes = {
  visible: PropTypes.bool.isRequired,
  onClose: PropTypes.func.isRequired,
};

const styles = StyleSheet.create({
  background: {
    ...StyleSheet.absoluteFill,
    backgroundColor: BLACK,
    opacity: 0.3,
  },
});

export default DangerAlert;
```

visible은 Modal 컴포넌트의 렌더링 여부를 결정하는 props입니다. 그리고 Modal 컴포넌트는 투명하지 않기 때문에 Modal 컴포넌트가 렌더링되었을 때 아래에 어떤 화면이 있는지 보여주기 위해서 transparent를 true로 설정해야 합니다.

animationType은 Modal 컴포넌트가 나타날 때 적용하는 애니메이션으로 다음과 같은 값을 설정할 수 있습니다.

- none – 애니메이션 없이 나타납니다. (기본값)
- fade – 서서히 나타납니다.
- slide – 아래에서 위쪽으로 나타납니다.

onRequestClose는 뒤로가기 버튼이 있는 안드로이드 기기에서 뒤로가기 버튼을 눌렀을 때 호출할 함수를 전달하면 됩니다. DangerAlert 컴포넌트에서는 onClose 함수를 전달했습니다.

마지막으로 Pressable 컴포넌트를 사용해서 화면 전체를 차지하게 하고, opacity를 0.3으로 설정해서 화면 아래가 희미하게 보이게 만들었습니다.

ProfileScreen 컴포넌트에서 DangerAlert 컴포넌트를 사용해보겠습니다. 다음과 같이 ProfileScreen 컴포넌트를 수정하세요.

 src/screens/ProfileScreen.js

```
● ● ●

...
import DangerAlert from '../components/DangerAlert';
import { useState } from 'react';

const ProfileScreen = () => {
  ...

  const [visible, setVisible] = useState(false);

  return (
    <View style={[styles.container, { paddingTop: top }]}>
      <DangerAlert visible={visible} onClose={() => setVisible(false)} />

      <View style={styles.settingButton}>
```

```
      <Pressable onPress={() => setVisible(true)} hitSlop={10}>
        ...
      </Pressable>
    </View>

    ...
  </View>
  );
};

...
```

visible 상태 변수를 만들어서 DangerAlert 컴포넌트의 렌더링 여부를 결정하게 만들었습니다. 그리고 로그아웃 버튼을 클릭하면 visible을 true로 변경해서 DangerAlert 컴포넌트가 보이게 만들었습니다.

코드를 적용하고 로그아웃 버튼을 클릭하면 희미한 검은 화면이 나타나고, 화면을 클릭하면 다시 사라지게 됩니다. 만약 뒤로가기 버튼이 있는 안드로이드 기기를 사용한다면 뒤로가기 버튼을 눌렀을 때 DangerAlert 컴포넌트가 사라지는지 확인해보세요.

Button 컴포넌트 수정하기

DangerAlert 컴포넌트가 나타났을 때 사용자에게 로그아웃을 원하는 것이 맞는지 확인하면 됩니다. 따라서 확인을 위한 버튼이 필요한데 DangerAlert 컴포넌트에서 사용할 버튼을 새로 만들기보다 앞에서 만든 Button 컴포넌트를 조금 수정해서 재사용하겠습니다.

Button 컴포넌트를 수정하기 전에 DangerAlert 컴포넌트에서 사용할 색을 추가하겠습니다. 다음과 같이 colors.js 파일을 수정하세요.

 src/colors.js

```
● ● ●

...

export const GRAY = {
  LIGHT: '#E5E7EB',
  DEFAULT: '#D1D5DB',
  DARK: '#6B7280',
```

```
};

export const DANGER = {
  LIGHT: '#FCA5A5',
  DEFAULT: '#EF4444',
  DARK: '#B91C1C',
};
```

DangerAlert 컴포넌트에서 **취소**와 **확인** 버튼을 만들 예정이므로, 취소에서 사용할 회색과 부정적인 행동에 대한 경고의 의미로 사용할 붉은색을 추가했습니다.

이제 Button 컴포넌트에 타입을 추가하고 버튼 타입에 따라 사용하는 색이 달라지게 만들겠습니다. 다음과 같이 Button 컴포넌트를 수정하세요.

 src/components/Button.js

```
...
import { WHITE, GRAY, PRIMARY, DANGER } from '../colors';

export const ButtonTypes = {
  PRIMARY: 'PRIMARY',
  DANGER: 'DANGER',
  CANCEL: 'CANCEL',
};

const ButtonTypeColors = {
  PRIMARY: {
    DEFAULT: PRIMARY.DEFAULT,
    LIGHT: PRIMARY.LIGHT,
    DARK: PRIMARY.DARK,
  },
  DANGER: {
    DEFAULT: DANGER.DEFAULT,
    LIGHT: DANGER.LIGHT,
    DARK: DANGER.DARK,
  },
  CANCEL: { DEFAULT: GRAY.DEFAULT, LIGHT: GRAY.LIGHT, DARK: GRAY.DARK },
};

const Button = ({
```

```
  styles,
  title,
  onPress,
  disabled,
  isLoading,
  buttonType,
}) => {
  const Colors = ButtonTypeColors[buttonType];

  return (
    <View style={[defaultStyles.container, styles?.container]}>
      <Pressable
        ...
        style={({ pressed }) => [
          defaultStyles.button,
          {
            backgroundColor: (() => {
              switch (true) {
                case disabled || isLoading:
                  return Colors.LIGHT;
                case pressed:
                  return Colors.DARK;
                default:
                  return Colors.DEFAULT;
              }
            })(),
          },
          styles?.button,
        ]}
      >
        ...
      </Pressable>
    </View>
  );
};

Button.defaultProps = {
  buttonType: ButtonTypes.PRIMARY,
};

Button.propTypes = {
  ...
  buttonType: PropTypes.oneOf(Object.values(ButtonTypes)),
};

...
```

buttomType props를 추가해서 전달되는 값에 따라 사용하는 색이 변경되도록 만들었습니다. 그리고 defaultProps를 사용해서 buttonType의 기본값을 PRIMARY로 설정했습니다. 기본 값을 설정하지 않으면 기존에 사용하고 있던 모든 Button 컴포넌트를 찾아서 buttomType을 추가로 전달해야 합니다. 이미 사용 중인 컴포넌트를 수정할 때에는 기존에 사용하던 코드도 잘 작동하게 만드는 것이 좋습니다.

DangerAlert 컴포넌트 꾸미기

DangerAlert 컴포넌트를 꾸며보겠습니다. DangerAlert 컴포넌트는 로그아웃뿐만 아니라 다른 상황에서도 사용할 수 있으니 alertType을 추가하고 전달된 값에 따라 디자인이 달라지 게 만들겠습니다.

다음과 같이 DangerAlert 컴포넌트를 수정하세요.

 src/components/DangerAlert.js

```js
import { Modal, Pressable, StyleSheet, Text, View } from 'react-native';
import PropTypes from 'prop-types';
import { BLACK, DANGER, WHITE } from '../colors';
import { MaterialCommunityIcons } from '@expo/vector-icons';

export const AlertTypes = {
  LOGOUT: 'LOGOUT',
};

const DangerAlertProps = {
  LOGOUT: {
    iconName: 'logout-variant',
    title: '로그아웃',
    message: '정말 로그아웃 하시겠습니까?',
  },
};

const DangerAlert = ({ visible, onClose, alertType }) => {
  const { iconName, title, message } = DangerAlertProps[alertType];

  return (
    <Modal ... >
      <View style={styles.container}>
```

```
      <Pressable style={styles.background} onPress={onClose} />

      <View style={styles.alert}>
        <View style={styles.imageBackground}>
          <View style={styles.image}>
            <MaterialCommunityIcons
              name={iconName}
              size={30}
              color={WHITE}
            />
          </View>
        </View>

        <Text style={styles.title}>{title}</Text>
        <Text style={styles.desc}>{message}</Text>
      </View>
    </View>
  </Modal>
  );
};

DangerAlert.propTypes = {
  visible: PropTypes.bool.isRequired,
  onClose: PropTypes.func.isRequired,
  alertType: PropTypes.oneOf(Object.values(AlertTypes)),
};

const styles = StyleSheet.create({
  background: {
    ...StyleSheet.absoluteFill,
    backgroundColor: BLACK,
    opacity: 0.3,
  },
  container: {
    flex: 1,
    justifyContent: 'center',
    alignItems: 'center',
  },
  alert: {
    backgroundColor: WHITE,
    alignItems: 'center',
    paddingHorizontal: 10,
    paddingBottom: 20,
    width: '80%',
    borderRadius: 8,
```

```
    },
    imageBackground: {
      position: 'absolute',
      width: 80,
      height: 80,
      borderRadius: 40,
      backgroundColor: WHITE,
      top: -40,
      justifyContent: 'center',
      alignItems: 'center',
    },
    image: {
      width: 74,
      height: 74,
      borderRadius: 37,
      backgroundColor: DANGER.DEFAULT,
      justifyContent: 'center',
      alignItems: 'center',
    },
    title: {
      marginTop: 50,
      fontSize: 20,
      fontWeight: '700',
    },
    desc: {
      marginVertical: 10,
      fontSize: 16,
    },
  });

  export default DangerAlert;
```

props에 전달되는 **alertType**에 따라 사용하는 아이콘과 타이틀 그리고 메시지가 달라지게 만들었습니다. 코드가 조금 길지만 대부분 앞에서 배웠던 내용이라 어렵지 않게 이해할 수 있을 것입니다.

ProfileScreen 컴포넌트에서 **DangerAlert** 컴포넌트에 **alertType**을 전달하겠습니다. 다음과 같이 **ProfileScreen** 컴포넌트를 수정하세요.

```
...
import DangerAlert, { AlertTypes } from '../components/DangerAlert';
import { useState } from 'react';

const ProfileScreen = () => {
  ...

  return (
    <View style={[styles.container, { paddingTop: top }]}>
      <DangerAlert
        visible={visible}
        onClose={() => setVisible(false)}
        alertType={AlertTypes.LOGOUT}
      />

      ...
    </View>
  );
};

...
```

코드를 적용하고 로그아웃 버튼을 누르면 **DangerAlert** 컴포넌트가 잘 나타나는 것을 확인할
수 있습니다.

▶ DangerAlert 컴포넌트

다음으로 우리가 앞에서 수정한 Button 컴포넌트를 사용해서 사용자에게 버튼을 제공하겠습니다. 다음과 같이 DangerAlert 컴포넌트를 수정하세요.

🟨 src/components/DangerAlert.js

```
...
import Button, { ButtonTypes } from './Button';

...

const DangerAlert = ({ visible, onClose, alertType, onConfirm }) => {
  const { iconName, title, message } = DangerAlertProps[alertType];

  return (
    <Modal ... >
      <View style={styles.container}>
        <Pressable style={styles.background} onPress={onClose} />

        <View style={styles.alert}>
          ...
```

```jsx
        <View style={styles.buttonContainer}>
          <Button
            title="취소"
            onPress={onClose}
            styles={buttonStyles}
            buttonType={ButtonTypes.CANCEL}
          />
          <Button
            title="확인"
            onPress={onConfirm}
            styles={buttonStyles}
            buttonType={ButtonTypes.DANGER}
          />
        </View>
      </View>
    </View>
  </Modal>
  );
};

DangerAlert.propTypes = {
  ...
  onConfirm: PropTypes.func.isRequired,
};

const styles = StyleSheet.create({
  ...
  buttonContainer: {
    width: '100%',
    flexDirection: 'row',
  },
});

const buttonStyles = StyleSheet.create({
  container: {
    flex: 1,
    marginHorizontal: 10,
    marginTop: 10,
  },
  button: {
    borderRadius: 8,
  },
});

export default DangerAlert;
```

Button 컴포넌트를 사용해서 취소와 확인 버튼을 만들고 각 버튼에 어울리는 buttonType을 전달했습니다. 그리고 **확인** 버튼을 클릭했을 때 호출할 onConfirm 함수를 props로 전달받아서 **확인** 버튼의 onPress에 전달했습니다.

이제 ProfileScreen 컴포넌트에서 로그아웃 함수를 onConfirm props에 전달하면 됩니다. 다음과 같이 ProfileScreen 컴포넌트를 수정하세요.

src/screens/ProfileScreen.js

```
...

const ProfileScreen = () => {
  ...

  return (
    <View style={[styles.container, { paddingTop: top }]}>
      <DangerAlert
        visible={visible}
        onClose={() => setVisible(false)}
        alertType={AlertTypes.LOGOUT}
        onConfirm={async () => {
          await signOut();
          setUser({});
        }}
      />

      ...
    </View>
  );
};

...
```

코드를 적용하고 프로필 화면에서 **로그아웃** 버튼을 클릭하면 완성된 DangerAlert 컴포넌트가 나타납니다. **취소** 버튼을 클릭하면 DangerAlert 컴포넌트가 사라지고, **확인** 버튼을 클릭하면 로그아웃됩니다. 여러분도 DangerAlert 컴포넌트가 잘 작동하는지 확인해보세요.

▶ DangerAlert 컴포넌트와 로그아웃

8.5 마치며

이 장에서는 Firebase의 Authentication과 Storage의 사용 방법을 알아보고 사용자 인증 기능과 프로필 화면을 만들었습니다. Firebase를 사용하면 백엔드에 대한 지식이 부족해도 쉽게 서버를 사용할 수 있다는 장점이 있습니다.

우리는 사용자 인증 후의 홈 화면과 프로필 화면을 만들면서 바텀 탭 내비게이터도 경험해봤습니다. 네이티브 스택 내비게이터와 사용 방법이 크게 다르지 않아 어렵지 않게 다가왔을 거라 생각합니다.

그리고 프로필 화면에서 이미지를 보여주면서 캐싱을 처리하는 방법을 알아보고 직접 **Fast Image** 컴포넌트를 만들었습니다. 네트워크에 있는 이미지를 화면에 보여줄 때에는 이미지를 다운로드하는 데 걸리는 시간 때문에 약간의 시간이 필요합니다. 매번 이미지를 보여주는 데 시간이 걸리면 앱이 느리게 느껴질 수 있으니 이미지 캐시를 도와주는 라이브러리를 사용하거나 직접 만들어서 속도를 개선해보기 바랍니다.

다음 장에서는 프로필 수정 기능을 만들어보겠습니다.

CHAPTER

9

여행 사진 공유 앱 만들기 III

8장에서 사용자 인증 기능과 인증 후의 사용하게 될 화면을 만들었습니다. 이 장에서는 프로필 수정 화면을 구현해서 사용자 닉네임과 프로필 사진을 변경할 수 있도록 만들어보고 기기의 사진 정보를 받아와 보여주는 방법과 Firebase Storage에 사진을 업로드하는 방법에 대해 알아봅니다.

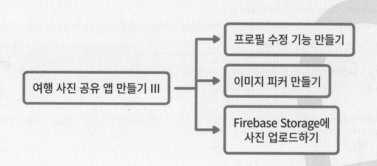

9.1 프로필 수정 기능 만들기

사용자 프로필을 수정할 수 있는 화면을 만들겠습니다.

1 프로필 수정 화면 만들기

우리가 수정하려는 프로필 정보는 사용자 프로필 사진과 닉네임이기 때문에 프로필 수정 화면에도 두 항목이 나타나도록 만들겠습니다. screens 폴더 밑에 UpdateProfileScreen.js 파일을 만들고 다음과 같이 작성하세요.

 src/screens/UpdateProfileScreen.js

```js
import { useNavigation } from '@react-navigation/native';
import {
  Button,
  Pressable,
  StyleSheet,
  TextInput,
  View,
} from 'react-native';
import { GRAY, WHITE } from '../colors';
import FastImage from '../components/FastImage';
import { useUserState } from '../contexts/UserContext';
import { MaterialCommunityIcons } from '@expo/vector-icons';
import SafeInputView from '../components/SafeInputView';

const UpdateProfileScreen = () => {
  const navigation = useNavigation();

  const [user] = useUserState();

  return (
    <SafeInputView>
      <View style={styles.container}>
```

```jsx
        <Button title="back" onPress={() => navigation.goBack()} />
        <View
          style={[
            styles.photo,
            user.photoURL || { backgroundColor: GRAY.DEFAULT },
          ]}
        >
          <FastImage
            source={{ uri: user.photoURL }}
            style={styles.photo}
          />
          <Pressable style={styles.imageButton} onPress={() => {}}>
            <MaterialCommunityIcons name="image" size={20} color={WHITE} />
          </Pressable>
        </View>

        <View>
          <TextInput
            value={user.displayName}
            style={styles.input}
            placeholder="Nickname"
            textAlign="center"
            maxLength={10}
            returnKeyType="done"
            autoCapitalize="none"
            autoCorrect={false}
            textContentType="none"
          />
        </View>
      </View>
    </SafeInputView>
  );
};

const styles = StyleSheet.create({
  container: {
    flex: 1,
    justifyContent: 'center',
    alignItems: 'center',
  },
  photo: {
    width: 200,
    height: 200,
    borderRadius: 100,
  },
```

```
  imageButton: {
    position: 'absolute',
    bottom: 0,
    right: 20,
    width: 30,
    height: 30,
    borderRadius: 15,
    justifyContent: 'center',
    alignItems: 'center',
    backgroundColor: GRAY.DARK,
  },
  input: {
    marginTop: 20,
    paddingHorizontal: 10,
    paddingVertical: 8,
    width: 200,
    fontSize: 20,
    borderBottomWidth: 0.5,
    borderBottomColor: GRAY.DEFAULT,
  },
});

export default UpdateProfileScreen;
```

코드가 조금 길지만 모두 앞에서 배웠던 내용이라 큰 어려움은 없을 것입니다. 프로필 수정 화면에서도 사용자 프로필 사진을 보여줄 때 리액트 네이티브에서 제공하는 Image 컴포넌트를 사용하면 이미지가 나타날 때까지 약간의 시간이 걸립니다. 8장에서 적용했던 것처럼 이미지를 캐싱하고 처음 이후 이미지를 불러올 때부터 캐시에서 데이터를 가져오기 위해 앞에서 만든 FastImage 컴포넌트를 사용하세요.

닉네임은 10글자까지만 허용하므로 TextInput 컴포넌트에서 maxLength를 10으로 설정했습니다. 자동 대문자, 자동 수정 등의 기능은 모두 꺼진 상태입니다. TextInput 컴포넌트에 전달한 props 중 textAlign은 TextInput 컴포넌트에 입력되는 텍스트 정렬 방법을 설정합니다.

마지막으로 Button 컴포넌트를 사용해서 프로필 화면으로 돌아가는 뒤로가기 버튼을 추가했습니다.

프로필 수정 화면이 준비되면 routes.js 파일에 프로필 수정 화면 이름을 작성하세요.

src/navigations/routes.js

```
...

export const MainRoutes = {
  CONTENT_TAB: 'ContentTab',
  SELECT_PHOTOS: 'SelectPhotos',
  UPDATE_PROFILE: 'UpdateProfile',
};

...
```

그다음 MainStack 컴포넌트를 다음과 같이 수정하세요.

src/navigations/MainStack.js

```
...
import UpdateProfileScreen from '../screens/UpdateProfileScreen';

const Stack = createNativeStackNavigator();

const MainStack = () => {
  return (
    <Stack.Navigator ... >
      ...
      <Stack.Screen
        name={MainRoutes.UPDATE_PROFILE}
        component={UpdateProfileScreen}
      />
    </Stack.Navigator>
  );
};

export default MainStack;
```

다음으로 프로필 화면에서 **연필 모양** 아이콘을 클릭했을 때 프로필 수정 화면으로 이동하게 만들면 됩니다. 다음과 같이 ProfileScreen 컴포넌트를 수정하세요.

```
●●●
...
import { useNavigation } from '@react-navigation/native';
import { MainRoutes } from '../navigations/routes';

const ProfileScreen = () => {
  const navigation = useNavigation();
  ...

  return (
    <View style={[styles.container, { paddingTop: top }]}>
      ...

      <View style={styles.profile}>
        <View ... >
          <FastImage ... />
          <Pressable
            style={styles.editButton}
            onPress={() => navigation.navigate(MainRoutes.UPDATE_PROFILE)}
          >
            ...
          </Pressable>
        </View>

        ...
      </View>

      <View style={styles.listContainer}></View>
    </View>
  );
};

...
```

이제 프로필 화면에서 프로필 수정 페이지로 잘 이동하는지 그리고 사용자 정보는 잘 나타나는
지 확인해보세요.

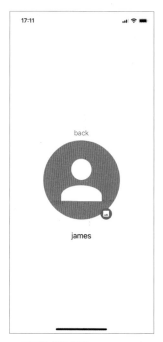

▶ 프로필 수정 화면

2 확인 버튼과 뒤로가기 버튼 추가하기

프로필 수정 화면에는 변경된 내용을 저장하는 **확인** 버튼뿐만 아니라 수정을 취소하는 뒤로가기 버튼도 필요합니다. 화면에 두 개의 버튼을 만들어서 적절히 배치하는 방법도 있습니다만 여기에서는 리액트 내비게이션에서 제공되는 헤더를 사용해서 화면 상단에 뒤로가기 버튼과 **확인** 버튼을 만들어보겠습니다.

헤더 사용하기

다음과 같이 MainStack 컴포넌트를 수정하세요.

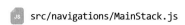 src/navigations/MainStack.js

```
...

const MainStack = () => {
```

```
  return (
    <Stack.Navigator
      screenOptions={{
        contentStyle: { backgroundColor: WHITE },
        title: '',
      }}
    >
      <Stack.Screen
        name={MainRoutes.CONTENT_TAB}
        component={ContentTab}
        options={{ headerShown: false }}
      />
      ...
    </Stack.Navigator>
  );
};

export default MainStack;
```

헤더 타이틀은 빈 스트링으로 변경하고 탭 내비게이터 화면에서만 헤더가 나타나지 않도록 수정했습니다. 사진 선택 화면과 프로필 수정 화면에서는 헤더가 나타나고 탭 내비게이터 화면에서 헤더가 나타나지 않는지 확인해보세요.

▶ 리액트 내비게이션 헤더

headerLeft 옵션으로 왼쪽 버튼 변경하기

뒤로가기 버튼을 우리가 원하는 아이콘으로 변경하겠습니다. 아이콘만 변경하는 방법도 있지만 여기에서는 headerLeft 옵션을 사용해서 헤더 왼쪽 버튼을 변경하겠습니다.

components 폴더 밑에 HeaderLeft.js 파일을 만들고 다음과 같이 작성하세요.

 src/components/HeaderLeft.js

```js
import { Pressable } from 'react-native';
import { useNavigation } from '@react-navigation/native';
import { MaterialCommunityIcons } from '@expo/vector-icons';
import { BLACK } from '../colors';

const HeaderLeft = () => {
  const navigation = useNavigation();

  return (
    <Pressable
      hitSlop={10}
      onPress={() => navigation.canGoBack() && navigation.goBack()}
    >
      <MaterialCommunityIcons
        name="chevron-left"
        size={28}
        color={BLACK}
      />
    </Pressable>
  );
};

export default HeaderLeft;
```

왼쪽 화살표 모양의 간단한 컴포넌트를 만들고 뒤로가기가 가능할 때에만 기능이 작동하도록 만들었습니다.

이제 MainStack 컴포넌트에서 헤더가 사용되는 모든 화면에 HeaderLeft 컴포넌트가 적용되도록 만들어보겠습니다. 다음과 같이 MainStack 컴포넌트를 수정하세요.

```
...
import HeaderLeft from '../components/HeaderLeft';

const Stack = createNativeStackNavigator();

const MainStack = () => {
  return (
    <Stack.Navigator
      screenOptions={{
        contentStyle: { backgroundColor: WHITE },
        title: '',
        headerLeft: HeaderLeft,
      }}
    >...</Stack.Navigator>
  );
};

export default MainStack;
```

screenOptions.headerLeft에 HeaderLeft 컴포넌트를 전달해서 headerShown이 false
로 설정된 탭 내비게이터 화면을 제외한 모든 화면에 적용되도록 했습니다. 화면을 확인하면
헤더의 뒤로가기 버튼이 우리가 만든 컴포넌트로 변경된 것을 볼 수 있습니다.

▶ 뒤로가기 버튼 변경하기

헤더 오른쪽 버튼 만들기

이번에는 헤더 오른쪽 버튼으로 사용할 컴포넌트를 만들겠습니다. components 폴더 밑에
HeaderRight.js 파일을 만들고 다음과 같이 작성하세요.

src/components/HeaderRight.js

```javascript
import { Pressable } from 'react-native';
import PropTypes from 'prop-types';
import { MaterialCommunityIcons } from '@expo/vector-icons';
import { GRAY, PRIMARY } from '../colors';

const HeaderRight = ({ disabled, onPress }) => {
  return (
    <Pressable hitSlop={10} disabled={disabled} onPress={onPress} >
      <MaterialCommunityIcons
        name="check"
        size={24}
        color={disabled ? GRAY.DEFAULT : PRIMARY.DEFAULT}
      />
    </Pressable>
  );
};

HeaderRight.defaultProps = {
  disabled: false,
};

HeaderRight.propTypes = {
  disabled: PropTypes.bool,
  onPress: PropTypes.func,
};

export default HeaderRight;
```

헤더 오른쪽 버튼은 **확인** 버튼으로 사용되므로 화면에 따라 호출해야 하는 함수가 달라집니다. 따라서 props로 호출할 onPress를 전달받고, 버튼의 활성화 여부를 결정할 disabled도 함께 전달받았습니다.

이제 HeaderRight 컴포넌트를 사용해서 헤더 오른쪽 버튼을 추가하면 됩니다. 그런데 뒤로가기 버튼처럼 MainStack 컴포넌트에서 headerRight 옵션을 설정하면 HeaderRight 컴포넌트의 onPress props에 전달할 함수를 정의할 방법이 없습니다.

따라서 각 화면에서 headerRight 옵션을 설정하고, 화면에 따라 HeaderRight 컴포넌트에 필요한 함수를 전달해야 합니다. 우리는 앞에서 컴포넌트에서 사용하는 상태 변수의 값에 따라 옵션을 설정할 때에는 navigation.setOptions를 사용하면 된다고 배웠습니다. 이번에는 navigation.setOptions를 사용해서 headerRight 옵션을 설정해보겠습니다.

다음과 같이 UpdateProfileScreen 컴포넌트를 수정하세요.

📄 src/screens/UpdateProfileScreen.js

```
...
import SafeInputView from '../components/SafeInputView';
import { useLayoutEffect } from 'react';
import HeaderRight from '../components/HeaderRight';

const UpdateProfileScreen = () => {
  ...

  useLayoutEffect(() => {
    navigation.setOptions({
      headerRight: () => (
        <HeaderRight onPress={() => console.log('right')} />
      ),
    });
  }, [navigation]);

  return (
    <SafeInputView>
      <View style={styles.container}>
        ...
      </View>
    </SafeInputView>
  );
};

const styles = StyleSheet.create({
  container: {
    flex: 1,
    alignItems: 'center',
    paddingTop: 40,
  },
  ...
});

export default UpdateProfileScreen;
```

헤더에 뒤로가기 버튼이 있으니 테스트를 위해 작성한 버튼은 삭제했습니다. 또한 스타일을 조금 변경해서 사용자 프로필 사진과 닉네임을 화면 위쪽으로 이동시켰습니다. `navigation.setOptions`는 `useLayoutEffect`를 사용해서 호출하고, `headerRight` 옵션에 Header Right 컴포넌트를 설정했습니다.

`useLayoutEffect`는 `useEffect`와 비슷한 역할을 하는 Hook으로 컴포넌트를 화면에 보여주기 전에 작업을 동기적으로 실행한다는 특징을 갖고 있습니다.

☍ useLayoutEffect Hook – https://bit.ly/react-useLayoutEffect

`useLayoutEffect`은 화면이 렌더링되기 전에 작업을 마무리하므로 처음 렌더링될 때부터 보여줘야 하는 내용을 준비할 때 사용하면 됩니다. 하지만 너무 복잡한 작업을 수행할 경우에 화면이 나타나기까지 오랜 시간이 걸릴 수 있으니 사용하는데 주의하세요.

화면을 확인하면 헤더 오른쪽에 체크 아이콘 버튼이 보입니다. 버튼을 클릭해서 잘 작동하는지 확인해보세요.

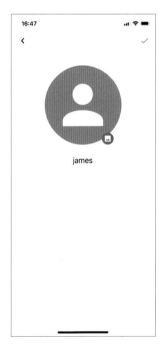

▶ 헤더 오른쪽 버튼 추가하기

❸ 닉네임 변경하기

이번에는 앞에서 만든 updateUserInfo 함수를 사용해서 닉네임을 변경해보겠습니다. 사용자가 입력하는 닉네임을 담을 상태 변수와 **HeaderRight** 컴포넌트에 전달할 함수를 구현하면 됩니다.

닉네임 변경 기능 만들기

다음과 같이 **UpdateProfileScreen** 컴포넌트를 수정하세요.

 src/screens/UpdateProfileScreen.js

```js
import { useNavigation } from '@react-navigation/native';
import {
  Alert,
  Keyboard,
  Pressable,
  ...
} from 'react-native';
...
import { useLayoutEffect, useEffect, useState } from 'react';
import HeaderRight from '../components/HeaderRight';
import { updateUserInfo } from '../api/auth';

const UpdateProfileScreen = () => {
  const navigation = useNavigation();

  const [user, setUser] = useUserState();

  const [displayName, setDisplayName] = useState(user.displayName);
  const [disabled, setDisabled] = useState(true);
  const [isLoading, setIsLoading] = useState(false);

  useEffect(() => {
    setDisabled(!displayName || isLoading);
  }, [displayName, isLoading]);

  const onSubmit = async () => {
    Keyboard.dismiss();
    if (!disabled) {
      setIsLoading(true);
      try {
```

```
        const userInfo = { displayName };

        await updateUserInfo(userInfo);
        setUser((prev) => ({ ...prev, ...userInfo }));

        navigation.goBack();
      } catch (e) {
        Alert.alert('사용자 수정 실패', e.message);
        setIsLoading(false);
      }
    }
  };

  useLayoutEffect(() => {
    navigation.setOptions({
      headerRight: () => (
        <HeaderRight disabled={disabled} onPress={onSubmit} />
      ),
    });
  }, [navigation]);

  return (
    <SafeInputView>
      <View style={styles.container}>

        ...

        <View>
          <TextInput
            value={displayName}
            onChangeText={(text) => setDisplayName(text.trim())}
            style={styles.input}
            ...
          />
        </View>
      </View>
    </SafeInputView>
  );
};

...
```

사용자 닉네임을 관리하는 displayName 상태 변수를 만들고 UserContext에 저장된 user.
displayName을 초깃값으로 사용했습니다. 사용자 정보 수정 기능이 자동 줄인지를 관리하는

isLoading 상태 변수와 HeaderRight 컴포넌트의 활성화 여부를 관리하는 disabled 상태 변수도 만들었습니다.

그리고 onSubmit 함수를 만들어서 헤더 오른쪽 버튼을 클릭했을 때 호출되도록 만들었습니다. onSubmit 함수에서는 Firebase의 사용자 정보를 수정하는 updateUserInfo 함수를 호출합니다. 또한 updateUserInfo 함수가 성공하면 UserContext의 user를 수정하고 이전 화면으로 이동하게 만들었습니다.

ESLint 경고 메시지 해결하기

HeaderRight 컴포넌트에 props를 전달하면 disabled, onSubmit에 따라 useLayoutEffect에 작성한 함수가 달라질 수 있으니 deps에 추가하라는 ESLint 경고 메시지가 나타납니다.

UpdateProfileScreen 컴포넌트를 다음과 같이 수정해서 ESLint 경고 메시지가 나타나지 않게 하세요.

📄 src/screens/UpdateProfileScreen.js

```
● ● ●

...

const UpdateProfileScreen = () => {
  ...

  useLayoutEffect(() => {
    navigation.setOptions({
      headerRight: () => (
        <HeaderRight disabled={disabled} onPress={onSubmit} />
      ),
    });
  }, [navigation, disabled, onSubmit]);

  ...
```

useLayoutEffect의 deps를 수정하면 onSubmit에서 ESLint 경고 메시지가 나타납니다. 현재 코드에서 onSubmit 함수는 UpdateProfileScreen 컴포넌트가 리렌더링될 때마다 다시 정의되기 때문에 나타나는 경고 메시지입니다.

그렇다면 함수가 다시 정의되는 것이 왜 문제가 될까요? 자바스크립트에서 함수는 객체입니다. 리액트는 객체를 비교할 때 주솟값을 비교하므로 리랜더링되어 다시 정의된 onSubmit 함수는 이전의 onSubmit 함수와 다른 함수라고 판단합니다. 따라서 useLayoutEffect는 리렌더링될 때마다 onSubmit이 변경되었다고 판단하고 정의된 함수를 호출하는 문제가 발생하는 것입니다.

이렇게 재정의된 함수를 다른 함수로 인식해서 생기는 문제는 useCallback을 사용해서 해결할 수 있습니다. 다음과 같이 UpdateProfileScreen 컴포넌트를 수정하세요.

 src/screens/UpdateProfileScreen.js

```
...
import { useLayoutEffect, useEffect, useState, useCallback } from 'react';
...

const UpdateProfileScreen = () => {
  ...

  const onSubmit = useCallback(async () => {
    ...
  }, [disabled, displayName, navigation, setUser]);

  ...
```

onSubmit 함수에 useCallback Hook을 사용하고, useCallback의 deps에는 disabled, displayName, navigation, setUser를 설정했습니다. navigation과 setUser가 변경될 일은 없지만 deps에 추가하지 않으면 ESLint에서 경고 메시지를 계속 보여주니 추가하겠습니다. 이제 onSubmit 함수는 deps에 전달된 값이 변경되지 않으면 재정의되지 않고 ESLint 경고 메시지도 나타나지 않습니다.

프로필 수정 화면에서 닉네임을 변경해보세요. 수정에 성공하면 프로필 화면으로 돌아가고 화면에는 변경된 닉네임이 나타나게 됩니다.

▶ 프로필 닉네임 수정

9.2 이미지 피커 만들기

이번에는 프로필 사진 변경 기능을 만들어보겠습니다. 프로필 사진을 변경하려면 사진이 필요합니다. 이번에는 기기의 사진에 접근하여 사진을 사용하는 방법에 대해 알아보겠습니다.

1 사진 준비하기

기기의 사진에 접근하는 기능을 만들고 테스트하기 위해서는 충분한 양의 사진이 필요하니 사진을 준비하세요. 직접 원하는 사진을 준비해도 되고 아래 링크에서 이미지를 다운로드해도 됩니다. 아래 링크를 통해 사이트로 이동하면 정사각형 48개, 가로가 긴 직사각형 6개, 세로가 긴 직사각형 6개로 구성된 총 60개의 이미지가 있는데 이미지를 클릭하면 자동으로 다운로드할 수 있습니다.

🔗 이미지 다운로드 페이지 – https://bit.ly/2022-rn-photos

우리는 기기에 있는 사진 목록을 보여주는 컴포넌트를 만들어볼 예정입니다. 한 번에 너무 많은 사진을 가져올 수는 없으니 페이지를 나눠서 가져오게 되는데 사진의 수가 적다면 테스트가 어렵습니다. 따라서 최소한 30개 이상의 사진을 준비하세요. 앞의 링크를 통해 이미지를 준비할 예정이라면 되도록 모든 이미지를 다운로드하세요.

2 라이브러리 선택하기

리액트 네이티브에서 기기의 사진을 사용하기 위해서는 외부 라이브러리를 사용해야 합니다. 추천하는 이미지 피커image picker 라이브러리는 두 가지가 있습니다.

🔗 react-native-Image-picker – https://bit.ly/react native-image-picker
🔗 react-native-cameraroll – https://bit.ly/react-native-cameraroll

react-native-image-picker는 사진을 선택할 수 있는 UI까지 지원하고 react-native-cameraroll은 UI를 지원하지 않아 직접 개발해야 합니다. 두 라이브러리 모두 매우 훌륭하지만 안타깝게도 Expo 프로젝트에서 일반적인 방법으로는 사용할 수 없습니다. 대신 Expo에서는 UI까지 지원하는 expo-image-picker와 UI는 지원하지 않는 expo-media-library를 사용하게 됩니다.

- expo-image-picker – https://bit.ly/expo-image-picker
- expo-media-library – https://bit.ly/expo-media-library

우리가 원하는 화면을 만들기 위해서는 다음 조건을 만족하는 라이브러리가 필요합니다.

> **1** Expo 프로젝트에서 사용할 수 있어야 한다.
> **2** 사진을 한 번에 여러 장 선택할 수 있어야 한다.
> **3** 사진 목록 디자인을 수정할 수 있어야 한다.

따라서 조건을 모두 만족시키는 expo-media-library를 사용해서 이미지 피커 화면을 만들어보겠습니다. 아래 명령어를 사용해서 expo-media-library를 설치하세요.

```
$ expo install expo-media-library
```

3 이미지 피커 화면 만들기

사진 준비와 사용할 라이브러리 설치가 완료되었으니 이미지 피커 화면을 만들겠습니다.

screens 폴더 아래에 ImagePickerScreen.js 파일을 만들고 다음과 같이 작성하세요.

 src/screens/ImagePickerScreen.js

```
import { useNavigation } from '@react-navigation/native';
import { useLayoutEffect } from 'react';
import { StyleSheet, Text, View } from 'react-native';
import HeaderRight from '../components/HeaderRight';
```

```
const ImagePickerScreen = () => {
  const navigation = useNavigation();

  useLayoutEffect(() => {
    navigation.setOptions({
      headerRight: () => <HeaderRight onPress={() => {}} />,
    });
  }, [navigation]);

  return (
    <View style={styles.container}>
      <Text>Image Picker</Text>
    </View>
  );
};

const styles = StyleSheet.create({
  container: {
    flex: 1,
    justifyContent: 'center',
    alignItems: 'center',
  },
});

export default ImagePickerScreen;
```

HeaderRight 컴포넌트를 사용해서 헤더에 **확인** 버튼을 추가한 간단한 컴포넌트를 만들었습니다. routes.js에 화면 이름을 추가하세요.

src/navigations/routes.js

```
● ● ●

...

export const MainRoutes = {
  ...
  IMAGE_PICKER: 'ImagePicker',
};

...
```

그다음 MainStack 컴포넌트에 다음과 같이 이미지 피커 화면을 추가하세요.

src/navigations/MainStack.js

```
...
import ImagePickerScreen from '../screens/ImagePickerScreen';

const Stack = createNativeStackNavigator();

const MainStack = () => {
  return (
    <Stack.Navigator ... >
      ...
      <Stack.Screen
        name={MainRoutes.IMAGE_PICKER}
        component={ImagePickerScreen}
      />
    </Stack.Navigator>
  );
};

export default MainStack;
```

그다음 프로필 수정 화면에서 사진 아이콘 버튼을 클릭하면 이미지 피커 화면으로 이동하도록 만들겠습니다. 다음과 같이 UpdateProfileScreen 컴포넌트를 수정하세요.

src/screens/UpdateProfileScreen.js

```
...
import { MainRoutes } from '../navigations/routes';

const UpdateProfileScreen = () => {
  ...

  return (
    <SafeInputView>
      <View style={styles.container}>
        <View ... >
```

```
          <FastImage ... />
          <Pressable
            style={styles.imageButton}
            onPress={() => navigation.navigate(MainRoutes.IMAGE_PICKER)}
          >
            <MaterialCommunityIcons name="image" size={20} color={WHITE} />
          </Pressable>
        </View>

        ...

      </View>
    </SafeInputView>
  );
};

...
```

코드 적용 후 프로필 수정 화면에서 이미지 피커 화면으로 잘 이동하는지 확인해보세요.

❹ 사진 접근 권한 요청하기

기기의 사진에 접근해서 사진 목록을 받아오기 위해서는 사진 접근 권한을 받아야 합니다. 사진 접근 권한을 요청하는 시기에 따라 구현 위치가 달라집니다. 예를 들어 앱이 처음 구동될 때 권한을 요청하려면 앱의 시작 화면에서 구현해야 합니다. 사진을 사용할 때 권한을 요청하려면 사진 목록을 보여주는 화면에서 구현하면 됩니다. 여기에서는 사진을 사용할 때 사진 접근 권한을 요청하도록 만들겠습니다.

사진 권한 요청하기

이전에 이미 권한 요청을 하고 승인받았다면 또다시 권한 요청을 할 필요가 없습니다. 따라서 권한 요청 전에 현재 권한을 확인해야 합니다. expo-media-library에서 제공하는 use Permissions Hook을 사용하면 현재 권한 상태 확인과 권한 요청을 쉽게 할 수 있습니다.

👓 usePermissions Hook – https://bit.ly/expo-use-permissions

다음과 같이 **ImagePickerScreen** 컴포넌트를 수정하세요.

```
import { useNavigation } from '@react-navigation/native';
import { useEffect, useLayoutEffect } from 'react';
import { Alert, StyleSheet, Text, View } from 'react-native';
import HeaderRight from '../components/HeaderRight';
import * as MediaLibrary from 'expo-media-library';

const ImagePickerScreen = () => {
  const navigation = useNavigation();
  const [status, requestPermission] = MediaLibrary.usePermissions();

  useEffect(() => {
    (async () => {
      const { granted } = await requestPermission();
      if (!granted) {
        Alert.alert('사진 접근 권한', '사진 접근 권한이 필요합니다.', [
          {
            text: '확인',
            onPress: () => {
              navigation.canGoBack() && navigation.goBack();
            },
          },
        ]);
      }
    })();
  }, [navigation, requestPermission]);

  console.log(status);

  ...
};

...
```

console.log를 통해 터미널에 나타나는 status를 확인하면 다음과 같습니다.

```
null
Object {
  ...
  "granted": false,
  "status": "undetermined",
}
```

처음에는 null이었다가 상태를 받아오면 여러 프로퍼티가 있는 객체가 나타납니다. 그중 granted가 권한 승인 여부를 알려주는 프로퍼티입니다.

▶ 권한 요청

requestPermission 함수를 통해 화면에 나타난 권한 요청을 수락하면 status가 변경되면서 granted의 값이 true로 변경된 것을 확인할 수 있습니다. 터미널에 나타나는 메시지를 모두 확인했으면 console.log 코드는 삭제하세요.

```
{
  ...
  "granted": true,
  "status": "granted",
}
```

권한 요청 메시지 수정하기

requestPermission은 잘 작동하지만 권한 요청 시 나타나는 메시지가 Expo Go와 관련된 것이라 서비스에서 사용하기에는 적절하지 않습니다.

아쉽게도 메시지를 수정하더라도 개발 단계에서는 확인할 수 없고 배포 과정에서 빌드 된 파일에서만 확인할 수 있습니다. 이 책에서는 배포 과정을 따로 다루지는 않지만 메시지 수정 방법에 대해서 간단하게 알아보겠습니다.

권한 요청 메시지를 변경하기 위해서는 `app.json` 파일을 수정해야 합니다. 다음과 같이 `app.json` 파일을 수정하세요.

 app.json

```json
{
  "expo": {
    ...
    "ios": {
      "supportsTablet": true,
      "infoPlist": {
        "NSPhotoLibraryUsageDescription": "The app accesses the photo library to
upload a profile photo and use it on the post."
      }
    },
    "android": {
      "adaptiveIcon": {...},
      "permissions": ["READ_EXTERNAL_STORAGE"]
    },
    ...
  }
}
```

iOS에서 사진 접근 권한을 요청할 때 나타나는 메시지는 `ios.infoPlist`의 `NSPhotoLibraryUsageDescription`에 작성하면 됩니다. 더 많은 권한 목록은 아래 링크를 통해 확인해보세요.

🔗 Expo iOS infoPlist – https://bit.ly/expo-ios-info-plist

`NSPhotoLibraryUsageDescription`에 작성한 메시지는 iOS 배포 과정에서 심사 대상이 되니 자세하게 작성하는 것을 권장합니다. 관련된 내용은 아래 링크를 통해 확인하기 바랍니다.

🔗 iOS 권한 요청 문서 – https://apple.co/3a6qluy

안드로이드에는 필요한 권한을 배열로 전달하면 됩니다. 우리는 사진 접근 권한이 필요하니 READ_EXTERNAL_STORAGE를 전달하게 됩니다. 자세한 권한 목록은 아래 링크를 통해 확인해 보세요.

🔗 Expo 안드로이드 권한 – https://bit.ly/expo-android-permissions

5 사진 목록 받아오기

사진 사용 권한을 받았으니 기기의 사진 목록을 받아오겠습니다.

getAssetsAsync 함수로 사진 목록 받아오기

expo-media-library에는 아주 많은 함수가 있습니다. 그중 getAssetsAsync 함수를 사용하면 기기의 사진 목록을 받아올 수 있습니다.

🔗 Expo getAssetsAsync – https://bit.ly/expo-get-assets-async

getAssetsAsync 함수의 파라미터로 여러 가지 옵션을 전달할 수 있는데 그중 다음과 같은 옵션을 사용합니다.

- first – 한 페이지에 포함할 사진의 수를 전달합니다. (기본값 : 20)
- sortBy – 정렬 방법을 전달합니다.
- after – 다음 페이지를 가져올 때 기준이 되는 값으로, 이전 목록의 마지막 사진 ID를 전달해야 합니다.

그리고 getAssetsAsync 함수의 결과로 다음과 같은 프로퍼티를 가진 객체를 얻을 수 있습니다.

- assets – 사진 정보 객체를 가진 배열
- endCursor – 마지막으로 가져온 사진의 ID
- hasNextPage – 다음 페이지의 존재 여부
- totalCount – 기기에 있는 전체 사진의 수

화면에 보여줘야 하는 사진 정보는 assets 배열에 있으니 assets 배열을 사용해서 사진 목록을 만들면 됩니다. 그리고 hasNextPage를 통해 다음 페이지의 존재 여부를 확인하고 다음 페이지를 호출할 때 endCursor를 함께 전달하면 됩니다.

이제 직접 **getAssetsAsync**를 사용해보겠습니다. 다음과 같이 **ImagePickerScreen** 컴포넌트를 수정하세요.

📄 src/screens/ImagePickerScreen.js

```
...

const ImagePickerScreen = () => {
  ...

  const getPhotos = async () => {
    const options = {
      first: 30,
      sortBy: [MediaLibrary.SortBy.creationTime],
    };
    const res = await MediaLibrary.getAssetsAsync(options);
    console.log(res.assets);
    console.log(res.endCursor, res.hasNextPage, res.totalCount);
  };

  useEffect(() => {
    if (status?.granted) {
      getPhotos();
    }
  }, [status?.granted]);

  useLayoutEffect(...);

  return (...);
};

...
```

getAssetsAsync를 호출하는 **getPhotos** 함수를 만들었습니다. 한 페이지당 사진의 개수는 30장으로 변경하고 순서는 **MediaLibrary.SortBy.creationTime**로 전달해서 최근 사진이 먼저 나오도록 만들었습니다. 그리고 **useEffect**를 사용해서 사진 접근 권한이 있다면 **getPhotos**를 호출하도록 만들었습니다.

코드를 적용하고 다음과 같이 사진 정보가 담긴 배열(assets), 배열의 마지막 항목 ID(end Cursor), 다음 페이지의 존재 여부(hasNextPage), 총 사진의 개수(totalCount)가 잘 나타나는지 확인해보세요.

여러분이 테스트하는 기기의 사진에 따라 메시지는 달라집니다. totalCount 값이 테스트하는 기기의 총 사진의 개수와 같은지 또한 30개가 넘는 사진을 준비했다면 hasNextPage가 true 로 나타나는지 확인해보기 바랍니다.

```
Array [
  Object {
    "filename": "IMG_0059.JPEG",
    "id": "74249A85-24C8-4C2F-9382-CC4C1FC8E52C/L0/001",
    "uri": "ph://74249A85-24C8-4C2F-9382-CC4C1FC8E52C",
    ...
  },
  ...

758F623B-16C1-49EA-B1CE-0497F0230E13/L0/001 true 66
```

사진 목록 만들기

이제 FlatList 컴포넌트를 사용해서 전달된 사진 정보를 렌더링하겠습니다. 다음과 같이 ImagePickerScreen 컴포넌트를 수정하세요.

 src/screens/ImagePickerScreen.js

```
●●●

import { useNavigation } from '@react-navigation/native';
import { useEffect, useLayoutEffect, useState } from 'react';
import {
  Alert,
  StyleSheet,
  View,
  FlatList,
  Image,
  Pressable,
  useWindowDimensions,
} from 'react-native';
```

```
import HeaderRight from '../components/HeaderRight';
import * as MediaLibrary from 'expo-media-library';

const ImagePickerScreen = () => {
  const navigation = useNavigation();
  const [status, requestPermission] = MediaLibrary.usePermissions();

  const width = useWindowDimensions().width / 3;
  const [photos, setPhotos] = useState([]);
  const [listInfo, setListInfo] = useState({
    endCursor: '',
    hasNextPage: true,
  });

  useEffect(...);

  const getPhotos = async () => {
    const options = {
      first: 30,
      sortBy: [MediaLibrary.SortBy.creationTime],
    };
    if (listInfo.hasNextPage) {
      const { assets, endCursor, hasNextPage } =
        await MediaLibrary.getAssetsAsync(options);
      setPhotos((prev) => [...prev, ...assets]);
      setListInfo({ endCursor, hasNextPage });
    }
  };

  useEffect(...);

  useLayoutEffect(...);

  return (
    <View style={styles.container}>
      <FlatList
        style={styles.list}
        data={photos}
        renderItem={({ item }) => (
          <Pressable style={{ width, height: width }}>
            <Image source={{ uri: item.uri }} style={styles.photo} />
          </Pressable>
        )}
        numColumns={3}
      />
```

```
    </View>
  );
};

const styles = StyleSheet.create({
  container: {...},
  list: {
    width: '100%',
  },
  photo: {
    width: '100%',
    height: '100%',
  },
});

export default ImagePickerScreen;
```

getAssetsAsync 함수 결과에서 endCursor와 hasNextPage는 다음 페이지와 관련된 값이 니 listInfo라는 상태 변수로 관리하고, 사진 정보를 관리할 photos 상태 변수를 만들었습니다.

그리고 더 이상 가져올 사진이 없는데도 함수를 호출하는 것은 비효율적이므로 hasNextPage 가 true일 때만 getAssetsAsync 함수를 호출하도록 수정했습니다. 여기에서 주의해야 할 점은 listInfo.hasNextPage의 초깃값을 true로 해야 한다는 것입니다. 만약 hasNextPage 의 초깃값을 false로 설정하면 처음 렌더링할 때 getAssetsAsync 함수가 호출되지 않아 사진 정보를 받아올 수 없습니다. 처음에는 반드시 호출되어야 하니 초깃값을 true로 해야 합니다.

numColumns는 FlatList 컴포넌트의 항목을 가로에 몇 개씩 렌더링할지 설정하는 props인데 3개씩 보여주기 위해 3으로 설정했습니다.

🔗 FlatList 컴포넌트 numColumns – https://bit.ly/rn-flatlist-num-columns

numColumns: 1 **numColumns: 3**

1		1	2	3
2		4	5	6
3		7	8	9
4		10	11	12
5		13	14	15

▶ FlatList 컴포넌트 numColumns props

numColumns props는 FlatList 컴포넌트를 세로로 사용할 때만 사용할 수 있고, 각 항목의 높이가 같아야 합니다. FlatList 컴포넌트를 가로로 사용하는 방법은 다음 장에서 다루겠습니다.

항목 높이가 같아야 하고 가로로 3개의 항목을 렌더링해야 하므로 useWindowDimensions Hook으로 화면의 가로 길이를 받아와서 화면 가로 길이의 1/3 크기를 가진 정사각형으로 각 항목 크기를 설정했습니다.

코드를 적용하고 화면을 확인하면 가로 길이의 1/3 크기 정사각형이 한 줄에 3개씩 총 30개가 나타나게 됩니다. 여러분도 사진첩에 있는 사진이 잘 나타나는지 확인해보세요.

 사진 목록 만들기

ESLint 경고 메시지 해결하기

사진 목록을 가져오는 getPhotos 함수가 잘 작동하지만 getPhotos 함수를 호출하는
useEffect에서 getPhotos를 deps에 추가하라는 ESLint 경고 메시지가 나타납니다. 프로필
수정 화면에서 경험했던 것과 같은 상황입니다.

다음과 같이 ImagePickerScreen 컴포넌트를 수정하세요.

📄 src/screens/ImagePickerScreen.js

```
import { useNavigation } from '@react-navigation/native';
import { useCallback, useEffect, useLayoutEffect, useState } from 'react';
...

const ImagePickerScreen = () => {
  ...
```

```
  const getPhotos = useCallback(async () => {
    ...
  }, [listInfo.hasNextPage]);

  useEffect(() => {
    if (status?.granted) {
      getPhotos();
    }
  }, [getPhotos, status?.granted]);

  useLayoutEffect(...);

  return (...);
};

...
```

useEffect의 deps에 getPhotos를 추가하고, getPhotos 함수에 useCallback을 사용해서 listInfo.hasNextPage가 변경되었을 때만 함수를 다시 정의하도록 만들었습니다. 이제 ESLint 경고 메시지가 더 이상 나타나지 않습니다.

다음 페이지 불러오기

앞에서 onEndReached를 사용하면 스크롤이 바닥에 가까워졌을 때 원하는 함수를 호출할 수 있다고 배웠습니다. 이번에는 onEndReached를 사용해서 스크롤이 바닥에 가까워졌을 때 다음 페이지를 불러오는 기능을 만들어보겠습니다.

다음과 같이 ImgaePickerScreen 컴포넌트를 수정하세요.

 src/screens/ImagePickerScreen.js

```
● ● ●

...

const ImagePickerScreen = () => {
  ...

  const getPhotos = useCallback(async () => {
    const options = {
```

```
      first: 30,
      sortBy: [MediaLibrary.SortBy.creationTime],
    };

    if (listInfo.endCursor) {
      options['after'] = listInfo.endCursor;
    }

    if (listInfo.hasNextPage) {
      const { assets, endCursor, hasNextPage } =
        await MediaLibrary.getAssetsAsync(options);
      setPhotos((prev) => [...prev, ...assets]);
      setListInfo({ endCursor, hasNextPage });
    }
  }, [listInfo.hasNextPage, listInfo.endCursor]);

  console.log(photos.length);

  ...

  return (
    <>
      <Header onRightPress={() => {}} />
      <View style={styles.container}>
        <FlatList
          ...
          numColumns={3}
          onEndReached={getPhotos}
          onEndReachedThreshold={0.4}
        />
      </View>
    </>
  );
};

...
```

listInfo.endCursor에 값이 있다면 앞에서 가져온 데이터가 있다는 의미이므로 getAssets
Async 함수에 전달하는 파라미터에 after를 추기로 전달하도록 만들었습니다. 그리고 use
Callback의 deps에 listInfo.endCursor를 추가했습니다.

그다음 FlatList 컴포넌트에 onEndReached를 사용해서 스크롤이 바닥에 가까워졌을 때 getPhotos 함수를 호출하도록 만들었습니다.

FlatList 컴포넌트에 설정한 onEndReachedThreshold는 onEndReached가 호출되는 스크롤의 위치를 설정하는 props입니다. 스크롤의 최상단을 0이라고 하고 가장 아래를 100이라고 했을 때, onEndReachedThreshold가 0.5라면 스크롤이 중앙에 왔을 때 onEndReached를 호출하고 0.1이면 스크롤이 90에 왔을 때 onEndReached를 호출합니다. 여기에서는 0.4로 설정해서 스크롤이 60 정도 위치에 왔을 때 getPhotos가 호출되도록 만들었습니다. 만약 호출하는 함수의 작동이 오래 걸린다면 조금 더 미리 호출하는 것이 좋습니다. 항상 특정 값을 설정하기보다 상황에 따라 값을 조절하며 사용하기 바랍니다.

테스트해보면 사진이 30개 이상 잘 나타납니다. 그런데 console.log를 통해 터미널에 나타나는 사진의 개수를 보면 사진을 30개만 가져오는 것이 아니라 기기의 사진 전체를 가져올 때까지 계속 호출되는 것을 볼 수 있습니다. 만약 사진이 정말 많은 기기에서 테스트하고 있다면, 30, 60, 90, 120, ... 이런 식으로 계속해서 숫자가 증가하는 것을 볼 수 있습니다.

왜 이런 문제가 발생하는 걸까요? getPhotos 함수가 호출되는 과정은 다음과 같습니다.

1 getPhotos 함수를 호출합니다.
2 결과로 전달된 값을 사용해 listInfo의 endCursor와 hasNextPage 값을 변경합니다.
3 listInfo의 endCursor와 hasNextPage가 변경되었으니 getPhotos 함수를 다시 정의합니다.
4 getPhotos 함수가 변경되었으니 useEffect가 호출됩니다.
5 useEffect에 정의된 함수는 getPhotos를 호출합니다.

뭔가 이상하죠? 결국, listInfo의 endCursor와 hasNextPage 값이 변경되지 않을 때까지 getPhotos를 호출하게 됩니다. 새로운 목록을 가져오면 endCursor가 변경되므로 기기의 전체 사진을 불러올 때까지 계속 getPhotos를 호출합니다. 결국, listInfo가 문제의 원인입니다. 따라서 listInfo가 변경되어도 리렌더링되지 않게 만들면 해결할 수 있습니다.

다음과 같이 ImagePickerScreen 컴포넌트를 수정하세요.

```
...
import {
  useCallback,
  useEffect,
  useLayoutEffect,
  useState,
  useRef
} from 'react';
...

const ImagePickerScreen = () => {
  ...
  const [photos, setPhotos] = useState([]);
  const listInfo = useRef({ endCursor: '', hasNextPage: true });

  ...

  const getPhotos = useCallback(async () => {
    const options = {...};

    if (listInfo.current.endCursor) {
      options['after'] = listInfo.current.endCursor;
    }

    if (listInfo.current.hasNextPage) {
      const { assets, endCursor, hasNextPage } =
        await MediaLibrary.getAssetsAsync(options);
      setPhotos((prev) => [...prev, ...assets]);
      listInfo.current = { endCursor, hasNextPage };
    }
  }, []);
  console.log(photos.length);

  ...
};

...
```

useRef는 값이 변경되어도 리렌더링되지 않는다는 특징을 활용해서 listInfo를 useRef를
사용해서 만들도록 변경했습니다. useRef를 사용해서 생성되었으니 listInfo.current로

접근해야 하는 점에 주의하세요. 이제 **getPhotos**에서 상태 변수의 변화에 따라 함수가 달라지지 않으니 **useCallback**의 deps도 빈 배열로 변경했습니다.

코드를 적용하고 테스트해보면 처음 렌더링될 때 30개의 사진만 불러오고, 스크롤을 내리면 추가로 사진을 불러와서 60개가 되는 것을 볼 수 있습니다. 여러분도 사진 목록 불러오기가 잘 작동하는지 확인해보세요.

▶ 사진 불러오기 테스트 영상 – https://bit.ly/2022-rn-load-more

목록 새로고침하기

스크롤이 가장 위에 있을 때 당겨서 새로고침하는 기능을 만들어보겠습니다. **FlatList** 컴포넌트의 **onRefresh**를 사용하면 당겨서 새로고침하는 기능을 쉽게 구현할 수 있습니다.

🔗 FlatList 컴포넌트 onRefresh – https://bit.ly/flatlist-onrefresh

onRefresh를 사용할 때에는 **refreshing** props도 함께 전달해야 합니다. 새로고침 중일 때 **refreshing** props에 **true**를 전달하면 됩니다.

다음과 같이 **ImagePickerScreen** 컴포넌트를 수정하세요.

 src/screens/ImagePickerScreen.js

```
...

const initialListInfo = { endCursor: '', hasNextPage: true };

const ImagePickerScreen = () => {
  ...
  const listInfo = useRef(initialListInfo);
  const [refreshing, setRefreshing] = useState(false);

  ...

  const getPhotos = useCallback(async () => {
    const options = {
      first: 30,
      sortBy: [MediaLibrary.SortBy.creationTime],
    };
```

```
      if (listInfo.current.endCursor) {
        options['after'] = listInfo.current.endCursor;
      }

      if (listInfo.current.hasNextPage) {
        const { assets, endCursor, hasNextPage } =
          await MediaLibrary.getAssetsAsync(options);
        setPhotos((prev) => (options.after ? [...prev, ...assets] : assets));
        listInfo.current = { endCursor, hasNextPage };
      }
    }, []);
  console.log(photos.length);

  const onRefresh = async () => {
    setRefreshing(true);
    listInfo.current = initialListInfo;
    await getPhotos();
    setRefreshing(false);
  };

  useEffect(...);

  useLayoutEffect(...);

  return (
    <View style={styles.container}>
      <FlatList
        ...
        onEndReachedThreshold={0.4}
        onRefresh={onRefresh}
        refreshing={refreshing}
      />
    </View>
  );
};

...
```

새로고침 상태를 관리하는 refreshing 상태 변수를 만들어서 FlatList 컴포넌트의
refresing props에 전달했습니다. onRefresh 함수에서는 refreshing 상태 변수를 변경
하고 listInfo를 초기화한 다음 getPhotos 함수를 호출했습니다. listInfo를 초기화하지
않으면 다음 페이지를 불러오게 되니 주의하세요.

getPhotos에서는 처음 렌더링되면서 호출되었거나 새로고침하는 것인지 아니면 다음 페이지를 불러오는 것인지를 구분해서 photos 상태 변수를 수정해야 합니다. getAssetsAsync의 파라미터로 전달한 값에 after가 없으면 endCursor가 없다는 의미이므로 after의 유무를 기준으로 photos 상태 변수를 수정하도록 변경했습니다.

코드를 적용하고 스크롤을 당기면 스피너가 나타났다가 사라지면서 새로고침되는 것을 확인할 수 있습니다. 터미널에 나타나는 photos.length의 값이 새로고침 후 30으로 나타나면 잘 작동하고 있는 것입니다. 테스트를 완료하면 console.log 코드는 삭제하세요.

⑥ 사진 선택하기

사진 목록이 준비되었으니 이번에는 사진 선택 기능을 만들겠습니다.

사진 선택 기능 만들기

사진을 선택하면 상태 변수에 담아서 관리하고 선택된 사진의 디자인을 변경해서 다른 사진과 구분할 수 있도록 만들겠습니다.

다음과 같이 ImagePickerScreen 컴포넌트를 수정하세요.

📄 src/screens/ImagePickerScreen.js

```
...
import { MaterialCommunityIcons } from '@expo/vector-icons';
import { PRIMARY } from '../colors';

const initialListInfo = { endCursor: '', hasNextPage: true };

const ImagePickerScreen = () => {
  ...
  const [refreshing, setRefreshing] = useState(false);
  const [selectedPhotos, setSelectedPhotos] = useState([]);

  ...

  const isSelectedPhoto = (photo) => {
    return selectedPhotos.findIndex((item) => item.id === photo.id) > -1;
```

```
  };

  const togglePhoto = (photo) => {
    const isSelected = isSelectedPhoto(photo);
    setSelectedPhotos((prev) =>
      isSelected
        ? prev.filter((item) => item.id !== photo.id)
        : [...prev, photo]
    );
  };

  return (
    <View style={styles.container}>
      <FlatList
        style={styles.list}
        data={photos}
        renderItem={({ item }) => {
          const isSelected = isSelectedPhoto(item);
          return (
            <Pressable
              style={{ width, height: width }}
              onPress={() => togglePhoto(item)}
            >
              <Image source={{ uri: item.uri }} style={styles.photo} />
              {isSelected && (
                <View
                  style={[StyleSheet.absoluteFill, styles.checkIcon]}
                >
                  <MaterialCommunityIcons
                    name="check-circle"
                    size={40}
                    color={PRIMARY.DEFAULT}
                  />
                </View>
              )}
            </Pressable>
          );
        }}
        ...
      />
    </View>
  );
};

const styles = StyleSheet.create({
```

```
  ...
  checkIcon: {
    justifyContent: 'center',
    alignItems: 'center',
  },
});

export default ImagePickerScreen;
```

선택된 사진을 관리하는 selectedPhotos 상태 변수를 만들고 사진이 selectedPhotos 상태 변수에 포함되어 있는지 확인하는 isSelectedPhoto 함수를 만들었습니다. 그리고 toggle Photo 함수를 생성해서 사진을 클릭할 때 해당 사진이 selectedPhotos 상태 변수에 포함되어 있는지에 따라 제거하거나 추가하는 기능을 만들었습니다.

isSelectedPhoto 함수에서 사용된 findIndex는 배열에 내장된 함수로 배열을 순환하면서 파라미터로 전달된 함수를 만족하는 첫 번째 요소의 인덱스를 반환합니다. 만약 조건을 만족하는 요소가 없다면 −1을 반환합니다.

∞ Array.findIndex() – https://mzl.la/3OFPfQl

```
const arr = [1, 2, 3, 4, 5, 6, 7, 8, 9, 10];
arr.findIndex((item) => item % 2 === 0);    // 1
arr.findIndex((item) => item % 3 === 0);    // 2
arr.findIndex((item) => item === 7);        // 6
arr.findIndex((item) => item === 11);       // -1
```

togglePhoto 함수에서 사용된 filter도 배열에 내장된 함수로 배열을 순환하면서 파라미터로 전달된 함수를 만족하는 요소만 모은 배열을 반환합니다.

∞ Array.filter() – https://mzl.la/3bO8TLN

```
const arr = [1, 2, 3, 4, 5, 6, 7, 8, 9, 10];
arr.filter((item) => item % 2 === 0);    // [2, 4, 6, 8, 10]
arr.filter((item) => item % 3 === 0);    // [3, 6, 9]
arr.filter((item) => item === 7);        // [7]
arr.filter((item) => item === 11);       // []
```

filter는 map과 비슷하지만 map은 같은 크기의 배열을 반환하는 반면 filter는 조건에 맞는 요소로 이루어진 배열을 반환합니다.

선택된 사진의 디자인을 다르게 표현하기 위해 FlatList 컴포넌트의 renderItem을 수정해서 선택된 사진에는 체크 아이콘이 나타나게 만들었습니다. 체크 아이콘은 사진 위에 나타나도록 style에 StyleSheet.absoluteFill을 사용했습니다. 그리고 사진을 클릭할 때마다 togglePhoto 함수를 호출해서 사진의 선택 여부가 변경되도록 만들었습니다.

이제 화면에서 사진을 클릭할 때마다 체크 아이콘이 나타났다가 사라집니다. 여러분도 체크 아이콘이 잘 나타나는지 확인해보세요.

▶ 사진 선택과 체크 아이콘

expo-blur로 선택된 사진 구분하기

사진 위에 나타난 체크 아이콘이 사진의 색에 따라 잘 보이지 않는 경우가 생길 수 있습니다. 선택된 사진과 체크 아이콘 사이에 반투명한 레이아웃을 추가해서 흐릿하게 만들면, 체크 아이콘이 더 잘 보여서 선택 여부를 더 명확하게 확인할 수 있습니다.

View 컴포넌트에 스타일을 적용해서 사용하는 방법도 있지만 Expo에서 제공하는 expo-blur 를 사용해보겠습니다.

ᠻᠣ expo-blur - https://bit.ly/expo-blur

아래 명령어를 사용해서 expo-blur를 설치하세요.

```
$ expo install expo-blur
```

설치가 완료되면 다음과 같이 **ImagePickerScreen** 컴포넌트를 수정하세요.

📄 **src/screens/ImagePickerScreen.js**

```
...
import {
  ...
  Platform,
} from 'react-native';
...
import { BlurView } from 'expo-blur';

const initialListInfo = { endCursor: '', hasNextPage: true };

const ImagePickerScreen = () => {
  ...

  return (
    <View style={styles.container}>
      <FlatList
        style={styles.list}
        data={photos}
        renderItem={(({ item }) => {
          const isSelected = isSelectedPhoto(item);
          return (
            <Pressable ... >
              <Image source={{ uri: item.uri }} style={styles.photo} />
              {isSelected && (
                <BlurView
                  style={[StyleSheet.absoluteFill, styles.checkIcon]}
```

```
                    intensity={Platform.select({ ios: 10, android: 50 })}
                  >
                    <MaterialCommunityIcons ... />
                  </BlurView>
                )}
              </Pressable>
            );
          }}
          ...
        />
      </View>
    );
  };

...
```

체크 아이콘을 감싸고 있던 **View** 컴포넌트를 **BlurView** 컴포넌트로 변경했습니다. **BlurView** 컴포넌트는 iOS에서는 컴포넌트 아래에 있는 화면을 흐리게 만들고, 안드로이드에서는 흐림 효과 없이 반투명 효과만 나타납니다.

1부터 100 사이의 **intensity**의 값을 설정하여 화면의 흐림 정도를 조절하며 숫자가 클수록 더 많이 흐릿해집니다. iOS에서는 값이 너무 크면 이미지 구별이 어려우니 **10**으로 설정하고, 안드로이드에서는 기본값으로 설정했습니다.

▶ BlurView 컴포넌트 적용하기

☑ 선택된 사진 전달하기

이번에는 선택된 사진을 이전 화면으로 전달하는 기능을 만들어보겠습니다.

useNavigationState Hook으로 이전 화면 확인하기

이전 화면으로 이동하는 함수는 goBack 함수입니다. 여기에서는 이전 화면으로 이동하면서 선택한 사진을 전달해야 하는데 goBack 함수는 데이터를 전달할 수 없습니다. 그렇다면 어떻게 해야 이전 화면으로 데이터를 전달할 수 있을까요?

우리는 리액트 내비게이션을 다룰 때 변수와 함께 화면을 이동하는 방법에 대해 배웠습니다. navigate 함수를 호출할 때 두 번째 파라미터에 값을 전달하면 이동한 화면에서 route. params로 데이터를 받아서 사용할 수 있습니다. 따라서 이전 화면의 이름을 알 수 있다면 navigate 함수를 사용해서 이전 화면으로 이동하면서 사진을 전달할 수 있습니다.

리액트 내비게이션에서 제공하는 useNavigationState Hook을 사용하면 이전 화면을 확인할 수 있습니다.

🔗 useNavigationState Hook – https://reactnavigation.org/docs/use-navigation-state/

다음과 같이 **ImagePickerScreen** 컴포넌트를 수정해보세요.

🟨 **src/screens/ImagePickerScreen.js**

```
●●●

import {
  useNavigation,
  useNavigationState,
} from '@react-navigation/native';
...

const ImagePickerScreen = () => {
  ...
  const [selectedPhotos, setSelectedPhotos] = useState([]);

  const state = useNavigationState((state) => state);
  console.log(state);

  ...
};

...
```

코드를 적용하면 터미널에 굉장히 긴 메시지가 나타납니다. 그중 **routes** 부분을 잘 확인해보세요.

```
{
  ...
  "routes": Array [
    Object {
      "name": "ContentTab",
      ...
    },
    Object {
      "name": "UpdateProfile",
      ...
    },
    Object {
```

```
      "name": "ImagePicker",
      ...
    },
  ],
}
```

routes를 보면 지금까지 어떻게 이미지 피커 화면으로 이동했는지 알 수 있습니다. 탭 내비게이터 화면에서 프로필 수정 화면으로 이동하고 그다음 이미지 피커 화면으로 이동했습니다. 즉, 현재 화면 위치는 routes 배열의 마지막 항목이 되고 이전 화면은 routes 배열의 뒤에서 두 번째 항목이 됩니다.

다음과 같이 ImagePickerScreen 컴포넌트를 수정하세요.

📄 src/screens/ImagePickerScreen.js

```
● ● ●

...

const ImagePickerScreen = () => {
  ...

  const stateRoutes = useNavigationState((state) => state.routes);

  const onSelect = useCallback(() => {
    const prevScreenName = stateRoutes[stateRoutes.length - 2].name;
    navigation.navigate(prevScreenName, { selectedPhotos });
  }, [navigation, selectedPhotos, stateRoutes]);

  ...

  useLayoutEffect(() => {
    navigation.setOptions({
      headerRight: () => (
        <HeaderRight
          disabled={selectedPhotos.length < 1}
          onPress={onSelect}
        />
      ),
    });
  }, [navigation, onSelect, selectedPhotos.length]);
```

```
  ...
};

...
```

우리는 routes만 확인하면 되니 useNavigationState에서 state.routes만 반환하도록 수정해서 stateRoutes 변수에 저장했습니다. 그리고 onSelect 함수를 통해 stateRoutes 배열에서 이전 화면의 이름을 얻고, navigate 함수를 사용해서 선택된 사진을 전달하도록 만들었습니다.

onSubmit 함수는 HeaderRight 컴포넌트의 onPress에 전달했습니다. 또한 선택된 사진이 없다면 버튼을 클릭할 수 없도록 disabled를 전달했습니다.

useRoute Hook으로 전달된 데이터 확인하기

다음으로 프로필 수정 화면에서 전달된 사진 정보를 확인하겠습니다. navigate 함수의 두 번째 파라미터로 전달된 데이터는 route.params로 확인할 수 있습니다. 화면으로 사용된 컴포넌트의 props로 route가 전달되지만, useRoute Hook을 사용해도 route를 받아서 사용할 수 있습니다.

👓 useRoute Hook − https://reactnavigation.org/docs/use-route/

다음과 같이 UpdateProfileScreen 컴포넌트를 수정하세요.

📄 src/screens/UpdateProfileScreen.js

```
● ● ●

import { useNavigation, useRoute } from '@react-navigation/native';
...

const UpdateProfileScreen = () => {
  const navigation = useNavigation();
  const route = useRoute();
  console.log(route.params);
```

```
    ...
  }
  ...
```

이미지 피커 화면에서 사진을 선택하고 프로필 수정 화면으로 이동하면 route.params를 통해 전달된 사진 정보를 확인할 수 있도록 작성했습니다. 이제 이미지 피커 화면에서 사진을 선택하고 **확인** 버튼을 클릭하면 프로필 수정 화면으로 이동합니다. 그리고 터미널에 전달된 사진 정보가 나타나게 됩니다. 여러분도 화면이 잘 이동하는지 사진 정보가 잘 도착하는지 확인해보세요.

프로필 사진 변경하기

다음으로 전달된 사진 정보를 이용해서 프로필 수정 화면의 사진을 변경해보겠습니다. 다음과 같이 UpdateProfileScreen 컴포넌트를 수정하세요.

 src/screens/UpdateProfileScreen.js

```
...

const UpdateProfileScreen = () => {
  const navigation = useNavigation();
  const { params } = useRoute();

  const [user, setUser] = useUserState();

  const [photo, setPhoto] = useState({ uri: user.photoURL });
  const [displayName, setDisplayName] = useState(user.displayName);
  const [disabled, setDisabled] = useState(true);
  const [isLoading, setIsLoading] = useState(false);

  useEffect(() => {
    if (params) {
      const { selectedPhotos } = params;
      if (selectedPhotos?.length) {
        console.log('selectedPhotos: ', selectedPhotos[0]);
        setPhoto(selectedPhotos[0]);
```

```
      }
    }
  }, [params]);

  ...

  return (
    <SafeInputView>
      <Header ... />

      <View style={styles.container}>
        <View ... >
          <FastImage source={{ uri: photo.uri }} style={styles.photo} />
          ...
        </View>

        ...

      </View>
    </SafeInputView>
  );
};

...
```

route.params를 통해 전달되는 사진 객체의 형태는 { uri: '...' }이므로 photo 상태 변수도 그 모습에 맞춰서 객체로 변경했습니다. 상태 변수의 모습이 변경되었으니 FastImage 컴포넌트에도 photo.uri가 전달되도록 수정했습니다.

사진이 전달되었는지 확인하는 방법은 params의 변화를 확인하는 것입니다. 그래서 params가 변경되었을 때 params에 전달된 사진 정보에서 첫 번째 요소를 사용해 photo 상태 변수를 수정하도록 만들었습니다.

이미지 피커 화면으로 이동해서 사진을 선택하고 **확인** 버튼을 클릭해보세요. 프로필 수정 화면으로 돌아오면서 선택한 사진이 나타나는 것을 볼 수 있습니다.

▶ 프로필 수정 화면 사진 변경

8 컴포넌트 분리하기

이미지 피커 화면을 만들었지만 코드가 너무 길어서 가독성이 떨어집니다. 이번에는 긴 코드를 각 역할에 맞춰 여러 개의 컴포넌트로 분리하겠습니다.

PhotoItem 컴포넌트 만들기

먼저 ImagePickerScreen 컴포넌트에서 FlatList 컴포넌트의 renderItem에 사용된 코드를 컴포넌트로 분리하겠습니다. components 폴더 밑에 PhotoItem.js 파일을 만들고 다음과 같이 작성하세요. 코드를 복사해서 수정하면 조금 더 편하게 작성할 수 있습니다.

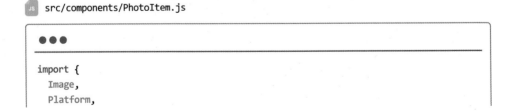

JS src/components/PhotoItem.js

```
import {
  Image,
  Platform,
```

```
  Pressable,
  StyleSheet,
  useWindowDimensions,
} from 'react-native';
import { MaterialCommunityIcons } from '@expo/vector-icons';
import { PRIMARY } from '../colors';
import { BlurView } from 'expo-blur';
import { memo } from 'react';
import PropTypes from 'prop-types';

const PhotoItem = memo(({ item, isSelected, togglePhoto }) => {
  const width = useWindowDimensions().width / 3;

  return (
    <Pressable
      style={{ width, height: width }}
      onPress={() => togglePhoto(item)}
    >
      <Image source={{ uri: item.uri }} style={styles.photo} />
      {isSelected && (
        <BlurView
          style={[StyleSheet.absoluteFill, styles.checkIcon]}
          intensity={Platform.select({ ios: 10 })}
        >
          <MaterialCommunityIcons
            name="check-circle"
            size={40}
            color={PRIMARY.DEFAULT}
          />
        </BlurView>
      )}
    </Pressable>
  );
});

PhotoItem.displayName = 'PhotoItem';

PhotoItem.propTypes = {
  item: PropTypes.object.isRequired,
  isSelected: PropTypes.bool.isRequired,
  togglePhoto: PropTypes.func.isRequired,
};

const styles = StyleSheet.create({
  photo: {
```

```
      width: '100%',
      height: '100%',
    },
    checkIcon: {
      justifyContent: 'center',
      alignItems: 'center',
    },
});

export default PhotoItem;
```

PhotoItem 컴포넌트는 FlatList 컴포넌트의 renderItem에 사용되는 컴포넌트이니 memo를 사용해서 props가 변경될 때에만 다시 렌더링하도록 만들었습니다.

ImagePicker 컴포넌트 만들기

그다음 components 폴더 밑에 ImagePicker.js 파일을 만드세요. 그리고 ImagePicker Screen 컴포넌트에서 FlatList 컴포넌트 부분을 복사해서 다음과 같이 작성하세요.

 src/components/ImagePicker.js

```
import { Alert, FlatList, StyleSheet, View } from 'react-native';
import { useCallback, useEffect, useRef, useState } from 'react';
import * as MediaLibrary from 'expo-media-library';
import PropTypes from 'prop-types';
import PhotoItem from './PhotoItem';
import { useNavigation } from '@react-navigation/native';

const initialListInfo = { endCursor: '', hasNextPage: true };

const ImagePicker = ({ togglePhoto, isSelectedPhoto }) => {
  const navigation = useNavigation();
  const [status, requestPermission] = MediaLibrary.usePermissions();

  const [photos, setPhotos] = useState([]);
  const listInfo = useRef(initialListInfo);
  const [refreshing, setRefreshing] = useState(false);

  useEffect(() => {
```

```
    (async () => {
      const { granted } = await requestPermission();
      if (!granted) {
        Alert.alert('사진 접근 권한', '사진 접근 권한이 필요합니다.', [
          {
            text: '확인',
            onPress: () => {
              navigation.canGoBack() && navigation.goBack();
            },
          },
        ]);
      }
    })();
  }, [navigation, requestPermission]);

  const getPhotos = useCallback(async () => {
    const options = {
      first: 30,
      sortBy: [MediaLibrary.SortBy.creationTime],
    };

    if (listInfo.current.endCursor) {
      options['after'] = listInfo.current.endCursor;
    }

    if (listInfo.current.hasNextPage) {
      const { assets, endCursor, hasNextPage } =
        await MediaLibrary.getAssetsAsync(options);
      setPhotos((prev) => (options.after ? [...prev, ...assets] : assets));
      listInfo.current = { endCursor, hasNextPage };
    }
  }, []);

  const onRefresh = async () => {
    setRefreshing(true);
    listInfo.current = initialListInfo;
    await getPhotos();
    setRefreshing(false);
  };

  useEffect(() => {
    if (status?.granted) {
      getPhotos();
    }
  }, [getPhotos, status?.granted]);
```

```
    return (
      <View style={styles.container}>
        <FlatList
          style={styles.list}
          data={photos}
          renderItem={({ item }) => (
            <PhotoItem
              item={item}
              togglePhoto={togglePhoto}
              isSelected={isSelectedPhoto(item)}
            />
          )}
          numColumns={3}
          onEndReached={getPhotos}
          onEndReachedThreshold={0.4}
          onRefresh={onRefresh}
          refreshing={refreshing}
        />
      </View>
    );
};

ImagePicker.propTypes = {
  togglePhoto: PropTypes.func.isRequired,
  isSelectedPhoto: PropTypes.func.isRequired,
};

const styles = StyleSheet.create({
  container: {
    flex: 1,
    justifyContent: 'center',
    alignItems: 'center',
  },
  list: {
    width: '100%',
  },
});

export default ImagePicker;
```

FlatList 컴포넌트의 renderItem에는 앞에서 만든 PhotoItem 컴포넌트를 사용했습니다.
ImagePickerScreen 컴포넌트에서 사진과 관련된 코드는 모두 가져왔다고 보면 됩니다.

ImagePickerScreen 컴포넌트 정리하기

이제 ImagePickerScreen 컴포넌트에서 사용하지 않는 코드는 삭제하고 ImagePicker 컴포넌트를 사용하도록 작성하면 됩니다. 다음과 같이 ImagePickerScreen 컴포넌트를 수정하세요.

 src/screens/ImagePickerScreen.js

```
import {
  useNavigation,
  useNavigationState,
} from '@react-navigation/native';
import { useCallback, useLayoutEffect, useState } from 'react';
import HeaderRight from '../components/HeaderRight';
import ImagePicker from '../components/ImagePicker';

const ImagePickerScreen = () => {
  const navigation = useNavigation();
  const stateRoutes = useNavigationState((state) => state.routes);

  const [selectedPhotos, setSelectedPhotos] = useState([]);

  const onSelect = useCallback(() => {
    const prevScreenName = stateRoutes[stateRoutes.length - 2].name;
    navigation.navigate(prevScreenName, { selectedPhotos });
  }, [navigation, selectedPhotos, stateRoutes]);

  useLayoutEffect(() => {
    navigation.setOptions({
      headerRight: () => (
        <HeaderRight
          disabled={selectedPhotos.length < 1}
          onPress={onSelect}
        />
      ),
    });
  }, [navigation, onSelect, selectedPhotos.length]);

  const isSelectedPhoto = (photo) => {
    return selectedPhotos.findIndex((item) => item.id === photo.id) > -1;
  };
```

```
  const togglePhoto = (photo) => {
    const isSelected = isSelectedPhoto(photo);
    setSelectedPhotos((prev) =>
      isSelected
        ? prev.filter((item) => item.id !== photo.id)
        : [...prev, photo]
    );
  };

  return (
    <ImagePicker
      togglePhoto={togglePhoto}
      isSelectedPhoto={isSelectedPhoto}
    />
  );
};

export default ImagePickerScreen;
```

selectedPhotos 상태 변수는 ImagePickerScreen 컴포넌트의 onSelect 함수에서 사용해야 하므로 ImagePickerScreen 컴포넌트에서 관리해야 합니다. togglePhoto 함수와 isSelectedPhoto 함수도 selectedPhotos 상태 변수를 사용하는 함수라서 ImagePicker Screen 컴포넌트에 유지했습니다.

이제 코드가 훨씬 깔끔해지고 보기 편해졌습니다. 코드가 너무 길어서 가독성이 떨어질 때에는 성격에 맞는 코드끼리 묶어서 컴포넌트로 분리해보세요.

9 이미지 선택 개수 제한하기

프로필 수정 화면은 사진을 하나만 선택할 수 있으니 여러 개의 사진을 선택할 수 없도록 코드를 수정하겠습니다. 다음과 같이 ImagePickerScreen 컴포넌트를 수정하세요.

JS src/ImagePickerScreen.js

```
● ● ●
...

const ImagePickerScreen = () => {
```

```
...

const maxCount = 1;
const [selectedPhotos, setSelectedPhotos] = useState([]);

...

const togglePhoto = (photo) => {
  const isSelected = isSelectedPhoto(photo);
  setSelectedPhotos((prev) => {
    if (isSelected) {
      return prev.filter((item) -> item.id !== photo.id);
    }

    if (maxCount > prev?.length) {
      return [...prev, photo];
    }

    return prev;
  });
};

...
};

...
```

maxCount 변수를 만들고 사진을 선택할 때 maxCount의 값에 따라 사진의 추가 여부를 결정하도록 만들었습니다. 이제 사진은 한 장만 선택할 수 있습니다. 여러분도 maxCount 값을 변경해보며 테스트해보세요.

9.3 Firebase Storage에 사진 업로드하기

이 절에서는 선택된 사진을 업로드하고 사용자 프로필 사진을 변경해서 프로필 수정 기능을 완성하겠습니다.

1 getAssetInfoAsync 함수로 사진 정보 받아오기

프로필 수정 화면에서 터미널에 출력한 사진 정보를 확인해보세요. 사진 정보 중 uri를 보면 안드로이드는 file://로 시작하지만, iOS는 ph://로 시작하는 것을 볼 수 있습니다. ph:// 는 iOS에서 사용하는 파일 경로로 파일을 업로드하기 위해 file://로 시작하는 uri가 필요합니다. file:// 경로는 expo-media-library에서 제공하는 getAssetInfoAsync 함수를 사용하면 쉽게 얻을 수 있습니다.

© Expo getAssetInfoAsync – https://bit.ly/expo-get-asset-info

getAssetInfoAsync 함수에 사진의 ID를 전달해서 호출하면 사진의 상세 정보를 얻을 수 있습니다. getAssetsAsync 함수에서 얻은 사진 객체의 id를 사용해서 선택한 사진의 상세 정보를 받아오겠습니다.

getAssetInfoAsync 함수를 사용해서 ImagePicker 컴포넌트에 사진의 상세 정보를 받아오는 함수를 만들겠습니다.

📄 src/components/ImagePicker.js

```
...

export const getLocalUri = async (id) => {
  return await MediaLibrary.getAssetInfoAsync(id);
};
```

```
const ImagePicker = ({ togglePhoto, isSelectedPhoto }) => {...}

...
```

그다음 UpdateProfileScreen 컴포넌트에서 getLocalUri를 사용하겠습니다.

📄 src/screens/UpdateProfileScreen.js

```
...
import { getLocalUri } from '../components/ImagePicker';

const UpdateProfileScreen = () => {
  ...

  const onSubmit = useCallback(async () => {
    Keyboard.dismiss();
    if (!disabled && !isLoading) {
      setIsLoading(true);
      try {
        const localUri = await getLocalUri(photo.id);
        console.log(localUri);
        setIsLoading(false);

        // const userInfo = { displayName };

        // await updateUserInfo(userInfo);
        // setUser((prev) => ({ ...prev, ...userInfo }));

        // navigation.goBack();
      } catch (e) {
        Alert.alert('사용자 수정 실패', e.message);
        setIsLoading(false);
      }
    }
  }, [disabled, displayName, navigation, setUser, photo.id]);

  ...
```

테스트를 위해 onSubmit 함수 내용을 주석 처리하고 getLocalUri 함수를 호출했습니다.

onSubmit 함수는 photo.id가 변경되면 재작성되어야 하니 useCallback의 deps에 photo.id를 추가했습니다.

코드를 적용하고 이미지 피커 화면에서 사진을 선택하세요. 그리고 프로필 수정 화면의 **확인** 버튼을 클릭해서 onSubmit 함수를 호출하세요. onSubmit 함수를 호출하면 터미널에 사진 상세 정보가 나타납니다. 그중 localUri에 우리가 원하던 file://로 시작하는 경로가 담겨있는 것을 확인할 수 있습니다.

```
{
  "filename": "IMG_0059.JPEG",
  "id": "74249A85-24C8-4C2F-9382-CC4C1FC8E52C/L0/001",
  "localUri": "file:///.../IMG_0059.JPEG",
  "uri": "ph://74249A85-24C8-4C2F-9382-CC4C1FC8E52C",
  ...
}
```

그런데 안드로이드에서는 uri와 localUri의 값이 같기 때문에 localUri를 위한 사진 상세 정보를 요청할 필요가 없습니다. 다음과 같이 UpdateProfileScreen 컴포넌트를 수정하세요.

 src/screens/UpdateProfileScreen.js

```
import { useNavigation, useRoute } from '@react-navigation/native';
import {
  ...
  Platform,
} from 'react-native';
...

const UpdateProfileScreen = () => {
  ...

  const onSubmit = useCallback(async () => {
    Keyboard.dismiss();
    if (!disabled) {
      setIsLoading(true);
      try {
        const localUri = Platform.select({
          ios: await getLocalUri(photo.id),
```

```
        android: photo.uri,
      });
      ...
    } catch (e) {
      ...
    }
  }
}, [disabled, displayName, navigation, setUser, photo.id, photo.uri]);

...
```

Platform.select를 사용해서 iOS에서는 사진 상세 정보를 받아오는 함수를 실행하고, 안드로이드에서는 photo.uri를 사용하도록 수정했습니다.

다음으로 getLocalUri 함수를 수정해서 localUri만 반환하게 만들겠습니다. 우리는 사진 상세 정보 중 localUri만 필요하므로 사진 상세 정보 전체를 받아올 필요가 없습니다. 다음과 같이 ImagePicker 컴포넌트를 수정하세요.

[JS] src/components/ImagePicker.js

```
...

export const getLocalUri = async (id) => {
  return (await MediaLibrary.getAssetInfoAsync(id)).localUri;
};

...
```

getAssetInfoAsync 함수 작동이 끝나길 기다렸다가(await) 결과에서 localUri만 반환하도록 수정했습니다. 코드를 적용하고 다시 테스트해보세요. 터미널에 file://로 시작하는 사진 경로가 나타나면 잘 작동하고 있는 것입니다.

2 사진 업로드하기

사진의 localUri를 사용해서 Firebase Storage에 사진을 업로드하고 업로드된 파일 주소를 사용해서 사용자 프로필 사진을 지정하겠습니다.

Blob 객체 만들기

우리가 선택한 사진을 Firebase Storage에 업로드하려면 사진을 Blob 객체로 변환해야 합니다. Blob은 이미지, 사운드, 동영상 같은 멀티미디어 데이터를 다룰 때 자주 사용하는 객체입니다.

🔗 Blob – https://mzl.la/3aesynL

api 폴더 밑에 **storage.js** 파일을 생성하고 다음과 같이 작성하세요.

 src/api/storage.js

```js
export const uploadPhoto = async ({ uri }) => {
  if (uri.startsWith('https')) {
    return uri;
  }

  const blob = await new Promise((resolve, reject) => {
    // eslint-disable-next-line no-undef
    const xhr = new XMLHttpRequest();
    xhr.onload = function () {
      resolve(xhr.response);
    };
    xhr.onerror = function (e) {
      // eslint-disable-next-line no-console
      console.log('blob onError: ', e);
      reject(new Error('사진 업로드에 실패했습니다.'));
    };
    xhr.responseType = 'blob';
    xhr.open('GET', uri, true);
    xhr.send(null);
  });

  blob.close();

  return uri;
};
```

파라미터로 uri를 전달받는 uploadPhoto 함수를 만들었습니다. 만약 전달된 uri가 https로 시작한다면 이미 업로드된 사진이라는 의미이므로 추가 작업 없이 uri를 그대로 반환하도록 만들었습니다. 만약 `file://`로 시작하는 `uri`가 전달되면 **XMLHttpRequest**를 사용해서 **Blob**을 만들었습니다. **XMLHttpRequest**는 웹 브라우저에서 제공하는 API로 **AJAX** 프로그래밍에서 많이 사용됩니다.

⊸ **XMLHttpReqeust** – https://mzl.la/3OWWW51

Blob을 만드는 코드에서 `// eslint-disable-next-line no-undef` 주석을 작성하지 않으면 **XMLHttpRequest**에서 ESLint 에러가 발생합니다. 우리는 프로젝트 준비 단계에서 ESLint를 설정할 때에 작성하는 코드를 Node.js에서 사용한다고 설정했습니다. 그런데 Node.js는 **XMLHttpRequest**를 제공하지 않기 때문에 나타나는 에러 메시지입니다. 하지만 리액트 네이티브에서 **XMLHttpRequest**를 지원하므로 해당 코드에서 ESLint 기능을 *끄고* 진행하도록 주석을 작성했습니다.

⊸ 리액트 네이티브 **XMLHttpRequest** – https://bit.ly/rn-networking

> **NOTE**
>
> fetch를 사용하지 않고 XMLHttpRequest를 사용한 이유가 궁금한 독자는 아래 링크를 참고하기 바랍니다.
> https://github.com/expo/expo/issues/2402#issuecomment-443726662

uploadBytes 함수로 업로드하기

준비된 **Blob** 객체를 Firebase Storage에 업로드하겠습니다. Firebase Storage에 파일을 업로드할 때에는 **uploadBytes** 함수를 사용해야 합니다.

⊸ Firebase Storage **uploadBytes** – https://bit.ly/firebase-upload-bytes

공식 문서를 보면 **uploadBytes** 함수는 비동기 함수로 파라미터에 **StorageReference**와 **Blob**을 전달하도록 되어 있습니다. **Blob**은 이미 준비되어 있고 **StorageReference**는 ref 함수를 통해 얻을 수 있습니다.

⊸ Firebase Storage **ref** – https://bit.ly/firebase-storage-ref

ref 함수에는 FirebaseStorage와 경로(path)를 전달해야 합니다. FirebaseStorage는 getStorage 함수를 통해 얻을 수 있습니다. 두 번째 파라미터인 경로(path)에는 우리가 업로드하는 파일을 어디에 저장할지를 전달하게 됩니다.

🔗 Firebase Storage getStorage – https://bit.ly/firebase-get-storage

어떻게 파일을 저장할 위치를 정하는 것이 좋을까요? 가장 쉽게 생각할 수 있는 방법은 우리가 앞에서 업로드한 profile.png 파일처럼 루트 경로에 파일을 업로드하는 것입니다. 파일 이름만 중복되지 않게 하면 되므로 굉장히 간단한 방법입니다. 하지만 이렇게 하면 어떤 사용자가 업로드한 사진인지 구분하기 어렵고 관리도 까다롭습니다.

우리가 만들고 있는 여행 사진 공유 앱은 사용자가 자주 사진을 업로드하는 서비스입니다. 따라서 한 곳에 모든 사진을 모으기보다 사용자별로 폴더를 구분해서 사진을 관리하는 것이 좋습니다. 사용자별로 폴더를 구분하기 위해 Firebase에서 사용자를 구분하는 데 사용하는 uid를 활용하겠습니다. 사용자 uid를 폴더의 이름으로 사용해서 해당 사용자의 사진을 관리하도록 만들겠습니다.

다음과 같이 storage.js 파일을 수정하세요.

📄 src/api/storage.js

```js
import { ref, getStorage, uploadBytes } from 'firebase/storage';

export const uploadPhoto = async ({ uri, uid }) => {
  ...

  const filename = uri.split('/').pop();
  const storageRef = ref(getStorage(), `/${uid}/${filename}`);
  await uploadBytes(storageRef, blob);

  blob.close();

  return uri;
};
```

사용자의 uid를 사용해서 폴더를 구분해야 하므로 파라미터에 uid를 추가했습니다. 그리고 uri에서 파일 이름과 확장자만 분리해 filename을 만들었습니다. filename을 만들 때 사용된 split 함수는 자바스크립트 문자열에 내장된 함수로, 전달된 구분자를 사용해 문자열을 나눠서 배열을 반환합니다.

🔗 String.split() – https://mzl.la/3agjKO2

split 함수의 구분자로 전달된 문자는 배열에 포함되지 않고, 문자열에서 구분자로 전달된 문자를 찾을 수 없으면 길이가 1인 배열이 반환됩니다.

```
const url = 'https://beomjun.com/assets/image.png';
url.split('/');     // ['https:', '', 'beomjun.com', 'assets', 'image.png']
url.split(' ');     // ['https://beomjun.com/assets/image.png']
```

우리는 파일 이름부터 확장자까지만 있으면 되므로 uri를 /로 나눠서 마지막 요소를 filename으로 만들었습니다. 그리고 파라미터로 전달된 uid와 filename을 사용해서 사진을 저장할 주소를 ref 함수에 전달했습니다.

마지막으로 uploadBytes 함수에 ref 함수에서 반환한 StorageReference와 준비된 Blob을 전달했습니다. Blob을 uploadBytes 함수에서 사용하므로 blob.close() 코드를 upload Bytes 함수보다 뒤에 두어야 한다는 것에 주의하세요.

getDownloadURL 함수로 업로드된 사진 주소 얻기

사진 업로드가 성공하면 Firebase Storage에 업로드된 사진의 URL을 받아서 사용자의 프로필 사진으로 사용해야 합니다. 우리는 이미 사진이 저장된 경로를 알고 있으니, getDownload URL 함수를 사용해서 사진의 URL을 받아오면 됩니다.

🔗 Firebase Storage getDownloadURL – https://bit.ly/firebase-storage-get-url

getDownloadURL 함수에는 StorageReference를 파라미터로 전달해야 합니다. 앞에서 ref 함수를 사용해서 만든 StorageReference를 사용해야 방금 업로드한 사진의 URL을 얻을 수 있습니다.

다음과 같이 **storage.js** 파일을 수정하세요.

📄 src/api/storage.js

```
●●●

import {
  ...
  getDownloadURL,
} from 'firebase/storage';

export const uploadPhoto = async ({ uri, uid }) => {
  ...

  blob.close();

  return await getDownloadURL(storageRef);
};
```

getDownloadURL 함수를 호출해서 얻은 결과를 반환하도록 수정했습니다.

이제 완성된 **uploadPhoto** 함수를 프로필 수정 화면에서 사용하겠습니다. 다음과 같이 **UpdateProfileScreen** 컴포넌트를 수정하세요.

📄 src/screens/UpdateProfileScreen.js

```
●●●

...
import { uploadPhoto } from '../api/storage';

const UpdateProfileScreen = () => {
  ...

  const onSubmit = useCallback(async () => {
    Keyboard.dismiss();
    if (!disabled && !isLoading) {
      setIsLoading(true);
      try {
        const localUri = Platform.select({...});
        const photoURL = await uploadPhoto({
          uri: localUri,
```

```
      uid: user.uid,
    });
    console.log(photoURL);

    const userInfo = { displayName, photoURL };

    await updateUserInfo(userInfo);
    setUser((prev) => ({ ...prev, ...userInfo }));

    navigation.goBack();
  } catch (e) {
    Alert.alert('사용자 수정 실패', e.message);
    setIsLoading(false);
  }
}
}, [
  ...
  photo.uri,
  user.uid
]);

...
```

테스트를 위해 주석 처리했던 코드의 주석을 풀었습니다. 앞에서 만든 uploadPhoto 함수에는 getLocalUri 함수를 통해 얻은 localUri와 UserContext에 저장된 사용자의 uid를 전달했습니다. uploadPhoto 함수를 통해 얻은 Firebase Storage의 사진 URL은 userInfo 객체의 photoURL로 사용해서 updateUserInfo 함수에 전달하도록 만들었습니다. 그리고 useCallback의 deps에는 user.uid를 추가했습니다.

보안 규칙 수정하기

코드를 적용하고 사진을 변경하려 하면 다음 그림과 같이 접근 권한이 없다는 에러 메시지를 만나게 됩니다.

▶ 사진 업로드 실패

앞에서 Firebase Storage의 보안 규칙을 다음과 같이 **profile.png** 파일에 대해 읽기만 가능하도록 수정해서 발생한 문제입니다.

```
rules_version = '2';
service firebase.storage {
  match /b/{bucket}/o {
    match /profile.png {
      allow read;
    }
  }
}
```

지금 업로드한 파일은 **profile.png** 경로가 아니라서 보안 규칙에 따라 실패한 것입니다. **profile.png** 파일은 주소가 정해져 있지만 **uploadPhoto** 함수에 의해서 업로드된 사진은 사용자의 **uid**와 파일 이름에 따라 경로가 달라집니다. 이런 상황에서는 보안 규칙에 변경 가능한 변수를 적용해서 여러 상황에 대응할 수 있도록 만들어야 합니다.

Firebase Storage 메뉴의 Rules 탭에서 보안 규칙을 다음과 같이 수정하세요.

```
rules_version = '2';
service firebase.storage {
  match /b/{bucket}/o {
    match /profile.png {
      allow read;
    }

    match /{uid}/{allPaths=**} {
      allow read;
      allow write: if request.auth.uid == uid;
    }
  }
}
```

uploadPhoto 함수에서 작성한 경로와 같은 모습으로 /{uid}를 사용해서 match를 만들었습니다. 보안 규칙에서 중괄호({})로 주소를 감싸면 해당 부분이 변수가 되어서 전달되는 값을 저장할 수 있습니다. 예를 들어 /beomjun/test.png라는 경로에 접근하면 match의 uid에 beomjun이 할당됩니다.

/{uid} 뒤에 작성한 allPaths=**은 모든 경로를 의미합니다. 따라서 전달되는 폴더 이름만 신경 쓰고 나머지 뒷부분은 어떤 경로로 오든 모두 규칙을 적용받는 경로가 됩니다. 예를 들어 /beomjun/test.png든 /beomjun/profile/test.png든 모두 적용되며 uid는 beomjun이 됩니다.

이 규칙에 해당하는 경로에 대해서 항상 읽기를 허용하도록 보안 규칙을 만들었습니다. 사용자 프로필 사진은 누구나 볼 수 있어야 하므로 읽기는 항상 허용해야 합니다. 쓰기 권한은 요청한 사용자가 폴더 이름과 같은 uid를 사용할 때에만 허용하도록 만들었습니다.

Firebase 보안 규칙에서 request는 요청을 의미합니다. request의 auth에는 요청한 사용자 정보가 담겨 있습니다. 폴더에 대한 쓰기 권한은 폴더에 해당하는 사용자만 가능해야 하므로 요청한 사용자의 uid인 request.auth.uid가 경로의 uid와 같을 때에만 허용하도록 만들었습니다.

규칙을 적용하고 다시 프로필 사진을 수정해보세요. 정상적으로 변경되면서 프로필 화면에 사진이 바뀌는 것을 볼 수 있습니다. 앱을 새로고침해서 변경된 사진이 잘 유지되는지 확인해보세요.

▶ 프로필 사진 변경

그리고 사진이 Firebase Storage의 사용자 **uid** 폴더에 업로드되었는지 확인해보세요. 또한 Firebase Storage의 사진 주소와 터미널에 나타난 주소가 같은지 확인해보세요.

▶ Firebase Storage 업로드

이제 프로필 수정 화면이 완성되었습니다. 테스트가 완료되면 UpdateProfileScreen 컴포넌트에 있는 console.log 코드는 모두 삭제하세요.

9.4 마치며

이 장에서는 프로필 수정 화면을 완성했습니다. 이 과정에서 기기의 사진을 가져와서 목록을 만들고, 사진을 선택할 수 있는 이미지 피커 컴포넌트를 만들어봤습니다.

그리고 useNavigationState Hook을 사용해서 이전 화면의 이름을 얻고, navigate 함수를 사용해서 화면에 데이터를 전달했습니다. 데이터를 받는 화면에서는 useRoute Hook을 사용해서 route의 params에 담긴 데이터를 사용했습니다. 리액트 내비게이션에서는 다양하고 유용한 Hook을 많이 제공하니 공식 문서를 꼭 확인해보세요.

Firebase Storage에 파일을 업로드할 때에는 파일이 저장되는 경로에 대한 보안 규칙을 설정해야 합니다. 모든 파일에 대해 모든 권한을 허용하면 편하지만 실제 서비스에서는 그렇게 할 수 없으니 규칙 설정 연습을 해보는 것을 추천합니다.

다음 장에서는 글 작성과 작성한 글 목록을 가져오는 화면을 만들어서 프로젝트를 완성하겠습니다.

CHAPTER
10

여행 사진 공유 앱 만들기 IV

Preview

지금까지 우리는 사용자 인증 화면과 프로필 화면을 만들면서 Firebase에서 Authentication
과 Storage를 사용해봤습니다. 이 장에서는 글 작성 화면과 글 목록 화면을 만들어 프로젝트를
완성해보며 Firebase Firestore와 Google Places API를 사용해봅니다.

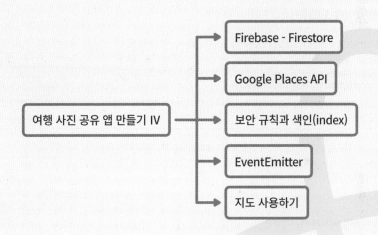

10.1 글 작성하기

글 작성 화면을 만들어보겠습니다. 글 작성 화면은 8장에서 언급한 대로 사진 선택 단계와 글 작성 단계로 나누어 만들겠습니다.

1 사진 선택 화면 만들기

먼저 탭 바의 가운데 버튼을 클릭하면 이동하는 사진 선택 화면을 만들어보겠습니다.

사진 선택 화면 꾸미기

다음과 같이 **SelectPhotosScreen** 컴포넌트를 수정하세요.

 src/screens/SelectPhotosScreen.js

```js
import { useNavigation } from '@react-navigation/native';
import {
  StyleSheet,
  Text,
  View,
  useWindowDimensions,
  Pressable,
} from 'react-native';
import { MainRoutes } from '../navigations/routes';
import { GRAY, WHITE } from '../colors';
import { MaterialCommunityIcons } from '@expo/vector-icons';

const SelectPhotosScreen = () => {
  const navigation = useNavigation();

  const width = useWindowDimensions().width;

  return (
    <View style={styles.container}>
```

```
            <Text style={styles.description}>
                이미지는 최대 4장까지 선택 가능합니다.
            </Text>

            <View style={{ width, height: width }}>
              <Pressable
                style={styles.photoButton}
                onPress={() => navigation.navigate(MainRoutes.IMAGE_PICKER)}
              >
                <MaterialCommunityIcons
                  name="image-plus"
                  size={80}
                  color={GRAY.DEFAULT}
                />
              </Pressable>
            </View>
          </View>
      );
  };

const styles = StyleSheet.create({
  container: {
    flex: 1,
    backgroundColor: WHITE,
  },
  description: {
    color: GRAY.DARK,
    paddingHorizontal: 20,
    marginVertical: 10,
  },
  photoButton: {
    width: '100%',
    height: '100%',
    justifyContent: 'center',
    alignItems: 'center',
    backgroundColor: GRAY.LIGHT,
  },
});

export default SelectPhotosScreen;
```

선택 가능한 최대 사진 개수에 대한 안내 메시지와 이미지 피커 화면으로 이동하는 버튼을 추가했습니다. 이미지 피커 화면에서 사진을 선택하고 돌아오면 버튼 대신 이미지를 렌더링할 예정입니다.

버튼을 클릭하면 이미지 피커 화면으로 잘 이동하는지 확인하세요. 그리고 이미지 피커 화면에서 사진을 선택하고 **확인** 버튼을 누르면 사진 선택 화면으로 잘 돌아오는지 확인해보세요.

▶ 사진 선택 화면

사진 선택 개수 조절하기

현재는 ImagePickerScreen 컴포넌트에서 maxCount 변수가 1로 고정되어 있어서 사진을 한 장만 선택할 수 있습니다. 이미지 피커 화면에서 사진을 여러 장 선택할 수 있도록 만들겠습니다.

글을 작성할 때에는 사진을 4장까지 선택할 수 있고, 프로필 사진을 수정할 때는 한 장만 선택할 수 있어야 합니다. 이미지 피커 화면을 사용하는 화면마다 선택 가능한 최대 사진 개수가 다르므로 화면으로 이동할 때에 최대 사진 개수를 전달해서 그 값에 따라 선택할 수 있는 사진의 개수가 달라지게 만들겠습니다.

다음과 같이 ImagePickerScreen 컴포넌트를 수정하세요.

src/screens/ImagePickerScreen.js

```
import {
  useNavigation,
  useNavigationState,
  useRoute,
} from '@react-navigation/native';
...

const ImagePickerScreen = () => {
  const navigation = useNavigation();
  const stateRoutes = useNavigationState((state) => state.routes);
  const { params } = useRoute();

  const maxCount = params?.maxCount ?? 1;
  const [selectedPhotos, setSelectedPhotos] = useState([]);

...
```

선택 가능한 사진의 개수를 나타내는 maxCount 변수의 값으로 route.params에 전달된 maxCount 값을 사용하도록 변경했습니다. maxCount가 전달되지 않으면 maxCount 값이 1이 되도록 만들었기 때문에 프로필 수정 화면에서 maxCount를 전달하도록 수정하지 않아도 됩니다.

사진 선택 화면에서 이미지 피커 화면으로 이동할 때에 maxCount를 4로 전달하겠습니다. 다음과 같이 SelectPhotosScreen 컴포넌트를 수정하세요.

src/screens/SelectPhotosScreen.js

```
...

const SelectPhotosScreen = () => {
  ...

  return (
    <View style={styles.container}>
      ...
```

```
    <View style={{ width, height: width }}>
      <Pressable
        style={styles.photoButton}
        onPress={() =>
          navigation.navigate(MainRoutes.IMAGE_PICKER, { maxCount: 4 })
        }
      >
        <MaterialCommunityIcons ... />
      </Pressable>
    </View>
  </View>
);
};

...
```

navigate 함수를 호출할 때 두 번째 파라미터에 **maxCount**를 전달했습니다. 코드를 적용하고 사진 선택 화면에서 이미지 피커 화면으로 이동하면 사진이 4장까지 선택되는지 확인해보세요. 그리고 프로필 수정 화면에서 이미지 피커 화면으로 이동하면 사진이 1장만 선택되는지도 확인해보세요.

▶ 사진 4장 선택하기

사진 전달받기

이번에는 이미지 피커 화면에서 선택한 사진을 전달받는 코드를 작성하겠습니다. 프로필 수정 화면처럼 route.params를 사용해서 전달된 사진을 확인할 수 있습니다. 다음과 같이 Select PhotosScreen 컴포넌트를 수정하세요.

 src/screens/SelectPhotosScreen.js

```
import { useNavigation, useRoute } from '@react-navigation/native';
...
import { useEffect, useState } from 'react';

const SelectPhotosScreen = () => {
  const navigation = useNavigation();
  const { params } = useRoute();

  const width = useWindowDimensions().width;

  const [photos, setPhotos] = useState([]);

  useEffect(() => {
    if (params) {
      setPhotos(params.selectedPhotos ?? []);
    }
  }, [params]);
  console.log(photos);

  return (...);
};

...
```

useRoute Hook을 사용해서 route의 params를 받아오고, params가 변경되면 photos 상태 변수를 변경하도록 만들었습니다.

이미지 피커 화면에서 사진을 선택하고 **확인** 버튼을 눌러보세요. 사진 선택 화면으로 이동하면서 선택한 사진의 정보가 터미널에 모두 나타나면 잘 작동하고 있는 것입니다. 테스트를 완료하면 console.log 코드는 삭제하세요.

헤더 오른쪽 버튼 추가하기

마지막으로 헤더 오른쪽 버튼을 추가하겠습니다. 다음과 같이 SelectPhotosScreen 컴포넌트를 수정하세요.

 src/screens/SelectPhotosScreen.js

```
import { useNavigation, useRoute } from '@react-navigation/native';
import {
  ...
  Alert,
  Platform,
} from 'react-native';
...
import { useEffect, useState, useLayoutEffect, useCallback } from 'react';
import HeaderRight from '../components/HeaderRight';
import { getLocalUri } from '../components/ImagePicker';

const SelectPhotosScreen = () => {
  const navigation = useNavigation();
  const { params } = useRoute();

  const width = useWindowDimensions().width;

  const [photos, setPhotos] = useState([]);
  const [disabled, setDisabled] = useState(true);
  const [isLoading, setIsLoading] = useState(false);

  useEffect(() => {...}, [params]);

  useEffect(() => {
    setDisabled(isLoading || !photos.length);
  }, [isLoading, photos.length]);

  const onSubmit = useCallback(async () => {
    if (!disabled) {
      setIsLoading(true);
      try {
        const localUris = await Promise.all(
          photos.map((photo) =>
            Platform.select({
              ios: getLocalUri(photo.id),
              android: photo.uri,
```

```
            })
          )
        );
        console.log(localUris);
      } catch (e) {
        Alert.alert('사진 정보 조회 실패', e.message);
      }
      setIsLoading(false);
    }
  }, [disabled, photos]);

  useLayoutEffect(() => {
    navigation.setOptions({
      headerRight: () => (
        <HeaderRight disabled={disabled} onPress={onSubmit} />
      ),
    });
  }, [navigation, disabled, onSubmit]);

  return (...);
};

...
```

헤더 오른쪽 버튼의 활성화 여부를 관리하는 disabled 상태 변수와 onSubmit 함수의 실행 여부를 관리하는 isLoading 상태 변수를 만들었습니다. 그리고 useLayoutEffect를 사용해서 HeaderRight 컴포넌트를 헤더의 오른쪽 버튼으로 설정했습니다.

onSubmit 함수는 프로필 수정 화면의 onSubmit 함수와 비슷하지만 여러 장의 사진에 대해 localUri를 확인해야 한다는 차이점이 있습니다. getLocalUri 함수는 비동기 함수이므로 한 번에 처리하기 위해 Promise.all을 사용했습니다.

이미지 피커 화면에서 여러 장의 사진을 선택하고 사진 선택 화면에서 헤더의 오른쪽 버튼을 클릭해보세요. 터미널에 선택한 사진의 file:// 경로가 나타나면 잘 작동하는 것입니다. 테스트가 완료되면 console.log 코드는 삭제하세요.

2 선택한 사진 보여주기

이번에는 선택한 사진을 화면에 렌더링하겠습니다.

react-native-swiper로 이미지 슬라이더 만들기

우리는 사진을 최대 4장까지 선택할 수 있기 때문에 사진을 목록으로 렌더링하면 화면이 너무 길어지면서 스크롤이 생기게 됩니다. 이런 단점을 해결하기 위해 이미지 슬라이더를 사용해서 사진을 화면에 렌더링하겠습니다.

react-native-swiper 라이브러리를 사용하면 리액트 네이티브에서 쉽게 이미지 슬라이더를 만들 수 있습니다.

🔗 react-native-swiper – https://github.com/leecade/react-native-swiper

다음 명령어를 사용해서 react-native-swiper를 설치하세요.

```
$ npm install react-native-swiper
```

설치가 완료되면 다음과 같이 **SelectPhotosScreen** 컴포넌트를 수정하세요.

📄 src/screens/SelectPhotosScreen.js

```
import { useNavigation, useRoute } from '@react-navigation/native';
import {
  ...
  Image,
} from 'react-native';
...
import Swiper from 'react-native-swiper';

const SelectPhotosScreen = () => {
  ...

  return (
    <View style={styles.container}>
      ...

      <View style={{ width, height: width }}>
        {photos.length ? (
          <Swiper>
            {photos.map(({ uri }, idx) => (
```

```
          <Image
            key={idx}
            source={{ uri }}
            style={styles.photo}
            resizeMode="contain"
          />
        ))}
      </Swiper>
    ) : (
      <Pressable
        style={styles.photoButton}
        onPress={() =>
          navigation.navigate(MainRoutes.IMAGE_PICKER, { maxCount: 4 })
        }
      >
        <MaterialCommunityIcons
          name="image-plus"
          size={80}
          color={GRAY.DEFAULT}
        />
      </Pressable>
    )}
  </View>
</View>
  );
};

const styles = StyleSheet.create({
  ...
  photo: {
    width: '100%',
    height: '100%',
  },
});

export default SelectPhotosScreen;
```

photos에 사진 정보가 있을 때에만 Swiper 컴포넌트를 사용하게 만들었습니다. Swiper 컴포넌트는 자식 컴포넌트를 슬라이더로 보여주는 역할을 합니다. 여기에서는 사진을 보여줘야 되기 때문에 Image 컴포넌트를 Swiper의 자식 컴포넌트로 사용했습니다.

이미지 피커 화면에서 사진을 여러 장 선택해보세요. 사진 선택 화면에서 선택한 사진이 슬라이터로 나타나게 됩니다. 여러분도 정사각형 사진, 세로가 긴 사진, 가로가 긴 사진 모두 잘 나타나는지 확인해보세요.

▶ 이미지 슬라이더

expo-blur로 사진 배경 만들기

이미지 슬라이더가 잘 작동하지만 직사각형 모양의 사진은 여백 때문에 어딘가 모르게 휑하게 느껴집니다. 이번에는 이미지 피커 화면에서 사용했던 expo-blur를 통해 이미지 슬라이더에 배경을 만들어보겠습니다.

다음과 같이 SelectPhotosScreen 컴포넌트를 수정하세요.

 src/screens/SelectPhotosScreen.js

```
● ● ●

...
import { BlurView } from 'expo-blur';

const SelectPhotosScreen = () => {
```

```
    ...

    return (
      <View style={styles.container}>
        ...

        <View style={{ width, height: width }}>
          {photos.length ? (
            <Swiper>
              {photos.map(({ uri }, idx) => (
                <View key={idx} style={styles.photo}>
                  <Image
                    source={{ uri }}
                    style={StyleSheet.absoluteFill}
                    resizeMode="cover"
                  />
                  <BlurView
                    intensity={Platform.select({ ios: 10, android: 100 })}
                  >
                    <Image
                      source={{ uri }}
                      style={styles.photo}
                      resizeMode="contain"
                    />
                  </BlurView>
                </View>
              ))}
            </Swiper>
          ) : (
            ...
          )}
        </View>
      </View>
    );
  };

  ...
```

Image 컴포넌트를 하나 더 만든 다음에 StyleSheet.absoluteFill을 사용해서 겹치도록 하고 resizeMode를 cover로 설정해서 남는 공간이 없도록 만들었습니다. 그리고 resizeMode가 contain인 Image 컴포넌트를 BlurView 컴포넌트로 감싸서 아래에 있는 Image 컴포넌트를 흐리게 만들었습니다.

화면을 확인하면 직사각형 모양의 사진은 배경으로 같은 사진이 흐릿하게 나타나는 것을 볼 수 있습니다.

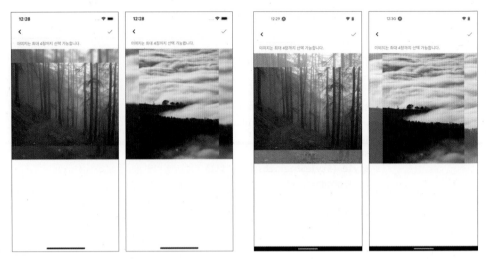

▶ 슬라이더 사진 배경 – iOS / 안드로이드

Swiper 컴포넌트 수정하기

이번에는 Swiper 컴포넌트를 조금 수정하겠습니다. 첫 번째 변경할 부분은 마지막 사진에서 옆으로 슬라이드 하면 다시 처음 사진이 나타나게 하는 기능입니다. 이 기능은 loop props를 통해 변경할 수 있는데 false로 설정해서 끄겠습니다.

🔗 Swiper 컴포넌트 props – https://github.com/leecade/react-native-swiper#basic

두 번째 변경할 부분은 현재 사진 위치를 알려주는 아래쪽 점입니다. 현재 모습도 괜찮지만 우리가 사용하는 색으로 변경해서 좀 더 앱과 어울리도록 만들겠습니다. 위치를 알려주는 점 스타일은 dot과 activeDot props에 원하는 컴포넌트를 전달해서 변경할 수 있습니다. react-native-swiper 문서에서 dot과 activeDot에 설정된 기본값을 복사해서 수정하면 좀 더 편하게 변경할 수 있습니다.

🔗 dot과 activeDot 기본값 – https://github.com/leecade/react-native-swiper#pagination

다음과 같이 SelectPhotosScreen 컴포넌트를 수정하세요.

```
...
import { GRAY, WHITE, BLACK, PRIMARY } from '../colors';
...

const SelectPhotosScreen = () => {
  ...

  return (
    <View style={styles.container}>
      ...

      <View style={{ width, height: width }}>
        {photos.length ? (
          <Swiper
            loop={false}
            dot={<View style={styles.dot} />}
            activeDot={<View style={styles.activeDot} />}
          >...</Swiper>
        ) : (
          ...
        )}
      </View>
    </View>
  );
};

const styles = StyleSheet.create({
  ...
  dot: {
    backgroundColor: BLACK,
    width: 8,
    height: 8,
    borderRadius: 4,
    marginLeft: 3,
    marginRight: 3,
    marginTop: 3,
    marginBottom: 3,
  },
  activeDot: {
    backgroundColor: PRIMARY.DEFAULT,
    width: 8,
    height: 8,
```

```
    borderRadius: 4,
    marginLeft: 3,
    marginRight: 3,
    marginTop: 3,
    marginBottom: 3,
  },
});

export default SelectPhotosScreen;
```

화면을 확인하면 마지막 사진에서 처음 사진으로 이동되지 않고 점 스타일도 변경된 것을 볼
수 있습니다.

▶ Swiper 컴포넌트 변경

컴포넌트 분리하기

Swiper 컴포넌트를 사용해서 만든 사진 슬라이더는 글 목록 화면에서도 같은 방법으로 사용하
게 됩니다. 지금은 이미지 피커 화면에서 선택한 사진을 보여주지만, 글 목록에서는 서버에서

받아온 데이터에 있는 사진 정보를 사용하게 됩니다. 이번에는 우리가 만든 사진 슬라이더를 나중에 글 목록 화면에서도 사용할 수 있도록 컴포넌트로 분리하겠습니다.

components 폴더 밑에 ImageSwiper.js 파일을 만들고 다음과 같이 작성하세요. Select PhotosScreen 컴포넌트에 있는 사진 슬라이더 코드를 복사해서 사용하면 조금 더 쉽게 작성할 수 있습니다.

 src/components/ImageSwiper.js

```
import { Platform, StyleSheet, View } from 'react-native';
import Swiper from 'react-native-swiper';
import { BlurView } from 'expo-blur';
import { BLACK, PRIMARY } from '../colors';
import FastImage from './FastImage';
import PropTypes from 'prop-types';

const ImageSwiper = ({ photos }) => {
  return (
    <Swiper
      loop={false}
      dot={<View style={styles.dot} />}
      activeDot={<View style={styles.activeDot} />}
    >
      {photos.map(({ uri }, idx) => (
        <View key={idx} style={styles.photo}>
          <FastImage
            source={{ uri }}
            style={StyleSheet.absoluteFill}
            resizeMode="cover"
          />
          <BlurView intensity={Platform.select({ ios: 10, android: 100 })}>
            <FastImage
              source={{ uri }}
              style={styles.photo}
              resizeMode="contain"
            />
          </BlurView>
        </View>
      ))}
    </Swiper>
  );
```

```
  };

  ImageSwiper.propTypes = {
    photos: PropTypes.array.isRequired,
  };

  const styles = StyleSheet.create({
    photo: {
      width: '100%',
      height: '100%',
    },
    dot: {
      backgroundColor: BLACK,
      width: 8,
      height: 8,
      borderRadius: 4,
      marginLeft: 3,
      marginRight: 3,
      marginTop: 3,
      marginBottom: 3,
    },
    activeDot: {
      backgroundColor: PRIMARY.DEFAULT,
      width: 8,
      height: 8,
      borderRadius: 4,
      marginLeft: 3,
      marginRight: 3,
      marginTop: 3,
      marginBottom: 3,
    },
  });

  export default ImageSwiper;
```

SelectPhotosScreen 컴포넌트에 있던 코드와 거의 같지만 Image 컴포넌트 대신 Fast
Image 컴포넌트를 사용했다는 차이가 있습니다.

컴포넌트 작성이 완료되면 사진 선택 화면에서 ImageSwiper 컴포넌트를 사용하겠습니다. 다
음과 같이 SelectPhotosScreen 컴포넌트를 수정하세요.

src/screens/SelectPhotosScreen.js

```
import { useNavigation, useRoute } from '@react-navigation/native';
import {
  ...
  Platform,
} from 'react-native';
import { MainRoutes } from '../navigations/routes';
import { GRAY, WHITE } from '../colors';
...
import { getLocalUri } from '../components/ImagePicker';
import ImageSwiper from '../components/ImageSwiper';

const SelectPhotosScreen = () => {
  ...

  return (
    <View style={styles.container}>
      ...

      <View style={{ width, height: width }}>
        {photos.length ? (
          <ImageSwiper photos={photos} />
        ) : (
          ...
        )}
      </View>
    </View>
  );
};

const styles = StyleSheet.create({
  container: {...},
  description: {...},
  photoButton: {...},
});

export default SelectPhotosScreen;
```

ImageSwiper 컴포넌트를 사용하고 photos 상태 변수를 전달했습니다. 그리고 더 이상 사용하지 않는 코드를 삭제했습니다. 코드를 적용하고 ImageSwiper 컴포넌트가 잘 작동하는지 확인해보세요.

③ 글 작성 화면 만들기

다음으로 글 작성 화면을 만들겠습니다.

WriteTextScreen 컴포넌트 만들기

사진 선택 화면에서 **확인** 버튼을 클릭하면 이동하게 될 글 작성 화면을 만들겠습니다. screens 폴더 밑에 WriteTextScreen.js 파일을 만들고 다음과 같이 작성하세요.

⬢ src/screens/WriteTextScreen.js

```
import { useNavigation, useRoute } from '@react-navigation/native';
import {
  StyleSheet,
  Text,
  TextInput,
  useWindowDimensions,
  View,
} from 'react-native';
import { GRAY, WHITE } from '../colors';
import { useCallback, useEffect, useLayoutEffect, useState } from 'react';
import HeaderRight from '../components/HeaderRight';
import FastImage from '../components/FastImage';

const MAX_TEXT_LENGTH = 50;

const WriteTextScreen = () => {
  const navigation = useNavigation();
  const { params } = useRoute();
  const width = useWindowDimensions().width / 4;

  const [photoUris, setPhotoUris] = useState([]);
  const [text, setText] = useState('');

  const [disabled, setDisabled] = useState(true);
  const [isLoading, setIsLoading] = useState(false);

  useEffect(() => {
    if (params) {
      setPhotoUris(params.photoUris ?? []);
    }
  }, [params]);
```

```
useEffect(() => {
  setDisabled(isLoading || !text);
}, [isLoading, text]);

const onSubmit = useCallback(async () => {
  setIsLoading(true);
  setIsLoading(false);
}, []);

useLayoutEffect(() => {
  navigation.setOptions({
    headerRight: () => (
      <HeaderRight disabled={disabled} onPress={onSubmit} />
    ),
  });
}, [navigation, disabled, onSubmit]);

return (
  <View style={styles.container}>
    <View style={{ flexDirection: 'row' }}>
      {photoUris.map((uri, idx) => (
        <FastImage
          key={idx}
          source={{ uri }}
          style={{ width, height: width }}
        />
      ))}
    </View>

    <View>
      <TextInput
        value={text}
        onChangeText={(text) => setText(text)}
        maxLength={MAX_TEXT_LENGTH}
        placeholder="사진의 설명을 적어주세요."
        style={styles.input}
        returnKeyType="done"
        autoCapitalize="none"
        autoCorrect={false}
        textContentType="none"
      />
      <Text style={styles.inputLength}>
        {text.length} / {MAX_TEXT_LENGTH}
      </Text>
    </View>
  </View>
);
```

```
};

const styles = StyleSheet.create({
  container: {
    flex: 1,
    backgroundColor: WHITE,
  },
  input: {
    paddingHorizontal: 20,
    paddingTop: 20,
  },
  inputLength: {
    alignSelf: 'flex-end',
    paddingHorizontal: 20,
    color: GRAY.DARK,
    fontSize: 12,
  },
});

export default WriteTextScreen;
```

useRoute를 사용해서 params.photoUris에 담겨오는 사진 정보를 photoUris 상태 변수에 담았습니다. 그리고 전달된 사진을 FastImage 컴포넌트를 사용해서 화면에 렌더링했습니다.

사진 설명을 작성하는 TextInput 컴포넌트는 입력할 수 있는 최대 글자 수를 50자로 제한했습니다. 그리고 TextInput 컴포넌트 아래에 최대 입력 가능 글자 수와 현재 입력된 글자 수를 표시해서 사용자가 작성한 글자 수를 확인할 수 있도록 했습니다.

글 작성 화면이 준비되면 routes.js에 화면 이름을 추가하세요.

JS src/navigations/routes.js

```
●●●

...

export const MainRoutes = {
  ...
  WRITE_TEXT: 'WriteText',
};

...
```

그다음 MainStack 컴포넌트에서 WriteTextScreen 컴포넌트를 화면으로 추가하세요.

JS src/navigations/MainStack.js

```
...
import WriteTextScreen from '../screens/WriteTextScreen';

const Stack = createNativeStackNavigator();

const MainStack = () => {
  return (
    <Stack.Navigator ... >
      ...
      <Stack.Screen
        name={MainRoutes.WRITE_TEXT}
        component={WriteTextScreen}
      />
    </Stack.Navigator>
  );
};

export default MainStack;
```

다음으로 사진 선택 화면에서 글 작성 화면으로 선택된 사진 정보를 전달하겠습니다. 다음과
같이 SelectPhotosScreen 컴포넌트를 수정하세요.

JS src/screens/SelectPhotosScreen.js

```
...

const SelectPhotosScreen = () => {
  ...

  const onSubmit = useCallback(async () => {
    if (!disabled) {
      setIsLoading(true);
      try {
        const localUris = await Promise.all(...);
        navigation.navigate(MainRoutes.WRITE_TEXT, {
```

```
        photoUris: localUris,
      });
    } catch (e) {
      Alert.alert('사진 정보 조회 실패', e.message);
    }
    setIsLoading(false);
  }
}, [disabled, photos, navigation]);

...
```

navigate 함수를 통해 글 작성 화면으로 이동하면서 선택한 사진 정보를 전달하도록 만들었습니다. 코드를 적용하고 글 작성 화면으로 이동해보세요. 사진 선택 화면에서 선택한 사진이 나타나게 됩니다. 그리고 TextInput 컴포넌트 아래에 입력 글자 수가 잘 나타나는지 확인해 보세요.

▶ 글 작성 화면

replace 함수로 화면 변경하기

지금은 글 작성 화면에서 뒤로가기(<) 버튼을 클릭하면 사진 선택 화면으로 이동합니다. 만약 뒤로가기 버튼을 클릭했을 때 사진 선택 화면이 아니라 탭 내비게이터 화면으로 이동하고 싶다면 어떻게 해야 할까요?

navigate 함수를 사용해서 화면을 이동하면 현재 화면 위에 다음 화면을 쌓으면서 이동하기 때문에 goBack 함수를 호출하면 아래에 쌓여있는 화면으로 이동합니다. 글 작성 화면에서 뒤로가기를 했을 때 이전 화면이 사진 선택 화면이 아니게 하려면 화면을 이동할 때 사진 선택 화면을 스택에서 없어지게 하면 됩니다

화면을 이동하면서 현재 화면을 스택에서 제외하기 위해 navigate 함수 대신 replace 함수를 사용합니다. replace 함수는 화면을 쌓지 않고 현재 화면을 다른 화면으로 변경하면서 이동하는 함수입니다.

🔗 replace – https://reactnavigation.org/docs/stack-actions/#replace

▶ navigate 함수와 replace 함수

다음과 같이 SelectPhotosScreen 컴포넌트를 수정하세요.

📄 src/screens/SelectPhotosScreen.js

```
...

const SelectPhotosScreen = () => {
  ...

  const onSubmit = useCallback(async () => {
    if (!disabled) {
      setIsLoading(true);
      try {
        ...
```

```
      navigation.replace(MainRoutes.WRITE_TEXT, {
        photoUris: localUris,
      });
    } catch (e) {
      Alert.alert('사진 정보 조회 실패', e.message);
      setIsLoading(false);
    }
  }
}, [disabled, photos, navigation]);

...
```

navigate 함수 대신 replace 함수를 사용하면 화면을 이동할 때 SelectPhotosScreen 컴
포넌트가 언마운트됩니다. 따라서 setIsLoading(false) 코드가 언마운트된 다음 호출되는
문제를 해결하기 위해 catch 안으로 옮겼습니다.

코드를 적용하고 사진 선택 화면에서 글 작성 화면으로 이동해보세요. 그리고 뒤로가기 버튼을
눌러서 이전 화면으로 이동하면 탭 내비게이션 화면으로 이동하게 됩니다.

multiline props로 여러 줄 입력하기

글 작성 화면에서 최대한 길게 텍스트를 입력해보세요. 텍스트 길이가 화면을 넘어갈 정도로
길게 작성하면 아래 줄로 내려가는 것이 아니라 앞부분이 가려지면서 옆으로 입력되는 문제가
발생합니다.

▶ 글을 길게 작성했을 때

TextInput 컴포넌트에서 입력되는 텍스트가 한 줄로 나타나지 않고 여러 줄로 나타나게 하려
면 multiline props를 설정해야 합니다.

 TextInput 컴포넌트 multiline – https://reactnative.dev/docs/0.68/textinput#multiline

다음과 같이 **WriteTextScreen** 컴포넌트를 수정하세요.

src/screens/WriteTextScreen.js

```
...

const WriteTextScreen = () => {
  ...

  return (
    <View style={styles.container}>
      ...

      <View>
        <TextInput
          ...
          textContentType="none"
          multiline={true}
        />
        ...
      </View>
    </View>
  );
};

...
```

multiline props를 **true**로 설정하면 화면을 넘어가는 길이의 텍스트를 입력했을 때 자동으로 다음 줄로 넘어갑니다.

▶ multiline 설정하기

blurOnSubmit props로 줄 바꿈 막기

긴 텍스트가 여러 줄로 나타나지만 키보드의 **확인(완료)** 버튼을 클릭했을 때 줄 바꿈이 된다는 문제가 남았습니다. 키보드 **확인** 버튼을 클릭하면 줄 바꿈이 되는 것이 아니라 키보드가 사라지게 만들어보겠습니다.

▶ 키보드의 확인 버튼과 줄 바꿈

TextInput 컴포넌트의 blurOnSubmit props를 사용하면 줄 바꿈 기능을 끌 수 있습니다.

🔗 TextInput 컴포넌트 blurOnSubmit – https://bit.ly/rn-docs-blurOnSubmit

blurOnSubmit가 true면 키보드가 사라지고 onSubmitEditing에 설정한 함수가 호출됩니다. 기본값은 true이지만 multiline이 true일 때에는 기본값이 false가 됩니다. 그래서 줄바꿈이 되면서 키보드는 사라지지 않고 onSubmitEditing도 호출됩니다.

다음과 같이 WriteTextScreen 컴포넌트를 수정해보세요.

 src/screens/WriteTextScreen.js

```
● ● ●

...

const WriteTextScreen = () => {
  ...

  return (
    <View style={styles.container}>
      ...

      <View>
        <TextInput
          ...
          multiline={true}
          onSubmitEditing={() => console.log('submit')}
        />
        ...
      </View>
    </View>
  );
};

...
```

화면에서 키보드 **확인** 버튼을 클릭하면 줄 바꿈이 되고 onSubmitEditing이 호출되면서 터미널에 submit가 나타나는 것을 볼 수 있습니다.

이번에는 blurOnSubmit를 true로 설정해보세요.

src/screens/WriteTextScreen.js

```
...

const WriteTextScreen = () => {
  ...

  return (
    <View style={styles.container}>
      ...

      <View>
        <TextInput
          ...
          onSubmitEditing={() => console.log('submit')}
          blurOnSubmit={true}
        />
        ...
      </View>
    </View>
  );
};

...
```

이제 키보드의 **확인** 버튼을 누르면 줄 바꿈이 되지 않고 키보드가 사라지게 됩니다. 그리고 onSubmitEditing이 호출되면서 터미널에 submit가 나타납니다. 우리는 헤더의 오른쪽 버튼에 있는 **확인** 버튼으로 글 저장 함수를 호출할 예정이니 onSubmitEditing을 설정할 필요가 없습니다. 테스트가 모두 완료되면 onSubmitEditing은 삭제하세요.

editable props로 글 작성 가능 여부 설정하기

이번에는 서버에 글을 저장하는 onSubmit 함수가 작동하는 중에는 텍스트를 수정할 수 없도록 만들겠습니다. TextInput 컴포넌트의 텍스트 입력 가능 여부는 editable props로 설정할 수 있습니다.

🔗 TextInput 컴포넌트 editable – https://reactnative.dev/docs/0.68/textinput#editable

기본값은 true로 되어있으며 특정 상황에서 수정할 수 없게 하려면 editable을 false로 설정하면 됩니다. 다음과 같이 WriteTextScreen 컴포넌트를 수정해보세요.

📄 src/screens/WriteTextScreen.js

```
...
const WriteTextScreen = () => {
  ...

  const onSubmit = useCallback(async () => {
    setIsLoading(true);
    setTimeout(() => {
      setIsLoading(false);
    }, 2000);
  }, []);

  useLayoutEffect(...);

  return (
    <View style={styles.container}>
      ...

      <View>
        <TextInput
          ...
          multiline={true}
          blurOnSubmit={true}
          editable={!isLoading}
        />
        ...
      </View>
    </View>
  );
};

...
```

onSubmit 함수에서 isLoading 상태 변수가 2초 후에 false로 변경하도록 수정했습니다. 그리고 TextInput 컴포넌트에 editable은 isLoading 상태 변수의 반대 값이 되도록 설정했습니다.

화면에서 헤더의 오른쪽 버튼을 클릭하고 TextInput 컴포넌트를 수정해보세요. 2초가 지나서 isLoading이 다시 false가 되기 전에는 텍스트 수정이 되지 않는 것을 확인할 수 있습니다.

10.2 Google Places API 사용하기

알다시피 우리는 여행 사진 공유 앱을 만들고 있습니다. 앱의 특성에 맞게 게시글에 어디에서 찍은 사진인지 위치를 입력할 수 있는 기능을 추가하겠습니다.

❶ Google Places API 설정하기

Google Places API를 사용해서 위치 정보를 검색하고 사용해보겠습니다. 아래 링크를 통해 Google Cloud Platform으로 이동하세요.

🔗 Google Cloud Platform – https://console.cloud.google.com/

그리고 왼쪽 위의 **프로젝트 선택**에서 **전체** 탭으로 이동한 다음 우리가 Firebase에서 사용하고 있는 프로젝트를 선택하세요. 그다음 **API 및 서비스** 버튼을 클릭하세요.

▶ Google Cloud Platform 프로젝트 선택

사용 설정된 API 및 서비스 메뉴로 이동하면 위쪽에 있는 **＋ API 및 서비스 사용 설정** 버튼을 클릭하세요. 그러고 나면 API 라이브러리를 검색하는 페이지로 이동합니다. 검색창에 Places API를 입력하고 결과 목록에서 Places API를 선택한 다음 **사용** 버튼을 클릭하세요.

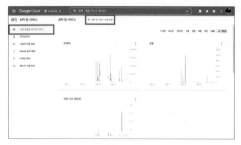

▶ Places API 사용하기

잠시 후에 프로젝트 결제 계정을 설정하라는 팝업창이 나타납니다. Google Places API는 사용한 만큼 비용을 결제해야 하는 서비스라서 결제 정보 입력을 하지 않으면 사용할 수 없습니다. 비용이 발생한다고 해서 너무 걱정할 필요가 없습니다. 만약 Google Cloud Platform을 처음 사용하게 되면 미화 300달러 크레디트를 받을 수 있습니다. 크레디트가 없다고 하더라도 매달 200달러 크레디트를 추가로 받을 수 있기 때문에 개발 단계의 테스트 용도로 사용하는 수준으로는 별도 비용이 발생하지 않습니다.

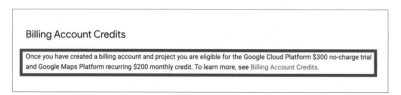

▶ 300달러 크레디트와 Google Maps 200달러 크레디트
  (출처: https://developers.google.com/maps/get-started)

결제 계정을 설정하고 나면 **Google Maps Platform 시작하기**라는 팝업이 나타납니다. 여기에 표시된 API 키를 복사하세요. 이것은 Google Places API를 사용할 때 필요한 키입니다. 그리고 첫 번째 체크박스로 표시된 **이 프로젝트에서 모든 Google 지도 API 사용 설정**은 해제하세

요. 체크하고 진행해도 문제가 되지는 않지만 사용하지 않는 모든 지도 관련 API가 활성화되기 때문에 설정 해제를 권장합니다.

▶ Google Maps Platform 시작하기

팝업에 나타난 API 키는 왼쪽 메뉴의 **사용자 인증 정보**에서 다시 확인할 수 있습니다.

② 위치 검색 기능 만들기

이제 위치 검색 기능을 만들겠습니다.

API 키 복사하기

앞에서 생성한 API 키를 env.js 파일에 복사하겠습니다. 외부로 유출되면 다른 사용자가 마음대로 사용할 수 있으니 보안에 주의하세요. 다음과 같이 env.js 파일을 수정하세요.

`.env.js`

```
...

export const MAP_KEY = '...';
```

react-native-google-places-autocomplete로 위치 검색하기

이제 Google Places API 사용 준비가 완료되었으니 위치 검색 기능을 만들겠습니다. 위치 검색 기능은 react-native-google-places-autocomplete 라이브러리를 사용하면 굉장히 쉽게 만들 수 있습니다.

🔗 react-native-google-places-autocomplete – https://bit.ly/rn-google-places

react-native-google-places-autocomplete는 Google Places API를 사용해서 위치 검색 자동 완성 컴포넌트를 제공하는 라이브러리입니다. 아래 명령어를 사용해서 해당 라이브러리를 설치하세요.

```
$ npm install react-native-google-places-autocomplete
```

설치가 완료되면 다음과 같이 **WriteTextScreen** 컴포넌트를 수정하세요.

 src/screens/WriteTextScreen.js

```
...
import { GooglePlacesAutocomplete } from 'react-native-google-places-autocomplete';
import { MAP_KEY } from '../../env';
import { MaterialCommunityIcons } from '@expo/vector-icons';

const MAX_TEXT_LENGTH = 50;

const WriteTextScreen = () => {
  ...

  return (
    <View style={styles.container}>
      <View style={{ flexDirection: 'row' }}>...</View>

      <View style={styles.location}>
        <GooglePlacesAutocomplete
          placeholder="Location"
          styles={{
            container: { flex: 0 },
```

```
            textInput: { paddingLeft: 30 },
          }}
          onPress={(data) => console.log(data)}
          onFail={(e) => {
            // eslint-disable-next-line no-console
            console.log('GooglePlacesAutocomplete onFail : ', e);
          }}
          query={{ key: MAP_KEY, language: 'ko' }}
          debounce={400}
        />

        <View style={styles.locationIcon}>
          <MaterialCommunityIcons
            name="map-marker"
            size={20}
            color={GRAY.DARK}
          />
        </View>
      </View>

      <View>
        <TextInput ... />
        <Text ... > ... </Text>
      </View>
    </View>
  );
};

const styles = StyleSheet.create({
  ...
  location: {
    paddingHorizontal: 20,
    paddingVertical: 5,
    borderBottomWidth: 0.5,
    borderBottomColor: GRAY.LIGHT,
  },
  locationIcon: {
    position: 'absolute',
    left: 20,
    top: 16,
  },
});

export default WriteTextScreen;
```

FastImage 컴포넌트와 TextInput 컴포넌트 사이에 GooglePlacesAutocomplete 컴포넌트를 사용했습니다. GooglePlacesAutocomplete 컴포넌트의 query props에는 env.js 파일에 복사한 Google Maps API 키를 전달하고 사용 언어를 설정하면 됩니다.

debounce props는 400으로 설정해서 너무 많은 요청이 전달되지 않도록 했습니다. 디바운스 debounce란 연속으로 발생하는 이벤트를 하나의 그룹으로 묶어서 한 번만 요청하는 프로그래밍 기법입니다.

예를 들어 '서울'이라고 검색하면 'ㅅ ㅓ ㅇ ㅜ ㄹ'의 순서로 입력되고, 입력되는 값을 자동으로 검색하기 때문에 'ㅅ'이 입력되었을 때 'ㅅ'을 검색하고, 'ㅓ'가 입력되어 "서"가 되면 '서'를 검색합니다. 이런 식으로 입력되는 값의 변화가 있을 때마다 요청을 한다면 너무 많은 요청이 발생합니다. 여기에서는 '서울'만 검색되어도 괜찮습니다. 앞의 코드에서는 값이 입력될 때마다 검색하지 않고 400ms 안에 발생한 입력을 묶어서 한 번만 요청하도록 설정한 것입니다.

화면을 보면 사진과 TextInput 컴포넌트 사이에 위치를 검색할 수 있는 입력 칸이 생긴 것을 볼 수 있습니다. 그리고 지역을 입력하면 관련된 위치가 결과로 나타나게 됩니다.

▶ GooglePlacesAutocomplete 사용하기

검색 결과에서 원하는 위치를 클릭하면 터미널에 다음과 같은 위치 정보가 나타납니다. 만약 문제가 있다면 onFail에 작성한 console.log를 통해 에러 메시지가 나타날 테니 원인을 확인해보세요.

```
{
  "description": "대한민국 서울",
  ...
}
```

GooglePlacesAutocomplete 컴포넌트 수정하기

이번에는 GooglePlacesAutocomplete 컴포넌트에 enablePoweredByContainer props를 설정해서 결과 화면 아래에 'powered by Google'이 나타나지 않도록 수정하겠습니다.

그리고 TextInput 컴포넌트와 마찬가지로 isLoading이 true일 때는 위치 검색이 불가능하게 만들겠습니다. TextInput 컴포넌트에서 설정이 가능한 props를 객체 형태로 GooglePlacesAutocomplete 컴포넌트의 textInputProps props에 전달할 수 있습니다.

다음과 같이 WriteTextScreen 컴포넌트를 수정하세요.

 src/screens/WriteTextScreen.js

```
...

const WriteTextScreen = () => {
  ...

  return (
    <View style={styles.container}>
      ...

      <View style={styles.location}>
        <GooglePlacesAutocomplete
          ...
          debounce={400}
          enablePoweredByContainer={false}
          textInputProps={{ editable: !isLoading }}
```

```
        />

        ...
      </View>

      ...
    </View>
  );
};

...
```

enablePoweredByContainer를 false로 설정하고 textInputProps에는 TextInput 컴
포넌트의 수정 가능 여부를 설정하는 editable을 설정했습니다. 화면을 확인하면 'powered
By Google'이 더 이상 나타나지 않고, isLoading이 true일 때 위치 검색이 불가능해집니다.

▶ GooglePlacesAutocomplete 컴포넌트 수정하기

위치 정보 저장하기

이제 선택된 위치를 상태 변수에 저장하겠습니다. 다음과 같이 **WriteTextScreen** 컴포넌트를 수정하세요.

 src/screens/WriteTextScreen.js

```
...
import { GRAY, WHITE, PRIMARY } from '../colors';
...

const WriteTextScreen = () => {
  ...

  const [photoUris, setPhotoUris] = useState([]);
  const [text, setText] = useState('');
  const [location, setLocation] = useState('');

  ...

  useEffect(() => {
    setDisabled(isLoading || !text || !location);
  }, [isLoading, text, location]);

  ...

  return (
    <View style={styles.container}>
      ...

      <View style={styles.location}>
        <GooglePlacesAutocomplete
          placeholder="Location"
          styles={{
            container: { flex: 0 },
            textInput: { paddingLeft: 30 },
          }}
          onPress={(data) => setLocation(data.description)}
          ...
        />

        <View style={styles.locationIcon}>
          <MaterialCommunityIcons
```

```
          name="map-marker"
          size={20}
          color={location ? PRIMARY.DEFAULT : GRAY.LIGHT}
        />
      </View>
    </View>

    ...
    </View>
  );
};

...
```

위치 정보를 저장하는 location 상태 변수를 만들고 클릭한 결과를 GooglePlacesAuto
complete 컴포넌트에서 저장하도록 만들었습니다. 그리고 location의 값에 따라 아이콘 색
이 변경되게 해서 위치 정보가 선택되었는지 명확하게 알 수 있도록 해줬습니다. 또한 위치 정
보는 필수로 입력되어야 하니 disabled 상태 변수가 location에 따라 변경되도록 수정했습
니다.

화면을 확인하면 location 상태 변수의 값에 따라 아이콘 색이 변경되는 것을 볼 수 있습니
다. 여러분도 검색 결과 중 하나를 클릭해서 location에 값이 있을 때와 없을 때의 아이콘 색
이 다르게 나타나는지 확인해보세요.

 위치 정보 저장하기

컴포넌트 분리하기

우리가 만드는 앱에는 맵 화면이 있습니다. 맵 화면에서 위치를 검색해 해당 위치에 등록된 사진을 보여주고자 합니다. 따라서 지금 만든 위치 검색은 맵 화면에서도 사용할 예정이므로 컴포넌트를 분리해서 재사용할 수 있도록 만들겠습니다.

components 폴더 밑에 LocationSearch.js 파일을 만들고 다음과 같이 작성하세요.

📄 src/components/LocationSearch.js

```
import { StyleSheet, View } from 'react-native';
import { GooglePlacesAutocomplete } from 'react-native-google-places-autocomplete';
import { MaterialCommunityIcons } from '@expo/vector-icons';
import { GRAY, PRIMARY } from '../colors';
import { MAP_KEY } from '../../env';
import PropTypes from 'prop-types';
```

```
const LocationSearch = ({ styles, onPress, isLoading, isSelected }) => {
  return (
    <View style={[defaultStyles.container, styles?.container]}>
      <GooglePlacesAutocomplete
        placeholder="Location"
        styles={{
          container: { flex: 0 },
          textInput: { paddingLeft: 30 },
        }}
        onPress={onPress}
        onFail={(e) => {
          // eslint-disable-next-line no-console
          console.log('GooglePlacesAutocomplete onFail : ', e);
        }}
        query={{ key: MAP_KEY, language: 'ko' }}
        debounce={400}
        enablePoweredByContainer={false}
        textInputProps={{ editable: !isLoading }}
      />

      <View style={[defaultStyles.icon, styles?.icon]}>
        <MaterialCommunityIcons
          name="map-marker"
          size={20}
          color={isSelected ? PRIMARY.DEFAULT : GRAY.LIGHT}
        />
      </View>
    </View>
  );
};

LocationSearch.defaultProps = {
  isLoading: false,
  isSelected: false,
};

LocationSearch.propTypes = {
  styles: PropTypes.object,
  onPress: PropTypes.func.isRequired,
  isLoading: PropTypes.bool,
  isSelected: PropTypes.bool,
};

const defaultStyles = StyleSheet.create({
  container: {
```

```
      paddingHorizontal: 20,
      paddingVertical: 5,
      borderBottomWidth: 0.5,
      borderBottomColor: GRAY.LIGHT,
    },
    icon: {
      position: 'absolute',
      left: 20,
      top: 16,
    },
  });

export default LocationSearch;
```

WriteTextScreen 컴포넌트에 있던 내용을 가져와서 LocationSearch 컴포넌트를 만들었습

니다. 이제 WriteTextScreen 컴포넌트에서 LocationSearch 컴포넌트를 사용하겠습니다.

 src/screens/WriteTextScreen.js

```
...
import { GRAY, WHITE } from '../colors';
import { useCallback, useEffect, useLayoutEffect, useState } from 'react';
import HeaderRight from '../components/HeaderRight';
import FastImage from '../components/FastImage';
import LocationSearch from '../components/LocationSearch';

const MAX_TEXT_LENGTH = 50;

const WriteTextScreen = () => {
  ...

  return (
    <View style={styles.container}>
      <View style={{ flexDirection: 'row' }}>...</View>

      <LocationSearch
        onPress={({ description }) => setLocation(description)}
        isLoading={isLoading}
        isSelected={!!location}
      />
```

```
      <View>
        <TextInput ... />
        <Text style={styles.inputLength}> ... </Text>
      </View>
    </View>
  );
};

const styles = StyleSheet.create({
  container: { ... },
  input: { ... },
  inputLength: { ... },
});

export default WriteTextScreen;
```

LocationSearch 컴포넌트를 사용하고 더 이상 필요하지 않은 코드를 모두 삭제했습니다.
LocationSearch 컴포넌트를 사용해도 이전처럼 잘 작동하는지 확인해보세요.

10.3 Firebase Firestore 사용하기

글 작성에 필요한 모든 화면 생성이 완료되었으니 서버에 글을 저장하는 기능을 만들겠습니다.

1 Firestore 설정하기

Firebase에서 데이터베이스로 Firestore와 Realtime Database를 제공하고 있습니다. Realtime Database가 먼저 서비스되었고 이를 개선해서 새로 나온 서비스가 Firestore입니다. 두 데이터베이스의 자세한 비교가 궁금한 독자는 아래 링크를 통해 공식 문서를 참고하세요.

🔗 Firestore와 Realtime Database – https://bit.ly/firestore-realtime

여기에서는 Firestore를 사용해서 글을 저장하겠습니다.

Firestore란?

Firestore는 Firebase에서 제공하는 NoSQL로 컬렉션collection과 문서document로 이루어져 있습니다. 문서는 고유한 ID와 키-값으로 이루어진 필드field를 갖고 있습니다. 이러한 문서의 집합을 컬렉션이라고 합니다.

우리가 작성하는 글에는 사진 정보, 위치 정보, 텍스트가 있는데 이런 내용을 문서에 저장하게 됩니다. 즉, 문서 하나가 저장하는 글 데이터 하나가 되는 것입니다. 그런데 서비스에 따라 글뿐만 아니라 여러 가지 다양한 정보를 데이터베이스에 저장합니다. 따라서 데이터 성격에 따라 묶어서 관리하는 것이 좋은데 이러한 묶음을 컬렉션이라고 생각하면 됩니다. 사용자가 작성한 글을 저장한 문서는 posts라는 이름의 컬렉션에 저장하고, 사용자 정보를 저장한 문서는 users라는 컬렉션에 저장하는 방식을 예로 들 수 있습니다.

특이한 것은 문서가 컬렉션을 가질 수 있다는 점입니다. 글에 댓글 기능 있다고 가정하겠습니다. 우리가 작성한 글을 posts라는 컬렉션에 저장합니다. 그중 하나의 글에 댓글이 생성되면 해당 문서는 comments라는 컬렉션을 갖고 comments 컬렉션 안에는 댓글을 저장한 문서가 저장됩니다.

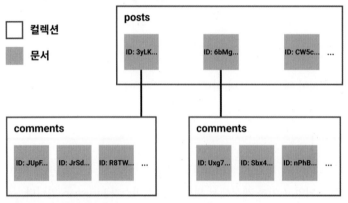

▶ Firestore의 컬렉션과 문서

Firestore 시작하기

이제 Firestore를 사용해보겠습니다. Firebase 콘솔에서 Firestore 메뉴로 이동해 **데이터베이스 만들기** 버튼을 클릭하세요. Storage를 사용했을 때와 마찬가지로 보안 규칙과 위치 설정 팝업이 나타납니다.

그런데 Storage 때와는 다르게 위치 설정 단계에서 위치를 변경할 수 없습니다. Storage에서 위치를 설정했다면 Firestore는 자동으로 같은 위치로 사용하게 되어서 설정할 수 없게 되는 것입니다. 반대로 Firestore를 먼저 설정한다면 이후 Storage를 설정할 때 Firestore에서 설정한 위치로 사용하게 됩니다.

계속 진행하면 잠시 후에 Firestore에 저장된 데이터를 확인할 수 있는 페이지가 열립니다. 처음에는 어떤 것도 없으니 우리가 작성하는 글을 저장할 **posts** 컬렉션을 만들어보겠습니다. **데이터** 탭에서 **+ 컬렉션 시작** 버튼을 클릭해서 컬렉션을 만드세요.

▶ 컬렉션 만들기

컬렉션을 만들고 나서 첫 번째 문서를 추가해야 합니다. 문서에는 반드시 ID가 있어야 하는데 여기에서는 Firestore에서 자동으로 생성해주는 ID를 사용하겠습니다. 문서 ID를 입력하는 칸 오른쪽에 있는 **자동 ID**를 클릭하세요.

▶ 문서 ID 만들기

문서에는 다양한 타입의 값을 입력할 수 있습니다. 우리가 Firestore에 저장하는 데이터에 맞춰 필드 이름과 값의 타입을 설정해보세요. 예를 들어 텍스트는 text라는 필드에 타입을 string으로, 사진은 photos라는 필드에 타입을 array로 설정하면 됩니다. array의 요소는 string 타입으로 설정하세요. 위치 정보는 location이라는 이름에 string 타입으로 설정하면 됩니다.

또한 글을 누가 작성했는지 알 수 있어야 하기 때문에 글 작성자 정보를 저장해야 합니다. map 타입의 user 필드를 만들어서 uid, displayName, photoURL을 저장해야 합니다. 그리고 문서 ID를 확인할 수 있도록 id를 추가하겠습니다.

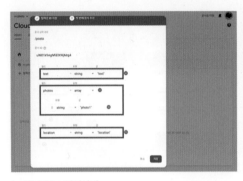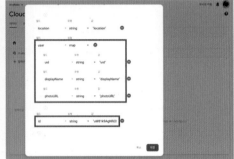

▶ 문서 필드 작성하기

테스트를 위해 입력하는 임시 데이터이니 각 필드에는 임의의 값을 입력해도 무방합니다. 모두
작성했으면 **저장** 버튼을 클릭하세요. **데이터** 탭을 보면 posts 컬렉션이 생성되어 있고 우리가
입력한 값을 가진 문서가 생성된 것을 볼 수 있습니다.

▶ Firestore 데이터 탭

우리가 입력한 데이터를 남겨두면 나중에 목록을 가져올 때 함께 불러와지게 되니 삭제하세요.

Firestore 보안 규칙 설정

Firestore도 Storage와 마찬가지로 보안 규칙을 설정해야 합니다. Storage에서는 읽기 권한
을 모두에게 허용했지만, 이번에는 인증된 사용자만 읽을 수 있도록 만들겠습니다. 즉, 로그인
하지 않으면 Firestore에 작성된 글을 읽지 못하게 만드는 것입니다.

앞에서 Storage의 쓰기(write) 권한을 설정할 때 요청한 사용자의 uid를 확인했었습니다.
로그인한 사용자를 확인하는 코드는 이와 굉장히 비슷합니다. 규칙을 다음과 같이 수정하세요.

```
rules_version = '2';
service cloud.firestore {
  match /databases/{database}/documents {
    match /posts/{document=**} {
      allow read: if request.auth != null;
    }
  }
}
```

우리는 posts 컬렉션에 글을 저장할 예정이니 posts/ 경로에 있는 모든 문서({document=
**})에 대해 규칙을 실정하면 됩니다. 규칙은 request.auth가 null이 아닐 때에민 읽을 수
있도록 설정했습니다. request.auth이 null이면 인증된 사용자 정보가 없다는 의미이므로
이를 통해 요청한 사용자의 인증 여부를 확인할 수 있습니다.

그다음 쓰기에 대한 규칙을 설정하겠습니다. Storage에서는 write로 한 번에 설정했지만, 이
번에는 create, update, delete로 나눠서 조금 더 상세하게 설정하겠습니다.

먼저 create를 설정하겠습니다. 우리는 저장하는 데이터에 글 작성자의 uid도 저장하고 있
습니다. 만약 글 저장(create)을 요청한 사용자의 uid와 글 작성자의 uid가 다르다면 잘못
된 요청이라고 판단해야 합니다. 따라서 요청한 사용자의 uid와 전달된 데이터에 있는 작성자
uid가 같은지 확인하면 됩니다.

request.auth에는 요청한 사용자 정보가 있고, request.resource.data에는 전달된 데
이터가 담겨 있습니다. 여기에서는 작성자의 uid를 user 객체 안에 담아서 전달할 예정이니
request.resource.data.user.uid를 확인하면 됩니다. 다음과 같이 규칙을 수정하세요.

```
rules_version = '2';
service cloud.firestore {
  match /databases/{database}/documents {
    match /posts/{document=**} {
      allow read: if request.auth != null;
      allow create: if request.resource.data.user.uid == request.auth.uid;
    }
  }
}
```

마지막으로 update와 delete를 설정하겠습니다. create와 마찬가지로 해당 글의 작성자 uid와 요청한 사용자의 uid가 같을 때에만 수정 혹은 삭제할 수 있어야 합니다. 전달된 데이터는 request.resource.data에 담겨있고, 요청 대상이 되는 Firestore 문서 정보는 resource.data에 담겨 있습니다. request를 제외하면 같은 모습이라 헷갈릴 수 있지만, 전달된 데이터에서 확인하는지 현재 저장된 데이터에서 확인하는지를 생각하면 request 여부를 좀 더 쉽게 판단할 수 있습니다.

다음과 같이 규칙을 수정하세요.

```
rules_version = '2';
service cloud.firestore {
  match /databases/{database}/documents {
    match /posts/{document=**} {
      allow read: if request.auth != null;
      allow create: if request.resource.data.user.uid == request.auth.uid;
      allow update, delete: if resource.data.user.uid == request.auth.uid;
    }
  }
}
```

이제 posts 컬렉션에 포함된 문서에 대한 규칙 설정이 완료되었습니다.

② 글 저장하기

Firestore 준비가 완료되었으니 Firestore에 글을 저장하는 기능을 만들겠습니다.

이미지 업로드하기

글에 포함된 사진 주소는 아직 Storage로 업로드하기 전인 file:// 경로의 사진 주소입니다. Firestore에 저장하기 전에 선택한 사진을 Storage에 업로드하고 URL을 받아서 Firestore에 전달해야 합니다.

앞에서 만든 uploadPhoto 함수를 사용해서 선택된 사진을 Storage에 업로드하겠습니다. 다음과 같이 WriteTextScreen 컴포넌트를 수정하세요.

src/screens/WriteTextScreen.js

```javascript
import { useNavigation, useRoute } from '@react-navigation/native';
import {
  Alert,
  ...
} from 'react-native';
...
import { uploadPhoto } from '../api/storage';
import { useUserState } from '../contexts/UserContext';

const MAX_TEXT_LENGTH = 50;

const WriteTextScreen = () => {
  const navigation = useNavigation();
  const { params } = useRoute();
  const width = useWindowDimensions().width / 4;
  const [user] = useUserState();

  ...

  const onSubmit = useCallback(async () => {
    setIsLoading(true);
    try {
      const photos = await Promise.all(
        photoUris.map((uri) => uploadPhoto({ uri, uid: user.uid }))
      );
      console.log(photos);
    } catch (e) {
      Alert.alert('글 작성 실패', e.message);
    }
    setIsLoading(false);
  }, [photoUris, user.uid]);

  ...
```

uploadPhoto 함수를 사용해서 글 작성 화면으로 전달된 사진을 Storage에 업로드하도록 수정했습니다. 또한 uplaodPhoto 함수는 비동기 함수이고 전달된 사진은 최대 4장이므로 Promise.all을 사용해서 한 번에 처리하도록 작성했습니다.

글 작성 화면에서 위치를 선택하고 텍스트를 작성한 다음 **확인** 버튼을 클릭해보세요. 터미널에 나타나는 사진 URL이 `https://firebasestorage`로 시작한다면 잘 작동하고 있는 것입니다.

글 저장 함수 만들기

이번에는 Firestore에 글을 저장하는 함수를 만들어보겠습니다. `api` 폴더 밑에 `post.js` 파일을 만들고 다음과 같이 작성하세요.

 src/api/post.js

```
export const createPost = async ({ photos, location, text, user }) => {};
```

Firestore에 저장해야 하는 사진(`photos`), 위치(`location`), 텍스트(`text`) 그리고 작성자 정보(`user`)를 전달받는 `createPost` 함수를 만들었습니다.

Firestore에 글을 저장하는 방법은 Storage에 사진을 저장하는 것과 굉장히 비슷합니다. 글을 저장하는 함수는 `setDoc` 함수입니다.

🔗 Firestore setDoc – https://bit.ly/firestore-setDoc

`setDoc` 함수에는 `DocumentReference`와 저장할 데이터를 전달해야 합니다. `Document Reference`는 `doc` 함수를 통해 얻을 수 있습니다.

🔗 Firestore doc – https://bit.ly/firestore-doc

`doc` 함수의 첫 번째 파라미터에는 `CollectionReference`를 전달하고, 두 번째 파라미터로 경로를 전달합니다. 경로를 전달한다면 컬렉션과 문서 ID를 포함해서 전달해야 합니다. 경로를 전달하지 않으면 Firestore에서 자동으로 ID를 생성해서 경로로 사용합니다. 여기에서는 Firestore에서 자동으로 생성하는 ID를 사용할 예정이니 첫 번째 파라미터만 전달하면 됩니다.

첫 번째 파라미터로 전달해야 하는 `CollectionReference`는 `collection` 함수를 통해 얻을 수 있습니다. `collection` 함수에는 `Firestore`와 경로를 전달해야 합니다. `Firestore`는

getFirestore 함수를 통해 얻을 수 있고, 경로는 우리가 앞에서 만든 컬렉션인 posts를 전달하면 됩니다.

- Firestore collection – https://bit.ly/firestore-collection
- Firestire getFirestore – https://bit.ly/firestore-getFirestore

다음과 같이 post.js 파일을 수정하세요.

 src/api/post.js

```js
import { collection, getFirestore, doc, setDoc } from 'firebase/firestore';

export const createPost = async ({ photos, location, text, user }) => {
  const { uid, displayName, photoURL } = user;
  const collectionRef = collection(getFirestore(), 'posts');
  const documentRef = doc(collectionRef);
  const id = documentRef.id;
  await setDoc(documentRef, {
    id,
    photos,
    location,
    text,
    user: { uid, displayName, photoURL },
    createdTs: Date.now(),
  });
};
```

문서의 id 필드에 문서 ID를 저장해야 하므로 doc 함수를 통해 생성된 문서에서 id를 받아와 setDoc 함수에 전달했습니다. 그리고 user 객체에는 많은 정보가 담겨 있으니 그중 우리에게 필요한 uid, displayName, photoURL만 전달하게 만들었습니다. 마지막으로 언제 생성된 글인지 확인할 수 있도록 현재 시간의 타임스탬프를 createdTs필드에 저장했습니다.

이제 글 작성 화면에서 createPost 함수를 사용해서 Firestore에 글을 저장해보겠습니다. 다음과 같이 WriteTextScreen 컴포넌트를 수정하세요.

src/screens/WriteTextScreen.js

```
...
import { createPost } from '../api/post';

const MAX_TEXT_LENGTH = 50;

const WriteTextScreen = () => {
  ...

  const onSubmit = useCallback(async () => {
    setIsLoading(true);
    try {
      const photos = await Promise.all(
        photoUris.map((uri) => uploadPhoto({ uri, uid: user.uid }))
      );

      await createPost({ photos, location, text, user });

      navigation.goBack();
    } catch (e) {
      Alert.alert('글 작성 실패', e.message);
      setIsLoading(false);
    }
  }, [photoUris, user, location, text, navigation]);

  ...
```

onSubmit 함수에서 createPost 함수를 호출하면서 Storage에 업로드한 사진 URL과 위치, 텍스트 그리고 사용자 정보를 전달했습니다. 그리고 함수가 성공적으로 완료되면 goBack 함수를 사용해 이전 화면으로 이동하게 만들었습니다. setIsLoading 함수는 catch 안으로 옮겨서 goBack 함수가 호출되면서 컴포넌트가 언마운트된 후에 호출되지 않도록 만들었습니다.

코드를 적용하고 글 작성 화면에서 **확인** 버튼을 클릭해보세요. Firestore에 데이터를 저장하고 이전 화면으로 이동하는 것을 볼 수 있습니다. 글 저장이 성공적으로 작동하면 Firestore **데이터** 탭에서 방금 작성한 글이 잘 등록되었는지 확인해보세요.

▶ Firestore에 글 저장하기

3 글 목록 화면 만들기

이번에는 저장된 데이터를 Firestore에서 받아와서 글 목록을 만들어보겠습니다. 데이터는 한 번에 10개씩 받아오고 목록의 스크롤이 바닥에 가까워지면 다음 페이지를 불러오게 만들 예정입니다. 따라서 이 부분을 확인할 수 있게 최소 11개 이상의 글을 작성하기 바랍니다.

위치는 다양하게 선택해도 상관없지만 하나의 위치를 결정해서 최소 11개 이상의 글을 작성해보세요. 맵 화면을 만들 때에는 위치를 기준으로 데이터를 받아옵니다. 맵 화면에서도 다음 페이지를 불러오는 기능이 잘 작동하는지 확인하려면 같은 위치에 글이 11개 이상 있어야 합니다.

그리고 계정을 하나 더 만들어서 1개 혹은 2개 정도의 글을 작성하세요. 프로필 화면에 사용자가 작성한 글만 보여줄 예정인데 다른 사용자가 작성한 글이 있어야 해당 사용자가 작성한 글만 나타나는지 테스트할 수 있습니다.

이 책에서는 대한민국 서울 위치로 11개의 글을 작성하고, 프랑스 파리의 위치로 1개의 글을 작성해서 테스트를 진행합니다. 그리고 계정을 하나 더 만들어서 대한민국 서울과 프랑스 파리의 위치로 각각 글을 1개씩 작성했습니다.

Firestore에서 데이터 받아오기

getDocs 함수를 사용해서 Firestore에 저장된 데이터를 받아오는 함수를 만들어보겠습니다.

oo Firestore. getDocs   https://bit.ly/firestore_getDocs

getDocs 함수에는 Query를 전달해야 하는데, Query는 query 함수를 사용해서 얻을 수 있습니다.

🔗 Firestore query – https://bit.ly/firestore-query

query 함수의 첫 번째 파라미터에는 collection 함수에서 얻은 CollectionReference를 전달하면 됩니다.

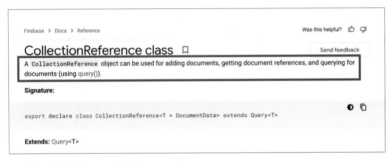

▶ CollectionReference 문서

문서를 받아오는 getDocs 함수는 결과로 QuerySnapshot를 줍니다. QuerySnapshot에는 다양한 프로퍼티가 있는데 그중 우리가 원하는 문서 데이터는 docs에 담겨 있습니다.

🔗 Firestore QuerySnapshot – https://bit.ly/firestore-QuerySnapshot

하지만 docs도 그대로 사용할 수는 없고 data 함수를 통해서 우리가 사용할 수 있는 형태로 만들어야 합니다.

사용 방법을 확인했으니 함수를 만들어보겠습니다. 다음과 같이 post.js 파일을 수정하세요.

📄 src/api/post.js

```js
import {
  ...
  setDoc,
  query,
  getDocs,
} from 'firebase/firestore';
```

```
...

export const getPosts = async () => {
  const collectionRef = collection(getFirestore(), 'posts');
  const option = query(collectionRef);
  const documentSnapshot = await getDocs(option);
  const documents = documentSnapshot.docs.map((doc) => doc.data());
  return documents;
};
```

글을 저장하고 있는 **posts** 컬렉션에서 문서를 가져오는 **getPosts** 함수를 만들었습니다.

그다음 글 목록 화면에서 **getPosts** 함수를 사용해 Firestore에 저장된 데이터를 불러오겠습니다. 다음과 같이 **ListScreen** 컴포넌트를 수정하세요.

JS src/screens/ListScreen.js

```
import { StyleSheet, Text, View } from 'react-native';
import { useEffect } from 'react';
import { getPosts } from '../api/post';

const ListScreen = () => {
  useEffect(() => {
    (async () => {
      const list = await getPosts();
      console.log(list, list.length);
    })();
  }, []);

  return (...);
};

...
```

글 목록 화면이 처음 렌더링될 때 **getPosts** 함수가 호출되도록 만들었습니다. 코드를 적용하고 목록 화면으로 이동하면 터미널에 작성한 글 정보가 나타납니다. 터미널에 나타난 `list.length`의 값이 등록한 글 수와 같은지 확인해보세요.

PostItem 컴포넌트 만들기

전달된 목록을 화면에 렌더링하겠습니다. 먼저 임시 데이터를 만들고 목록의 항목 아이템으로 사용할 컴포넌트를 만들겠습니다. 그리고 `FlatList` 컴포넌트를 사용해서 목록을 렌더링하겠습니다.

우리가 렌더링하려는 데이터는 작성자 정보, 사진, 위치, 텍스트를 갖고 있습니다. 이렇게 화면에 보여줘야 할 정보가 많을 때에는 한 번에 목록부터 항목까지 전부 만들기보다 임시 데이터 기준으로 하나씩 만드는 것을 추천합니다.

components 폴더 밑에 `PostItem.js` 파일을 만들고 다음과 같이 작성하세요.

 src/components/PostItem.js

```js
import { StyleSheet, Text, useWindowDimensions, View } from 'react-native';
import FastImage from './FastImage';
import ImageSwiper from './ImageSwiper';
import { MaterialCommunityIcons } from '@expo/vector-icons';
import PropTypes from 'prop-types';
import { PRIMARY, WHITE } from '../colors';
import { memo } from 'react';

const PostItem = memo(({ post }) => {
  const width = useWindowDimensions().width;

  return (
    <View style={styles.container}>
      <View style={styles.header}>
        <FastImage
          source={{ uri: post.user.photoURL }}
          style={styles.profilePhoto}
        />
        <Text style={styles.nickname}>{post.user.displayName}</Text>
```

```
      </View>

      <View style={{ width, height: width }}>
        <ImageSwiper photos={post.photos} />
      </View>

      <View style={styles.location}>
        <MaterialCommunityIcons
          name="map-marker"
          size={24}
          color={PRIMARY.DEFAULT}
        />
        <Text>{post.location}</Text>
      </View>

      <Text style={styles.text}>{post.text}</Text>
    </View>
  );
});

PostItem.displayName = 'PostItem';

PostItem.propTypes = {
  post: PropTypes.object,
};

const styles = StyleSheet.create({
  container: {
    backgroundColor: WHITE,
    paddingVertical: 10,
  },
  header: {
    flexDirection: 'row',
    alignItems: 'center',
    paddingHorizontal: 10,
    paddingBottom: 10,
  },
  profilePhoto: {
    width: 40,
    height: 40,
    borderRadius: 20,
  },
  nickname: {
    paddingHorizontal: 10,
    fontWeight: '600',
```

```
    },
  location: {
    flexDirection: 'row',
    alignItems: 'center',
    paddingHorizontal: 10,
    paddingVertical: 10,
  },
  text: {
    paddingHorizontal: 10,
  },
});

export default PostItem;
```

가장 위에 사용자 정보를 사용해서 프로필 사진과 닉네임을 보여줬습니다. 그 아래에는 사진
선택 화면에서 사용한 ImageSwiper 컴포넌트를 사용해서 사진 슬라이드를 추가하고, 위치와
입력된 글을 순서대로 렌더링했습니다.

다음으로 목록 화면에서 임시 데이터를 PostItem 컴포넌트에 전달해 렌더링하겠습니다. 임시
데이터는 터미널에 나타난 정보 중 하나를 사용하세요. 무작위 데이터보다 실제 서버에 있는
데이터로 테스트하는 것이 가장 좋습니다.

다음과 같이 ListScreen 컴포넌트를 수정하세요.

JS src/screens/ListScreen.js

```
...
import PostItem from '../components/PostItem';

const post = {
  createdTs: 1657514141308,
  id: '...',
  location: '프랑스 파리',
  photos: ['https://firebasestorage...', ... ],
  text: '프랑스 파리',
  user: {
    displayName: 'beomjun',
    photoURL: 'https://firebasestorage...',
    uid: '...',
```

```
  },
};

const ListScreen = () => {
  ...

  return (
    <View style={styles.container}>
      <PostItem post={post} />
    </View>
  );
};

...
```

터미널에서 Firestore에 저장된 글 하나를 복사해서 post 변수에 저장하고 PostItem 컴포넌트에 전달했습니다. 화면을 확인하면 PostItem 컴포넌트가 잘 나타나지만 이상하게도 사진이 빈 화면으로 나타납니다.

▶ PostItem 컴포넌트

ImageSwiper 컴포넌트를 보면 map 함수를 사용해 전달된 사진 배열(photos)을 순환하면서 사진 객체의 uri를 받아와({uri}) 사용하고 있는 것을 확인할 수 있습니다.

```
{photos.map(({ uri }, idx) => (...))}
```

즉, 전달된 사진의 정보가 객체 형태이며 uri 프로퍼티가 있다는 가정하에 코드가 작성되었습니다. 하지만 PostItem 컴포넌트에서 사진 정보를 ImageSwiper 컴포넌트에 보낼 때에는 문자열 배열을 전달해서 발생한 문제입니다.

이 문제는 두 가지 방법으로 해결할 수 있습니다. 첫 번째 방법은 PostItem 컴포넌트에서 ImageSwiper 컴포넌트로 객체 형태로 사진 정보를 전달하는 것입니다. 두 번째 방법은 ImageSwiper에 전달된 사진 정보에 uri 프로퍼티가 있다면 uri를 사용하고 그렇지 않으면 문자열로 전달되었다고 판단하도록 수정하는 것입니다. 이 책에서는 두 번째 방법으로 문제를 해결하겠습니다.

다음과 같이 ImageSwiper 컴포넌트를 수정하세요.

 src/components/ImageSwiper.js

```
● ● ●

...

const ImageSwiper = ({ photos }) => {
  return (
    <Swiper ... >
      {photos.map((photo, idx) => (
        <View key={idx} style={styles.photo}>
          <FastImage
            source={{ uri: photo.uri ?? photo }}
            style={StyleSheet.absoluteFill}
            resizeMode="cover"
          />
          <BlurView intensity={Platform.select({ ios: 10, android: 100 })}>
            <FastImage
              source={{ uri: photo.uri ?? photo }}
              style={styles.photo}
              resizeMode="contain"
            />
```

```
            </BlurView>
          </View>
      ))}
    </Swiper>
  );
};

...
```

전달된 배열이 문자열 배열이라면 photo.uri는 undefined가 됩니다. 따라서 photo.uri의
값이 있으면 객체로 전달된 사진 정보라고 판단해서 photo.uri를 사용하고, undefined라면
문자열이라고 판단해서 photo를 사용하도록 수정했습니다. 코드를 적용하고 화면을 다시 확
인하면 사진이 잘 나타나고 있는 것을 볼 수 있습니다.

▶ ImageSwiper 컴포넌트 수정하기

PostList 컴포넌트 만들기

FlatList 컴포넌트를 사용해서 목록을 렌더링하겠습니다. components 폴더 밑에 PostList.
js 파일을 만들고 다음과 같이 작성하세요.

src/components/PostList.js

```js
import { FlatList, StyleSheet, View } from 'react-native';
import PostItem from './PostItem';
import { GRAY } from '../colors';
import PropTypes from 'prop-types';

const PostList = ({ data }) => {
  return (
    <FlatList
      data={data}
      renderItem={({ item }) => <PostItem post={item} />}
      ItemSeparatorComponent={() => <View style={styles.separator}></View>}
    />
  );
};

PostList.propTypes = {
  data: PropTypes.array.isRequired,
};

const styles = StyleSheet.create({
  separator: {
    marginVertical: 20,
    borderBottomColor: GRAY.LIGHT,
    borderBottomWidth: 0.5,
  },
});

export default PostList;
```

배열을 전달받고 PostItem 컴포넌트를 사용해서 항목을 렌더링하는 간단한 컴포넌트를 만들었습니다. 그리고 항목 사이의 구분을 위해 ItemSeparatorComponent를 설정했습니다.

그다음 목록 화면에서 PostList 컴포넌트를 사용하겠습니다. 다음과 같이 ListScreen 컴포넌트를 수정하세요.

```js
import { StyleSheet, View } from 'react-native';
import { useEffect, useState } from 'react';
import { getPosts } from '../api/post';
import PostList from '../components/PostList';
import { WHITE } from '../colors';
import { useSafeAreaInsets } from 'react-native-safe-area-context';

const ListScreen = () => {
  const { top } = useSafeAreaInsets();

  const [data, setData] = useState([]);

  useEffect(() => {
    (async () => {
      const list = await getPosts();
      setData(list);
    })();
  }, []);

  return (
    <View style={[styles.container, { paddingTop: top }]}>
      <PostList data={data} />
    </View>
  );
};

const styles = StyleSheet.create({
  container: {
    flex: 1,
    backgroundColor: WHITE,
  },
});

export default ListScreen;
```

getPosts 함수로 받아온 데이터를 data 상태 변수에 저장하고, PostList 컴포넌트로 data 상태 변수를 전달했습니다. 코드를 적용하고 화면을 확인하면 Firestore에 등록한 글이 목록으로 잘 나타나는 것을 볼 수 있습니다.

▶ 글 목록

orderBy 함수를 사용해서 시간 역순으로 데이터 받기

목록은 잘 나타나지만 글의 순서가 일정하지 않고 뒤죽박죽 섞여 있습니다. 그리고 10개의 글만 있는 것이 아니라 Firestore에 등록한 글 전부가 보입니다. 우리는 최근에 등록한 순서부터 목록을 보여주고, 한 번에 너무 많은 정보가 나타나지 않도록 10개씩 보여주고자 합니다.

query 함수에 원하는 조건을 설정하면 우리가 원하는 조건으로 데이터를 가져올 수 있습니다. 순서를 정할 때는 orderBy 함수를 사용하고, 가져오는 양을 조절할 때는 limit 함수를 사용해서 조건을 설정합니다.

∞ Firestore orderBy – https://bit.ly/firestore-orderBy
∞ Firestore limit – https://bit.ly/firestore-limit

다음과 같이 post.js 파일을 수정하세요.

JS src/api/post.js

```js
import {
  ...
  orderBy,
  limit,
} from 'firebase/firestore';

...

export const getPosts = async () => {
  const collectionRef = collection(getFirestore(), 'posts');
  const option = query(
    collectionRef,
    orderBy('createdTs', 'desc'),
    limit(10)
  );
  const documentSnapshot = await getDocs(option);
  const documents = documentSnapshot.docs.map((doc) => doc.data());
  return documents;
};
```

글 저장 시간을 기록하고 있는 **createdTs** 값을 내림차순(**desc**)으로 가져오고 글을 10개씩 가져오도록 수정했습니다. 코드를 적용하고 목록 화면을 다시 확인해보세요. 마지막으로 등록한 글이 가장 위에 나오고 10개의 글만 나타난다면 잘 작동하고 있는 것입니다.

다음 페이지 받아오기

스크롤이 바닥에 가까워지면 다음 페이지를 받아오도록 만들겠습니다. Firestore에 다음 페이지를 요청하려면 이전에 어디까지 데이터를 받았었는지 알려줘야 합니다. 이 역할을 하는 함수로 startAt 함수와 startAfter 함수가 있습니다.

같은 역할을 하지만 **startAt** 함수는 전달된 문서를 포함해서 데이터를 받아오고, **startAfter** 함수는 전달된 문서의 다음 문서부터 데이터를 받아옵니다. 여기에서는 현재 조회한 목록의 마지막 목록을 전달하므로 **startAfter**를 사용해서 그 다음 데이터부터 받아와야 합니다.

🔗 Firestore startAfter – https://bit.ly/firestore-startAfter

다음과 같이 post.js 파일을 수정하세요.

 src/api/post.js

```javascript
import {
  ...
  startAfter,
} from 'firebase/firestore';

...

export const getPosts = async ({ after }) => {
  const collectionRef = collection(getFirestore(), 'posts');

  const option = after
    ? query(
        collectionRef,
        orderBy('createdTs', 'desc'),
        startAfter(after),
        limit(10)
      )
    : query(collectionRef, orderBy('createdTs', 'desc'), limit(10));

  const documentSnapshot = await getDocs(option);
  const list = documentSnapshot.docs.map((doc) => doc.data());
  const last = documentSnapshot.docs[documentSnapshot.docs.length - 1];

  return { list, last };
};
```

getPosts 함수가 after를 가진 객체를 전달받도록 수정하고 after 값의 유무에 따라 query 함수가 달라지게 만들었습니다. 그리고 documents 변수 이름을 list로 변경하고 document Snapshot의 마지막 항목을 last 변수에 담아 list와 함께 반환했습니다.

다음과 같이 ListScreen 컴포넌트를 수정하세요.

src/screens/ListScreen.js

```js
import { StyleSheet, View } from 'react-native';
import { useEffect, useState, useRef, useCallback } from 'react';
...

const ListScreen = () => {
  const { top } = useSafeAreaInsets();

  const [data, setData] = useState([]);
  const isLoadingRef = useRef(false);
  const lastRef = useRef(null);

  const getList = useCallback(async () => {
    if (!isLoadingRef.current) {
      isLoadingRef.current = true;
      const { list, last } = await getPosts({ after: lastRef.current });
      if (list.length > 0) {
        setData((prev) => (lastRef.current ? [...prev, ...list] : list));
        lastRef.current = last;
      }
      isLoadingRef.current = false;
    }
  }, []);

  useEffect(() => {
    getList();
  }, [getList]);

  return (
    <View style={[styles.container, { paddingTop: top }]}>
      <PostList data={data} fetchNextPage={getList} />
    </View>
  );

};

...
```

조금 복잡해 보이지만 앞에서 다뤘던 내용이라 이해하는 데 큰 어려움이 없을 것입니다. getPosts 함수를 호출해서 data 상태 변수를 변경하는 getList 함수를 만들었습니다. 그리고 isLoadingRef를 만들어서 isLoadingRef가 false일 때만 getPosts 함수를 호출하도록 해서 중복으로 호출되지 않게 만들었습니다. getPosts 함수의 결과로 전달된 last는 lastRef에 저장했습니다.

isLoadingRef는 왜 useState를 사용해서 만들지 않았을까요? useState로 만들어서 상태 변수가 되면 getList 함수가 호출될 때마다 isLoadingRef이 계속 변경되어서 getList 함수를 재정의합니다. 그리고 getList 함수가 재정의되면 useEffect가 호출되어 다시 getList 함수를 호출합니다. 이러한 과정이 계속 반복되기 때문에 상태 변수를 사용해서 isLoadingRef을 관리하면 안 됩니다. lastRef도 마찬가지로 목록을 불러올 때마다 마지막 항목이 변경되면서 lastRef가 변경되기 때문에 useState가 아닌 useRef를 사용해서 만든 것입니다.

data 상태 변수와 lastRef는 getPosts 함수의 결과에 값이 있을 때에만 업데이트하도록 만들었습니다. 그리고 lastRef 값의 유무에 따라 다음 페이지를 불러온 것인지 판단해서, 이전 data 상태 변수에 결과로 받은 데이터를 추가하도록 했습니다. 마지막으로 PostList 컴포넌트에서 다음 페이지를 불러올 수 있도록 getList 함수를 전달했습니다.

이제 PostList 컴포넌트에서 스크롤이 바닥에 가까워졌을 때 다음 페이지를 불러오도록 만들겠습니다. 다음과 같이 ListScreen 컴포넌트를 수정하세요.

📄 src/components/PostList.js

```
...

const PostList = ({ data, fetchNextPage }) => {
  return (
    <FlatList
      ...
      onEndReached={fetchNextPage}
    />
  );
};

PostList.propTypes = {
  data: PropTypes.array.isRequired,
  fetchNextPage: PropTypes.func,
};

...
```

props로 전달된 fetchNextPage 함수를 onEndReached로 설정했습니다. 코드를 적용하고 목록 화면에서 스크롤을 내려보세요. onEndReached에 전달한 fetchNextPage 함수가 작동하면서 다음 페이지를 받아오는 것을 확인할 수 있습니다.

당겨서 새로고침하기

이번에는 당겨서 새로고침 기능을 만들어보겠습니다. 다음 페이지를 불러오는 것과 마찬가지로 ListScreen 컴포넌트에서 함수를 만들어 PostList 컴포넌트로 전달하겠습니다. 다음과 같이 ListScreen 컴포넌트를 수정하세요.

 src/screens/ListScreen.js

```
...

const ListScreen = () => {
  const { top } = useSafeAreaInsets();

  const [data, setData] = useState([]);
  const [refreshing, setRefreshing] = useState(false);
  const isLoadingRef = useRef(false);
  const lastRef = useRef(null);

  const getList = useCallback(...);

  const refetch = async () => {
    setRefreshing(true);
    lastRef.current = null;
    await getList();
    setRefreshing(false);
  };

  useEffect(...);

  return (
    <View style={[styles.container, { paddingTop: top }]}>
      <PostList
        data={data}
        fetchNextPage={getList}
        refreshing={refreshing}
        refetch={refetch}
```

```
        />
      </View>
    );
  };

  ...
```

FlatList 컴포넌트에서 당겨서 새로고침할 때 필요한 refreshing 상태 변수와 새로고침 함
수로 사용할 refetch 함수를 만들어서 PostList 컴포넌트로 전달했습니다. refetch 함수에
서는 첫 페이지 데이터를 받아오기 위해 lastRef를 null로 변경하고 getList 함수를 호출하
도록 만들었습니다.

다음과 같이 PostList 컴포넌트를 수정하세요.

 src/components/PostList.js

```
● ● ●

...

const PostList = ({ data, fetchNextPage, refreshing, refetch }) => {
  return (
    <FlatList
      ...
      onEndReached={fetchNextPage}
      refreshing={refreshing}
      onRefresh={refetch}
    />
  );
};

PostList.propTypes = {
  data: PropTypes.array.isRequired,
  fetchNextPage: PropTypes.func,
  refreshing: PropTypes.bool,
  refetch: PropTypes.func,
};

...
```

코드를 적용하고 당겨서 새로고침 기능이 잘 작동하는지 확인해보세요.

④ usePosts Hook으로 로직 분리하기

이번에는 글 목록과 관련된 기능만 모아서 Hook으로 만들어보겠습니다. 지금 상태로도 잘 작동하지만 Hook으로 만들면 역할에 맞게 코드를 분리할 수 있기 때문에 좀 더 깔끔하게 관리할 수 있습니다.

src 폴더 밑에 hooks 폴더를 만드세요. 그리고 hooks 폴더 밑에 usePosts.js 파일을 만들고 다음과 같이 작성하세요.

 src/hooks/usePosts.js

```js
import { useCallback, useEffect, useRef, useState } from 'react';
import { getPosts } from '../api/post';

const usePosts = () => {
  const [data, setData] = useState([]);
  const [refetching, setRefetching] = useState(false);

  const isLoadingRef = useRef(null);
  const lastRef = useRef(null);

  const fetchNextPage = useCallback(async () => {
    if (!isLoadingRef.current) {
      isLoadingRef.current = true;
      const { list, last } = await getPosts({ after: lastRef.current });
      if (list.length > 0) {
        setData((prev) => (lastRef.current ? [...prev, ...list] : list));
        lastRef.current = last;
      }
      isLoadingRef.current = false;
    }
  }, []);

  const refetch = async () => {
    setRefetching(true);
    lastRef.current = null;
    await fetchNextPage();
    setRefetching(false);
  };

  useEffect(() => {
```

```
    fetchNextPage();
  }, [fetchNextPage]);

  return { data, fetchNextPage, refetch, refetching };
};

export default usePosts;
```

ListScreen 컴포넌트에 있던 코드를 복사해서 이름만 조금 변경했습니다.

PostList 컴포넌트에서 usePosts Hook을 사용하도록 수정하겠습니다. 다음과 같이 Post List 컴포넌트를 수정하세요.

src/components/PostList.js

```
import { FlatList, StyleSheet, View } from 'react-native';
import PostItem from './PostItem';
import { GRAY } from '../colors';
import usePosts from '../hooks/usePosts';

const PostList = () => {
  const { data, fetchNextPage, refetch, refetching } = usePosts();

  return (
    <FlatList
      data={data}
      renderItem={({ item }) => <PostItem post={item} />}
      ItemSeparatorComponent={() => <View style={styles.separator}></View>}
      onEndReached={fetchNextPage}
      refreshing={refetching}
      onRefresh={refetch}
    />
  );
};

const styles = StyleSheet.create({...});

export default PostList;
```

props로 전달된 값은 더 이상 사용하지 않으니 삭제하고, **usePosts** Hook을 통해 전달받은 값을 사용하도록 수정했습니다.

PostList 컴포넌트에서 props로 전달된 값은 사용하지 않으니 **ListScreen** 컴포넌트에서도 props를 전달할 필요가 없습니다. 다음과 같이 **ListScreen** 컴포넌트를 수정하세요.

📄 **src/screens/ListScreen.js**

```js
import { StyleSheet, View } from 'react-native';
import PostList from '../components/PostList';
import { WHITE } from '../colors';
import { useSafeAreaInsets } from 'react-native-safe-area-context';

const ListScreen = () => {
  const { top } = useSafeAreaInsets();

  return (
    <View style={[styles.container, { paddingTop: top }]}>
      <PostList />
    </View>
  );
};

...
```

로직을 Hook으로 분리하면서 **ListScreen** 컴포넌트와 **PostList** 컴포넌트의 코드가 굉장히 깔끔해진 것을 볼 수 있습니다. 로직을 반드시 Hook으로 분리할 필요는 없지만 코드가 길어지고 복잡해진다면 Hook으로 분리해보세요. 컴포넌트 코드도 깔끔해질뿐더러 데이터를 전달받아 렌더링하는 것에만 집중할 수 있어서 유지보수를 하는 데 도움이 됩니다.

10.4 EventEmitter로 이벤트 발생시키기

새 글을 작성해서 Firestore에 글이 추가되었지만 글 목록 화면에는 어떤 변화도 일어나지 않습니다. 다른 사용자가 글을 작성한 것은 알 수 있는 방법이 없지만 본인이 글을 작성했을 때에는 서버에 새로운 글이 저장되었다는 것을 알 수 있습니다. 따라서 글 작성이 완료되면 목록을 새로고침해서 최신 정보를 가져오는 것이 좋습니다.

앞에서 다뤘던 useFocusEffect를 사용해서 포커스가 목록으로 돌아왔을 때 새로고침하는 방법이 있습니다. 하지만 useFocusEffect를 사용하면 글을 작성하다 취소했을 때에도 새로고침이 되는 문제가 발생합니다. 여기에서는 특정 조건에서만 특정 행동을 실행하는 방법이 필요합니다.

이렇게 특정 상황에서 원하는 특정 함수가 실행되도록 만들어야 할 때 이벤트를 사용하면 편하게 구현할 수 있습니다. ToDo리스트 프로젝트에서 Keyboard.addListener 함수를 사용해 키보드가 나타날 때 특정 함수가 호출되도록 만들었던 것처럼, 특정 상황에서 우리가 원하는 이벤트를 발생시키면 됩니다. 이번에는 글을 등록할 때 이벤트를 발생시켜서 목록이 새로고침하게 만들어보겠습니다.

이벤트를 사용하기 위해서 EventEmitter3 라이브러리를 사용해야 합니다.

🔗 EventEmitter3 – https://github.com/primus/eventemitter3

아래 명령어를 사용해서 EventEmitter3를 설치하세요.

```
$ npm install eventemitter3
```

src 폴더 밑에 event.js 파일을 만들고 다음과 같이 작성하세요.

JS src/event.js

```js
import { EventEmitter } from 'eventemitter3';

const event = new EventEmitter();

export const EventTypes = {
  REFRESH: 'refresh',
};

export default event;
```

EventEmitter 객체와 이벤트의 종류를 가진 EventTypes Enum을 만들어서 export했습니다.

이제 생성된 **event**를 사용해서 글 업로드가 성공한 다음 이벤트를 발생시키면 됩니다. 이벤트를 발생시키는 방법은 원하는 이벤트 타입을 **emit** 함수에 전달하는 것입니다.

JS src/screens/WriteTextScreen.js

```js
...
import event, { EventTypes } from '../event';

const MAX_TEXT_LENGTH = 50;

const WriteTextScreen = () => {
  ...

  const onSubmit = useCallback(async () => {
    setIsLoading(true);
    try {
      ...

      await createPost({ photos, location, text, user });
      event.emit(EventTypes.REFRESH);

      navigation.goBack();
    } catch (e) {
      Alert.alert('글 작성 실패', e.message);
      setIsLoading(false);
```

```
    }
  }, [photoUris, user, location, text, navigation]);

  ...
```

emit 함수로 이벤트가 발생하면 글 목록 화면에서 이벤트를 받아서 원하는 함수를 호출해야 합니다. 다음과 같이 PostList 컴포넌트를 수정하세요.

 src/components/PostList.js

```
...
import { useEffect } from 'react';
import event, { EventTypes } from '../event';

const PostList = () => {
  const { data, fetchNextPage, refetch, refetching } = usePosts();

  useEffect(() => {
    event.addListener(EventTypes.REFRESH, refetch);

    return () => event.removeAllListeners();
  }, [refetch]);

  return (...);
};

...
```

특정 이벤트에 대한 행동을 등록할 때에는 addListener 함수를 사용합니다. 이벤트 등록을 위해 addListener 함수를 사용할 때에는 이벤트를 삭제하는 함수도 호출해줘야 한다는 것을 잊지 마세요. 여기에서는 useEffect를 사용해서 이벤트를 등록하고 있으니 정리 함수에서 등록된 모든 이벤트를 삭제하면 됩니다.

코드를 적용하고 새 글을 작성해보세요. 글 작성이 완료되어 목록 화면으로 돌아오면 글 목록이 새로고침되면서 방금 등록한 글이 가장 위에 나타나게 됩니다.

▶ 새로고침 이벤트 테스트 – https://bit.ly/2022-rn-refresh-event

10.5 내가 쓴 글 목록과 수정 및 삭제 기능 만들기

이번에는 내가 쓴 글 목록을 받아오는 기능을 만들어보겠습니다. 그리고 쓴 글을 수정하거나 삭제하는 기능도 구현하겠습니다.

1 내가 쓴 글 목록 받아오기

현재 프로필 화면은 로그인한 사용자의 정보만 보여주고 있습니다. 프로필 화면에 사용자가 작성한 글 목록을 추가해서 프로필 화면을 완성해보겠습니다.

프로필 화면에 글 목록 추가하기

프로필 화면에 글 목록을 추가하겠습니다. 다음과 같이 ProfileScreen 컴포넌트를 수정하세요.

📄 src/screens/ProfileScreen.js

```
...
import PostList from '../components/PostList';

const ProfileScreen = () => {
  ...

  return (
    <View style={[styles.container, { paddingTop: top }]}>
      ...

      <View style={styles.listContainer}>
        <PostList />
      </View>
    </View>
  );
```

```
  };
  ...
```

앞에서 만든 **PostList** 컴포넌트를 **ProfileScreen** 컴포넌트에서 사용했습니다. 이제 프로필 화면에도 글 목록이 나타나게 됩니다.

▶ 프로필 화면과 글 목록

내가 쓴 글만 받아오기

특정 사용자의 글만 받아오기 위해서 조회 조건에 사용자를 구분할 수 있는 조건을 추가해야 합니다. Firestore에 글을 작성한 사용자의 **uid**를 저장하고 있으니 **uid**를 비교해서 특정 사용자의 글만 받아오도록 만들겠습니다.

query 함수에 특정 조건을 전달할 때에는 **where** 함수를 사용합니다.

🔗 Firestore where – https://bit.ly/firestore-where

where 함수에는 필드 경로, == 혹은 != 같은 비교 연산자 그리고 비교하는 값을 전달해야 합니다. 여기에서는 문서의 user.uid가 사용자의 uid와 같은지 비교해야 합니다. 다음과 같이 post.js 파일을 수정하세요.

JS src/api/post.js

```js
import {
  ...
  where,
} from 'firebase/firestore';

...

const getOption = ({ after, uid }) => {
  const collectionRef = collection(getFirestore(), 'posts');

  if (uid) {
    return after
      ? query(
          collectionRef,
          where('user.uid', '==', uid),
          orderBy('createdTs', 'desc'),
          startAfter(after),
          limit(10)
        )
      : query(
          collectionRef,
          where('user.uid', '==', uid),
          orderBy('createdTs', 'desc'),
          limit(10)
        );
  } else {
    return after
      ? query(
          collectionRef,
          orderBy('createdTs', 'desc'),
          startAfter(after),
          limit(10)
        )
      : query(collectionRef, orderBy('createdTs', 'desc'), limit(10));
  }
};
```

```
export const getPosts = async ({ after, uid }) => {
  const option = getOption({ after, uid });

  const documentSnapshot = await getDocs(option);
  const list = documentSnapshot.docs.map((doc) => doc.data());
  const last = documentSnapshot.docs[documentSnapshot.docs.length - 1];

  return { list, last };
};
```

조건에 따라 query 함수를 사용하는 방법이 복잡하기 때문에 getOption 함수를 만들어서 코드를 분리했습니다. getPosts 함수로 uid가 전달된다면 특정 사용자의 글만 조회하기를 원한다고 판단하고, where 함수를 사용해서 user.uid와 전달된 uid를 비교하는 코드를 추가했습니다. 여기서 where 함수를 사용하는 순서에 대해 주의해야 합니다. orderBy 함수보다 뒤에 사용하면 문제가 발생하니 where, orderBy, limit 함수의 순서를 앞의 코드처럼 작성해 주세요.

이제 getPosts 함수를 호출하는 곳에서 상황에 따라 사용자의 uid를 전달하게 만들면 됩니다. getPosts 함수는 usePosts Hook에서 호출하고 있으니 usePosts Hook을 호출할 때 사용자의 uid를 전달해야 합니다. 다음과 같이 usePosts를 수정하세요.

 src/hooks/usePosts.js

```
...

const usePosts = (uid) => {
  const [data, setData] = useState([]);
  const [refetching, setRefetching] = useState(false);

  const isLoadingRef = useRef(null);
  const lastRef = useRef(null);

  const fetchNextPage = useCallback(async () => {
    if (!isLoadingRef.current) {
      isLoadingRef.current = true;
      const { list, last } = await getPosts({
```

```
        after: lastRef.current,
        uid,
      });
      if (list.length > 0) {
        setData((prev) => (lastRef.current ? [...prev, ...list] : list));
        lastRef.current = last;
      }
      isLoadingRef.current = false;
    }
  }, [uid]);

  ...
};

export default usePosts;
```

usePosts를 호출할 때 uid를 전달받고 getPosts 함수에 uid를 전달하도록 수정했습니다. usePosts가 수정되었으니 usePosts를 사용하는 PostList 컴포넌트를 다음과 같이 수정하세요.

 src/components/PostList.js

```
...
import { useUserState } from '../contexts/UserContext';
import PropTypes from 'prop-types';

const PostList = ({ isMyPost }) => {
  const [user] = useUserState();
  const { data, fetchNextPage, refetch, refetching } = usePosts(
    isMyPost && user.uid
  );

  ...
};

PostList.propTypes = {
  isMyPost: PropTypes.bool,
};

...
```

PostList 컴포넌트에 isMyPost props를 추가하고 isMyPost가 true일 때는 usePosts로 사용자의 uid를 전달하도록 만들었습니다.

다음으로 프로필 화면에서 PostList 컴포넌트를 사용할 때 isMyPost를 true로 전달해서 내가 쓴 글만 받아오도록 만들겠습니다. 다음과 같이 ProfileScreen 컴포넌트를 수정하세요.

JS src/screens/ProfileScreen.js

```
...

const ProfileScreen = () => {
  ...

  return (
    <View style={[styles.container, { paddingTop: top }]}>
      ...

      <View style={styles.listContainer}>
        <PostList isMyPost={true} />
      </View>
    </View>
  );
};

...
```

Firestore에 색인 추가하기

코드를 적용하고 목록 화면으로 이동하면 글 목록은 여전히 잘 작동합니다. 하지만 프로필 화면으로 이동하면 내가 쓴 글 목록이 나오지 않습니다. 그리고 터미널에 다음과 같은 경고 메시지가 나타납니다.

```
[Unhandled promise rejection: FirebaseError: The query requires an index. You can
create it here: https://console.firebase.google.com/...
```

Firestore에서는 자동으로 색인index을 생성해서 기본 쿼리query에 대해 특별히 색인을 추가하지 않아도 잘 작동합니다. 하지만 색인을 추가해야 정상적으로 조회되는 복잡한 쿼리는 실패하게 됩니다. 우리가 요청한 쿼리는 색인 추가가 필요합니다.

Firestore에서 어디로 가서 색인을 추가해야 하는지 터미널에 친절하게 메시지를 남겼습니다. `You can create it here:` 뒤에 있는 `https://console.firebase...` 주소를 복사해서 브라우저를 통해 해당 주소로 이동해보세요.

▶ Firestore 색인 만들기

주소로 이동하면 앞의 그림처럼 추가해야 하는 색인이 나타납니다. **색인 만들기** 버튼을 클릭해서 색인을 만들면 Firestore **색인** 탭에 색인이 추가됩니다. 상태가 **생성 중...**으로 나타나는데 몇 분 후 **사용 설정됨**으로 변경됩니다. **사용 설정됨**으로 상태가 변경되면 색인 추가가 완료된 것입니다.

색인 추가가 완료되면 다시 프로필 화면으로 이동해서 목록을 확인해보세요. 글 목록 화면과는 다르게 현재 로그인한 사용자가 작성한 글만 나타나는 것을 볼 수 있습니다.

▶ 내가 쓴 글 목록

앞의 그림의 왼쪽은 글 목록 화면이고 오른쪽 그림은 프로필 화면입니다. 텍스트가 '뉴욕에서..' 인 글의 다음 글이 서로 다르다는 것을 확인할 수 있습니다. 글 목록에는 james2가 작성한 글이 나오지만 프로필 화면에서는 로그인한 사용자의 다음 글이 나타납니다.

만약 다른 계정으로 글을 작성한 적이 없다면 목록 화면과 차이가 없습니다. 정확한 테스트를 위해 계정을 추가해서 새로운 글을 몇 개 더 등록해보기 바랍니다.

❷ 수정 버튼과 삭제 버튼 추가하기

내가 쓴 글에 대해서는 수정 및 삭제를 할 수 있어야 합니다. 이번에는 내가 쓴 글의 내용을 수정하거나 삭제하는 기능을 만들어보겠습니다.

react-native-action-sheet로 액션 시트 만들기

PostItem 컴포넌트에 수정 버튼과 삭제 버튼을 각각 추가하는 방법도 있지만, 좀 더 깔끔한 디자인 적용을 위해 메뉴 버튼을 추가해서 메뉴 버튼 클릭 시 수정 혹은 삭제를 선택할 수 있도록 만들겠습니다.

일반적으로 메뉴 버튼을 클릭해서 선택지가 나타나는 UI를 만들 때에는 iOS에서는 액션 시트를 사용하고 안드로이드에서는 모달modal을 사용합니다. 참고로, 리액트 네이티브에서는 iOS에서만 사용할 수 있는 액션 시트로 **ActionSheetIOS**를 지원하고 있습니다.

∞ 리액트 네이티브 **ActionSheetIOS** – https://reactnative.dev/docs/0.68/actionsheetios

iOS와 안드로이드에서 모두 액션 시트를 사용하고 싶다면 react-native-action-sheet 같은 외부 라이브러리를 사용해야 합니다.

∞ react-native-action-sheet – https://github.com/expo/react-native-action-sheet

여기에서는 react-native-action-sheet를 통해 iOS와 안드로이드에서 모두 액션 시트를 사용하겠습니다. 아래 명령어를 사용해서 react-native-action-sheet를 설치하세요.

```
$ npm install @expo/react-native-action-sheet
```

설치가 완료되면 **ActionSheetProvier** 컴포넌트를 사용해서 앱을 감싸야 합니다. 다음과 같이 App 컴포넌트를 수정하세요.

📄 src/App.js

```
...
import { ActionSheetProvider } from '@expo/react-native-action-sheet';

const App = () => {
  ...

  return (
    <ActionSheetProvider>
      <UserProvider>
        ...
      </UserProvider>
    </ActionSheetProvider>
  );
};

export default App;
```

그다음 PostItem 컴포넌트를 다음과 같이 수정하세요.

 src/components/PostItem.js

```js
import {
  Pressable,
  ...
} from 'react-native';
...
import { DANGER, GRAY, PRIMARY, WHITE } from '../colors';
import { memo } from 'react';
import { useActionSheet } from '@expo/react-native-action-sheet';
import { useUserState } from '../contexts/UserContext';

const ActionSheetOptions = {
  options: ['삭제', '수정', '취소'],
  cancelButtonIndex: 2,
  destructiveButtonIndex: 0,
  destructiveColor: DANGER.DEFAULT,
};

const PostItem = memo(({ post }) => {
  const width = useWindowDimensions().width;
  const [user] = useUserState();
  const { showActionSheetWithOptions } = useActionSheet();

  const onPressActionSheet = (idx) => {
    console.log(idx);
  };

  return (
    <View style={styles.container}>
      <View style={styles.header}>
        <View style={styles.profile}>
          <FastImage
            source={{ uri: post.user.photoURL }}
            style={styles.profilePhoto}
          />
          <Text style={styles.nickname}>{post.user.displayName}</Text>
        </View>

        {post.user.uid === user.uid && (
          <Pressable
```

```
                    hitSlop={10}
                    onPress={() =>
                      showActionSheetWithOptions(
                        ActionSheetOptions,
                        onPressActionSheet
                      )
                    }
                  >
                    <MaterialCommunityIcons
                      name="dots-horizontal"
                      size={24}
                      color={GRAY.DARK}
                    />
                  </Pressable>
                )}
            </View>

            ...
          </View>
      );
    });

    ...

    const styles = StyleSheet.create({
      ...
      header: {
        ...,
        justifyContent: 'space-between',
      },
      profile: {
        flexDirection: 'row',
        alignItems: 'center',
      },
      ...
    });

    export default PostItem;
```

사용자의 프로필 사진과 닉네임을 보여주는 곳에 점 세 개가 가로로 나타나는 아이콘 버튼을
추가했습니다. 그리고 아이콘 버튼을 클릭하면 showActionSheetWithOptions 함수를 호출
해서 액션 시트가 나타나도록 만들었습니다.

showActionSheetWithOptions 함수의 첫 번째 파라미터에는 다음과 같이 액션 시트를 설정하는 객체를 전달해야 합니다.

- options – 액션 시트에 나타나는 메뉴의 타이틀을 배열로 전달합니다.
- cancelButtonIndex – 전달된 options에서 취소 버튼으로 사용되는 버튼의 인덱스를 전달합니다.
- destructiveButtonIndex – 삭제 등 부정적인 행동을 하는 메뉴의 인덱스를 전달합니다.
- destructiveColor – destructiveButtonIndex로 설정된 메뉴의 색을 전달합니다.(안드로이드 전용)

두 번째 파라미터에는 액션 시트에서 메뉴를 클릭했을 때 실행될 함수를 전달하면 됩니다. 지금은 클릭한 메뉴의 인덱스를 console.log로 출력하도록 만들었습니다.

코드를 적용하고 글 목록을 확인해보세요. 내가 쓴 글에는 오른쪽 위에 메뉴 버튼이 나타나고, 다른 사람이 작성한 글에는 메뉴 버튼이 나타나지 않습니다. 메뉴 버튼을 클릭하고 나서 iOS와 안드로이드에서 모두 액션 시트가 잘 나타나는지 확인해보세요.

▶ 액션 시트 추가하기

그리고 액션 시트에서 **삭제** 혹은 **수정** 버튼을 클릭하면 터미널에 메뉴의 인덱스가 잘 나타나는지 확인해보세요. ActionSheetOptions의 options에 작성한 순서대로 삭제는 0 수정은 1로 나타나는 것을 볼 수 있습니다.

삭제 기능 만들기

삭제 기능을 만들어보겠습니다. Firestore에서 문서를 삭제할 때에는 deleteDoc 함수를 사용합니다.

🔗 Firestore deleteDoc – https://bit.ly/firestore-deleteDoc

deleteDoc 함수에는 DocumentReference를 전달해야 합니다. 우리는 앞에서 doc 함수를 사용해서 DocumentReference를 받아올 수 있다는 것을 확인했습니다. 앞에서는 자동으로 ID가 생성되도록 만들었다면 여기에서는 두 번째 파라미터에 문서의 ID를 포함한 경로를 전달해서 원하는 특정 문서의 DocumentReference를 받아와야 합니다.

다음과 같이 post.js 파일을 수정하세요.

📄 src/api/post.js

```
import {
  ...
  deleteDoc,
} from 'firebase/firestore';

...

export const deletePost = async (id) => {
  await deleteDoc(doc(getFirestore(), `posts/${id}`));
};
```

deleteDoc 함수를 사용해서 우리가 원하는 특정 문서를 삭제하는 함수를 만들었습니다. 여기서 주의할 점은 doc 함수의 두 번째 파라미터에 문서의 ID만 전달하는 것이 아니라 컬렉션까지 포함된 전체 경로를 전달해야 한다는 것입니다.

로그아웃과 마찬가지로 글 삭제도 사용자가 실수로 클릭했을 때를 대비해서 한 번 더 확인 절차를 거치는 것이 좋습니다. 앞에서 만들었던 DangerAlert 컴포넌트에 글 삭제를 위한 값을 추가해서 삭제 전에 호출하도록 만들겠습니다. 다음과 같이 DangerAlert 컴포넌트를 수정하세요.

```
...

export const AlertTypes = {
  LOGOUT: 'LOGOUT',
  DELETE_POST: 'DELETE_POST',
};

const DangerAlertProps = {
  LOGOUT: {...},
  DELETE_POST: {
    iconName: 'delete-variant',
    title: '글 삭제',
    message: '정말 삭제하시겠습니까?',
  },
};

const DangerAlert = ({ visible, onClose, alertType, onConfirm }) => {...}

...
```

AlertTypes에 DELETE_POST를 추가하고 이에 맞춰 DangerAlertProps에도 글 삭제에 사용할 값을 추가했습니다. DangerAlert 컴포넌트는 DangerAlertProps에서 값을 받아 사용하기 때문에 따로 수정할 부분이 없습니다.

그다음 PostItem 컴포넌트에서 액션 시트의 **삭제**를 클릭하면 DangerAlert 컴포넌트가 나타나게 하고, DangerAlert 컴포넌트에서 **확인** 버튼을 클릭하면 deletePost 함수가 호출되도록 만들겠습니다. 다음과 같이 PostItem 컴포넌트를 수정하세요.

src/components/PostItem.js

```
import {
  Alert,
  ...
} from 'react-native';
...
```

```
import { memo, useState } from 'react';
...
import DangerAlert, { AlertTypes } from './DangerAlert';
import { deletePost } from '../api/post';

...

const PostItem = memo(({ post }) => {
  ...

  const [visible, setVisible] = useState(false);

  const onPressActionSheet = (idx) => {
    if (idx === 0) {
      setVisible(true);
    }
  };

  const onClose = () => setVisible(false);

  return (
    <>
      <DangerAlert
        alertType={AlertTypes.DELETE_POST}
        visible={visible}
        onClose={onClose}
        onConfirm={async () => {
          try {
            await deletePost(post.id);
          } catch (e) {
            Alert.alert('글 삭제에 실패했습니다.');
            onClose();
          }
        }}
      />

      <View style={styles.container}>...</View>
    </>
  );
});

...
```

DangerAlert 컴포넌트를 사용하면서 하나의 부모로 감싸기 위해 Fragment 컴포넌트를 사용했습니다. 그리고 visible 상태 변수를 만들어서 **삭제** 버튼을 클릭했을 때 DangerAlert 컴포넌트가 나타나게 만들었습니다. DangerAlert 컴포넌트에서는 **확인** 버튼을 클릭했을 때 deletePost 함수를 호출해서 글이 삭제되도록 만들었습니다.

삭제 이벤트 만들기

새 글이 추가되었을 때처럼 글 삭제가 성공하면 이벤트를 발생시켜서 목록을 변경하도록 만들겠습니다. 새 글이 추가되었을 때에는 목록을 새로고침해야 했지만, 글 삭제는 현재 목록에서 해당 글만 삭제하면 됩니다.

먼저 삭제 이벤트를 만들겠습니다. event.js 파일에 다음과 같이 삭제 이벤트를 추가하세요.

JS src/event.js

```
...

export const EventTypes = {
  REFRESH: 'refresh',
  DELETE: 'delete',
};

...
```

그다음 PostItem 컴포넌트에서 삭제 함수가 성공했을 때 삭제 이벤트를 전달하면 됩니다. 우리는 정확하게 어떤 문서가 삭제되었는지 알아야 합니다. emit 함수의 두 번째 파라미터를 사용하면 이벤트가 발생했을 때 호출할 함수에 파라미터를 전달할 수 있습니다.

다음과 같이 PostItem 컴포넌트를 수정하세요.

JS src/components/PostItem.js

```
...
import event, { EventTypes } from '../event';
```

```javascript
const PostItem = memo(({ post }) => {
  ...

  return (
    <>
      <DangerAlert
        ...
        onConfirm={async () => {
          try {
            await deletePost(post.id);
            event.emit(EventTypes.DELETE, { id: post.id });
          } catch (e) {
            Alert.alert('글 삭제에 실패했습니다.');
            onClose();
          }
        }}
      />

      <View style={styles.container}> ... </View>
    </>
  );
});

...
```

emit 함수의 두 번째 파라미터에 { id: post.id } 객체를 전달하면 addListener를 통해 등록한 함수의 파라미터로 똑같이 { id: post.id } 객체가 전달됩니다. 예를 들어 post.id 의 값이 4라면 파라미터로 { id: 4 } 객체가 전달되는 것입니다.

그다음 usePosts Hook에 현재 목록에서 특정 ID를 가진 문서를 삭제하는 함수를 만들겠습니다. 다음과 같이 usePosts를 수정하세요.

src/hooks/usePosts.js

```javascript
...

const usePosts = (uid) => {
  ...
```

```
  const deletePost = ({ id }) => {
    setData((prev) => prev.filter((item) => item.id !== id));
  };

  return { ..., deletePost };
};

export default usePosts;
```

emit 함수에 의해 { id: '...' } 모양의 객체가 전달될 예정이니 전달된 파라미터에서 id
를 받아 사용하는 deletePost 함수를 만들었습니다. deletePost 함수에서는 전달된 id로
삭제 대상이 되는 문서를 확인하고, 해당 문서를 제외한 배열로 data 상태 변수를 업데이트하
도록 작성했습니다.

이제 PostList 컴포넌트에서 삭제 이벤트가 발생했을 때 호출할 함수를 작성하면 됩니다. 다
음과 같이 PostList 컴포넌트를 수정하세요.

<img> src/components/PostList.js

```
...

const PostList = ({ isMyPost }) => {
  const [user] = useUserState();
  const { ... refetching, deletePost } = usePosts(...);


  useEffect(() => {
    event.addListener(EventTypes.REFRESH, refetch);
    event.addListener(EventTypes.DELETE, deletePost);

    return () => event.removeAllListeners();
  }, [refetch, deletePost]);

  return (...);
};

...
```

addListener 함수를 사용해서 삭제 이벤트가 발생했을 때 deletePost 함수가 호출되도록 만들었습니다. 코드를 적용하고 글을 삭제해보세요. 삭제가 성공하면 목록에서 글이 삭제되는 것을 볼 수 있습니다.

▶ 글 삭제 이벤트 테스트 – https://bit.ly/2022-rn-delete-event

글 정보 전달하기

수정 기능은 텍스트와 위치만 수정할 수 있도록 만들겠습니다. 우리는 이미 텍스트와 위치를 입력하는 글 작성 화면을 만들었습니다. **수정** 버튼을 클릭하면 글 작성 화면으로 현재의 글 정보를 전달하도록 만들겠습니다. 다음과 같이 PostItem 컴포넌트를 수정하세요.

JS src/components/PostItem.js

```
...
import { useNavigation } from '@react-navigation/native';
import { MainRoutes } from '../navigations/routes';

...

const PostItem = memo(({ post }) => {
  ...
  const navigation = useNavigation();

  const [visible, setVisible] = useState(false);

  const onPressActionSheet = (idx) => {
    if (idx === 0) {
      setVisible(true);
    } else if (idx === 1) {
      navigation.navigate(MainRoutes.WRITE_TEXT, { post });
    }
  };

  ...
});

...
```

글 작성 화면으로 현재 글의 정보를 전달했습니다. 글 작성 화면에서 post가 route.params에 전달되면 화면에 글 정보를 보여줍니다.

다음과 같이 WriteTextScreen 컴포넌트를 수정하세요.

 src/screens/WriteTextScreen.js

```
...

const WriteTextScreen = () => {
  ...
  const [isLoading, setIsLoading] = useState(false);

  useEffect(() => {
    if (params) {
      const { photoUris, post } = params;
      if (photoUris) {
        setPhotoUris(params.photoUris);
      } else if (post) {
        setPhotoUris(post.photos);
        setText(post.text);
        setLocation(post.location);
      }
    }
  }, [params]);

  ...
};

...
```

글 작성 화면에서 route.params로 전달된 값에 photoUris가 있다면 사진 선택 화면에서 넘어온 것이니 photoUris를 사용하고, post가 있으면 글 수정을 위한 글 정보가 전달된 것이므로 post를 사용해서 사진, 위치, 텍스트를 업데이트했습니다. 액션 시트에서 **수정** 메뉴를 클릭해 글 작성 화면으로 이동해보세요.

화면을 보면 사진과 텍스트는 잘 나타나지만 위치가 나타나지 않습니다. location 상태 변수는 값이 제대로 변경되었지만 LocationSearch 컴포넌트에 텍스트가 전달되지 않아서 발생한 문제입니다.

▶ 글 정보 전달하기

GooglePlacesAutocomplete 컴포넌트에 setAddressText 함수를 사용하면 입력된 텍스트를 변경할 수 있습니다. GooglePlacesAutocomplete 컴포넌트는 현재 LocationSearch 컴포넌트에 있으니 LocationSearch 컴포넌트로 ref를 전달해서 사용해야 합니다. 다음과 같이 LocationSearch 컴포넌트를 수정하세요.

 src/components/LocationSearch.js

```
...
import { forwardRef } from 'react';

const LocationSearch = forwardRef(
  ({ styles, onPress, isLoading, isSelected }, ref) => {
    return (
      <View style={[defaultStyles.container, styles?.container]}>
        <GooglePlacesAutocomplete
          ref={ref}
          ...
```

```
      />

      ...
    </View>
  );
 }
);

LocationSearch.displayName = 'LocationSearch';

...
```

LocationSearch 컴포넌트에서 ref를 전달받아 사용하기 위해 **forwardRef**를 사용하고, 전달된 ref를 GooglePlacesAutocomplete 컴포넌트의 ref로 설정했습니다.

이제 **WriteTextScreen** 컴포넌트에서 LocationSearch 컴포넌트로 ref를 전달하고, setAddressText 함수를 사용해서 GooglePlacesAutocomplete 컴포넌트에 위치 텍스트를 전달하면 됩니다. 다음과 같이 **WriteTextScreen** 컴포넌트를 수정하세요.

[JS] src/screens/WriteTextScreen.js

```
...
import {
  ...
  useRef,
} from 'react';
...

const WriteTextScreen = () => {
  ...
  const [location, setLocation] = useState('');
  const locationRef = useRef(null);

  ...

  useEffect(() => {
    if (params) {
      const { photoUris, post } = params;
      if (photoUris) {
```

```
          setPhotoUris(params.photoUris);
      } else if (post) {
        setPhotoUris(post.photos);
        setText(post.text);
        setLocation(post.location);
        locationRef.current?.setAddressText(post.location);
      }
    }
  }, [params]);

  ...

  return (
    <View style={styles.container}>
      ...

      <LocationSearch
        ref={locationRef}
        onPress={({ description }) => setLocation(description)}
        isLoading={isLoading}
        isSelected={!!location}
      />

      ...
    </View>
  );
};

...
```

GooglePlacesAutocomplete 컴포넌트의 ref에 전달할 locationRef를 만들어서 Location
Search 컴포넌트의 ref로 전달했습니다. 그리고 route.params에 post가 전달되었을 때
setAddressText 함수를 사용해서 GooglePlacesAutocomplete 컴포넌트에 위치 텍스트가
나타나도록 만들었습니다.

코드를 적용하고 다시 **수정** 버튼을 클릭해보세요. 이제 위치 정보가 잘 나타나는 것을 볼 수 있
습니다.

▶ 위치 정보 전달하기

수정 기능 만들기

이번에는 전달된 글을 수정하면 Firestore에 있는 데이터가 수정되도록 만들겠습니다. Firestore의 특정 문서를 수정하는 기능은 문서를 생성하는 것과 굉장히 비슷합니다. 차이가 있다면 삭제와 마찬가지로 doc 함수를 사용할 때 두 번째 파라미터에 컬렉션과 문서의 ID를 사용해서 수정 대상이 되는 문서의 경로를 전달해야 한다는 것입니다.

다음과 같이 post.js 파일을 수정하세요.

 src/api/post.js

```
...

export const updatePost = async (post) => {
  await setDoc(doc(getFirestore(), `posts/${post.id}`), post);
};
```

파라미터로 수정하려는 글 정보를 전달받고 doc 함수에는 문서의 ID를 사용해서 대상이 되는 문서의 경로를 전달했습니다. 그리고 setDoc 함수를 사용해서 해당 문서를 전달된 정보로 업데이트했습니다.

이제 준비된 함수를 사용해서 글을 수정하겠습니다. 다음과 같이 WriteTextScreen 컴포넌트를 수정하세요.

src/screens/WriteTextScreen.js

```
...
import { createPost, updatePost } from '../api/post';
import event, { EventTypes } from '../event';

const MAX_TEXT_LENGTH = 50;

const WriteTextScreen = () => {
  ...

  const onSubmit = useCallback(async () => {
    setIsLoading(true);
    if (params?.photoUris) {
      try {
        const photos = await Promise.all(
          photoUris.map((uri) => uploadPhoto({ uri, uid: user.uid }))
        );

        await createPost({ photos, location, text, user });
        event.emit(EventTypes.REFRESH);

        navigation.goBack();
      } catch (e) {
        Alert.alert('글 작성 실패', e.message);
        setIsLoading(false);
      }
    } else if (params?.post) {
      try {
        const { post } = params;
        await updatePost({ ...post, location, text });

        navigation.goBack();
      } catch (e) {
        Alert.alert('글 수정 실패', e.message);
        setIsLoading(false);
      }
    }
  }, [photoUris, location, text, user, navigation, params]);

  ...
```

params에 photoUris와 post 중 어떤 값이 전달되었는지에 따라 글 작성인지 글 수정인지를 판단해서 다른 함수가 호출되게 만들었습니다. 그런데 try-catch가 2번이나 사용되고 navigation.goBack 함수도 양쪽에서 중복으로 호출하고 있습니다. catch에 작성된 함수는 거의 차이가 없습니다. createPost 함수와 updatePost 함수를 변경해서 좀 더 깔끔한 코드로 만들어보겠습니다.

다음과 같이 post.js 파일을 수정하세요.

`JS` src/api/post.js

```
...

export const createPost = async ({ photos, location, text, user }) => {
  try {
    const { uid, displayName, photoURL } = user;
    const collectionRef = collection(getFirestore(), 'posts');
    const documentRef = doc(collectionRef);
    const id = documentRef.id;
    await setDoc(documentRef, {...});
  } catch (e) {
    // eslint-disable-next-line no-console
    console.log('createPost error: ', e);
    throw new Error('글 작성 실패');
  }
};

...

export const updatePost = async (post) => {
  try {
    await setDoc(doc(getFirestore(), `posts/${post.id}`), post);
  } catch (e) {
    // eslint-disable-next-line no-console
    console.log('updatePost error: ', e);
    throw new Error('글 수정 실패');
  }
};
```

createPost 함수와 updatePost 함수에서 try-catch를 사용했습니다. 그리고 catch에서 Error 객체를 throw하면서 어떤 함수가 실패한 것인지를 보여주는 메시지를 담았습니다. 자바스크립트의 Error 객체는 런타임 오류가 발생했을 때 사용되며 생성자로 전달된 텍스트는 message 프로퍼티에 저장됩니다.

Error – https://mzl.la/3auK2wf

그다음 WriteTextScreen 컴포넌트를 다음과 같이 수정하세요.

 src/screens/WriteTextScreen.js

```
...

const WriteTextScreen = () => {
  ...

  const onSubmit = useCallback(async () => {
    setIsLoading(true);
    try {
      if (params?.photoUris) {
        const photos = await Promise.all(
          photoUris.map((uri) => uploadPhoto({ uri, uid: user.uid }))
        );

        await createPost({ photos, location, text, user });
        event.emit(EventTypes.REFRESH);
      } else if (params?.post) {
        const { post } = params;
        await updatePost({ ...post, location, text });
      }
      navigation.goBack();
    } catch (e) {
      Alert.alert(e.message);
      setIsLoading(false);
    }
  }, [photoUris, location, text, user, navigation, params]);

  ...
```

onSubmit에 있는 코드 전체를 try-catch로 감쌌습니다. catch에서는 전달된 Error 객체의 message 프로퍼티 값을 Alert 타이틀로 사용했습니다. 그리고 goBack 함수는 if문 밖으로 옮겨서 어떤 상황이든 함수가 끝나면 항상 호출되게 만들었습니다. 눈에 띄는 큰 변화는 없지만 이전보다 좀 더 보기 편하게 코드가 변경되었습니다.

수정 이벤트 만들기

글 수정이 성공하면 이벤트를 발생시켜서 목록을 변경하도록 만들겠습니다. 다음과 같이 event.js 파일에 수정 이벤트를 추가하세요.

src/event.js

```
...

export const EventTypes = {
  REFRESH: 'refresh',
  DELETE: 'delete',
  UPDATE: 'update',
};

...
```

그다음 WriteTextScreen 컴포넌트에서 글 수정이 성공했을 때 수정 이벤트를 전달하면 됩니다. 삭제와 마찬가지로 emit 함수의 두 번째 파라미터에 수정된 글 정보를 함께 전달하겠습니다. 다음과 같이 WriteTextScreen 컴포넌트를 수정하세요.

src/screens/WriteTextScreen.js

```
...

const WriteTextScreen = () => {
  ...

  const onSubmit = useCallback(async () => {
    setIsLoading(true);
    try {
      if (params?.photoUris) {
        ...
      } else if (params?.post) {
```

```
      const { post } = params;
      const updatedPost = { ...post, location, text };
      await updatePost(updatedPost);
      event.emit(EventTypes.UPDATE, updatedPost);
    }
    navigation.goBack();
  } catch (e) {
    Alert.alert(e.message);
    setIsLoading(false);
  }
}, [photoUris, location, text, user, navigation, params]);

...
```

updatePost 함수가 성공하면 updatePost 함수에 전달했던 수정된 글 정보를 emit 함수의 두 번째 파라미터로 전달하면서 수정 이벤트를 전달하도록 만들었습니다.

다음으로 usePosts Hook에 현재 목록에서 수정된 글을 찾아 변경하는 함수를 만들겠습니다. 다음과 같이 usePosts를 수정하세요.

JS src/hooks/usePosts.js

```
...

const usePosts = (uid) => {
  ...

  const updatePost = (post) => {
    setData((prev) =>
      prev.map((item) => (item.id === post.id ? post : item))
    );
  };

  return {
    ...
    updatePost,
  };
};

export default usePosts;
```

emit 함수에 의해 수정된 글 정보 전체가 전달되므로 문서의 ID를 비교해서 수정된 내용을 적용하는 updatePost 함수를 만들었습니다.

이제 PostList 컴포넌트에서 수정 이벤트가 발생했을 때 함수가 실행되도록 만들면 됩니다. 다음과 같이 PostList 컴포넌트를 수정하세요.

📄 src/components/PostList.js

```
...

const PostList = ({ isMyPost }) => {
  const [user] = useUserState();
  const {
    ...
    updatePost,
  } = usePosts(isMyPost && user.uid);

  useEffect(() => {
    event.addListener(EventTypes.REFRESH, refetch);
    event.addListener(EventTypes.DELETE, deletePost);
    event.addListener(EventTypes.UPDATE, updatePost);

    return () => event.removeAllListeners();
  }, [deletePost, refetch, updatePost]);

  return (...);
};

...
```

addListener 함수를 사용해서 수정 이벤트가 발생했을 때 usePosts Hook에서 받은 updatePost 함수가 호출되도록 만들었습니다. 코드를 적용하고 글을 수정해보세요. 글 수정이 성공하면 목록에서도 글이 수정되는 것을 확인할 수 있습니다.

▶ 글 수정 이벤트 테스트 – https://bit.ly/2022-rn-update-event

10.6 Map 화면 만들기

마지막으로 맵 화면을 만들어보겠습니다. 맵 화면에서는 위치를 검색하고 해당 위치에서 등록된 글의 사진만 화면에 보여주겠습니다.

1 react-native-maps를 사용해서 지도 보여주기

먼저 화면에 지도를 렌더링하겠습니다. react-native-maps 라이브러리를 사용하면 쉽게 지도를 사용할 수 있습니다.

∞ react-native-maps – https://github.com/react-native-maps/react-native-maps

아래 명령어를 사용해서 react-native-maps를 설치하세요.

```
$ expo install react-native-maps
```

설치가 완료되면 **MapScreen** 컴포넌트를 다음과 같이 수정하세요.

`src/screens/MapScreen.js`

```js
import { StyleSheet, View } from 'react-native';
import MapView from 'react-native-maps';

const MapScreen = () => {
  return (
    <View style={styles.container}>
      <MapView style={styles.map}></MapView>
    </View>
  );
};
```

```
const styles = StyleSheet.create({
  container: {
    flex: 1,
    justifyContent: 'center',
    alignItems: 'center',
  },
  map: {
    width: '100%',
    height: '100%',
  },
});

export default MapScreen;
```

맵 화면을 확인하면 각 플랫폼의 기본 지도인 애플 맵과 구글 맵을 사용한 지도가 나타나는 것
을 볼 수 있습니다.

▶ 지도 렌더링하기

2 위치 검색하기

맵 화면에 LocationSearch 컴포넌트를 사용해서 위치를 검색할 수 있도록 만들겠습니다.

LocationSearch 컴포넌트 수정하기

우리가 만들어 놓은 LocationSearch 컴포넌트에는 위치를 선택했는지 확인하는 용도의 왼쪽 아이콘이 있습니다. 맵 화면에서는 왼쪽 아이콘이 필요하지 않으니 LocationSearch 컴포넌트에서 아이콘 렌더링을 조절할 수 있게 수정하겠습니다.

다음과 같이 LocationSearch 컴포넌트를 수정하세요.

 src/components/LocationSearch.js

```
...

const LocationSearch = forwardRef(
  ({ styles, onPress, isLoading, isSelected, iconVisible }, ref) => {
    return (
      <View style={[defaultStyles.container, styles?.container]}>
        <GooglePlacesAutocomplete
          ref={ref}
          placeholder="Location"
          styles={{
            container: { flex: 0 },
            textInput: { paddingLeft: iconVisible ? 30 : 10 },
          }}
          ...
        />

        {iconVisible && (
          <View style={[defaultStyles.icon, styles?.icon]}>
            <MaterialCommunityIcons ... />
          </View>
        )}
      </View>
    );
  }
);
```

```
LocationSearch.displayName = 'LocationSearch';

LocationSearch.defaultProps = {
  isLoading: false,
  isSelected: false,
  iconVisible: true,
};

LocationSearch.propTypes = {
  ...
  iconVisible: PropTypes.bool,
};

...
```

아이콘 렌더링 여부를 결정하는 `iconVisible` props를 추가하고 기본값을 **true**로 설정했습니다. 그리고 `iconVisible` 값에 따라 왼쪽 패딩 값도 달라지게 해서 입력 칸에 빈칸이 너무 많이 생기지 않도록 만들었습니다.

이제 맵 화면에서 `LocationSearch` 컴포넌트를 사용하겠습니다. 다음과 같이 `MapScreen` 컴포넌트를 수정하세요.

📄 src/screens/MapScreen.js

```
●●●

...
import { useSafeAreaInsets } from 'react-native-safe-area-context';
import LocationSearch from '../components/LocationSearch';

const MapScreen = () => {
  const { top } = useSafeAreaInsets();

  return (
    <View style={styles.container}>
      <MapView style={styles.map}></MapView>

      <LocationSearch
        styles={{
          container: {
            ...styles.location,
```

```
              paddingTop: top,
            },
          }}
          iconVisible={false}
          onPress={(data) => {
            console.log(data);
          }}
        />
      </View>
    );
  };

  const styles = StyleSheet.create({
    container: {
      flex: 1,
      alignItems: 'center',
    },
    map: {...},
    location: {
      position: 'absolute',
      width: '90%',
      borderBottomWidth: 0,
    },
  });

  export default MapScreen;
```

LocationSearch 컴포넌트를 사용하면서 기기의 위쪽과 겹치지 않도록 useSafeArea
Insets의 top 값을 받아와 paddingTop으로 설정했습니다. 그리고 항상 지도 위에 나타나도
록 position을 absolute로 설정했습니다. 화면을 보면 LocationSearch 컴포넌트가 잘 나
타나고 위치 검색도 잘 되는 것을 확인할 수 있습니다.

▶ LocationSearch 컴포넌트 수정하기

위치 상세 정보 받아오기

지금까지 위치를 텍스트로만 저장하고 있었습니다. 그런데 지도에서는 텍스트만으로 위치를 지정할 수 없기 때문에 위도latitude와 경도longitude 좌표가 필요합니다. GooglePlacesAutocomplete 컴포넌트에서 fetchDetails props를 true로 전달하면 onPress에 설정된 함수의 두 번째 파라미터로 위도와 경도 값을 포함한 상세 정보를 전달해줍니다.

다음과 같이 LocationSearch 컴포넌트를 수정하세요.

JS src/components/LocationSearch.js

```
•••

...

const LocationSearch = forwardRef(
  ({ styles, onPress, isLoading, isSelected, iconVisible }, ref) => {
    return (
      <View style={[defaultStyles.container, styles?.container]}>
```

```
        <GooglePlacesAutocomplete
          ...
          fetchDetails={true}
        />

        {iconVisible && (...)}
      </View>
    );
  }
);

...
```

그다음 MapScreen 컴포넌트를 다음과 같이 수정하세요.

JS src/screens/MapScreen.js

```
● ● ●

...

const MapScreen = () => {
  const { top } = useSafeAreaInsets();

  return (
    <View style={styles.container}>
      <MapView style={styles.map}></MapView>

      <LocationSearch
        ...
        onPress={(data, detail) => {
          console.log(data, detail);
        }}
      />
    </View>
  );
};

...
```

LocationSearch 컴포넌트의 onPress 함수에 두 번째 파라미터를 추가했습니다. 화면에서
위치를 검색하고 결과 중 하나를 선택해보세요. 터미널에 매우 많은 양의 정보가 나타나는 것

을 볼 수 있습니다. 그중 우리는 geometry.location에 있는 위도(lat)와 경도(lng) 값을
사용하면 됩니다.

```
{
  "geometry": Object {
    "location": Object {
      "lat": 37.566535,
      "lng": 126.9779692,
    },
    ...
    },
  },
  ...
}
```

검색 위치로 지도 이동하기

이제 위치 상세 정보에서 얻은 위도와 경도를 이용해서 검색한 위치의 지도가 나타나도록 만들
겠습니다. 다음과 같이 MapScreen 컴포넌트를 수정하세요.

 src/screens/MapScreen.js

```
...
import { useState } from 'react';

const MapScreen = () => {
  const { top } = useSafeAreaInsets();

  const [location, setLocation] = useState({
    latitudeDelta: 0.1,
    longitudeDelta: 0.1,
  });

  return (
    <View style={styles.container}>
      <MapView
        style={styles.map}
        region={location.latitude && location.longitude ? location : null}
      ></MapView>
```

```
    <LocationSearch
      ...
      onPress={(data, detail) => {
        const {
          geometry: {
            location: { lat, lng },
          },
        } = detail;

        setLocation((prev) => ({
          ...prev,
          name: data.description,
          latitude: lat,
          longitude: lng,
        }));
      }}
    />
  </View>
);
};

...
```

위치를 저장할 location 상태 변수를 만들고 초깃값으로 latitudeDelta와 longitude
Delta 값을 0.1로 설정했습니다. Delta 값은 지도에 표시할 양이라고 생각하면 됩니다.
Delta 값이 클수록 지도에 많은 양을 표시하기 위해 화면이 축소되고 값이 작아질수록 화면이
확대됩니다.

MapView 컴포넌트에 위도와 경도를 포함한 객체를 전달하면 해당 위치로 지도가 이동합니다.
onPress 함수에서 얻은 정보로 location 상태 변수에 위도와 경도 정보를 담아서 전달하면
해당 위치로 이동하게 되는 것입니다.

화면에서 위치를 선택하면 지도가 해당 위치로 이동하는지 확인해보세요. 또한 Delta 값도 변
경해보면서 지도가 어떻게 나타나는지 확인해보세요.

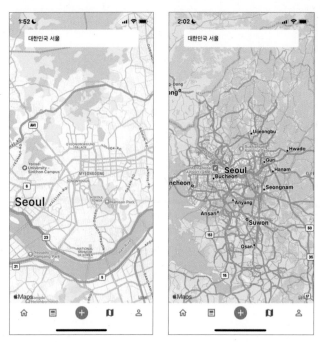

▶ 검색 위치로 지도 이동하기(왼쪽 그림의 Delta 값: 0.1, 오른쪽 그림의 Delta 값: 1.0)

지도에 위치 표시하기

이번에는 react-native-maps에서 제공하는 **Marker** 컴포넌트를 사용해서 선택한 위치를 지도에 표시하겠습니다.

다음과 같이 **MapScreen** 컴포넌트를 수정하세요.

JS src/screens/MapScreen.js

```
import { StyleSheet, View } from 'react-native';
import MapView, { Marker } from 'react-native-maps';
...

const MapScreen = () => {
  ...

  return (
    <View style={styles.container}>
```

```
    <MapView ... >
      {location.latitude && location.longitude && (
        <Marker coordinate={location} title={location.name} />
      )}
    </MapView>

    <LocationSearch ... />
  </View>
 );
};

...
```

location 상태 변수에 위도와 경도 값이 있을 때에만 Marker 컴포넌트가 나타나게 했습니다.
Marker 컴포넌트의 coordinate props에 latitude와 longitude를 가진 객체를 전달해서
표시해야 하는 위치 정보를 알려줘야 합니다. location 상태 변수에는 두 값이 모두 포함되어
있으니 location을 전달합니다.

화면에서 위치를 검색해서 선택해보세요. 이동한 위치에 마커가 표시되는 것을 볼 수 있습니
다. 마커를 클릭하면 title props에 전달한 위치 이름이 나타납니다.

▶ 지도에 위치 표시하기 – iOS / 안드로이드

❸ 선택된 위치로 글 목록 받아오기

위치 검색과 지도 표시까지 완성되었으니 선택한 위치로 글 목록을 받아오는 기능을 만들겠습니다.

where 함수로 글 위치 전달하기

위치를 기준으로 글 목록을 받아오는 함수를 만들겠습니다. 사용자의 uid로 글을 조회했을 때와 같은 방법을 사용하면 됩니다.

다음과 같이 post.js 파일을 수정하세요.

 src/api/post.js

```
...

export const getPostsByLocation = async ({ after, location }) => {
  const collectionRef = collection(getFirestore(), 'posts');

  const option = after
    ? query(
        collectionRef,
        where('location', '==', location),
        orderBy('createdTs', 'desc'),
        startAfter(after),
        limit(10)
      )
    : query(
        collectionRef,
        where('location', '==', location),
        orderBy('createdTs', 'desc'),
        limit(10)
      );

  const documentSnapshot = await getDocs(option);
  const list = documentSnapshot.docs.map((doc) => doc.data());
  const last = documentSnapshot.docs[documentSnapshot.docs.length - 1];

  return { list, last };
};
```

앞에서 만든 getPosts 함수를 수정하는 방법도 있지만 코드가 너무 복잡해지는 것을 막기 위해 위치를 기준으로 검색하는 새로운 함수를 만들었습니다.

usePostsByLocation Hook 만들기

이번에는 위치를 기준으로 조회한 목록을 관리하는 usePostsByLocation Hook을 만들겠습니다. usePosts Hook과 비슷하지만 훨씬 간단하기 때문에 이해하는 데 큰 어려움이 없을 것입니다.

hooks 폴더 밑에 usePostsByLocation.js 파일을 만들고 다음과 같이 작성하세요.

 src/hooks/usePostsByLocation.js

```js
import { useCallback, useEffect, useRef, useState } from 'react';
import { getPostsByLocation } from '../api/post';

const usePostsByLocation = (location) => {
  const [data, setData] = useState([]);

  const isLoadingRef = useRef(null);
  const lastRef = useRef(null);

  const fetchNextPage = useCallback(async () => {
    if (!isLoadingRef.current) {
      isLoadingRef.current = true;
      const { list, last } = await getPostsByLocation({
        after: lastRef.current,
        location,
      });

      const photos = list.map((item) => item.photos).flat();
      setData((prev) => lastRef.current ? [...prev, ...photos] : photos);
      lastRef.current = last;

      isLoadingRef.current = false;
    }
  }, [location]);

  useEffect(() => {
    fetchNextPage();
  }, [fetchNextPage]);
```

```
  return { data, fetchNextPage };
};

export default usePostsByLocation;
```

목록을 조회하는 `fetchNextPage` 함수와 목록 상태 변수 `data`만 전달하는 간단한 Hook이 완성되었습니다. 맵 화면에서는 수정이나 삭제 기능 등을 제공하지 않으므로 다른 함수가 필요하지 않습니다.

여기에서는 맵 화면에서 사진만 보여줄 예정이므로 사진 URL만 있으면 됩니다. 그래서 `map` 함수를 통해 `getPostsByLocation` 함수의 결과로 전달된 `list`를 순환하면서 `photos`만 있는 배열을 만들었습니다. 그리고 사진 URL만 가진 배열에 `flat` 함수를 사용했습니다.

`flat` 함수는 배열에 내장된 함수로 중첩된 배열을 평탄하게 만드는 함수입니다.

⊕ `Array.flat()` – https://mzl.la/3uCd9o4

```
const arr1 = [1, 2, [3, 4, [5, 6, [7, 8]]]];
arr1.flat();           // [1, 2, 3, 4, [5, 6, [7, 8]]]
arr1.flat(1);          // [1, 2, 3, 4, [5, 6, [7, 8]]]
arr1.flat(2);          // [1, 2, 3, 4, 5, 6, [7, 8]]
arr1.flat(Infinity);   // [1, 2, 3, 4, 5, 6, 7, 8]
```

앞의 예제 코드처럼 파라미터로 전달된 숫자의 깊이까지 평탄하게 만들며 깊이와 상관없이 무조건 평탄하게 만들고 싶다면 `Infinity`를 전달하면 됩니다.

`getPostsByLocation` 함수의 결과로 전달된 `list`의 `photos`에는 사진 URL이 배열로 저장되어 있습니다. 그래서 `map` 함수를 사용해서 `photos`만 가진 배열을 만들면 다음과 같은 모습이 됩니다.

```
[['https://...', 'https://...'], ['https://...', 'https://...'], ...]
```

이 배열을 `flat` 함수를 사용해서 다음과 같은 모습으로 변경할 수 있습니다.

```
['https://...', 'https://...', 'https://...', 'https://...', ...]
```

사진 렌더링하기

이제 목록을 조회하고 맵 화면에 사진을 렌더링하겠습니다. 먼저 PostList 컴포넌트와 같은
역할을 하는 컴포넌트를 만들겠습니다. components 폴더 밑에 LocationPostList.js 파일
을 만들고 다음과 같이 작성하세요.

 src/components/LocationPostList.js

```javascript
import { FlatList, View } from 'react-native';
import usePostsByLocation from '../hooks/usePostsByLocation';
import FastImage from './FastImage';
import PropTypes from 'prop-types';

const LocationPostList = ({ location }) => {
  const { data, fetchNextPage } = usePostsByLocation(location);

  return (
    <FlatList
      horizontal={true}
      data={data}
      keyExtractor={(_, idx) => idx.toString()}
      renderItem={({ item }) => (
        <View style={{ paddingHorizontal: 5 }}>
          <FastImage
            source={{ uri: item }}
            style={{ width: 150, height: 150 }}
          />
        </View>
      )}
      onEndReached={fetchNextPage}
    />
  );
};

LocationPostList.propTypes = {
  location: PropTypes.string.isRequired,
};

export default LocationPostList;
```

usePostsByLocation Hook에서 전달한 data를 사용해서 목록을 렌더링하는 컴포넌트를 만들었습니다. data는 사진 URL만 가진 배열이라서 key로 사용할 프로퍼티가 없으므로 keyExtractor에서 인덱스를 key로 사용하도록 만들었습니다. 앞에서 설명했듯이 인덱스를 key로 사용하는 것은 좋지 않지만 지금처럼 적당한 값이 없을 때에는 인덱스를 사용할 수밖에 없습니다.

renderItem에는 FastImage 컴포넌트를 사용해서 사진을 렌더링하는 간단한 함수를 전달하고 스크롤이 끝부분에 가까워지면 다음 페이지를 받아오도록 onEndReached를 설정했습니다.

그리고 horizontal을 true로 전달해서 FlatList 컴포넌트가 가로로 스크롤되도록 만들었습니다. FlatList 컴포넌트를 가로로 사용하면 onRefresh를 사용할 수 없습니다. onRefresh는 RefreshControl을 사용하는데 RefreshControl은 세로 스크롤을 의미하는 scrollY가 가장 위에 있을 때(값이 0일 때) 아래로 당기면 onRefresh를 호출합니다. 따라서 FlatList 컴포넌트가 가로로 스크롤될 때는 scrollX 값만 변하므로 onRefresh를 사용할 수 없는 것입니다.

그다음 준비된 LocationPostList 컴포넌트를 맵 화면에서 사용하겠습니다. 다음과 같이 MapScreen 컴포넌트를 수정하세요.

 src/screens/MapScreen.js

```
...
import LocationPostList from '../components/LocationPostList';

const MapScreen = () => {
  ...

  return (
    <View style={styles.container}>
      <MapView ... > ... </MapView>

      <LocationSearch ... />

      {location.name && (
        <View style={styles.list}>
          <LocationPostList location={location.name} />
        </View>
```

```
    )}
    </View>
  );
};

const styles = StyleSheet.create({
  ...
  list: {
    width: '100%',
    position: 'absolute',
    bottom: 40,
    paddingHorizontal: 10,
  },
});

export default MapScreen;
```

Firestore에 저장한 위치 정보는 location 상태 변수의 name 프로퍼티에 저장하고 있습니다.
그래서 location.name이 있을 때만 LocationPostList 컴포넌트가 나타나게 만들었습니다.

Firestore 색인 추가하기

위치를 검색해서 목록을 불러오면 터미널에 다음과 같은 메시지가 나타납니다.

```
[Unhandled promise rejection: FirebaseError: The query requires an index. You can
create it here: https://console.firebase.google.com...
```

우리가 앞에서 경험했던 Firestore 색인 문제입니다. 이번에도 터미널에 나타난 주소로 이동
하면 **색인 만들기** 팝업이 나타납니다. 색인 만들기 버튼을 클릭하고 잠시 기다리면 색인 추가가
완료됩니다.

▶ Firestore 색인 추가하기

색인 추가가 완료되면 다시 맵 화면에서 위치를 검색해보세요. 사진이 나타나고 가로로 스크롤 되는 것을 확인할 수 있습니다.

▶ 맵 화면 사진 목록

위치 변경 시 새 목록 받아오기

목록을 받아와서 사진을 보여주는 기능은 잘 작동합니다. 하지만 위치를 검색하고 그다음 다른 위치를 검색하면 이전 위치의 사진 목록이 유지되는 것을 볼 수 있습니다. 이번에는 위치가 변경되었을 때 새로운 목록을 받아오도록 수정하겠습니다.

다음과 같이 usePostsByLocation Hook을 수정하세요.

 src/hooks/usePostsByLocation.js

```
...

const usePostsByLocation = (location) => {
  ...
  const lastRef = useRef(null);
  const locationRef = useRef('');

  const fetchNextPage = useCallback(async () => {
    if (!isLoadingRef.current) {
      ...

      setData((prev) => (lastRef.current ? [...prev, ...photos] : photos));
      lastRef.current = last;
      locationRef.current = location;
      isLoadingRef.current = false;
    }
  }, [location]);

  useEffect(() => {
    if (locationRef.current !== location) {
      lastRef.current = null;
    }
    fetchNextPage();
  }, [fetchNextPage, location]);

  return { data, fetchNextPage };
};

export default usePostsByLocation;
```

locationRef를 만들어서 받아온 목록의 위치를 저장했습니다. 그리고 location이 변경되면 이전에 조회했던 위치와 비교해서 lastRef를 null로 변경하도록 만들었습니다. lastRef가 null이 되면 fetchNextPage 함수가 처음 호출된 것으로 판단해서 받아온 목록으로 data 상태 변수를 수정합니다.

코드를 적용하고 위치를 변경해서 조회해보세요. 이전 위치의 사진은 사라지고 새로운 위치의 사신이 나타나게 됩니다.

위치 변경 테스트 영상 – https://bit.ly/2022-rn-map-location

LocationPostList 컴포넌트 수정하기

이번에는 LocationPostList 컴포넌트를 조금 수정하겠습니다. 반드시 해야 하는 작업은 아니지만 지금까지 작성한 컴포넌트와 모양을 비슷하게 만들기 위해서 renderItem에 작성한 함수를 컴포넌트로 분리하겠습니다.

📄 src/components/LocationPostList.js

```
...
import { memo } from 'react';

const LocationPostItem = memo(({ uri }) => {
  return (
    <View style={{ paddingHorizontal: 5 }}>
      <FastImage source={{ uri }} style={{ width: 150, height: 150 }} />
    </View>
  );
});
LocationPostItem.displayName = 'LocationPostItem';
LocationPostItem.propTypes = {
  uri: PropTypes.string.isRequired,
};

const LocationPostList = ({ location }) => {
  const { data, fetchNextPage } = usePostsByLocation(location);

  return (
    <FlatList
      horizontal={true}
      data={data}
      keyExtractor={(_, idx) => idx.toString()}
      renderItem={({ item }) => <LocationPostItem uri={item} />}
      onEndReached={fetchNextPage}
    />
  );
};

...
```

지금까지 컴포넌트를 분리할 때에는 항상 다른 파일로 컴포넌트를 분리했습니다. 하지만 LocationPostItem 컴포넌트는 간단하고 다른 곳에서 재사용될 일이 없기 때문에 같은 파일에 작성했습니다. 파일을 분리하는 것을 선호한다면 새 파일을 만들어서 분리해도 괜찮습니다. 여러분이 선호하는 방법으로 작업하세요.

10.7 마치며

축하합니다! 여행 사진 공유 앱이 드디어 완성되었습니다.

7장부터 10장까지 긴 여정을 함께하며 리액트 내비게이션의 네이티브 스택 내비게이터와 탭 내비게이터를 사용하고, Firebase를 사용해서 서버에 데이터를 저장하고 불러오는 방법에 대해 알아봤습니다.

그리고 지금까지 익혔던 리액트 네이티브 기능도 적극 사용하고 다양한 라이브러리도 사용해 봤습니다. 이 과정에서 EventEmitter를 사용해서 이벤트를 전달하고 해당 이벤트를 받아서 원하는 함수를 호출하는 기능도 만들어봤습니다. 또한 지도를 사용하며 Google Places API 를 사용해 위치를 검색하는 기능을 만들어봤습니다.

우리가 만든 여행 사진 공유 앱에는 더 많은 기능을 추가할 수 있습니다. 지금까지 공부한 내용을 바탕으로 여러분이 원하는 기능을 추가하면서 프로젝트를 발전시켜 보세요.

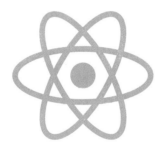

모든 프로젝트를 마무리하며

축하합니다! 여러분은 이제 리액트 네이티브를 이용해 여러분만의 앱을 만들기 위한 준비가 되었습니다.

지금까지 3개의 프로젝트를 진행하며 많은 내용을 다뤘습니다. 되도록 많은 기능을 알려 드리고자 했지만 책 한 권에 방대한 양의 내용을 모두 설명한다는 것이 현실적으로 어려웠습니다. 그래서 직접 프로젝트를 진행하며 리액트 네이티브를 시작할 때 알아야 하는 핵심 내용을 익힐 수 있도록 구성하고자 했습니다.

프로젝트 보완하기

프로젝트를 진행하면서 되도록 많은 기능을 사용해서 다양한 경험을 해보는 방향으로 내용을 구성하고자 했기 때문에 '이 기능은 왜 이런 방법으로 만들었지?'라던가 '이 부분에 이 기능은 왜 빠졌지?' 같은 의문이 생길 수도 있습니다.

여러분이 생각할 때 A라는 방법보다는 B라는 방법이 더 좋다면 마음껏 변경해보고 기능도 추가해보면서 여러분이 생각했던 모습으로 수정해보기 바랍니다. 직접 만들어 보는 것은 무엇보다 가장 좋고 빠른 학습 방법입니다.

이 책 이후에

이 책에 되도록 많은 내용을 담고자 했으나 아쉽게도 수록하지 못한 내용도 있습니다.

리액트 네이티브 컴포넌트

앞으로 책에서 미처 다루지 못한 다양한 컴포넌트를 사용해보며 각 컴포넌트의 특성이나 활용 방법을 익혀 나가야 합니다. 프로젝트를 진행할 때 모든 컴포넌트를 다 사용하는 것은 아니지만 적어도 어떤 컴포넌트가 있는지는 알고있어야 필요한 상황에서 적절하게 사용할 수 있습니다.

컴포넌트를 공부할 때에는 꼭 공식 문서를 확인하세요. 리액트 네이티브는 버전은 바뀔 때마다 사용 방법이 변경되는 등 수정 사항이 발생합니다. 책을 준비했던 2021년 10월부터 집필이 마무리된 2022년 7월 사이의 리액트 네이티브 버전은 0.66에서 0.69가 되었습니다. Expo 버전도 42에서 45가 되었네요. 따라서 항상 공식 문서를 기준으로 삼아 학습하기를 권장합니다.

타입스크립트

자바스크립트로 리액트 네이티브를 사용하는 것에 익숙해졌다면 타입스크립트를 경험해보세요. 타입스크립트는 자바스크립트를 확장해서 자바스크립트에 타입을 부여한 언어로 마이크로소프트에서 만든 오픈 소스 프로그래밍 언어입니다.

∞ 타입스크립트 – https://github.com/microsoft/TypeScript

타입스크립트는 자바스크립트를 확장한 언어인 만큼 자바스크립트를 알고 있다면 익히는 데 큰 부담이 없을 것입니다. 이미 많은 개발자가 사용함에 따라 커뮤니티도 많이 활성화되어 있고 자료도 쉽게 찾을 수 있습니다.

오류도 미리 확인할 수 있고 타입 덕분에 자바스크립트에서 발생할 수 있는 실수를 확연하게 줄일 수 있으니 꼭 한 번 사용해보기 바랍니다.

리액트 내비게이션

이 책에서는 네이티브 스택 내비게이터와 바텀 탭 내비게이터를 사용하며 다양한 기능을 구현했습니다. 하지만 리액트 내비게이션에서는 우리가 경험해본 기능보다 훨씬 많은 기능을 제공합니다.

내비게이션 기능은 서비스를 만들 때 필수인 만큼 리액트 내비게이션 공식 문서를 보면서 어떤 기능이 있는지 확인해보세요. 여러분이 만들고 싶은 서비스에 딱 맞는 기능을 찾았다면 해당 기능을 사용하는 간단한 화면을 만들면서 연습해보고 앱에 적용하세요.

리덕스와 리코일

리액트와 리액트 네이티브에서의 상태 관리는 굉장히 중요합니다. 우리는 앞에서 화면 사이에 상태를 공유해야 할 때에 Context API를 사용해서 전역 상태를 관리하는 방법에 대해 배웠습니다.

Context API를 사용하는 방법 외에도 리덕스나 리코일^{Recoil} 같은 상태 관리 라이브러리를 사용하는 방법도 있습니다.

❐ 리덕스 – https://redux.js.org/
❐ 리코일 – https://recoiljs.org/

리덕스는 리액트 진영에서 가장 사용률이 높은 상태 관리 라이브러리로 과거부터 많은 사랑을 받아왔습니다. 그만큼 자료도 많아 관련 정보를 찾기 쉽습니다.

리코일은 메타에서 리액트 상태 관리를 위해 만든 라이브러리로 상대적으로 사용 방법이 쉽습니다. 리덕스와 리코일이 갖는 장점도 있으니 관심을 갖고 사용해보기 바랍니다.

리액트 쿼리

리액트 쿼리^{React Query}는 서버에서 데이터를 받아와서 캐싱하고 동기화하는 작업을 쉽게 만들어 주는 서버 상태 관리 라이브러리입니다.

❐ 리액트 쿼리 – https://react-query-v2.tanstack.com/

Context API, 리덕스나 리코일 같은 상태 관리 라이브러리는 클라이언트의 데이터를 관리하기에 적합할 순 있어도 서버 데이터를 관리하기에는 적합하지 않은 점이 있습니다. 리액트 쿼리는 이러한 단점을 보완해주는 서버 데이터를 다루기 위한 라이브러리입니다.

리액트 쿼리를 사용하면 서버와 통신하는 코드를 간결하게 만들 수 있습니다.

디버깅

이 책에서는 console.log로 전달되는 데이터를 확인하고 ESLint, 리액트 네이티브에서 알려주는 경고/에러 메시지를 확인하며 개발을 진행했습니다. 만약 조금 더 자세한 확인이 필요하다면 디버깅 툴을 사용해서 확인해보세요.

❐ 리액트 네이티브 디버깅 – https://reactnative.dev/docs/debugging

테스트

우리는 사람이기 때문에 실수할 수 있습니다. 실수를 했다면 고치면 됩니다. 앱의 크기가 커질수록 우리가 예상하지 못하는 문제가 발생하곤 합니다. 아주 작은 버그부터 서비스의 사용자

이탈을 유발하는 심각한 문제까지 발생할 수 있습니다.

열심히 만든 서비스가 안정적으로 작동하는지 확인하는 가장 좋은 방법은 바로 테스트입니다. 테스트 코드를 사용하면 코드가 변경될 때마다 자동으로 테스트를 진행할 수 있어서 코드 안정성을 높이고 서비스의 버그를 줄일 수 있습니다.

리액트 네이티브에서는 메타에서 만든 자바스크립트 테스트 프레임워크인 Jest를 사용해 테스트 코드를 작성해보는 것을 추천합니다. 이 책에서 사용한 Expo에는 포함되지 않았지만 리액트 네이티브 CLI를 사용한다면 프로젝트를 생성할 때 함께 설치됩니다.

ᴄᴏ Jest − https://jestjs.io/

기계는 거짓말을 하지 않습니다. 모두 통과하던 테스트 코드가 코드 변경 이후에 실패한다면 기계가 잘못된 것이 아니라 우리가 실수한 것이니 문제가 되는 부분을 확인하고 수정하세요.

네이티브 모듈

리액트 네이티브에서 사용할 수 있는 다양한 라이브러리가 있습니다. 하지만 프로젝트에 따라 iOS 혹은 안드로이드 네이티브 API를 사용해야 하는데 지원하는 라이브러리가 없을 수도 있습니다. 이런 상황에서는 직접 네이티브 모듈을 만들어 사용하는 방법밖에 없습니다.

네이티브 모듈을 사용하기 위해서는 리액트 네이티브 CLI를 사용해야 합니다. 그리고 안드로이드에서는 자바^{Java} 혹은 코틀린^{Kotlin}을 익혀야 하고, iOS에서는 오브젝티브−C$^{Objective-C}$ 혹은 스위프트^{Swift}를 익혀야 합니다. 각 언어별 특성의 차이가 있어서 처음에 익히고 사용할 때는 어려움이 있겠지만 만들고자 하는 기능에 따라 기본적인 사용 방법과 API를 사용하는 방법만으로 원하는 기능을 만들 수 있습니다.

여러분이 만들고 싶은 서비스에 필요한 기능을 지원하는 라이브러리가 없고 네이티브 API를 사용해야 한다면 네이티브 모듈을 만드는 방법을 확인하고 직접 만들어서 사용해보기 바랍니다.

ᴄᴏ 리액트 네이티브 네이티브 모듈 − https://reactnative.dev/docs/native-modules-intro

모든 프로젝트를 마무리하며

정리

어떤 것을 배우는 가장 좋은 방법은 무엇일까요? 사람마다 공부하는 방법에 차이가 있겠지만 누구에게나 통용되는 방법이 한 가지 있다고 생각합니다. 바로 직접 해보는 것입니다. 이론을 이해하고 나서 직접 실습해보는 것을 선호하는 사람이든 처음부터 일단 몸으로 부딪히며 기술을 익히는 방법을 선호하는 사람이든지 어찌 됐든 직접 해봐야 합니다. 프로그래밍에서도 가장 좋은 공부 방법은 직접 해보는 것이라고 생각합니다.

무작정 여러분이 하고 싶은 프로젝트를 시작해보세요. 그중 되도록 지금 여러분에게 필요한 기능을 가진 프로젝트를 해보는 것을 권장합니다. 자신에게 필요한 내용을 익히고 직접 실습해볼 때 가장 학습 효율이 좋다고 생각합니다.

이 책에서도 그랬던 것처럼 프로젝트를 진행하며 필요한 내용이 있다면 찾아보고 검색하며 그 내용을 익혀 프로젝트에 적용해보세요. 프로젝트가 완성되고 나면 여러분의 개발 실력은 한 단계 더 레벨업되어 있을 것입니다.

앞으로도 항상 행복하고 즐겁게 개발하기 바라며 여러분이 만들어갈 서비스를 응원합니다.

찾아보기